图解
人类行为与社会环境

陈思纬◎著

中国纺织出版社有限公司

本书为五南图书出版股份有限公司授权中国纺织出版社有限公司在中国大陆出版发行简体字版本。本书内容未经出版者书面许可，不得以任何方式或任何手段复制、转载或刊登。

著作权合同登记号：图字：01-2022-0948

图书在版编目（CIP）数据

图解人类行为与社会环境 / 陈思纬著. -- 北京：中国纺织出版社有限公司，2023.3
ISBN 978-7-5180-9902-3

Ⅰ. ①图… Ⅱ. ①陈… Ⅲ. ①社会人类学–图解 Ⅳ. ①C912.4-64

中国版本图书馆CIP数据核字（2022）第181180号

责任编辑：林　启　　责任校对：高　涵　　责任印制：储志伟

中国纺织出版社有限公司出版发行
地址：北京市朝阳区百子湾东里A407号楼　邮政编码：100124
销售电话：010—67004422　传真：010—87155801
http://www.c-textilep.com
中国纺织出版社天猫旗舰店
官方微博 http://weibo.com/2119887771
鸿博睿特（天津）印刷科技有限公司印刷　各地新华书店经销
2023年3月第1版第1次印刷
开本：710×1000　1/16　印张：25.5
字数：450千字　定价：68.00元

凡购本书，如有缺页、倒页、脱页，由本社图书营销中心调换

目 录

第一章　理解人类行为与社会环境的入门

1-1　人的发展阶段　002
1-2　生命周期发展的哲理　004
1-3　生命周期发展的哲理（续1）　006
1-4　生命周期发展的哲理（续2）　008
1-5　社会工作必须学习人类行为与社会环境的原因　010
1-6　社会功能　012
1-7　人类行为与问题的概念化：微观、中介和宏观层面　014
1-8　社会环境中所涉及的多重系统　016
1-9　评估人类行为与社会环境的多方面架构：基本概念　018
1-10　评估人类行为与社会环境的多方面架构：应用　020
1-11　人在环境中（PIE）　022
1-12　个人与环境间的交流（TIE）　024
1-13　评估发展的风险因素和保护因素　026
1-14　生命历程观点：缘起、假设与问题　028
1-15　生命历程观点：主要概念　030
1-16　生命历程观点：重要议题　032
1-17　生命历程观点：重要议题（续1）　034
1-18　生命历程观点：重要议题（续2）　036
1-19　生命历程观点：优势与限制　038
1-20　生命全期发展　040
1-21　态度　042
1-22　信息加工：基本观念　044
1-23　信息加工：各子系统的功能（意识与定向感、知觉）　046
1-24　信息加工：各子系统的功能（注意力、学习力）　048
1-25　信息加工：各子系统的功能（记忆力）　050
1-26　信息加工：各子系统的功能（记忆力）（续）　052
1-27　信息加工：各子系统的功能（理解力、推理与判断力）　054

第二章　行为发展的理论

2-1　弗洛伊德精神分析论：性心理发展　058

2–2　弗洛伊德精神分析论：人格结构　060
2–3　弗洛伊德精神分析论：心理防御机制　062
2–4　皮亚杰认知发展理论：基础概念　064
2–5　皮亚杰认知发展理论：认知发展的四阶段　066
2–6　皮亚杰认知发展理论：认知发展的四阶段（续）　068
2–7　埃里克森心理社会发展理论：总体概念　070
2–8　埃里克森心理社会发展理论：心理社会发展阶段　072
2–9　科尔伯格道德发展理论　074
2–10　科尔伯格道德发展理论（续）　076
2–11　吉利根女性道德发展观点　078
2–12　马斯洛需求层次论　080
2–13　行为和学习理论：巴甫洛夫经典条件反射理论　082
2–14　行为和学习理论：斯金纳操作条件反射理论　084
2–15　行为和学习理论：班杜拉社会学习理论　086
2–16　系统理论：总体概念　088
2–17　系统理论：关键概念　090
2–18　系统理论：关键概念（续）　092
2–19　生态系统理论：总体概念　094
2–20　生态系统理论：关键概念　096
2–21　优势观点：总体概念　098
2–22　优势观点：关键概念　100
2–23　功能论：涂尔干功能论、默顿结构功能论　102
2–24　功能论：帕森斯结构功能主义　104
2–25　符号互动论：总体概念　106
2–26　符号互动论：米德互动论、库利镜中之我、戈夫曼戏剧理论　108
2–27　女性主义理论：基本原则　110
2–28　女性主义理论：主要流派　112
2–29　文化观点：基础概念　114
2–30　文化观点：克罗斯的文化能力交互模型　116

第三章　受孕、怀孕到出生

3–1　受孕　120
3–2　避孕与不孕症　122
3–3　产前检查　124
3–4　怀孕期的并发症　126
3–5　胎儿发育　128
3–6　影响胎儿发育的物质　130

3-7 影响胎儿发育的物质（续） 132
3-8 生产过程与方式 134
3-9 新生儿评估量表 136
3-10 新生儿的反射动作 138
3-11 新生儿的先天缺陷 140
3-12 遗传异常 142
3-13 堕胎（人工流产） 144

第四章　婴幼儿期

4-1 婴幼儿生理发展的重要原则 148
4-2 婴幼儿期的认知发展（皮亚杰的认知发展理论观点） 150
4-3 婴幼儿期的心理社会发展（埃里克森的心理社会发展理论观点） 152
4-4 鲍尔比依恋理论 154
4-5 安斯沃思依恋理论 156
4-6 婴幼儿的气质 158
4-7 婴幼儿的情绪 160
4-8 婴幼儿的语言发展 162

第五章　儿童期

5-1 儿童期的生理发展 166
5-2 儿童期的认知发展（皮亚杰的认知发展理论观点） 168
5-3 儿童期的认知发展（皮亚杰的认知发展理论观点）（续） 170
5-4 儿童期的心理社会发展（埃里克森的心理社会发展理论观点） 172
5-5 维果茨基社会文化认知发展理论 174
5-6 智力：智力的理论 176
5-7 智力：智力测验 178
5-8 生长迟缓 180
5-9 学习障碍 182
5-10 注意缺陷多动障碍（ADHD） 184
5-11 自闭症 186
5-12 儿童的性别认同与发展 188
5-13 儿童的负面情绪反应 190
5-14 儿童的负面情绪反应（续） 192
5-15 儿童的人际意识与友谊发展 194
5-16 儿童的游戏 196
5-17 儿童的游戏（续） 198

5-18 儿童诠释事件的风格 200

5-19 儿童的攻击行为 202

5-20 儿童的攻击行为（续） 204

5-21 儿童与媒体 206

5-22 鲍姆林德的教养风格理论 208

5-23 霍夫曼的父母管教策略理论 210

5-24 亲职教育模式 212

5-25 亲职教育模式（续1） 214

5-26 亲职教育模式（续2） 216

5-27 家庭的形态 218

5-28 儿童福利服务 220

5-29 儿童虐待发生的理论 222

5-30 儿童虐待类型：身体虐待 224

5-31 儿童虐待类型：身体虐待（续） 226

5-32 儿童虐待类型：儿童疏忽 228

5-33 儿童虐待类型：情绪虐待 230

5-34 儿童虐待类型：性虐待 232

5-35 父母离婚与儿童发展 234

5-36 父母离婚与儿童发展（续1） 236

5-37 父母离婚与儿童发展（续2） 238

5-38 父母离婚与儿童发展（续3） 240

5-39 父母离婚与儿童发展（续4） 242

5-40 父母离婚与儿童发展（续5） 244

5-41 父母离婚与儿童发展（续6） 246

5-42 父母离婚与儿童发展（续7） 248

5-43 校园霸凌 250

第六章　青少年期

6-1 青少年期的生理发展 254

6-2 青少年期的生理发展（续） 256

6-3 青少年期的认知发展（皮亚杰的认知发展理论观点） 258

6-4 青少年期的心理社会发展（埃里克森的心理社会发展理论观点） 260

6-5 青少年期的道德发展（科尔伯格的道德伦理两难案例） 262

6-6 青少年期常见的健康问题 264

6-7 青少年的自尊心发展 266

6-8 青少年的自我认同 268

6-9 青少年的自我独立 270

6-10　青少年的自我中心主义　272
6-11　青少年的性议题：性与性别　274
6-12　青少年的性议题：性行为　276
6-13　青少年的性议题：未婚怀孕　278
6-14　青少年的性议题：同性恋　280
6-15　青少年的性议题：同性恋（续）　282
6-16　青少年自杀：基本概念　284
6-17　青少年自杀：SAD PERSONS 量表　286
6-18　青少年自杀：治疗建议　288
6-19　青少年的物质滥用　290
6-20　青少年犯罪：基本概念　292
6-21　青少年犯罪：解释犯罪的理论（默顿的失范理论）　294
6-22　青少年犯罪：解释犯罪的理论（标签理论、差异交往理论）　296
6-23　青少年犯罪：解释犯罪的理论（社会控制理论、文化传递论）　298

第七章　成年期

7-1　成年初显期　302
7-2　成年期的生理与心理发展　304
7-3　成年期的心理社会发展（埃里克森的心理社会发展理论观点）　306
7-4　列文森生命架构（生活结构）理论　308
7-5　沟通的模式　310
7-6　职业生涯发展与就业　312
7-7　职业生涯发展与就业（续）　314
7-8　爱情的发展　316
7-9　婚姻：配偶的选择　318
7-10　婚姻：家庭生命周期　320
7-11　婚姻：婚姻满意度　322
7-12　强暴议题　324
7-13　强暴议题（续1）　326
7-14　强暴议题（续2）　328

第八章　中年期

8-1　中年期的生理发展　332
8-2　中年期的生理发展（续1）　334
8-3　中年期的生理发展（续2）　336
8-4　中年期的心理社会发展（埃里克森的心理社会发展理论观点）　338

8-5　中年期的人格发展　340

8-6　中年期的心智发展　342

8-7　中年期的职场生活　344

8-8　中年期的职场生活（续）　346

8-9　中年危机　348

8-10　家庭压力理论：希尔的 ABC-X 模式　350

8-11　家庭暴力　352

8-12　家庭暴力（续）　354

第九章　老年期

9-1　老年期：定义老年的基本概念　358

9-2　老年期的生理发展　360

9-3　老年期的心理社会发展（埃里克森的心理社会发展理论观点）　362

9-4　老年期的发展　364

9-5　老年期的发展（续）　366

9-6　老化的生物学理论　368

9-7　解释老化的社会学理论：撤退理论、活动理论和连续理论　370

9-8　解释老化的社会学理论：角色理论、社会建构理论和女性主义理论　372

9-9　解释老化的社会学理论：社会交换理论、生命历程观点和年龄阶层化观点　374

9-10　成为祖父母　376

9-11　退休生活　378

9-12　生命回顾　380

9-13　成功老化　382

9-14　老人的精神违常　384

9-15　老人虐待　386

9-16　善终服务　388

9-17　长期照顾　390

9-18　悲伤过程模式　392

9-19　悲伤辅导　394

9-20　悲伤辅导（续）　396

第一章

理解人类行为与社会环境的入门

章节体系架构

- 1-1 人的发展阶段
- 1-2 生命周期发展的哲理
- 1-3 生命周期发展的哲理（续1）
- 1-4 生命周期发展的哲理（续2）
- 1-5 社会工作必须学习人类行为与社会环境的原因
- 1-6 社会功能
- 1-7 人类行为与问题的概念化：微观、中介和宏观层面
- 1-8 社会环境中所涉及的多重系统
- 1-9 评估人类行为与社会环境的多方面架构：基本概念
- 1-10 评估人类行为与社会环境的多方面架构：应用
- 1-11 人在环境中（PIE）
- 1-12 个人与环境间的交流（TIE）
- 1-13 评估发展的风险因素和保护因素
- 1-14 生命历程观点：缘起、假设与问题
- 1-15 生命历程观点：主要概念
- 1-16 生命历程观点：重要议题
- 1-17 生命历程观点：重要议题（续1）
- 1-18 生命历程观点：重要议题（续2）
- 1-19 生命历程观点：优势与限制
- 1-20 生命全期发展
- 1-21 态度
- 1-22 信息加工：基本观念
- 1-23 信息加工：各子系统的功能（意识与定向感、知觉）
- 1-24 信息加工：各子系统的功能（注意力、学习力）
- 1-25 信息加工：各子系统的功能（记忆力）
- 1-26 信息加工：各子系统的功能（记忆力）（续）
- 1-27 信息加工：各子系统的功能（理解力、推理与判断力）

1-1 人的发展阶段

为了易于讨论人的生命周期，通常将人的发展分为受孕、怀孕到出生，婴幼儿期，儿童期，青少年期，成年期，中年期和老年期等阶段。各发展期的主要概念简要说明如下（将另于本书其他单元，详细说明各期的发展）：

一、受孕、怀孕到出生

人类生物体成长始于一个受精的细胞到无数细胞，在这段时间里，基本的身体结构和器官形成，遗传和环境一同产生影响。在最初的几个月，生物体比起在任何其他成长周期里，都较易因负面环境影响而受伤。

二、婴幼儿期

婴儿在运动能力与协调方面成长，并发展感官技巧及使用语言的能力。他们与家庭成员和其他的照护者形成依恋关系，学习信任与不信任，并学习表达或抑制爱与情感，他们学习去表现基本的感觉和情绪，并且发展某些自我和自主意识，他们此时已被证明在人格及气质上有相当大的差异。

三、儿童期

在儿童期的早期（3~5岁），儿童持续在生理、认知、语言方面快速成长，开始发展自我概念及性别和角色认同。在儿童期的中期（6~11岁），他们变得有能力去了解世界，并且进行逻辑性思考。家庭关系的特性持续在情绪、社会适应方面，发挥重大影响力。

四、青少年期

青少年期是介于儿童期与成年期间的一个过渡期。在青春期早期（12~14岁）性成熟发生，并且开始产生有条理的操作思考。当青少年设法从父母处获得更多自主时，他们也想要增加与同伴的联系和亲密的归属感及友谊。正向的认同感形成是一项重要的心理社会任务，青春期晚期（15~19岁）青少年开始设法完成学业，随着与他人友善和亲密相关能力的发展，他们也会逐渐发展出亲密关系。

五、成年期

发展亲密关系、做职业的选择并获得职场上成功，是成年期的重要任务。年轻的成年人会开始面对其他的抉择，例如：无论是结婚需要选择一位伴侣，还是决定是否成为父母。有些人可能会面对因离婚或再婚而产生一个重新组成的家庭。在这个时期做出的许多决策，为往后的人生奠定了基础。

六、中年期

在中年期，许多人开始感觉社会的及生理的时钟一分一秒走着，中年危机发生在某些人身上。此阶段是一个多数人达到最大的个人、社会责任和工作成功的时期。然而，在调适过程中需要做到身体上的改变，并且改变情绪、社会和工作的处境。

七、老年期

老年期属于调适的重要时期，重点是适应生理改变的能力（生产力）、个人和社会的处境，以及人际关系。人们会提高对健康照护的注意力，许多人在这个生命阶段，表现出高度的喜悦，以及对生命的满足，并且对死亡感到些许恐惧。

人的发展阶段

1 受孕、怀孕到出生

- 受孕、怀孕、出生过程
- 风险因素、保护因素
- 影响产前发育的药物
- 新生儿的特色

2 婴幼儿期

- 生理发展
- 社会心理发展
- 依恋、情绪发展
- 气质、语言发展

3 儿童期

- 生理发展
- 社会心理发展
- 社会化、管教模式
- 家庭形态、儿童保护

4 青少年期

- 生理发展
- 社会心理发展
- 自我认同、性取向
- 偏差行为

5 成年期

- 生理发展
- 社会心理发展
- 职业发展、性别角色
- 爱情、家庭生命周期

6 中年期

- 生理发展
- 社会心理发展
- 生活结构、中年危机
- 家庭压力、婚姻议题

7 老年期

- 生理发展
- 社会心理发展
- 退休、老人虐待
- 死亡、悲伤、哀悼

第一章 理解人类行为与社会环境的入门

1-2 生命周期发展的哲理

生命周期发展的科学化,如同生命的增长需经过多年缓慢地发展,而人们也开始了解生命中每个时期的重要性。了解生命周期的哲理,能帮助人们更清晰地理解人类行为的发展过程。兹将生命周期发展的十二项重要哲理,扼要说明如下(含后续两个单元):

一、发展是多方面的、涉及多学科的

人类发展是一个复杂的过程,并且可以区分成四个基本的范围:生理、认知、情感,以及社会发展,这些范围是相互影响的。例如:认知技巧取决于生理及心理健康和社会经验,一个拥有良好的生理、心理健康,以及拥有多样化社会经验的孩子,比起处于相反情境下的孩子学习得更多。社会发展受到生物性成熟、认知理解和情绪反应影响。生命周期是一门涉及多学科的学问,它结合了生物学、生理学、医学、教育学、心理学、社会学及人类学的知识。

二、发展在整个生命周期中持续着

过去一般认为人类发展从出生以前就开始,随着青春期而结束,并假设人类发展(包括生理、认知、情感和社会)会在青春期的晚期达到最高峰,并以某种方式不可思议地在那个时期后停止。虽然,某部分的生理发育停止,但人类发展在改变和适应方面是会贯穿生命周期的,发展在整个生命周期中持续着。

三、遗传和环境皆影响发展

先天因素(遗传)及后天因素(环境)皆发挥重大的影响力,绝大部分发展内容都受到两者的影响。最主要的问题并非哪一个因素——遗传或环境,导致了我们的行为,而是这两个因素如何相互影响,以及它们如何被控制以产生最理想的发展结果。先天因素与后天因素两者均为发展的要素。先天因素是指影响个体发展的生物与遗传因素,后天因素是指影响个体发展的环境与经验因素。

四、发展反映连续与非连续性

某些学者强调人类发展是一个连续的逐渐成长和改变的过程,生理的成长和语言的发展或其他方面的发展,呈现渐进式的改变。亦有学者认为发展是一个非连续性的过程,具有区别的阶段,从每一个时期到下一个时期之前,都会发生一些突然的改变。着重于连续性发展的学者,倾向于强调在成长过程中的环境影响力,以及社会学习的重要性。而着重于非连续性发展或阶段性发展理论的学者,倾向于强调(在成长的先后次序中)遗传(先天因素)及成熟的作用。现今许多学者并不赞同任何极端的发展观点,他们认同发展中的某些方面是连续性的,相反地,其他方面则表现出阶段性的特性。

生命周期发展的哲理

1 发展是多方面的、涉及多学科的

2 发展在整个生命周期中持续着

3 遗传和环境皆影响发展

4 发展反映连续与非连续性

5 发展既是可控的又是超越我们所能控制的

6 发展反映出稳定及不稳定性

7 发展是多变的

8 发展有时是循环且重复的

9 发展反映出个体的差异性

10 发展反映出性别的差异

11 发展反映出文化和阶级的差异

12 发展是相互影响的

第一章 理解人类行为与社会环境的入门

1-3　生命周期发展的哲理（续1）

本单元接前一单元，说明有关生命周期发展的哲理：

五、发展既是可控的又是超越我们所能控制的

黑克豪森（Heckhausen）区分了生活中初级与次级的控制。初级控制是企图去改变外在世界，以达到个体的需要及欲望；次级控制，其目标是改变个体内在的世界，致力于适应外在世界。人类的发展过程，既受控制，又在我们控制之外。

六、发展反映出稳定及不稳定性

研究人类发展是调查在生命周期中发生的种种改变，并学习提出许多的疑问。例如："人格特质中的要素是否稳定？假若一个人在儿童期有某些明显的人格特质，是否会持续至青春期或成年期？"有时候发展会呈现稳定性，但有时会出现改变。可以确定的是，在某些人身上证明了人格特质的稳定性，但在其他人身上则不具有稳定性。有时候一个创伤的外在事件会彻底改变一个人的人生，发展轨道并不总是在预期内。

七、发展是多变的

成长是具有差异性的，并非所有人格发展的部分皆以同样的速率成长。一个聪明绝顶的儿童，可能在生理成长及发展方面落后，大多数青少年生理的成熟，较早于心理方面的成熟或社会责任感的形成。一位开始发展得早的青春期少女，可能拥有成熟女性的身体、成年人的社会兴趣，但是情绪表现上仍像个小孩。她的父母可能会因为她的行为而感到困惑，因为她在某些方面表现得像个小孩，而在其他方面却又像个大人。前述这些案例显示，人类的发展是具有多变性的。

八、发展有时是循环且重复的

列文森（Levinson）指出，在每个人的生命中都有某些重复的发展内容，在青春期可能会面对认同危机，而中年时又是一次认同危机。青少年也许度过了一个价值观冲突的时期，并且在数年后成为成人时再经历一次。当生命迈入30岁时，意味着对人生的重新评价，但是迈入40岁时也是如此。同样地，当一个人进入职场或退休时，职业的调适是必要的。除了个体生命中的重复发展，还有相似时期的重复发展，发生在其他个体生命循环的不同时间点。不同的人可能经历相似的生命阶段，但是仍有个体及文化上的差异。不同的影响塑造每一个生命，创造出交替的途径。各种因素都可能加速或减慢这个进程，甚至使整个发展过程停滞。然而发展过程的相似性确实存在，我们能够从他人的身上学习经验，这项事实使生命周期研究更具有意义。

发展的四个方面（范围）

生理发展：生理发展包括发展的基因基础、身体组成的生理部分、运动发展的改变、感官和身体系统，以及和个体成长有关系的健康照顾、营养、睡眠、药物使用和性功能的发展。

认知发展：认知发展包括智能过程的所有改变，比如思考、学习、记忆、判断、问题解决，以及沟通等；它也包括遗传和环境的影响过程。

情绪发展：情绪发展包括依恋关系、信任感、安全感、爱和情感的建立，各种不同的情绪、感觉和气质；它也包含自我概念和自主性的发展、对压力和情绪障碍的讨论，以及行为适应的产生。

社会发展：社会发展强调社会化过程、道德发展，以及同辈群体与家庭成员的关系；同时讨论婚姻、养育、工作、职业角色及受雇关系。

1-4 生命周期发展的哲理（续2）

本单元接前两个单元，继续说明有关生命周期发展的哲理：

九、发展反映出个体的差异性

在所有个体中有一些发展次序的重复，许多这类的差异性在出生时就已呈现。不同的婴儿花费在睡眠上的时间，喂食、紧张不安及哭泣的频率，都表现出不同。同样地，在同一个婴儿身上会发生每日的变动，发展上的改变影响婴儿走路、吵闹、哭泣、喂食及睡眠，不同个体的发展时间及速率具有相异性。这些因素，如身高、体重、体格、生理能力和健康、认知方面特质、情绪反应，以及人格特质等，在社会能力、休闲嗜好、人际关系、职业兴趣、工作能力、婚姻和家庭状况，以及生活形态多方面存在不同。学者研究指出，在个体间仍存在不一致性，然而，他们必须尝试解释个体间的异质性及不一致性。

十、发展反映出性别的差异

不同性别的发展具有显著的差异性，男孩和女孩生理上的差异就是最好的证据。假设气质发展和人格的差异存在，这是否由遗传的基因差异所造成？或者是因为其他的因素影响到男孩和女孩被养育的方式，或者是由于社会对男孩和女孩的看法、态度不同？气质发展可能同时具有性别差异，但照顾者养育小孩的态度和行为，亦有可能具有形塑的功能。我们将差异性归因于性别时，必须非常小心。许多的差异在以往被认为产生于遗传和性别，但最终被发现是由于男孩和女孩接受了不同的养育所造成的。

十一、发展反映出文化和阶级的差异

文化和阶级的差异在人类发展过程中同样发挥了深远的影响，这是一项事实。因为文化和社会经济地位皆影响父母的看法，像是关于期望和不期望的长期社会化的目标，以及对儿童行为的评价。母亲的管教方式、父亲被养育成人的成长背景等，会有性别上的差异。这些父母的信念系统，会接着被教育给下一代并影响他们的社会发展。研究指出，美国的文化特征是"个人主义"，与其他某些文化所重视的"社会中心""互助的""整体的"及"聚集的"形成对比。以社会为中心的文化，自我本身被认为是社会环境中完整的一部分，而非在之中移动的独立单位。社会中心主义强调相互信赖，致力于营造归属感和维持和睦，个人主义和社会中心主义两者，均在不同的社会文化背景的群体中有不同的体验。

十二、发展是相互影响的

过去的研究曾经强调成人与环境对儿童的影响，目前也强调儿童能够影响照顾者。因为个体的差异性，不同的人们处于不同的发展阶段，依照他们的环境背景做不同的解释与行为，这些使每一个人发展出不同的经验。

文化的差异：教养的价值观

西方文化：
将较多的重点放在致力于自我实现

亚洲文化：
通常反映出传统性，因此着重团体大于个人，以及合作胜于竞争与支配

W&E

日本和美国的学龄前儿童对于冲突和压力的反应，凸显出文化的差异：
- 美国的儿童：表现出较多的愤怒、较多的暴力行为和言语冲突，并且比日本儿童有更不稳定的情绪。
- 美国母亲比较可能去鼓励孩子们表达情绪，日本母亲着重心理上的规范，通过理解和罪恶感，以及焦虑的产生来实现。

1-5 社会工作必须学习人类行为与社会环境的原因

社会工作要学习人类行为与社会环境的原因，兹说明如下：

（一）人类的行为是受身体、心理、历史和社会与文化情境等多重因素影响的。在这些情境中，人们时常会面临来自生理、心理或社会层面的需求，所以需要有效地应对这些需求。而能有效应对个人、家庭、团体、社区和组织需求的能力，称为适应（adaptation）。

（二）了解适应的过程对于从事专业助人工作的人而言，是很重要的。在社会工作领域中，对"人类行为与社会环境"（human behavior and the social environment，HBSE）的学习，便是了解人类适应过程的最佳途径。理解人的适应和社会调适过程，被认为是促进人类和社会福祉的基本能力，也是社会工作专业的主要目的。

（三）社会工作会将"社会适应"作为主要的研究领域。在社会生活中，人们必须适应许多状况，人际关系也会随着不同工作时间、生活习惯及重大事件而改变。例如：战争、贫穷或天灾，无论他们是健康还是身体残疾，每个人都需具备良好的适应能力。有些事件造成的是一般的压力，而有些事件造成的压力就较为严重（创伤压力）。对某些人来说，想要积极应变有些困难。无法积极调适的人，通常是比较容易被负面发展所影响的人；相反地，有些人在面对同样压力的时候，丝毫不会受到影响。相关的文献将这些"在逆境、风险之中，或风险之后能够积极适应的人"，视为有"优良适应能力"的人。

（四）社会工作者在助人过程中，必须致力于理解个案面对的风险和问题的前因后果，必须能掌握个案正面和负面发展的结果，以及适应模式的相关知识，如此才能具有助人的效能。

（五）在瞬息万变的环境中，人类适应生存的能力与他们发展适应性的能力有关。因为人类的发展是一个重要的社会文化过程，"适应"不仅限于基因或生物的考量，信仰、技能、价值和社会期待，也必定成为适应快速改变的环境条件。这些适应的条件与能力的发展，也和我们的社会情境与文化遗产有密切的关系。

（六）在评估人类行为时，社会工作者必须通过年龄相关的行为标准来确认有效的发展成果。这些标准包含各种人类行为的发展任务，这些发展任务在某种程度上，可能会因为文化的差异而有所不同。但是这些广泛的任务，可能取决于人的能力和社会性目标，因此，它们具有跨文化的共通性。

（七）人类行为在社会工作领域，常被视为人们对资源或环境的适应。资源对社工实务是非常重要的一环，可借由创新服务，帮助人们了解自身力量及社会网络来有效利用资源，以增强人们的适应能力。

人类行为与社会环境的关键概念

■ 关键概念用于了解人类的发展过程和成果

关键概念	内容说明
适应（adaptation）	指生物体如何调节环境的变化
调整（adjustment）	指人们对应日常生活中的需求和挑战的过程，包括应对社会环境的变化
年龄规范（age norm）	指社会和文化，期望人们在人生特定时间点，需具备某些特定行为；亦即社会对于个体行为的期待，这些期待有特定的年龄和发展阶段该有的准则或标准
资产（assets）	可积极发展的内在和外在能力，或其他相关的行为表现
世代效应（cohort effects）/ 时期效应（period effects）	指同时间出生，具有共同历史经验的一群人，如X世代，共同受到的影响
风险累积假设（cumulative risk hypothesis）	这项假设认为风险因素会威胁到发展，这种负面的影响会随着时间而持续地累积
发展任务（developmental tasks）	指人在特定时期的特定发展重点
规范性年龄分级影响（normative age-graded influences）	某特定年龄群的个体行为会受到该年龄群特定生活模式或因素的影响，这种影响通常是可以预期的，而且该群体都会受到影响，如儿童和青少年
规范性历史分级影响（normative history-graded influences）	指某特定时期的历史、社会、政治或经济等因素，会影响生活在该特定时期的个体，这类影响具有共通性，如大萧条（depression）是历史事件，对每个人都有影响
非规范性事件（nonnormative events）	大多数人无法共同拥有的生活经历或事件，但对某人的发展结果和行为有重大影响
保护因素（protective factors）	与正向发展有关的活动、经验或情况
韧性（resilience）	指一个人在可接受的范围内积极调整的能力
风险因素（risk factors）	与负面发展相关的经历或情况
社会时钟（social clock）	伯妮斯·纽加滕（Bernice Neugarten）将其定义为：个体何时该做什么事，以及依据年龄规范，该做的事是超前或落后

1-6 社会功能

社会功能（social functioning）是理解人类行为与社会环境的重要概念，兹将其内涵说明如下：

（一）依波姆（Boehm）的观点，医生的责任是提升个案的生理功能，而社会工作者的责任是提升个案的社会功能。社会功能（social functioning）是一项专业术语，着重于人与环境间的互动，包括对人类基本需求的重视，期待个体的需求获得满足，以及个体如何发挥功能对社会做出贡献，此概念使专业人员关注到人在社会环境中的互动能力。

（二）社会工作者在回应社会功能方面的问题时，着重在"必须适当地满足人类共同的需求，使个人能够达到合理的自我实现程度，并且扮演对社会有贡献和有生产力的功能性角色"。

（三）由波姆所发展的社会功能观点，源自社会互动论与角色理论。这些理论认为，经由社会角色的呈现，人们可产生自我价值及归属感。当人们在社会环境中将自我放错了位置时，会扰乱他人对他的期望。人自身的失败及挫折感、旁人对他的反应，都对他处在自然生态环境中的角色有一定的影响。（或是自问：我做得好吗？）当人们认为他做得不好时，这会促使其做出适当的调整。社会功能的角度引导社会工作者了解个人在加入不同社会团体时，所面临的角色期待。此观点使社会工作专业将焦点从个人层面，转移到重视人与环境交互作用的层面，减少落入谴责个体的偏误。

（四）人不是独立存在的，他的自我概念和行为模式都是社会角色的特定组合。角色的扮演，也影响生物、心理社会系统的其他层面。例如：人的自我定义和自我概念，生物的生理和心理功能的组织，必须通过一个人所扮演的角色来理解。情绪、知觉和其他心理与生理过程的表现，也受到个人的学习和扮演的角色影响。

（五）如果想对社会功能下任何定义，角色是一个关键的概念，因为角色是用来确定一个人与社会环境互动的核心。的确，行为表现和背后的意义来自人在情境中所扮演的角色。心理功能和个性是借由在社会环境中，社会角色的特殊组合所形成的。借由扮演不同的角色，表现出特定的主题、目标、动机和价值，这些都将进一步引导个体的行为。角色也是一些理论家借以定义制度的中心概念。格斯（Gerth）和米尔斯（Mills）将制度定义为角色的组织，他们认为以社会角色为中心概念，可以理解个人的内在经验和他们周遭环境的制度。角色作为我们分析的单位，不仅可以体现角色如何被组织，也可体现制度的服务功能。社会工作人员可以操作这些概念，试着了解制度和社会结构，进一步了解人与环境之间的交互作用。因此，角色的概念对于社会工作人员而言是非常有用的。

波姆依据社会功能架构发展出的社会工作人员五大主要教育主题

01 了解生物学的天赋特质（基因、性格等），认识人体功能的来源或潜能。

02 了解环境的力量如何提升或危及社会功能的潜能。

03 了解天赋与环境力量的交互作用，如何提升或危及社会功能的可能性。

04 了解个人对变化和压力的期待与反应。

05 了解和评估个案社会功能的可能性。

角色理论的主张

角色理论是一系列的主张，这些主张以社会功能观点为中心，简述如下：
- 人们花费大半的人生成为团体或组织的成员。
- 在这些团体内，人们各有其独一无二的位置（如足球后卫、广告主管、警长等）。
- 每一个人必须承担一个角色，一群人为团体发挥该有的功能。一个人的角色，是其他团体成员认为他或她应该如何表现的期望。
- 团体通常会使这些期待成为正式的规范，这些规范指定了一个人应该如何表现，履行这些表现会得到什么奖励，以及不履行将受到什么惩罚。
- 个人通常会扮演好自己的角色和遵循团体现行的规范。亦即，人是墨守成规（遵守习俗）的动物，他们试图满足其他人对自己的期望。
- 团体成员会检验每一个人的表现以决定其是否符合团体的规范，如果个体可以满足其他人的角色期待，将可以获得某些形式的奖赏（赞同、金钱等）。如果无法履行角色期待，团体的成员也许会处罚或甚至将个人逐出团体。制裁的应用有助于促使成员的表现符合期待。

1-7 人类行为与问题的概念化：微观、中介和宏观层面

社会工作教育和文献在描述人们遭遇问题的不同层次时，经常使用微观、中介与宏观这样的词语。微观—中介—宏观的方法帮助社会工作者不仅聚焦个人，更将人们视为在生活、关系和环境相互影响作用下的积极行动者。因此，微观—中介—宏观的方法体现了人在情境中的概念，提供了一个可视化的框架，而这有助于工作者组织个案的大量信息，并思考人们生活和环境的各个方面如何交互作用。兹说明如下：

一、微观、中介与宏观层面的含义

1. 微观层面

考量个人的各个层面，包括生物、心理、发展、精神、情感、认知、休闲和财务等方面对于个人的个性和功能的影响，它们对一个人的福祉都是至关重要的。这个层次亦包括年龄、性别、收入和种族背景等因素。

2. 中介层面

由个人所处的直接环境中的元素所构成，包括家庭、朋友、同事、邻居、工作环境、地方资源和服务，以及交通运输等都落在中介层面。

3. 宏观层面

包括影响个人的更大社会力量，例如：政府政策、歧视、压迫、社会政策、经济条件、社会价值，甚至历史事件。

二、对微观—中介—宏观层面概念化的批判

（一）社会工作者对于与个案相关事情的探索可以是无穷尽的，而搜集太多信息可能反而使工作陷入瘫痪。社会工作者和个案可能难以确认和定义处理问题的优先级，使个案的目标难以实现。事实上，社会工作者应该是希望帮助个案认识到问题并非无法解决。如果微观—中介—宏观的方法使用不当，个案（及其社会工作者）会有面临太多问题的感觉，导致他们在服务工作开展前就感到挫败。

（二）许多社会工作者可能没有充分时间全面性探索影响个案的议题，这是确实的情况，尤其是当社会工作者希望获得这些议题更深入的历史信息时。

（三）由于微观—中介—宏观的方法并不是一个理论，它无法被证实。每一个层面上哪些概念的想法应该被评估，应该依社会工作者而异，因此基于此种方式的干预措施可能有很大的不同。

（四）这个方法并没有一组一致的结构可应用于个案的情况，这也意味着确实没有有效或可信的方法，来衡量其用于个案后的效果。

微观、中介和宏观层面：组织个案系统的方法

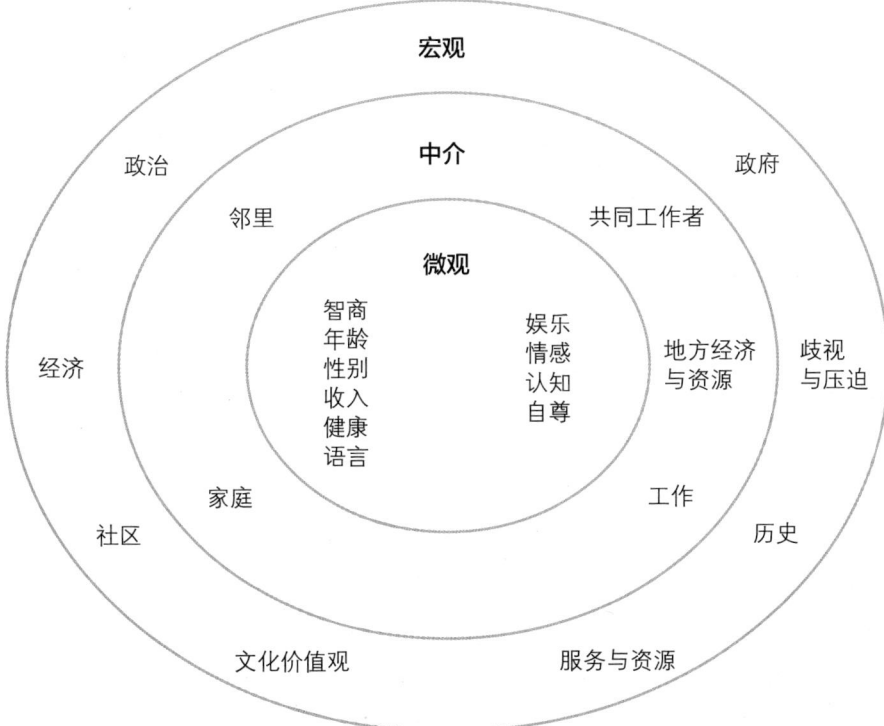

- 当社会工作者在为个案进行评估和发展治疗方式时，可思考微观、中介和宏观三个层次上与个案特定问题和情况相关的许多方面。
- 当思考关于个案生活的复杂性时，微观—中介—宏观的方法是有效的，能帮助社会工作者多方考量可能影响个案的各种因素，特别是在社会文化层面。
- 再者，微观—中介—宏观的方法可以被用来探索不同层次中过去所发生的问题如何影响个案，以及如何影响个案目前的功能。社会工作者经常将这一个概念作为一个突破点，探讨个案的行为和环境等其他各个方面。

1-8 社会环境中所涉及的多重系统

人们在社会环境中频繁与充满活力的互动，涉及许多的系统。这些所涉及的多重系统，包括微观、中介与宏观系统，彼此之间交互作用。因此，个案与许多相关系统的互动性非常重要。系统为一组相互影响的元素，并成为具有功能的实体。系统可区分为三种基本形态：微观系统、中介系统、宏观系统。兹将相关概念说明如下：

一、微观系统

对社会工作实务而言，微观系统（micro system）牵涉到将焦点放在个人之上。广义来说，个人为系统的一种形态，包含生理、心理与社会系统。所有的系统都是互相影响的。微观取向意味着将焦点放在个人的需求、问题与优势上，也强调个人如何看待这些议题、引发解决问题的方式、充分发挥其力量、尽可能做出最有效的选择。微观实务则包含了与个人一起工作，并强化其功能。

二、中介系统

中介系统（mezzo system）指的是任何的小团体，包括家庭、工作团体与其他的社会团体。在评量上，有时很难去区分微观系统（个人）及牵涉到个人的中介系统（小团体）之间的事件。这是因为个人与身旁较亲密的人有着紧密的互动。在许多状况下，我们会采取独断的方式去分辨微观系统与中介系统之间的事件。

三、宏观系统

宏观系统（macro system）指的是比小团体更大的系统。宏观取向将焦点集中于影响全体人类获取资源与生活品质的社会、政治、经济条件与政策。社会工作的宏观实务，包含努力改善人类生活的社会与经济处境。

四、微观系统与宏观系统的互动

个别的微观系统会持续地在与环境互动中深受宏观系统的影响。两种主要的影响个别微观系统的宏观系统：社区与组织。此两者彼此重叠。兹说明如下：

1. 社区（community）

社区的定义是"一群有共同之处的人以某种方式结合，并有别于他人"。最普遍的社区形态为邻里，人们分担某一项活动的工作或是以其他方式联结其他人，像是"种族的身份认同"。

2. 组织（organizations）

组织为人们所组成的结构性的团体，为了共同的目标而一起工作，并在不同的单位从事已制定的工作项目。组织通常会清楚地定义成员的身份，以确认成员的加入与退出。

多重系统中的人类行为

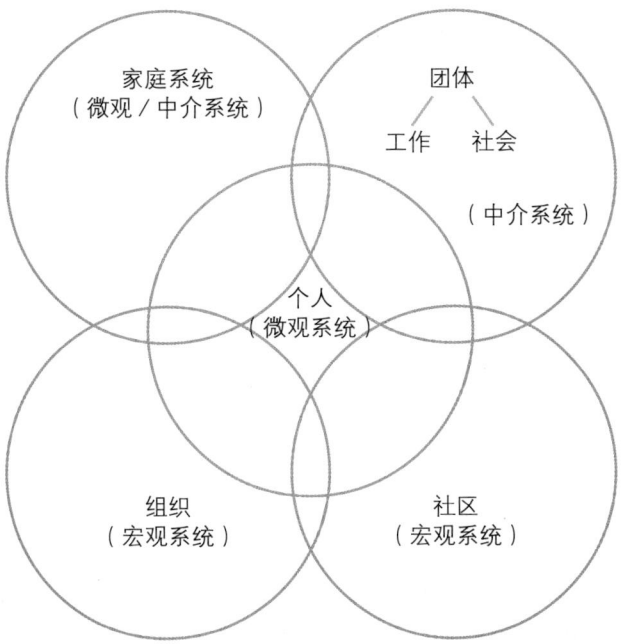

个人处于由家庭、团体、组织、社区所构成的多重系统之中。

社会环境中人类行为的概念化

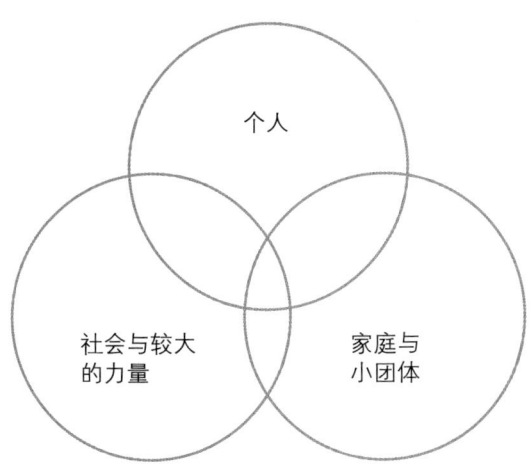

- 每一个圆圈代表社会工作者可能需要关注的实践层次，此方式呈现了人们生活和环境的不同区域是如何相交的，而交叉的区域经常是社会工作者聚焦评估与介入治疗的领域。
- 然而，根据机构或服务人群的不同，社会工作者有时会将焦点从重叠区域转移到与特定圈子或领域相关的议题。

1-9 评估人类行为与社会环境的多方面架构：基本概念

实务工作者面对的个案问题和社会议题通常很复杂，因此，以单一方面观点评估个案问题面临许多的限制。且为了能精确地提出治疗方案，社会工作者应避免将人类与环境评估限定在单一因素。多方面架构评估观点可以提供一个整合性的评估架构，使社会工作者在评估人们和其所处社会环境情况时，能更为周全地考虑到各方面，以及各方面之间的交互作用。多方面架构包括生理方面、心理方面、社会方面三个架构，以及生理、心理与社会的交互作用等，兹说明如下：

一、生理方面（biophysical dimension）

包括生化系统、细胞系统、器官系统和生理系统。这个方面是按层级排列的，有助于评估个体身体的生长和发展。该系统的功能是指其生理组成之间能量的平衡。这个方面仰赖生物理论，重点在于辨识和说明影响人类行为的生物和生理机制之间的关系。这个方面的任何变化都会同时引起系统内和系统外其他方面的变化。人类受其生物或基因遗传与健康情况的限制，社会工作者需要了解这些方面对于人类行为的潜在限制。

二、心理方面（psychological dimension）

代表促成个体整个心理过程的整合或组织的运作系统。这个方面涉及几个功能，这些功能的主要目的是协助个体满足他或她的需要。这些心理功能涉及几个系统，包括信息加工和认知发展系统、沟通、社会认知和情绪、心理优势、危险和风险因素。

三、社会方面（social dimension）

是指人与个体或者人们在一个群体里互动，所形成的社会关系系统。这个系统里的社会团体和社会关系，包括家庭、社区和其他社会系统。社会方面包含了可以帮助实务工作者辨识个人，在各种社会体系和制度中的行为类型。这些类型包括在社会方面里，强调社会位置和社会分层的结构。聚焦于这些概念和结构，我们将社会阶级、文化、族群和性取向等议题，放在我们评估过程的核心，而不是周围。另外，可以检视这些位置、制度、社会系统的变量，如何成为社会功能的优势、危险和风险。

四、生理、心理与社会的交互作用

个体和他们的环境，代表从生物化学延伸到心理社会领域的多元系统。个体的生物领域可以从分子延伸到摩尔（molar）或结构；心理领域可以从情绪延伸到行为。个体的社会领域包括家庭和其他团体、邻里、文化情境和社会环境。这种多重来源的影响可描述成：一个人在每个场域受到的影响，来源于身体内、家庭内、地区、国家、世界等。

多元架构的基本假设

1 评估人类行为和社会环境的基本方面有三个：生理、心理、社会。

2 这三个方面被概念化，成为生理、心理、社会功能运作的系统。

3 该系统涉及多个次系统，可以依照层级排序，从最小（细胞）到最大（社会）。

4 这个依层级逐渐往上的系统不断和其他具有生命力的系统互动，也和系统其他不具生命的物质环境交互作用。

生理、心理、社会的交互作用

01 生理层面： 指由分子到质子所组成的结构

02 心理层面： 指从情绪到行为的各个层面

03 社会层面： 包括家庭、团体、邻里、文化与社会背景等

角色理论的主张

- 生理、心理、社会的交互作用的取向，被称为"发展性的情境主义"（developmental contextualism），显示此取向对于发展情境的重视。
- 人类行为是由个体（遗传、过去经验等）与社会、环境（社会影响力）所构成的。
- 行为是人与环境交互作用的结果，而生理因素可能会限制人类对环境的应对或回应能力。
- 并不是单一因素就能对行为有所影响，行为是在复杂的系统之中产生的，是多元因素交互作用的结果。
- 考量生理、心理、社会等层面的交互作用，有助于提高社会工作者对行为反应的预测能力。

第一章 理解人类行为与社会环境的入门

1-10 评估人类行为与社会环境的多方面架构：应用

在社会工作的评估中，"个案概念化"提供了社会工作者对个案问题、情境及问题原因的说明。兹对"个案概念化"的含义、概念化的原则等，说明如下：

一、"个案概念化"的含义

（一）为了理解个案特定的议题或问题，社会工作者运用多方面的架构评估个案生活的所有层面，以便建构或概念化对一个个案的描述，这称为"个案概念化"。

（二）个案的问题可能发生在个人、团体、组织、社区或社会范畴，个案概念化提供了有关个案系统相关的生理、心理、社会因素如何影响人类行为的重要假设，个案概念化可以被视为个案问题的解析。概念化提供了系统化模式，有助于社会工作者了解问题和问题发生的情境。

（三）社会工作者在拟订个人、家庭、团体、社区、组织、社会的预防与治疗计划时，通过个案解析产生假设，计划执行之后，可以印证或修改前述的假设，启动另一个假设的验证过程。

（四）在个案概念化的发展过程，社会工作者应该搜集许多不同来源的信息，例如：个案访谈、家庭成员或其他重要他人共同访谈、快速评估工具、心理测验、行为观察、关键的资料提供者、社区规划文件、资源的分布，以及地方口述历史和记录。在组织和整合这些多元来源信息的时候，重要的是，不要只用多方面架构中的一个方面，最好应用多个方面。

二、概念化的原则

4P模式

如果能够针对多元架构的每个方面，将个案呈现的问题，整理成为前置因素（predisposing factors）、诱发因素（precipitating factors）、持续因素（perpetuating factors）和保护因素（protective factors），那么这个多元架构就能够导引社会工作者发展出特定的治疗策略，这四个因素合称4P模式。说明如下：

（1）诱发因素是诱发或启动个案问题的情境或状况。

（2）前置因素是个案发展历史的任何风险因素。

（3）持续因素是强化或使问题持续存在的因素。

（4）保护因素是指个案的资产、优势和资源。

5P模式

根据亨德森（Handerson）和马丁（Martin）的观察，4P将时间和病因的考量与生理心理社会模式联结起来，帮助社会工作者辨识治疗要在哪些方面进行。麦克尼尔（Macneil）和他的同僚为社会工作者提供了第五个P，也就是个案呈现的问题或关注的议题。

为有效完成个案问题的评估或概念化，5P模式中的每一个P代表一个该厘清的问题（详见右页图解）。这5P模式融入了想要完成当下（current）和发展性评估（developmental assessment）相关的议题。这个个案概念化模式的前置因素，聚焦在个案关注议题的发展因素。

生理心理社会模式的4P整合：案例

模式与问题	生理	心理	社会
前置因素 为什么是我？	遗传负荷 家族病史	不成熟的防御机制	贫穷和社会孤立
诱发因素 为什么是现在？	气质	最近较为失落	来自学校的压力
持续因素 为什么会持续？	对药物的不良反应	扭曲的自我概念	因为交通问题无法持续接受咨询
保护因素 我可以依靠什么？	对治疗反应的家庭史	病识感	社会支持

个案概念化的5P模式

5P模式	问题
呈现的问题	个案的问题是什么？将其逐条列出来。
前置因素	个人的生命历程中，哪些因素促成问题的发展？
诱发因素	为什么在这个时候求助？问题的触发点有哪些？
持续因素	哪些因素强化或维系现有的问题？
保护或正向因素	个案有哪些优势可以运用？有哪些社会支持、社会资源或资产？

1-11 人在环境中（PIE）

"人在环境中"（person-in-environment, PIE）的评估系统设计，旨在评估个体在发挥社会功能时可能碰到的问题，使社会工作者在分析或评估个案问题时，有一个普遍性的分类系统的指引。兹将相关概念说明如下：

（一）PIE系统描述个案问题的四个因素分别是：因素一，社会角色问题；因素二，环境问题；因素三，心理违常问题；因素四，生理问题。

（二）描述个案问题时，这四个因素缺一不可。前两项因素是社会工作者用来评估个案的社会功能的依据；社会功能是指个案有能力完成生活的需求与任务，并能扮演社会认同的角色。PIE系统建立了明确的分类，以确认社会角色功能的问题。因素三关注的是心理违常，因素四则包括可能影响社会功能的相关医疗情况。此系统针对社会角色功能设定了清楚可辨认的问题分类，并建立了一系列环境系统和问题的范畴，试图平衡问题或限制和优势，描述个人和环境的问题，同时依据问题的持续度、严重度评估个案解决或应对问题的能力，最终目的当然是减轻个案面对的问题。

（三）社会工作者在PIE的架构中描述：问题，问题的严重程度、持续程度。此架构运用已建立的分类与规则，来描述个案的问题。PIE系统对范畴、术语、规则等给出操作性定义，以便将个案问题明确地分类，提高评估社会功能的可靠度。如果无法对社会功能的问题作有效的定义，社会工作者便无法正确地评估个案的问题是减轻或加重，也无法建立起专业人员之间对问题进行专业性沟通的基准。

（四）PIE系统的优点是提供一个定义个案问题的明确方法和专业人员之间的沟通方式，同时有助于增加治疗的效能。PIE非常强调个案的优势，以及应对问题的能力。

（五）卡尔斯（Karls）与旺德莱（Wandrei）提到社会工作者利用PIE系统评估个案时，必须注意下列问题：

（1）个案在社会功能中所呈现的问题是什么？

（2）在社区的社会机构有哪些问题会影响到个案？

（3）个案是否存在任何心理健康的问题和心理优势？

（4）个案有什么健康方面的问题或优势值得注意？

（5）个案拥有什么优势和资源，可以用于面对和解决他们的问题？

（六）有关优势的概念很重要，道理也很简单，就是每个人都有潜力应对和适应压力，以及解决生活中发生的问题。社会工作的治疗目标就是要动员相关的资源和提升个人的优势，解决人与人之间和人与环境之间的问题。个案的优势指的就是应对能力，也就是个案使用知识、经验和生理、心理资源面对压力情境的能力。PIE是社会工作者评估个案应对能力的重要依据和工具。

PIE评估系统案例应用分析

案例

一位68岁的妇女因为发烧和神志不清而住院,邻居说她这几个星期以来病情持续加重。医生诊断出她有尿道发炎的状况,因此通过静脉注射抗生素医治。经治疗,身体症状消失,但精神状态未获得改善。医疗小组发现个案因为仅靠社会救助金生活,经济困难无力负担医疗费。她是个单亲妈妈,虽然从事音乐工作的儿子愿意照顾她,但他的生活方式无法让他在家稳定地照顾母亲。出院之后,个案坚持要回到入院之前所住的公寓,但医生诊断她患有痴呆症,无法自行做决定。经过医院的允许,社会工作者与个案的儿子仍决定违背个案的意愿,将她送至"照顾住宅"(assisted-living home)。照顾住宅是为接受社会救助的低收入或中低收入个案提供照顾和安置的机构。两星期之后,这位妇女已可以生活自理。

应用分析

01 因素一(社会角色问题)
- 社会角色范畴:其他非家庭的关系(房客)。
- 社会角色问题:地位改变。
- 严重度:4,高。
- 持续时间:5,两周或两周以下。
- 应对技巧:4,不足。

02 因素二(环境问题)
- 环境系统:经济与基本需求。
- 环境问题:庇护所与照顾(在自己的公寓中生活无法自理)。
- 严重度:4,高。
- 持续时间:5,两周或两周以下。

03 因素三(心理违常问题)
状况:痴呆症。

04 因素四(生理问题)
状况:泌尿系统感染(已解决)。

1-12　个人与环境间的交流（TIE）

"个人与环境间的交流"（transaction in environment，TIE）最初是由蒙克曼（Monkman）及艾伦-米尔斯（Allen-Meares）共同提出的，以作为检视儿童及青少年本身与其情境互动（交流）的架构。这个架构也可考量社会工作对于人在情境的双向观点。它不但可以让社会工作者看出以发展本位的个人需求为目标的工作目标，同时也能看到环境的各个影响层面。TIE系统的架构其实运用了生态观点（ecological perspective）及系统观点（systematic per-spective），其组成要素有应对行为、交流与互动、环境质量等，说明如下：

一、应对行为要素

应对行为是指个人面对环境时，意图控制自己的行为能力。社会工作者主要须处理个案三个方面的应对行为，兹说明如下：

1. 生存的应对行为

指让个人可以取得并使用某些资源，以便能持续生活与活动的应对行为。因此，生存行为可再区分为各种为取得食物、衣服、医疗照护和交通等各项资源的行为能力。

2. 依恋的应对行为

指使个人得以与其环境中的重要他人有密切联系的应对行为。此类行为可再区分为发展并维系亲密关系的能力，以及运用组织架构（如家庭、学校、同伴或社团）的能力。

3. 成长与成就的应对行为

指使个人得以投入利人利己的知识与社会活动的行为。此类行为又可区分为个体的认知、生理、情绪及社会等方面的功能性行为。

二、交流与互动要素

是指应对交流与互动所需的信息，包括对特定事务、资源或情境的了解，也可能涉及自身的信息。应对形态是指个人在认知、行为和情感方面的能力。这些能力交互影响形成个人的生活风格，也成为个人成长史的一部分，所以社会工作者在检视个案时，可以从其家庭谱系或过去生长史来做评估。

三、环境质量要素

在TIE系统架构中，环境是指个案会直接触及或交涉的一些情境，可分为：

1. 资源

指人们（如核心家庭、延伸家庭）、组织（如社区、社会服务机构）或制度（政府组织），也是属于生态系统的中间或外部系统等。在个案需要时可援引当作支持或协助，此资源又分为非正式、正式及社会性等。

2. 期待

社会工作者执行社会工作治疗时，必须要改变重要他人的失功能的角色及其任务。例如：家庭中父母因药物滥用而失去父母应有的角色功能，那么社会工作者便需寻找替代性的安置方式来满足儿童成长的需求。

3. 法令与政策

指对个案行为具有约束力的习俗或规范。例如：发现儿童被虐待时，就必须向有关部门通报。法令在保护儿童的同时，也规范了社会工作者的职责和任务。而进入通报程序后，就须依儿童保护服务的流程进行访查、举证、接案及对父母进行约束与限制。

个人与环境间的交流（TIE）的社会工作实务架构

应对行为

1. 生存的应对
   - 获取与使用
   - 食物
   - 庇护所
   - 衣服
   - 医疗照护
   - 生活活动的能力
   - 独立自主的能力

2. 依恋的应对
   - 发展和使用
   - 人际的
   - 社会的
   - 组织的

3. 成长、成就的应对
   - 发展和使用
   - 认知的
   - 情绪的
   - 身体的
   - 社会的
   - 经济的

交流与互动

接触面

媒体

干预

社会工作者

环境质量

1. 资源（注）
   - 非正式
   - 正式
   - 社会性

2. 期待
   - 角色
   - 任务

3. 法令与政策
   - 权利
   - 程序
   - 约束
   - 限制

注：
非正式资源：支持、劝说或某些具体及实质的服务。
正式资源：个体谋求特定利益的组织或各种协会（基金会）。
社会性资源：按特定架构所提供服务的单位，例如，学校、医院、法院、派出所或社会服务方案。

第一章 理解人类行为与社会环境的入门

1-13 评估发展的风险因素和保护因素

社会工作者在人类行为与社会环境领域中，必须学会评估个体在发展过程中所面临的风险因素和保护因素，以提供适当的治疗。兹将评估发展的风险因素和保护因素，说明如下：

一、风险因素

（一）社会工作者需要具备导致个体发展产生负面结果的因素的相关知识，当然也需要具备让个体发展产生正面结果的因素的相关知识。过去研究确实也聚焦在辨认促使个人健康状况不佳或幸福感降低的可能因素。这些对人类发展和行为的威胁已经被确认，在发展相关的文献里被称为风险因素（risk factors）。风险因素是与负面发展相关的经历或情况。不过，并不是每个经历风险因素的人都会有负面的发展结果，他们的个人优势和社会环境的支持可以缓和这些风险因素的负面冲击。这些关于风险的文献，逐渐被整合成为所谓的风险累积假设（cumulative risk hypothesis）相关论述。

（二）"风险累积假设"假定大多数的个体能够应对一个或两个风险因素，但"当你遇到两个以上的风险因素时，出现负面结果的概率将倍增"。例如：儿童生活中存在的单一风险，并不是导致负面结果的主因，风险累积才是。

（三）事实上，风险因素可能同时发生，随着时间的累积，它们会增加负面结果发生的可能性。换言之，社会工作者遇到的许多个案问题，都是个案面临多种风险因素造成的。

（四）不过，值得注意的是，发展专家关注的不只是了解风险因素和负面发展结果之间的关系，他们也致力于辨识在不同的逆境下，可以强化复原力（韧性）的缓冲或保护因素，也就是探讨风险因素和复原力之间的关系，这类探讨产生了额外结果或收获，也就是哪些因素可以保护暴露在风险因素中的个体，使其免受这些因素的负面影响。这些因素在风险和复原力文献中被称为保护因素（protective factors）。保护因素是与正向发展有关的活动、经验或情况。

二、保护因素

保护因素有助于社会工作者解释和预测逆境中的良好适应模式。多年来，社会工作者已经建立了评估与了解"社会功能"的风险因素和保护因素的专业知识。

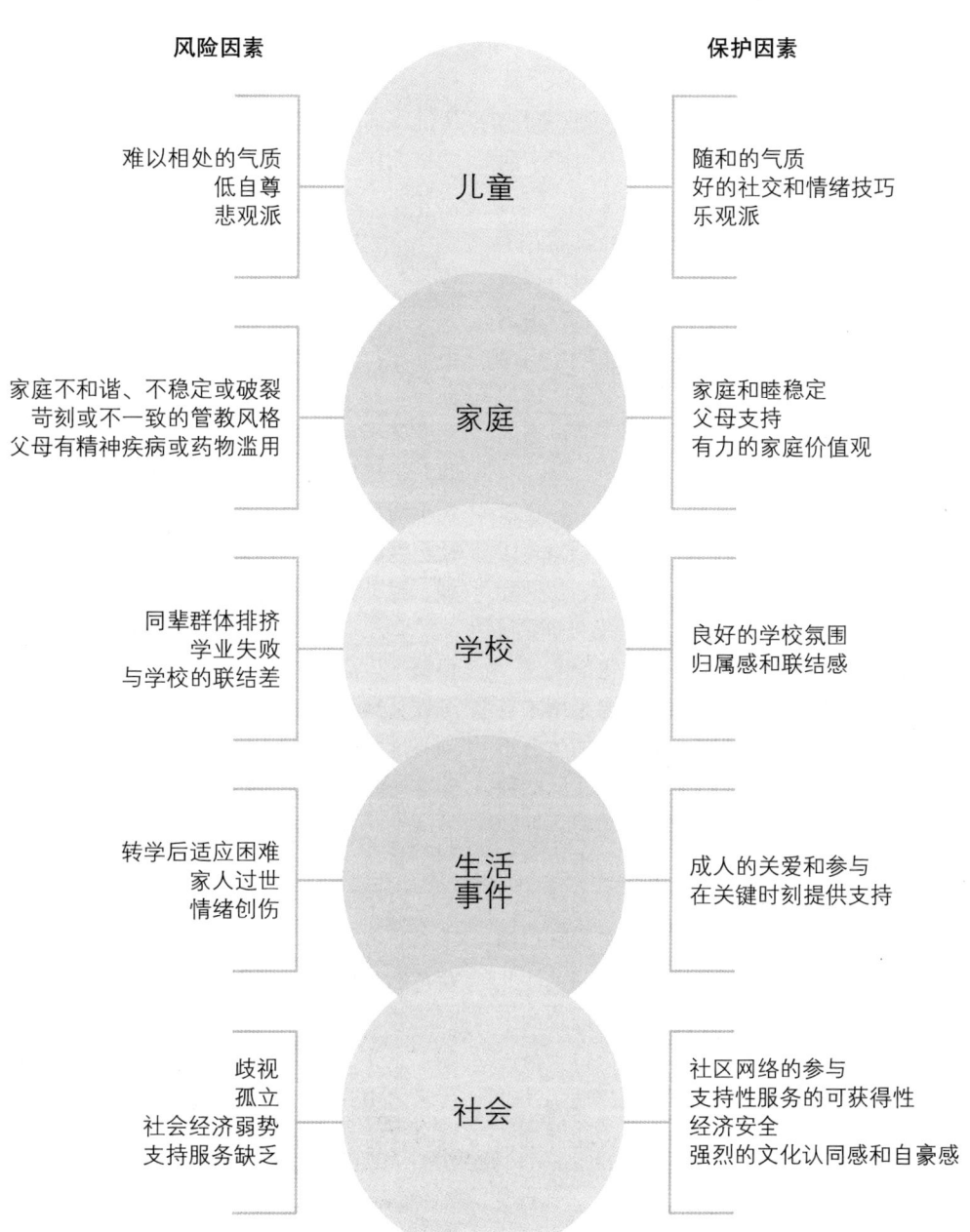

1-14　生命历程观点：缘起、假设与问题

社会工作者必须认识到，每一个个案都是穿越不同家庭世代的历史空间与时间下的生命故事及历程。我们每个人的生命，都有着独特的故事呈现、开展、回溯与表露。了解人类行为与时势的关系，得由生命历程观点（life course perspective）思考，包括出生到死亡的岁月、人际关系、过渡期、生命转折，以及社会变迁趋势，人类生活轨迹的改变。兹将生命历程观点的源起、假设与问题，说明如下：

一、生命历程观点的源起

（一）社会学家葛兰·埃尔德（Glen H. Elder, Jr.）是生命历程观点的先驱，协同社会科学界学者们集思广益，通过跨文化研究与验证，持续不断修正多元观点与文化论述。

（二）自1960年开始，埃尔德采用来自伯克利大学的关于儿童自十多岁起的生命历程的三项档案，即纵向追踪研究的团队的数据库，探讨儿童至成年期发展的历程，发现经历1930年代经济大萧条事件，对个人与家庭的生涯路径与发展轨迹有着极大的冲击。埃尔德认为，人类早期的生活经验与日后的发展轨迹有显著的关联，因此他特别关注儿童、青少年阶段迈入成年期阶段所展现的个人资源与其社会资本的联结，以探讨生命历程理论在家庭与人类发展研究上的适用性。其强调人类出生成长时期的历史文化背景，影响个人的家庭生活、学校教育，以及进入职场所扮演的角色与表现。

二、生命历程观点的假设与问题

（一）生命历程观点（life course perspective）源自社会学，与生命全期发展（life span development）有些类似，有时候，两个词还可交换使用，但是为了厘清两者的差异，还是应把它们分开或者区分使用。

（二）生命历程被认为是一项概念，也是一个特定的理论。"生命历程"被定义为扎根在受历史变迁影响的社会制度上的生活形态，这些生活形态又因年龄群而有所不同。生命历程的观点关注了解生活形态的变化，不重视人格、特质或行为的变化。该观点运用轨迹（trajectory）的概念了解人们在生活的主要社会领域里，所遵循的环境或社会性的路径，这些生活领域包括工作、婚姻、犯罪和亲职教育等。

（三）生命历程观点认为，角色转换根植于生命的轨迹，无论是转换还是轨迹都可以从微观或宏观层面进行分析；有些专家则将这些转换或轨迹概念化，成为一系列扣连在一起的状态。其中一个状态改变，形成另一个状态，生命历程的文献将这种变化称为过渡或转换（transition）。转换的定义就是：以生活事件为主的短期状态变化。每条生命轨迹都是由依照顺序排列的生活事件、角色和转换所构成的，这些生活事件、角色和转换又根植于一个特定的生命轨迹，例如：工作、犯罪、婚姻等。转换是任何人的生活之中，不可避免的一部分。人的生命一直处在转换的过程中，直到死亡。

生命全期发展与生命历程观点之间的差异

生命全期（life span）	生命历程（life course）
个人（微观层面影响）	团体（宏观层面影响）
年龄规范	年龄分级
生活阶段	年龄层级
持续和不持续	情境差异
个人轨迹	社会路径或人生路径
应对行为	生活选择或人生机遇
成熟效应	年龄群或时期效应
时间历程中的人格倾向、行为和特质	时间历程的角色或事件（转换）顺序
社会情境下的行为变化	生活层面内的生活模式变化
不同的生命阶段，年龄规范对于生物、心理和社会层面发展的期待	年龄分级代表社会定义的年龄群组，例如：婴儿期、青春期和成年初期
个体差异是生命全期关注的重点，着重于了解个人在生命周期中不同时期的差异	年龄分层涉及将与社会地位有关的特质归给特定的年龄群组。例如：不同的文化对年轻人和老年人会有不同的看法
从生命全期的观点检视性格、性情、气质、情绪、行为和人格是否持续或不持续的样态	情境因素的议题，导致对个体生命历程的期望，并不同以往所认定的那么具有普世性（人人皆同）
个人轨迹代表着特定特质的变化，例如：个人生命的历程，从害羞的人格特质转化为比较外向的特质	生命路径（life paths）被认定是特殊的路径，跟随一定的生活领域，通往特定的生活目的地，例如：婚姻、职业生涯和生命的其他选择
因为生活的需求和挑战，个体采取不同的生活方式或形态	有各种不同的社会路径，如果选择，就会通往不同的生活目的地
成熟效应和个体内部的生理过程有关，这些过程随着个人生命的阶段改变而有所差异，不管特定的外在事件是什么，如年龄的增长	生活选择可能因为环境的抑制而受限，也可能被破坏环境的推动力所塑造
生命全期发展研究个体行为、人格和特质，在时间推移中的轨迹或路径	年龄群和时期间的效应涉及年龄与时期对行为和发展变化的影响，这些变化是出生在同一时期的个体的共同特质，因此也称为时期效应
	生命历程观点研究在特定的生活领域和特定的生活目的（结婚、离婚、成为父母、成为罪犯）中，从一个身份到另一个身份的角色或事件（转变）有何轨迹

1-15 生命历程观点：主要概念

社会工作者在运用生命历程观点时，须注意以下几个主要概念：

一、世代（cohort）

是指生于同一年龄层的群组，拥有相同历史文化背景，经历相同的重大社会经济事件与变迁。世代研究在纵向研究中，根据同一主题、针对同一世代的总体，进行长期且多次的抽样观察，借以了解此世代人群的长期变化趋势。例如：1970年出生的人，在不同年龄层或生命周期的死亡率或疾病率。

二、过渡期（transitions）

生命历程观点视人生犹如舞台上的演员转换扮演不同的角色，强调每个人一生中扮演并转换不同的角色与身份，体验不同过渡期的角色功能与差异性。生命中充满了过渡期，如开始上小学、进入青春期、离开学校、找到第一份工作，或离开原生家庭出外展翅自立、退休养老等。每个转折点都改变了家庭成员的地位与角色，通常也见证了家人的进场与退场、上台与下台。

三、轨迹（trajectory）

人生过渡期是指转换的角色功能由旧模式至新阶段，具有差别性及新的归属。相反地，人生轨迹（trajectory）则牵涉长期人生过程的改变或稳定的模式。在个人的生命过程中，含有多元的角色改变与转换。个人与家庭生命历程是不同轨迹，是盘根错节与多重交织的轨迹，如教育、家庭生活、健康和工作等。这些交错并行的轨迹相互并列，联结一系列的生涯轨迹。

四、生命事件（life event）

生命事件是指突发的、可能造成严重且深远影响的事件。例如：双亲一方过世、逃离家乡、因恐怖袭击而身亡。同一特殊事件对不同的个人及团体，有着不同的表述或意义。

五、转折点（turning point）

（一）意指生命历程中在人生旅途代表新的方向，或是一项举足轻重的改变的节点，而非暂时性的小转弯。转折点随着时间的流转，对人生的刻画显而易见。

（二）根据长期性、纵向的固定样本追踪研究，三种类型的生命事件足以造成人生的转折点。

（1）生命事件对个人可以是封闭或开展的契机。

（2）生命事件对个人的环境，产生不可磨灭的改变。

（3）生命事件改变个人的自我概念信仰或期许。

（三）角色转化的过渡期若伴随以下所列的五种状况，则成为转折点：

（1）当过渡期发生于危机重重的状况下。

（2）个体的需求及欲望（求）与家庭、宗族的福祉冲突，随之衍生了家庭系统内的冲突。

（3）当过渡期不是发生在法律规定的或一般标准化的人生阶段，而是发生于不适当的时间点上。

（4）个体在过渡期后面临不可预见的负面结果。

（5）个体需要特殊的社会调适以度过过渡期。

生命历程观点：个人、环境与历史时势的关系

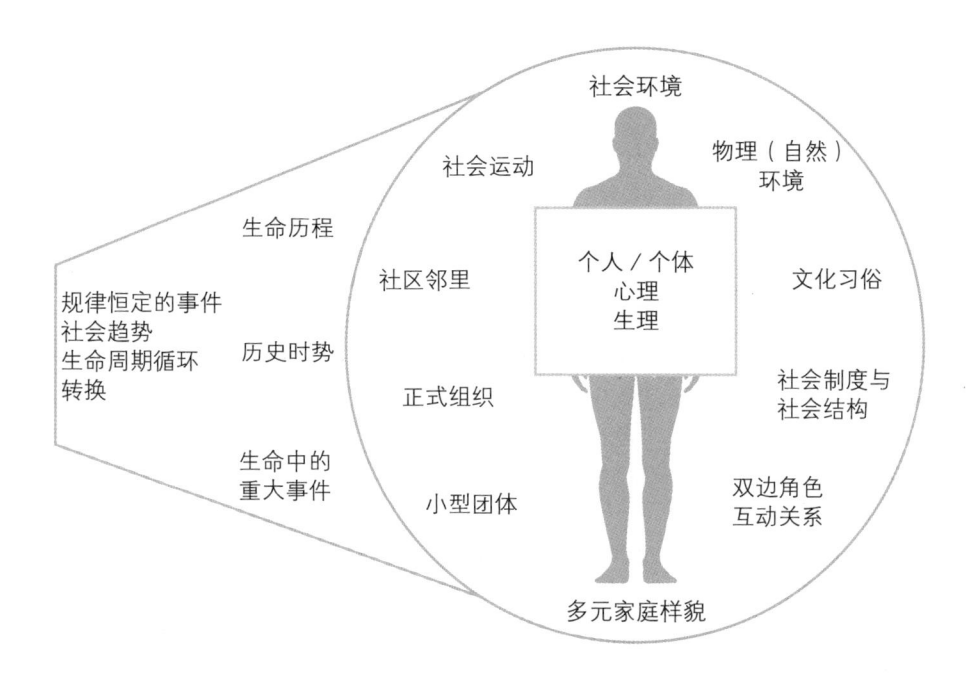

- 规律恒定的事件
- 社会趋势
- 生命周期循环
- 转换

生命历程
历史时势
生命中的重大事件

社会环境
社会运动
社区邻里
正式组织
小型团体
多元家庭样貌

个人／个体
心理
生理

物理（自然）环境
文化习俗
社会制度与社会结构
双边角色互动关系

第一章　理解人类行为与社会环境的入门

生命历程主要概念

世代	一群人出生于某一特定历史时期，具有相同的年龄与生活模式，共同经历特定的社会变迁事件，即出生于同时代且具有特定历史生活经验的一群同年龄的人。
过渡期	个人因组织结构变化而社会角色有所转化，跳脱旧有的角色与地位，以应对外界变化环境中的挑战。
轨迹	是指长期的身心发展变化模式，包括不同的多重生涯角色的转换与过渡期；依据不同阶级所拥有的文化资本，而涵盖不同行动者个体生命史的意义。
生命事件	重大生活事件引起的状况，可能导致长期且严重的生涯中断（改变不同个体的生命历程，使人类呈现显著的差异性行为）。
转折点	生活事件的发生造成个体生命历程轨迹中，长期性角色任务的转换。

1-16　生命历程观点：重要议题

根据埃尔德的长期追踪报告，他认定了生命历程中相互关联的四个论点，即：人类生命与历史脉络的相互作用；人类生涯的时间点；联结的或相互依赖的生命共同体；以及人类的自由意志与选择。前述四点，再加上埃尔德及麦可·沙拿汉（Michael Shanahan）所提出的"生命历程多元样貌与文化轨迹"和"发展的风险因素及保护因素"两大议题，共同组成六大重要议题。兹先说明前两个议题如下（其他陆续于后续单元说明）：

一、人类生命与历史脉络的交互作用

1. 世代效应（cohort effects）

世代效应是指人类生命历程中，在同一时间点具有特殊形态的共享经验，且具有影响深远的强烈冲击。而同样的历史事件可能影响不同世代产生不同的生活模式，导致不同的成长轨迹。埃尔德的研究发现，出生于经济大萧条时期的幼儿，所受的冲击比当时已经进入儿童中期及青年期的人更为深远。世代效应是个体生命时间（biographical time）与历史时间（historical time）交互作用而形成的。

2. 年龄效应

年龄效应是指某实足年龄层造成的影响。世代效应意味着世代族群的划分受某历史时期的特殊挑战或机会影响，而促成生活模式的差异性。换言之，人生早期发展阶段（童年）的社会关系、事件与行为，会影响到个人成年晚期生命的关系、生涯地位与福祉。因此，生命历程观点，着重长期性稳定或是变迁所形成的生活轨迹，此轨迹反映出人际交流与生命形态的种种差异。

二、人类生涯的时间点

（一）每个社会都以年龄为重要的社会互动关系指标，在工业先进国家多半是依照实足年龄/法定年龄来检视社会议题或制定策略。例如：义务教育入学的年龄、参军的平均年龄、企业界的退休年龄等。年龄是社会学家经常拿来解释人类行为的测量因素。生命历程学者将某年龄特殊的生命事件及转折点的发生，称为生命的时机/时间点。科学家们可能将地位的转换、角色的进场与退场，依据社会的规范及期许，分类为及时、准时和时机不对等。

（二）人类依社会对不同年龄阶段的角色与地位规范，定义并规划生涯的时程与出生的实足年龄点。年龄分级（age-graded）阶段是根据生物的、心理的、社会的分层分级的过程与结果。年龄是生物、心理、社会理论架构主要的变量依据。年龄的分类包括生理年龄（biological age）、心理年龄（psychological age）和社会年龄（social age）等（见第35页详细说明）。

生命历程观点的六大重要议题

01 人类生命与历史脉络的交互作用

人类个体与家庭发展，必须放置于历史脉络及社会文化结构下分析。

02 人类生涯的时间点

角色与行为的差异与特定年龄群组相联结，是根据生物的、心理的、社会及心灵的分层分级过程的结果。

03 联结的或相互依赖的生命共同体

人类的生命、生活与生涯是休戚与共的互相依赖体，而家庭是经历及解读历史、文化与社会现象的主要舞台。

04 人类的自由意志与选择

在社会历史的结构状况及机会限制下，个人生命历程的建构有赖于主体的选择与行动力。

05 生命历程多元样貌与文化轨迹

个人的生命历程根植于文化习俗与历史脉络之中，并为个人带来优势机会或劣势与挑战。

06 发展的保护因素及风险因素

每一个过渡期的经验，对下一个生命事件或过渡期有所冲击，而且可能带来生命轨迹上的机遇或危机。

1-17　生命历程观点：重要议题（续1）

本单元接前一单元生命历程观点，说明六大重要议题的第三、第四项议题。

三、联结的或相互依赖的生命共同体

1. 生命历程观点

生命历程观点认为人类个体是群居并相互依赖的关系，支持个人选择的行为。社会支持（social support）是通过他人的协助，有利于个人利益的集体群聚力量，也是相互依赖生活中的重要元素，此类元素催生出彼此之间的期许、合作互惠，以及控制人类行为的互动过程。家庭是社会支持及社会控制的源泉，家庭成员世代间的互动关系，牵涉到生命周期与生涯规划的契机及转机。

2. 家庭成员的联结

家庭生命周期系统内的成员彼此相互支援、共克时艰，以渡过生命重大事件及角色转化的过渡期。成年人在适应新生活与社会化上，都比年幼的新生代来得迟缓。这对代际沟通造成急剧的冲击。

3. 与外部世界的联结

社会工作者应注意人类的生活、生涯与生命，它们往往受各种不同社会制度化的特权或压抑管制影响。生命历程观点认为全体人类彼此生命相互联系，亦是人们一生中重要的影响力量。个人并不是独立的个体，其家庭与社会关系的差异，以及不同世代间的联结形态与外部世界系统，都左右个人的生活经验与所能获得的资源。

四、人类的自由意志与选择

（一）人们做了决策之后，会改变自己的生命故事。个人的选择机制建构了生命历程，以书写自身的生命故事。生命历程观点强调个人的主体性选择与行动力。当然，人类的选择与主观能动性是有限的。因为人类的选择有时碍于成长背景、社会结构及文化的安排。埃尔德曾经引用社会心理学家班杜拉（Bandura）所提的两个重要概念：一为自我效能（self-efficacy），个人胜任感与自信（sense of personal competence）；二为效能预期（efficacy expectation），对自我的要求，即完成自己设定的目标的期许。班杜拉进一步指出，社会的不平等及受歧视历程的阶级，容易造成个人心理发展中的低自尊及低成就感，进而导致低效能及低期许。

（二）班杜拉将个人能动性（human agency）分为三种：个人自主（权）机制；个人力量的操作；代理委托机制及集体的机制，即通过团体社群行动力所产生的倡导机制。生命历程观点虽然强调整体历史脉络、社会经济结构会带给个人机会与限制，同时也深信个体仍然有其相对的主动性，即创造时势、积极参与、做影响生命历程的各种规划与决策，进而改变个体生活的面貌与生涯。

年龄的分类

年龄的分类	说明
生理年龄 （biological age）	是指个人生理发展及生理健康，以及对各种身体内部器官的功能的评价，也是生命周期中个人目前的身份状态。
心理年龄 （psychological age）	是指同时具有行为的与知觉的成分，是指心理的年龄、人类的能力调适、生理与环境需求，以及改变的智力及行动力。记忆、学习、智力、动机、情绪等智能都包括在内。
社会年龄 （social age）	即社会所期待的年龄角色行为。换言之，是指社会所建构的年龄规范（age norm），用来说明人类在社会期待下，在某个发展时期或年龄阶段的适当仪式性行为。例如：可以进行浪漫约会、开车、喝酒的年龄。

年龄结构化

年龄结构化（age structuring）是不少工业先进国家以年龄为标准（适当年龄或法定年龄），着手规划制定政策而界定的社会角色的转型。例如：法律规定义务教育入学年龄、退休年龄、合法申领驾照年龄等。许多学者认为，当一个社会越现代化，某实足年龄所附加的责任与义务的认定就越制度化或法定化。

X、Y、Z世代

X 世代
1965年以后出生
→
Y 世代
1975年以后出生
→
Z 世代
1985年以后出生

1-18　生命历程观点：重要议题（续2）

本单元接前一单元生命历程观点，说明六大重要议题的第五、第六项议题。

五、生命历程多元样貌与文化轨迹

研究者在探讨个人生活史后发现，生命模式是多姿多彩的。埃尔德对于四大生命历程观点的陈述，可以用来明辨生涯轨迹的研究的多元样貌。兹说明如下：

（一）历史时势历程的交互作用关系，强调不同世代的人们受到了不同程度的影响。例如：第二次世界大战对于1920—1930年出生世代的生命历程，便有决定性的影响。

（二）社会时势与生命历程的关联性，年龄界定与社会规范会随着时势、地点及生活模式而改变。年龄的社会规范影响个人生命历程进入特定阶段的时间点、长短及角色的期望、婚姻年龄、进入劳动市场的时间点，常受不同族群文化所界定的年龄及社会角色期望所影响。

（三）个人独立的生涯与社群的互相关联性。个人拥有家庭生活路径、教育路径，以及工作路径。个人生命的重要抉择取决于人际资源的多寡及限制。个人生命历程会受到社群赋予的生命发展意义影响。

（四）行动者的抉择。尽管个人生命历程深受出生的背景历史脉络、空间及社会网络的限制，但在此脉络下，个体行动者仍会依照自己的偏好及自由意志做抉择，从而主动规划自己的生命历程；意指生命历程研究和理性选择理论相结合。此外，代理信托及集体代理的机制（proxy agency and collective agency）在生命轨迹中，能够左右个人行为与团体行为的差异性。

六、发展的保护因素及风险因素

（一）生命历程观点借用社会学家默顿（Robert K. Merton）的累积优势（cumulative advantage）和累积劣势（cumulative disadvantage）的理论。默顿提出"马太效应"这个术语，来解释所谓"优者越优，弱者越弱"或"优势累积"的现象。早期表现优良的科学家在事业上具有累积的优势，而且其人生的生涯规划深受社会建构及制度化的过程影响，发展出强者越强，弱者则挣扎于每况愈下的困境中的特点。在很多情况下，马太效应对科学发展具有不利的影响，它使具有才华的弱势科学家被压制、埋没。

（二）马太效应指任何个体、群体或地区，一旦在某个方面（如金钱、名誉、地位等）获得成功和进步，就会产生一种累积的优势，即有着更多机会获取更大的成功和进步。社会经济学界也用它提醒社会政策的制定者，反映贫者越贫、富者越富，赢家通吃与收入分配不公的现象。优势累积效应揭示了一个不断增长个人和经济与企业资源的需求原理，关系到个人的成功和生活幸福，它是影响社会发展和个人成功的一个重要法则。生命历程中的韧性或复原力（resilience）是一个重要的基本概念，也是当事者在面对风险时，应对恶劣环境的内在驱动力。

人生不同阶段的特殊风险因素及保护因素

人生阶段	风险因素	保护因素
婴儿期	■ 贫苦无依 / 孤苦 ■ 儿童疏忽 ■ 父母精神异常 ■ 母亲未成年	■ 主动、积极、警觉、具活力 ■ 具社交性 ■ 小家庭（核心家庭）
婴幼儿期→儿童期	■ 贫苦无依 ■ 儿童虐待 / 疏忽 ■ 父母离异 ■ 父母物质滥用、酗酒	■ 知足乐活、乐群乐天的特质 ■ 知足常乐型
婴幼儿期→青少年期	■ 贫穷 ■ 儿童虐待 / 疏忽 ■ 父母精神异常 ■ 父母物质滥用、酗酒 ■ 幼龄青少年不适任母职 ■ 父母离异	■ 胜任母职的照顾者 ■ 与没有血缘关系的照顾者的亲密联结 ■ 祖父母的支持
婴幼儿期→成年期	■ 贫穷 ■ 儿童虐待 / 疏忽 ■ 青少年母职	■ 低焦虑 / 较理智 ■ 母亲的受教育程度高
幼儿期	■ 贫穷	■ 精进自立、有自救的能力
幼儿期→成年期	■ 贫穷 ■ 父母精神异常 ■ 父母物质滥用、酗酒 ■ 父母离异	■ 师长的支持与勉励 ■ 成功的学校经验
儿童期→青少年期	■ 贫穷 ■ 儿童虐待 / 疏忽 ■ 父母精神异常 ■ 父母物质滥用、酗酒 ■ 父母离异	■ 内在驱动力的支配 ■ 坚定的成就动机 ■ 特殊才艺与正当休闲性 ■ 正面的自我概念 ■ 对女孩：强调自主性及主要照顾者的情绪支持 ■ 对男孩：家庭内的组织与纪律 ■ 对男孩与女孩：分派家务、与互信的同伴建立协作机制
儿童期→成年期	■ 贫穷 ■ 儿童虐待 / 疏忽 ■ 父母精神异常 ■ 父母物质滥用 ■ 父母离异 ■ 少年生子	■ 智力中等或超群 ■ 保持理性或客观的能力 ■ 控制原欲或冲动 ■ 坚定的宗教信仰 ■ 给予支持的兄弟姐妹 ■ 导师的指引
青少年期→成年期	■ 贫穷	■ 规划人生、生涯愿景

1-19　生命历程观点：优势与限制

生命历程的观点是建立于心理与社会的理论，可从个人的观点、家庭的观点、其他集体现象或由文化产业与社会制度等形塑个人生命的历程加以探讨。生命历程观点综合融入多元学派与各家论述，使个体与环境，如物理环境、社会制度、社会结构、家庭、小团体、正式组织、社区及社会运动的交互关系与联结互为滋养，相得益彰。

生命历程观点关注的不仅是各个生命周期的阶段性转折，还包括其发展过程的轨迹，分析重点除了个人层面，亦考量个体所处的文化制度脉络，以及宏观与微观两大系统观点的交互关系。兹将生命历程观点的优势与限制，说明如下：

一、优势

（一）生命历程观点正视社会变迁与文化历史脉络对人类行为的冲击，关心日常生活模式相关的生理、心理及社会的生命历程时间脉络。因此与生物、心理、社会的观点相得益彰，强调世代之间的关系与生活的互助依赖性。

（二）生命历程观点不似传统的单一决定论，也同时关注人类内在的主观能动性与优势，以及应对时势改变的潜力。

（三）生命历程观点可寻找出评估的风险与预防介入的策略，觉察生命历程的轨迹，并经实证研究，提出可能的累积优势与累积劣势的因素，以及建议社会正义的可行策略。

（四）生命历程观点重视世代效应（cohort effects）。运用质性与量化、纵向追踪设计、交叉研究。由于世代效应非常重要，故以纵向研究或长期追踪设计为主，强调多元异质性是生命历程的优点，然而多元性也是一种挑战，生命历程观点的优势是强调多元文化差异性，且伴随着不同的挑战。

（五）生命历程观点如同其他行为科学论述，企图探索人类行为的常轨与生活模式。不同社会的异质化程度与层次所设定的行为模式是值得商讨的，可从社会历程及社会机制的角度切入思考。

二、限制

（一）大多数资料或信息皆采用工业先进国家的案例，是否能类推至全球化的议题，有待验证。有些学者认为，生命历程观点仅适用于富裕的工业文明国家。

（二）无法细致地涵盖宏观社会文化制度结构面与正式的大型组织，以联结微观的族群家庭与个人生活的层次。

生命历程观点与八大人类行为理论的复合性及对社会工作的实务启示

理论与观点	生命历程论点及基本概念
系统观点：人类行为是通过人际之间整合，联结家庭、社群、社区组成与机构系统下交互作用的外显行为。	■ 论点：人生的时间点；相互依赖结合的生活。人类不能离群索居。 ■ 概念：生理年龄、心理年龄、社会年龄。
冲突观点：人类行为是社会生活中人际关系，经由冲突、支配及宰制所驱动的社会力。	■ 论点：发展的风险因素与保护因素。 ■ 概念：累积的优势、累积的劣势。
理性选择观点：人类行为是基于自私自利及理性的选择，以达成终极目标的有效途径。	■ 论点：选择人生的机遇。 ■ 概念：自主选择、机会、限制。
社会建构观点：社会事实是行动者在人际互动发展中，对他们的世界所建构的共同理解。	■ 论点：生命的时间点、人生历程的多元化轨迹、发展过程的风险因素与保护因素。 ■ 概念：生命事件的意义及底蕴，社会年龄，年龄规范，年龄的结构化、意义化，累积的优势及累积的劣势。
心理动力观点：人类行为乃是满足个体需求、欲求及情绪动机的内在驱动的过程，儿童早期经验对人类生命历程及生命问题具有关键性的影响力。	■ 论点：生命的时间点、发展过程的风险因素及保护因素。 ■ 概念：生理年龄、能力、社会（社交）智能、生活智能。
发展的观点：人类行为与生命周期有其规律性与变化性。	■ 论点：生命历程与历史脉络的交互作用、生命的时间点、发展过程的风险因素及保护因素。 ■ 概念：生命转折、生物年龄、心理年龄、社会年龄、时间系列。
社会行为观点：人类行为是个体与环境交互作用下所学习的民俗与习性，行为受个人自我期许及人生意义所影响。	■ 论点：生命历程与历史脉络交互作用、决策的机制、生命方式的多样化、生命历程及轨迹、保护因素及风险因素的发展性。
全人观点：人类行为唯独通过个体内在的参考架构去理解，人类行为由内在向善及能力增长的欲望所驱动。	■ 论点：生命的时间点、抉择的机制。 ■ 概念：生命事件的意义及转折点，个人、家庭及社区的优势力量。

1-20　生命全期发展

生命全期发展（life span development）主要在研究个体行为因时间推移而产生成长变化的历程，更是对人类行为的诠释。生命全期发展研究个体行为、人格和特质在时间过程的轨迹或路径，个体的差异是生命全期发展关注的重点，着重于了解个人在生命周期中不同时期的差异。兹对生命全期发展的研究形式与争议，说明如下：

一、生命全期发展的研究形式

（一）针对生命全期发展某个期间的行为、性格、技能和特征进行研究。例如：研究某个年龄群，探讨他们的情感取向、限制和智能的长期特征，针对个体差异的持续性特质进行追踪，试图解释偏差的行为。

（二）聚焦于厘清某个阶段特定的心理功能、特质和技能的发展，以及与其他阶段的差异是什么。亦即，生命全期发展的特色在于提供一个从生到死、与年龄相关的生理、心理和行为变化的描述。例如：生命全期发展的理论家对"中年期和其他阶段的发展差异"很感兴趣，此发展被应用在多方面人类行为的探讨中，包括正向的社会特质和其他个体优势的发展。

二、生命全期发展的争议

（一）生命全期发展研究最主要的争议是特质或行为倾向是持续还是不持续的。这项争议的主要问题在于改变或变化（change）。对人而言，改变很难吗？有些理论家或理论主张：个体的自我或人格一旦形成就很难再改变。例如：弗洛伊德认为大部分的人格是在7岁以前决定的，从此之后就不太可能有变化。由此可以看出，人格模式一旦形成，虽然可以不断修正，但是基本的人格结构维持不变，主要是累积性持续或自我选择的过程所造成的。

（二）"累积性持续是指生命某个时间点的行为，会影响生命后续时期的机会和行为。"例如：先前的学业失败，可能产生刻板的印象或预期，导致未来学业的失败。自我性与自我选择，是指个体具有自由选择的能力和天性，个人即使具有这种天性，所选择生命的情境与经验，可能也离不开和人格特质或过去经验一致的情境和人生方向。

（三）生命全期发展的另一个重要主张，是认为改变在人的一生中不断地发生，意味着人格的"可塑性"（plasticity）或改变的能力（capacity for change）。然而，早期被称为漏斗理论（funnel theory）的发展论述，则认为改变的可能性随着时间而变化。

漏斗理论

漏斗理论认为改变的可能性随着时间而降低。此理论认为随着时间推移，人们改变的能力逐渐减弱。这项观点支持生物模式的主张，该主张将人类的发展限制在生命的前半段，认为后半段属于老化和衰退的过程。虽然早期的发展概念支持这项主张，但是最近生命全期发展的相关研究结果并不支持这项主张。我们知道，人类的发展不是先前已经预设好的成熟程序，个体对环境的刺激不只是被动式或机械式地回应；人们有能力积极主动地选择情境、改变情境或被情境改变。

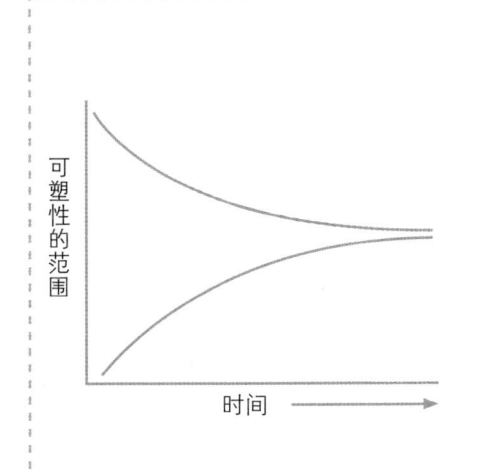

生命全期观点的解释案例：攻击行为的发展轨迹

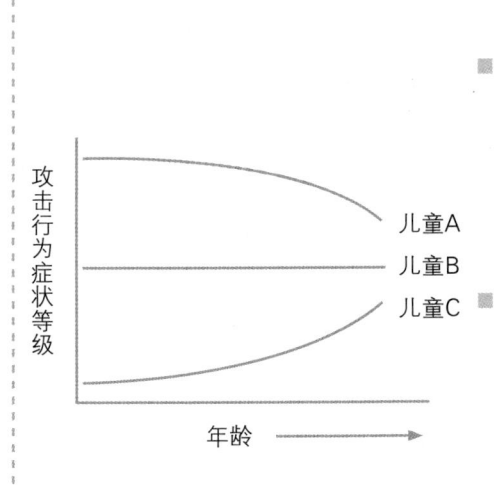

- 儿童A：一直维持高频率的攻击行为；儿童B：攻击行为的轨迹维持稳定不变；儿童C：攻击行为轨迹呈现持续成长的趋势。为了解读这些轨迹，不只需要考量儿童当下的行为强度或等级，也需考量攻击行为的发展轨迹，以及该类型行为的年龄常模。
- 生命全期发展提供现象最佳的资料或信息：个人特质随着时间轨迹而变化，以及评估这些变化最适合的常模。生命全期发展也可以帮助我们确认：个人特质、技巧、功能、优势等方面观察到的变化，是由个体的年龄、年龄群或个人周遭环境的特定情境因素引起的。

1-21　态度

社会工作想要解开许多有关动机方面的谜团，例如：为什么有些人行善或利他动机比较强？驱动人们努力达成目标和追求成就的动机是什么？为什么有些人宁可进行反社会的活动，也不愿投入有利于社会的行为？可从态度在人类行为中的功能与角色，对动机加以探讨，说明如下：

一、态度

（一）态度（attitude）是指对某事物的评价性反应与感觉，这种反应和感觉是经由学习得到的，一旦习得便会持续影响个体对此事物的行为。相关的影响因素，包括价值（values）、信念（beliefs）、主观规范（subjective norms）、行为意图（behavioral intention）等。

（二）态度对人们具有许多不同的功能；态度有时帮助态度持有者解释和组织不同的信息（知识的功能），有时允许态度持有者表达自己的价值观和信念（自我表达或自我认同的功能），有时也增进持有者的自尊心（自尊的功能）。

二、影响态度改变的理论

社会工作的基本假设之一是，改变个案的态度将有助于改变其行为。因此，态度可以影响或预测人类的行为。兹将影响态度改变的理论，说明如下：

1. 一致性理论（consistency theory）

是指人们会努力维持对自己的看法、所处情境、与他人关系三者间的一致，人有动机要保持态度和行为之间的一致。当态度与行为不一致时，不舒服的感觉将促使人们重新建立两者间的平衡与一致。费斯廷格（Leon Festinger）提出了著名的认知失调理论（cognitive-dissonance theory），认为个人在面对认知与认知之间的差异、认知与行为不一致时，焦虑便会产生。费斯廷格认为焦虑与不舒服的感受将刺激个人协调不同认知，或对认知与行为之间的矛盾进行协调。但是他认为两相冲突的认知或想法与态度必须互相关联，个体才会体验到态度与认知不一致的冲突；相反地，若是不调和的认知与此无关，则并不会引起认知失调的感觉。

2. 自我知觉理论（self-perception theory）

伯恩（D. J. Bern）的自我知觉理论，试图说明失调理论提到的同类型行为，只是他对个人在行为之后的态度如何改变提供另一种解释。自我知觉理论认为，当个体对某些事物或议题没有明确的态度时，他会从自己的行为与行为发生的情境去推论。另外，伯恩也提出了著名的"登门槛效应"（foot-in-the-door effect）——个人会先同意小的请求，而后同意大的要求。他认为这是个人自我知觉的改变所造成的。自我知觉理论预测，若个人发现自己的行为是出于自由选择，会将行为归于个人的特质，而非外在因素，而且会做出结论："我就是这样的人"；相同地，登门槛效应指出，当个人顺从小的请求时，通常会得出结论："我就是这种会因人请求而同意他人请求的人。"

态度与行为意图的关系

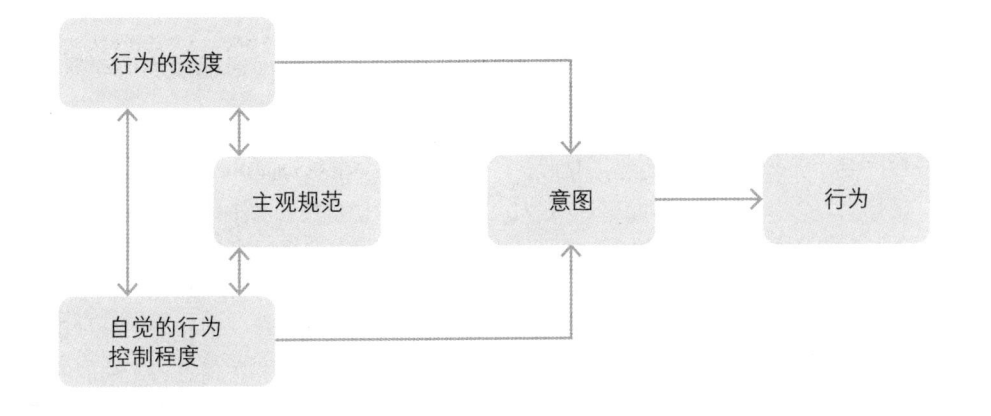

```
行为的态度 ─┐
    ↕      │
 主观规范 ──→ 意图 ──→ 行为
    ↕      ↑
自觉的行为 ─┘
控制程度
```

影响态度的相关因素

- 价值（values）：抽象性的目标，没有特定的参考对象。价值可以是某种抽象判断，例如：美感、自由或健康，这些价值观可以促使态度及其他信仰系统形成。同样，当人们在做决定时，也会以价值来进行评估。事实上，当价值转为行动时，态度便扮演着中介的角色。
- 信念（beliefs）：信念包括和某些物体（如抽烟）相关的信息，从技术上的观点来看，信念指人们对事物特质的观察与了解。例如：我们对于抽烟可能引起的后果有信念。信念的定义如果是如此，到底和态度的差异为何？或者两种概念是雷同的吗？其实两者的区分并不容易，不只如此，两者和其他心理特征或结构的区分也是不容易的。信念和态度是否会影响行为？例如：人们知道抽烟的后果，内心存有这种信念，虽然持有这种信念（了解抽烟的危害），并不表示他们不会抽烟。
- 主观规范（subjective norms）：主观规范也是影响人类行为的因素，态度是指个体对事物所具有的评价性的感觉，例如：你对抽烟有负面的内在感觉，态度便反映到行为上。主观规范则是指个体人际关系里的重要人物所持的价值或信念，例如：有关抽烟，人际关系中的重要他人的看法为何？个体可能从许多报道中了解到抽烟的害处，但这并不表示他会对抽烟持有负面的态度。因此，态度与主观规范共同影响人们的行为意图。
- 行为意图（behavioral intention）：是指个人主观评断自己从事某行为的倾向。例如：什么原因会让你下个月继续抽烟？内在态度较主观规范更能预测人们的行为意图。态度是影响行为的内在因素，而主观规范是影响行为的外在（社会）因素。

第一章 理解人类行为与社会环境的入门

1-22　信息加工：基本观念

人类的信息加工是一种认知的方法，其强调步骤、活动和运作，可经由个人接收、觉察、记忆、思考和利用信息而获得。兹对人类信息加工的基本观念，说明如下：

（一）信息加工取向（information processing approach）强调认知进程的步骤、活动及运作的发生。信息加工的步骤开始于我们接收到的刺激，因为我们感兴趣于一些已发生的事，所以选择了对我们有价值的知识。然而，信息不只是被我们的心智复制而已，它也被诠释和评价，这些事物会被我们过去的经验所影响。如果信息具有价值，会储存在我们的记忆中，以备未来的使用。当需要时，我们会从储存的记忆中取出信息。我们所拥有的认知可促使这些信息在未来生活问题解决上成为参考。亦即，当感官系统接受到外在的刺激时，我们感知信息，并将它们放入感觉记忆区，这些信息可能不被处理而消失，也可能被放在短期记忆区中，但短时记忆区的容量并不大。有些信息如果经过刻意复习，将可被编码后送到长时记忆区储存，以后长时记忆区的信息能因外在的刺激而被搜寻及检索，再经过心理运作的解码，运用于外显行为。

（二）社会工作人员在评估个案的心理功能时，必须对人类信息加工（information processing）的过程有基本的了解。信息加工的观点解答的问题是：内外在刺激如何进入个人的知觉系统，而使个体对这些刺激有所知觉？个体对这些刺激产生何种反应？从信息加工观点出发的专家，将信息加工过程视为一连串的阶段，包括接收（uptake）、选择（selection）、编码（coding）与储存信息（storage infor-mation）。这些阶段介于个体与刺激初步接触和个体对刺激有所反应之间，其过程与计算机处理信息的过程相似。

（三）虽然很广泛地以计算机比喻描述脑部的功能和运作，但是由于神经科学的发展，过去发展的相关信息加工功能的知识和印象就有修正的必要。过去以计算机来比喻的模式，都会假设脑部存在一个中央处理系统和一个集中储存的数据库；比较新的比喻模式，则强调多个单位之间的连接和平行分工处理的功能（parallel-distributed processing，PDP）。在这个功能之下，信息和知识不是被储存，脑部储存的是单位和单位之间连接的线索和强度，所以资料的类型可以重叠。麦克里兰（McClelland）对此的说明为："新的模式主张信息的处理，是通过大量的基本单位间的互动和连接，每个单位都可送出兴奋（excitatory）和抑制（inhibtory）的信息给其他单位。"科学家认为不同形式的表征是以关联性网络的形式，分别储存在脑的各个部位，表征被视为一些简单的处理单位相互连接的不同形态。

信息加工的步骤

刺激 → 选择 → 觉察 → 记忆 → 思考 → 问题解决 → 行动

以计算机比喻信息加工过程

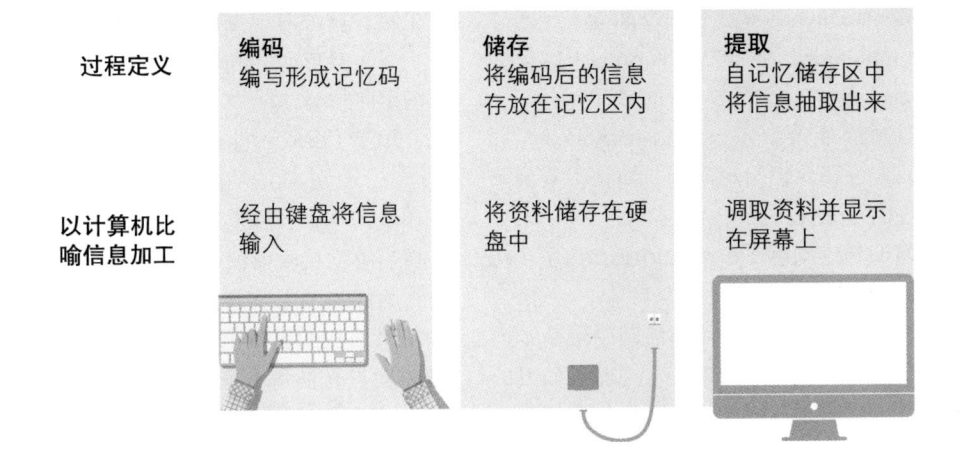

	编码	储存	提取
过程定义	编写形成记忆码	将编码后的信息存放在记忆区内	自记忆储存区中将信息抽取出来
以计算机比喻信息加工	经由键盘将信息输入	将资料储存在硬盘中	调取资料并显示在屏幕上

连接和平行分工处理（PDP模式）三项基本的原则

01 信息的表征被分配和分散在脑部各个部位，不是单一、集中、局部性的。

02 记忆和特定事务的知识不是直接被储存，而是以单位和单位间的连接方式予以储存。

03 学习是经由经验组成单位之间的连接线索和强度，逐渐累积而产生的。

第一章 理解人类行为与社会环境的入门

1-23 信息加工：各子系统的功能（意识与定向感、知觉）

在社会工作的评估中，社会工作者必须了解信息加工的各个阶段和各子系统的功能，这些功能包括意识与定向感（consciousness and orientation）、知觉（perception）、注意力（attention）、学习力（learning）、记忆力（memory）、理解力（comprehension）、推理与判断力（reasoning and judgement）。本单元先说明意识与定向感、知觉，其余于后续各单元说明。

一、意识与定向感（consciousness and orientation）

（一）意识是人类认知活动中最基本也最重要的元素。对于意识最常用而最简要的定义是：个体对自己、他人和物理环境等内外在刺激的感知。

（二）除了很平常的睡觉和醒来的周期，最常被提到的方式是将意识当成一个连续体，或者将意识的状态分成几个层次或等级，从完全警觉到昏迷状态。健康的个体在日常生活中，应该会体验到各种程度的意识状态，包括从警觉到昏迷。警觉（alertness）则是指对充满情绪性意义的事物、对恶意的刺激，或对某类刺激有所反应的能力；昏迷（coma）是指对有害或其他外在的刺激毫无反应的心理状态，包括言语、运动神经或其他方面。为了解个案意识的状态，社会工作者可以评估他们对不同刺激的反应。

（三）处在如此低度警觉状态的人，认知上的许多功能都无法发挥，这种意识偏差的情形称为失定向状态（disoriented states），指的是个人失去对他人、时间和地点的感知。失去定向感通常是因为个人感官知觉的接收系统受到限制、混乱不清或有缺陷，可能是器质性的心理违常。疗养院和精神医疗机构的实务工作者有机会接触到这类个案，评估时，可以借由询问个案对年、月、日、具体时间和地点的感知，以判断个案的定向状态。

二、知觉（perception）

（一）感觉的功能是人类认识社会与物理环境的基础。感觉和知觉有何差别？感觉是指当感觉接收器侦测到信息后，将信息传递到脑部的过程。只具备这种能力，仍旧无法认识外在的世界。例如：婴儿可以接收到声波与光波等刺激，却无法了解信息的意义。

（二）知觉（perception）是对接收到的感觉信息进行诠释的作用。知觉与人类日常生活中的每一件事都息息相关。常被提及的知觉理论如下：

（1）扩充理论（enrichment theory）：皮亚杰（Piaget）认为感官所接收的信息并非完整、明确或具体的，我们的知觉需对片断的信息、联结进行扩充和赋予意义。在社会工作治疗的过程中，社会工作者常有机会协助因为负面生活经验，而导致知觉被扭曲的个案。

（2）分化理论（differentiation theory）：我们所需要的所有信息都在感觉信息和刺激中，我们的任务只是对这些原本存在的信息加以区别。

感觉与知觉的区分

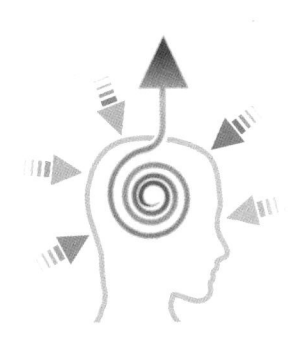

感觉

感觉器官吸收环境的物理刺激的能量。

感觉接受器觉察到刺激的能量,将之转换成神经冲动,传送到脑部。

知觉

脑部将这些输入的神经冲动转成有意义的输入。

第一章 理解人类行为与社会环境的入门

知觉的练习

可变换且模棱两可的图像:是人脸还是花瓶?

1-24　信息加工：各子系统的功能（注意力、学习力）

在社会工作的评估中，社会工作者必须了解信息处理的各个阶段和各个系统的功能，这些功能包括意识与定向感（consciousness and orientation）、知觉（perception）、注意力（attention）、学习力（learning）、记忆力（memory）、理解力（comprehension）、推理与判断力（reasoning and judgement）。本单元继续说明注意力、学习力，其余于后续各单元说明。

三、注意力（attention）

（一）注意力（attention）和警觉（alertness）两者不同，注意力是指将精神集中在特定的信息或刺激上，不会因为外在无关的信息或刺激而分心。

（二）注意力包括警觉性、专注力两个层面，说明如下：

（1）警觉性（vigilance）：是指个人持续对外在事物长时间保持注意的能力，尤其在危险或无法预知的情境中，此认知功能是相当重要的。面对环境中潜在的危险事物，个人必须具有警觉性。有些个案缺乏警觉的能力，例如：创伤后应激障碍或焦虑障碍等心理障碍常会使个人失去警觉的能力。相反地，过度警觉（hyper vigilance）是指个体过度注意环境中的事物、信息或刺激，时常检视环境中潜藏的危险。例如：患有创伤后应激障碍的个案有时会缺乏警觉性，有时却又过度警觉。

（2）专注力（concentration）：是另一种认知功能，是指个人维持内在心理运作而不中断的能力。面对注意力有缺陷的个案，社会工作者应试着辨认个案的缺陷属于何种类型，是注意力的哪一个过程出了差错，以便在治疗团队中提出，以找出对策。

四、学习力（learning）

（一）人类如何习得信息？希腊哲学家亚里士多德（Aristotle）提出联想（associationism）的概念。联想和脑部资料的注册与储存之后的联结形成有关，这些联结是三个因素促成的结果：连续性（continuity）、相似性（similarity）、重复性（repetition）。

（二）学者在研究联想的过程中，发现了学习的另一个重要因素：强化（reinforcement）。两种最重要的强化学习是经典条件反射（classical conditioning）与操作性条件反射（operant conditioning），这两者对强化的定义有所不同，说明如下：

（1）经典条件反射的强化，是指通过第二个刺激（second stimulus）来强化第一个刺激与反应间的联结性。例如：幼犬在听到铃声（第一个刺激）后伸缩脚爪（反应），因为铃声已经和电击（第二个刺激）联结在一起。

（2）操作性条件反射的强化，是指学习到的新反应，因为这些反应能够影响环境。例如：儿童习得某种反应能够解决问题，未来在面对类似的情境时，会重复这种反应，因为这种反应和相同的结果已经被联结在一起了。

"序列七"（serial 7s）：评估个案的注意力和对事物的记忆能力

- 临床上通常以"序列七"（serial 7s）来评估个案的注意力和对事物的记忆能力。
- 其方式是要求个案将100连续减去7，每减一次就说出答案；受测者必须一方面注意和记得减7之后的剩余数目，另一方面进行减7的工作。有些社会工作者则要求个案拼出一个字（如world），然后要求他们倒背以测验个案的注意力。

促成联结的三个因素：连续性、相似性、重复性

01 连续性（continuity）
指的是两件事情在时间和空间上同时发生形成的联结。例如：一个人将毛茸茸的感觉经验和猫联结，可能会形成毛茸茸和猫的概念的持久联想。

02 相似性（similarity）
是指紧密发生的事件或观念，具有类似的特征而引起联结。

03 重复性（repetition）
当事件或者想法经常在一起发生时，人们就容易认为两者有联系，这种过程称为重复性。

1-25　信息加工：各子系统的功能（记忆力）

在社会工作的评估中，社会工作者必须了解信息加工的各个阶段和各系统的功能，这些功能包括意识与定向感（consciousness and orientation）、知觉（perception）、注意力（attention）、学习力（learning）、记忆力（memory）、理解力（comprehension）、推理与判断力（reasoning and judgement）。本单元及次一单元说明记忆力，其余于后续各单元说明。

五、记忆力（memory）

记忆力的类型

1.瞬时记忆（immediate memory）

（1）瞬时记忆是指能够将信息维持大约10秒的能力。社会工作者可以要求个案执行数字符串码（digit span）的任务，也就是提供一串数字，请个案立刻背诵或倒背。一般人可依顺序复述5~6个数字，或是倒背4~5个数字；另一种测验瞬时记忆的方法是提到三项信息，要个案立即重复。这类测验的目的是评估个案是否能立即回忆主试所说的信息内容。若个案登记有问题，通常无法回忆这些信息。

（2）信息加工理论专家路德维格（Ludwig）将记忆的过程分成四个阶段，称为记忆的4R，包括登记（registration）、复述（rehearsal）、保持（retention）、回忆（recall）。牵涉到这四个阶段功能的器官如果有任何问题，都可能影响记忆力。例如：登记过程需要接收器的功能无恙，感觉器官是信息登记最重要的接收器，中风或脑部受伤都会影响到信息接收的功能。短时记忆的缺陷通常是因为负责登记、复述和巩固信息功能的脑部受损；长时记忆的缺陷则是在回忆过程中，信息的提取功能出现了问题。

2.短时记忆（short-term memory）

短时记忆可保持的时间有限。未经复述的信息可维持20~30秒，若经由复述则可达5~10分钟。因此，复述是保存信息的有效方法，对刚接收的信息进行回忆，通过口语、心象和联想的方式加以储存，信息的保存比较能够持久。如果无法针对新的信息进行这些储存的程序，信息将很快从短时记忆中消失。

3.长时记忆（long-term memory）

（1）长时记忆是指能够将信息保存数天、数月或数年的能力，除了时间可维持较久，信息的容量也具有无限的可能。大多数人可以轻易地记得过去的事件。在评估长时记忆方面，社会工作者可以问及会谈之前和个案相关的重要事件与经验信息。

（2）长时记忆储存信息的容量是无限的，但是到底长时记忆可以储存多长的时间，并没有定论。有些专家认为长时记忆的信息可永久储存，并以"闪光灯记忆"（flashbulb memory）来说明这种观点。闪光灯记忆是指个人可以清楚详细地回想起过去事件的时间、地点和人物等。例如：人们能够很清楚、详细、生动地回想起珍珠港事件、美国总统肯尼迪遇刺、马丁·路德金遇害，以及挑战者号航天飞机爆炸等事件发生时的细节。

短时记忆与长时记忆流程图

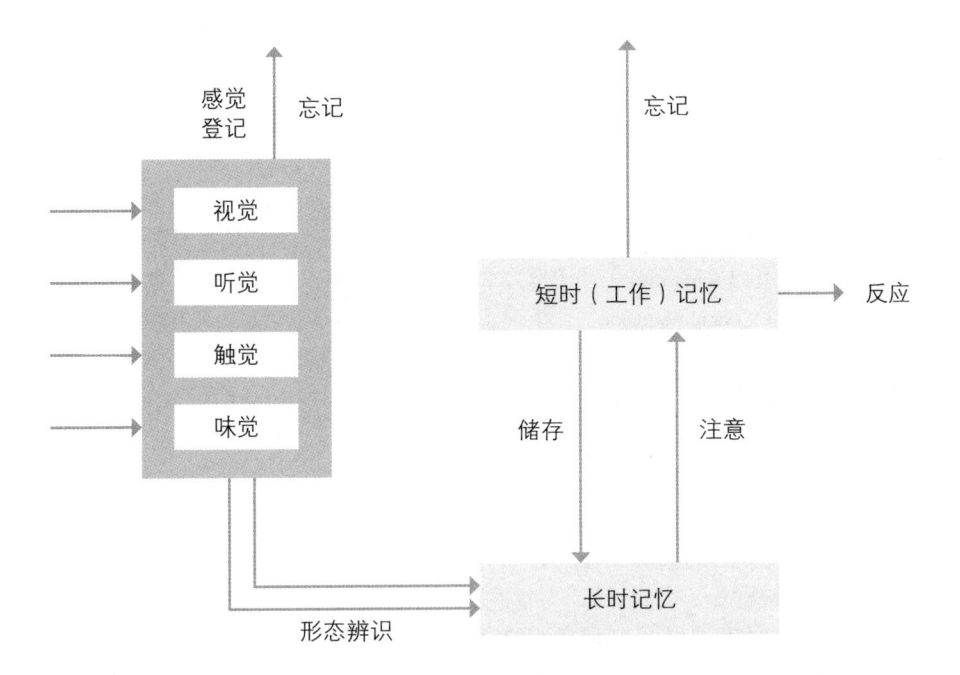

```
感觉登记
         忘记↑                    忘记↑
    ┌─────────┐
 →  │  视觉   │
    ├─────────┤              ┌──────────────┐
 →  │  听觉   │              │ 短时（工作）记忆 │ → 反应
    ├─────────┤              └──────────────┘
 →  │  触觉   │                  ↓储存  ↑注意
    ├─────────┤              ┌──────────────┐
 →  │  味觉   │ ───────────→ │   长时记忆   │
    └─────────┘   形态辨识    └──────────────┘
```

第一章 理解人类行为与社会环境的入门

米勒著名的论文《神奇的数字7±2：信息加工能力的限制》

- 短时记忆除了保存的时间有限，能够记得的项目也有限。
- 米勒（George Miller）著名的论文《神奇的数字7±2：信息加工能力的限制》，对短时记忆的功能有进一步的说明：
  ▶ 当额外的信息加入时，一些旧有的信息将会被取代。例如：当你正在复述别人告知的电话号码时，又想着你的铅笔放在何处，这些外加的信息会取代一些已经在短时记忆内的信息。
  ▶ 当你试图记住十件事物时，第九或第十件事物会将先前所记的信息或项目剔除。因此，短时记忆可比喻为七个抽屉，每个抽屉只能放一项信息，若要增加新的信息，唯有取代旧有的信息方可达成。

051

1-26　信息加工：各子系统的功能（记忆力）（续）

在社会工作的评估中，社会工作者必须了解信息加工的各个阶段和各子系统的功能，这些功能包括意识与定向感（consciousness and orientation）、知觉（perception）、注意力（attention）、学习力（learning）、记忆力（memory）、理解力（comprehension）、推理与判断力（reasoning and judgement）。本单元继续说明记忆力的相关内容，其余于后续各单元说明。

4.内隐记忆（implicit memory）

如果当事者以前经历过一项事件，有记忆却没有感知，但是对行为和工作的表现有影响，则该记忆被称为"内隐记忆"。内隐记忆的特色就是回想过程不具有意识的感知，也就是当信息被登记时，登记者并不知道，所以传统的信息加工模式重视的要素——注意力，并不影响内隐记忆的形成，比较能够解释这种现象的还是记忆的联结网络模式。

5.近期记忆（recent memory）和远期记忆（remote memory）

（1）近期记忆：是指近期所发生的事件或信息，有助于个体执行日常生活的功能。评估时可以问个案过去24小时内发生的事件，个案应该有能力想起会谈之前一天内所做的事。例如：以什么方式来会谈、早餐吃什么、刚刚发生的事件等。

（2）远期记忆：是指过去几周或几个月事情的信息。记忆功能的评估是心理功能评估的重要一环，随着人口老龄化，社会工作者遇到失智个案的机会可能越来越多，评估记忆功能的需求也会随之增加，因此必须具备筛检记忆功能损伤的能力。

信息加工功能和记忆

记忆过程的阶段区分，可以将由接线员提供电话号码给我们的过程加以说明如下：

（1）第一个阶段为感觉登记（sensory registry）：即电话另一端的接线员发出的语音信息，刺激接收者的听觉神经，听觉神经再将信息传到大脑内的听觉皮质区，进行听觉信息的处理。刚开始，听觉信息尚未被赋予象征、意义或数值表征，第二阶段才可能赋予象征数值。此时，接收到的大多数听觉刺激还没有超越感觉登记的阶段，个体需注意到声音的特殊性，才有可能进入下一个阶段。

（2）第二个阶段为感觉和形态辨认（pattern recognition），是指赋予听到的声音意义或符号的过程。当接线员所说的声音被辨认成数字时，形态辨认便产生。形态辨认要能产生，位于长时记忆区域内的语言和经验相关的因素在这个过程扮演重要的角色。形态辨认接着就是短时记忆的阶段，这些过程的任何亏损都可能影响长时记忆的信息储存功能。

（3）第三个阶段为短时记忆（short-term memory）：此时电话号码已经填满短时记忆，许多人以念在口中或想在心中的复述方式将号码保留在短时记忆区中，直到拨打电话为止，因为短时记忆能将号码保持到拨接电话时，但若要储存至长时记忆则需通过其他的记忆功能，例如：联想或反复学习。有人将短时记忆（又称为工作记忆）比喻为七个抽屉或七个凹槽，每个抽屉都只能够处理单一项目的信息；如果有额外的信息，原来已经储存在抽屉的信息一定会被替换。

记忆过程的阶段

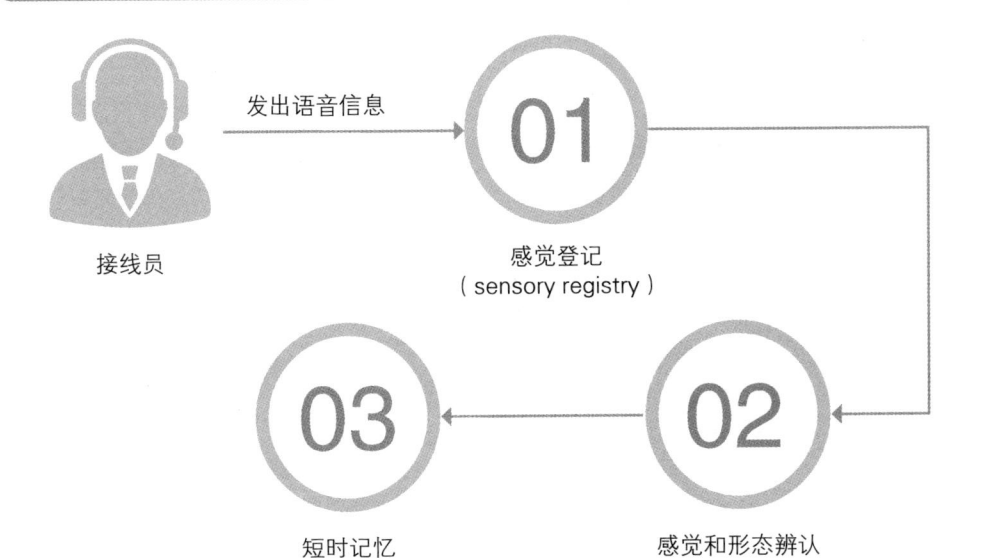

接线员 —发出语音信息→ 01 感觉登记(sensory registry) → 02 感觉和形态辨认(pattern recognition) → 03 短时记忆(short-term memory)

第一章 理解人类行为与社会环境的入门

各类型的记忆

瞬时记忆
是指能够将信息维持大约10秒的能力。

短时记忆
未经复述的信息可维持20~30秒，若经由复述则可达5~10分钟。

远期记忆
是指过去几周或几个月事情的信息。

长时记忆
是指能够将信息保存数天、数月或数年的能力。

近期记忆
是指近期所发生的事件或信息，有助于个体执行日常生活的功能。

内隐记忆
当事者以前经历过一项事件，有记忆却没有感知，但是却对行为和工作的表现有影响。

1-27 信息加工：各子系统的功能（理解力、推理与判断力）

在社会工作的评估中，社会工作者必须了解信息加工的各个阶段和各子系统的功能，这些功能包括意识与定向感（consciousness and orientation）、知觉（perception）、注意力（attention）、学习力（learning）、记忆力（memory）、理解力（comprehension）、推理与判断力（reasoning and judgement）。本单元继续说明理解力、推理与判断力。

六、理解力（comprehension）

社会工作者常会面对理解力和语言表达能力有缺陷的个案，这些缺陷与记忆力的损伤有密切的关系。努尔科姆（Nurcombe）和加拉格尔（Gallagher）指出，理解力与表达能力有几个共同或重叠的特征，他们认为两者都依赖下列各项：

（1）储存在长时记忆区的信息量（储存）。

（2）从长时记忆区可以提取的信息量（取出）。

（3）长时记忆区内的信息整理（组织）。

（4）从长时记忆区取出可用于处理问题的模块、架构、脚本和地图。

七、推理与判断力（reasoning and judgement）

（1）虽然我们可以理解环境中的各种刺激，但这并不一定表示我们能对信息做有效的诠释。有效的诠释需要通过解决问题（problem solving）与抽象推理（abstract reasoning）等，属于思考性的心理功能。

（2）在日常生活中，常会出现改变现状的需求，认知学家想知道为何许多人无法想出适合解决问题的方法，僵直（rigidity）是常见的因素之一。僵直是指个体在面对新问题时，倾向于用个人过去经常使用的解决方法，忽略了其他可以解决问题的最佳方式。这种僵直属于反应定势（response set）或反应固着的类型，亦即个体持续运用在过去情境中成效良好的反应方式。解决问题时的僵直还有其他类型，例如：知觉定势（perceptual set）或者知觉固着，是指只用一种观点去思考问题。最明显的是当人们在理解事物或解决问题时，只注意到事物最显著的功能，无法发掘已知物品的潜在用途，造成解决问题上的困难，因此又称为功能固着（functional fixedness）。

（3）抽象思维亦是另一种很难评估的认知功能。抽象思维（abstraction thinking）是指可辨认象征的意义的能力。社会工作者可以请个案说出物体或东西间的异同；精神科医生常会要求个案解释众所周知的谚语，例如："一言既出，驷马难追。"

（4）谚语属于抽象的比喻，个案如果无法解释，排除教育程度的问题后，可进一步探究个案抽象思维的能力是否有缺陷。如果缺乏抽象思维或解决问题的能力，个人在事物的判断上可能有缺陷，行为也可能出现偏差。社会工作者也可询问个案如何解决简单的生活问题，以测验其抽象思维能力。例如：排队看电影时，突然有人插队，你会怎么做？个案的抽象思维能力如果有缺陷，可能在解答这类问题时有困难。

"解决问题"的定义

| "解决问题"的定义 | 有能力进行分析、整理相关或不相关的信息，并采取策略或计划以达成目的，解决所面对的问题。 |

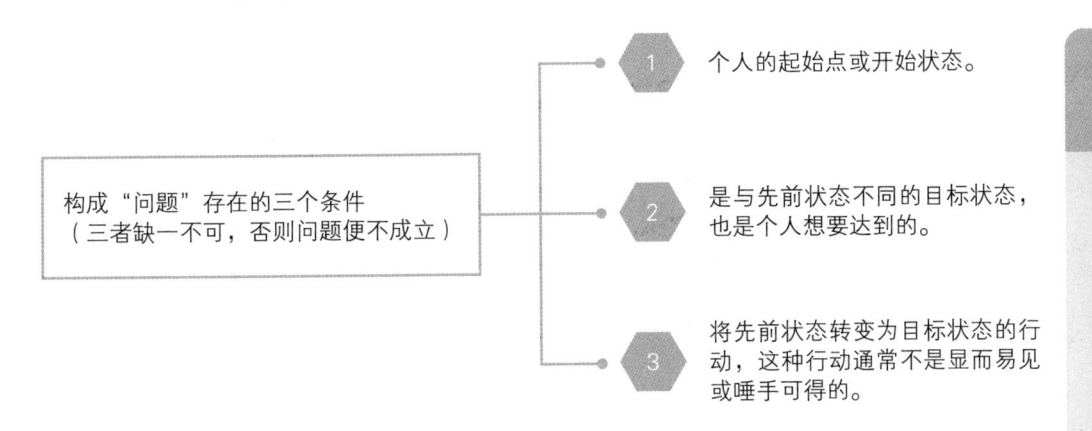

构成"问题"存在的三个条件
（三者缺一不可，否则问题便不成立）

1. 个人的起始点或开始状态。

2. 是与先前状态不同的目标状态，也是个人想要达到的。

3. 将先前状态转变为目标状态的行动，这种行动通常不是显而易见或唾手可得的。

第一章 理解人类行为与社会环境的入门

问题解决的思考：运用简单的图示呈现"佛教僧侣的问题"

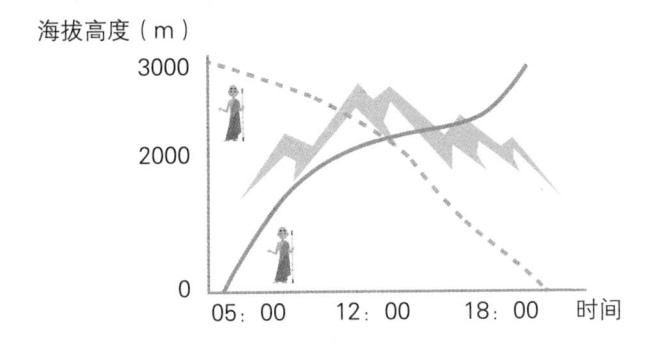

海拔高度（m）
3000
2000
0
05：00　12：00　18：00　时间

- 问题的解决也有赖于问题呈现的方式，无论是口语的、视觉的、数学的，还是空间等形式。
- 有些问题无法解决，除非我们可以将这些问题以适当的方式呈现在我们心里。这个观点最常用的例子就是"佛教僧侣的问题"：
  ▶日出时，一位佛教僧侣开始爬向山上的一座庙，他的速度时快时慢，有时休息，最后在日落时到达目的地。停留几天后，他准备下山，一样日出时出发，日落到达。
  ▶请找出这位僧侣在两天的来回过程中，同一个时间经过的地点。
- 解决这类问题时，可以采用简单的图示（如上图）；相较之下，运用口语或数学呈现的方式很难解决问题。

第二章

行为发展的理论

章节体系架构

- 2-1 弗洛伊德精神分析论：性心理发展
- 2-2 弗洛伊德精神分析论：人格结构
- 2-3 弗洛伊德精神分析论：心理防御机制
- 2-4 皮亚杰认知发展理论：基础概念
- 2-5 皮亚杰认知发展理论：认知发展的四阶段
- 2-6 皮亚杰认知发展理论：认知发展的四阶段（续）
- 2-7 埃里克森心理社会发展理论：总体概念
- 2-8 埃里克森心理社会发展理论：心理社会发展阶段
- 2-9 科尔伯格道德发展理论
- 2-10 科尔伯格道德发展理论（续）
- 2-11 吉利根女性道德发展观点
- 2-12 马斯洛需求层次论
- 2-13 行为和学习理论：巴甫洛夫经典条件反射理论
- 2-14 行为和学习理论：斯金纳操作条件反射理论
- 2-15 行为和学习理论：班杜拉社会学习理论
- 2-16 系统理论：总体概念
- 2-17 系统理论：关键概念
- 2-18 系统理论：关键概念（续）
- 2-19 生态系统理论：总体概念
- 2-20 生态系统理论：关键概念
- 2-21 优势观点：总体概念
- 2-22 优势观点：关键概念
- 2-23 功能论：涂尔干功能论、默顿结构功能论
- 2-24 功能论：帕森斯结构功能主义
- 2-25 符号互动论：总体概念
- 2-26 符号互动论：米德互动论、库利镜中之我、戈夫曼戏剧理论
- 2-27 女性主义理论：基本原则
- 2-28 女性主义理论：主要流派
- 2-29 文化观点：基础概念
- 2-30 文化观点：克罗斯的文化能力交互模型

2-1　弗洛伊德精神分析论：性心理发展

弗洛伊德（Sigmund Freud）的性心理发展阶段，包括口唇期、肛门期、性器期、潜伏期、生殖期。兹说明如下：

一、口唇期（oral stage）

口唇期是从出生到大约18个月，因为此时期孩子的活动都围绕在进食及与其器官（嘴、唇、舌头）相关的功能，故被称为口唇期。进食被认为是冲突的重要区域，小孩的注意力聚焦于获得和接受。固着在这时期，个人将会被认为有严重人格困扰，如精神分裂症或抑郁症。

二、肛门期（anal stage）

肛门期是从18个月到3岁，此时小孩的活动主要专注于给予和保有，此与排泄有关。排泄训练是重要的冲突领域，固着于这个时期，会有混乱、固执或反抗的人格特质，或形成相反的人格特质，例如：过度爱干净或过分地守时。

三、性器期（phallic stage）

（一）性器期是3~6岁，小孩的注意力转移到生殖器，主要活动是寻求生殖器上的刺激，展现自己的身体，或看其他人的身体。

（二）男生、女生在这个阶段会经历分离情结。男孩会经历恋母情结（Oedipus complex）。在这个时期，每个儿子都会面临两难，爱上母亲，同时敌视父亲，将父亲视为情感的敌手。随着这两种关系升温，儿子会受阉割焦虑（castration anxiety）所苦。亦即，他害怕父亲将会发现他与母亲的"恋爱事件"，他的生殖器会被阉割掉。通过防御机制可成功解决恋母情结，典型的解决方法是压抑（repress）对母亲的爱与对父亲的敌意；然后，儿子会停止对父亲的负面看法，并且对父亲有正向观点，最后认同（identify）父亲，寻求与父亲相同的态度、价值观和行为模式。

（三）性器期的女孩面临恋父情结（Electra complex）。弗洛伊德认为此时期女孩会爱恋父亲，同时把母亲当作情敌。因此女孩也会有阉割焦虑，但这种焦虑和男孩不同，女孩的阉割焦虑是因为她知道自己没有阴茎，她认为自己在婴儿期就被阉割，因此责怪母亲。弗洛伊德认为女孩以为自己被阉割而自觉不如男孩（她们有阴茎羡慕），因此，觉得自己的人生是扮演男人的附属和支持角色，弗洛伊德并没有明确指出女孩恋父的过程。

四、潜伏期（latency stage）

潜伏期通常开始于恋父／恋母情结已解决到青春期结束，性欲尚未被激起，孩子现在可以社会化、参与教育过程及学习技能。

五、生殖期（genital stage）

生殖期开始于青春期，一直持续到死亡，包含成熟的性。此时期，个人能够充分地爱与工作。再者，我们看到弗洛伊德对工作伦理（work ethic）的重视，除了达成个人的生命目标，勤奋工作是生命中非常重要的一部分。弗洛伊德有生之年，将工作伦理视为具有高度价值的。弗洛伊德因此推论，在青春期结束前，绝大部分的人格发展都已经完成，从此之后很少改变。

弗洛伊德的心理认知

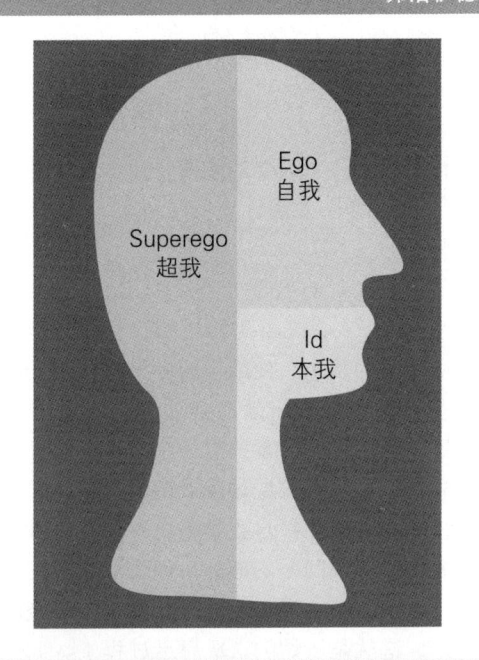

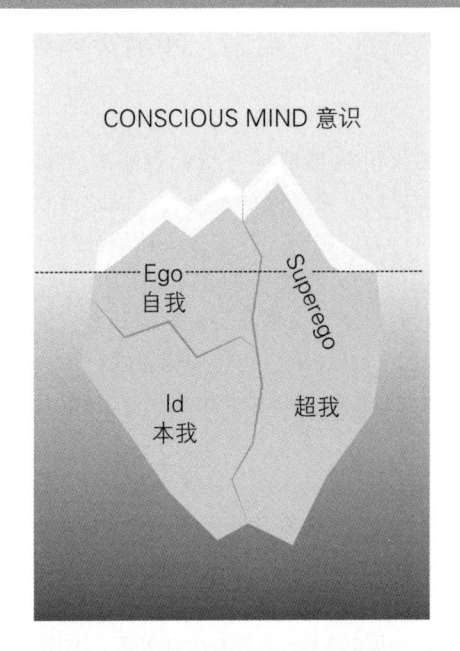

Ego 自我
Superego 超我
Id 本我

CONSCIOUS MIND 意识
Ego 自我
Superego 超我
Id 本我

弗洛伊德性心理发展阶段与关键任务

阶段	性焦点	关键任务	固着问题
口唇期 （0~18个月）	口腔	断奶（乳房或奶瓶）	过度饮食、说话、抽烟、酗酒
肛门期 （18个月~3岁）	肛门	如厕训练	固执性、强迫、占有欲
性器期 （3~6岁）	性器	俄狄浦斯危机（Oedipal crisis）、认同	同性恋、自恋、傲慢、浮华
潜伏期 （6~12岁）	无	成人角色榜样认同	
生殖期 （青春期开始）	性交	聚焦于人际关系、亲密关系的发展	

2-2 弗洛伊德精神分析论：人格结构

弗洛伊德是精神分析的创始者。其理论强调早期儿童经验的重要性，以及潜意识动机对行为的影响。许多先天性的强烈欲望和创伤的记忆曾被压抑在早期的生活经验中，它们迫使意识脱离可觉察的状态，进入潜意识中，在这里它们将持续影响行为，造成焦虑和冲突。弗洛伊德提出了一个人格结构的假说，他认为人格是由三个结构所组成的：本我（id）、自我（ego）、超我（superego）。兹说明如下：

一、本我（id）

（一）本我是我们无意识状态的一个元素，构成我们的基本需求和驱力，例如：性、口渴和饥饿等。快乐原则管控了本我，以确保需求可以被满足。当需求不能被满足时，本我会产生压力，一直到需求或驱力被满足为止。例如：许多婴儿行为，如吸吮和哭泣，都是由本我所驱动的，这些行为有助于满足婴儿对食物的需求。

（二）本我就是人类心理动力的能源储存库，依循享乐原则（pleasure principle）而运作，其思考能力局限于所谓的初级思维过程（primary process thinking）。本我的特征是非理性、非逻辑、幻想取向，与社会现实脱节，也就是为了取得欲望的即刻满足。本我不只是不遵循理性的指引、忽略现实状况的考量，还幻想现实之中无法取得的事物。

二、自我（ego）

（一）自我是心理状态的理性方面。现实原则管控了自我，确保行动都是根据可能的后果评估后才被实施。本我及自我都没有什么道德性，它们也不关心什么是对或错，它们只关注所需要的东西（在本我主导的情况下）或什么是合理的（在自我主导的情况下）。

（二）自我源于本我，依循现实原则（reality principle）而运作，也就是能够考量现实的状况，使欲望的满足符合现实的要求，或者将享乐延迟到适当的时机再行满足，如此可解除本我因为享乐主义而可能造成的危险，有效地仲裁或调节本我与超我之间的冲突。如果自我具备这种理性思考、做决定和解决问题的能力，即表示它的发展已经到成熟的地步，同时具备适应环境的能力，这就是所谓的次级思维过程（secondary process thinking）。

三、超我（superego）

（一）超我告诉人们什么是对、什么是错。因此，如果本我想要的某些东西是超我不会同意的，则超我会产生焦虑或内疚情绪，迫使自我去压制内在的驱力。然后，自我会找到一种方法来满足符合超我（或所谓的社会价值观）的需要。从这个意义上说，自我是本我和超我之间的中介调节机制，确保两者都不会占有主导一个人行为的地位。

（二）超我包含两个元素，即①良心（conscience）：也就是受到惩罚的行为被内化，在心中形成心象，当违反规范的意念或行为出现时，会发挥自我谴责的功能；②自我理想（ego ideal）：属于外在环境认可的行为，被内化成为心象，左右个体对理想的自我和良好行为的追求。

弗洛伊德提出的意识的组成

意识的组成
- **意识**
  人在任何时候都可以察觉的想法与感受。
- **前意识**
  很容易变为意识的潜意识，亦即通过思考可以察觉的部分。人在任何时候都可以察觉的想法与感受。
- **潜意识**
  无论何种心理过程，若所产生的影响不得不假定其存在，但又无从察觉时，即是潜意识。潜意识不只包括驱力、防御、超我的命令，也包含对被压抑的事件与态度的记忆。

弗洛伊德人格发展不均的影响

项目	开始发展年龄	特征	发展不均或不良的影响
本我（id）	出生就有	满足基本生理需求（物欲及性）	本我太强，自我不能控制，容易受物欲引诱，而有犯过或犯罪行为。
自我（ego）	3岁开始发展	调和本我及超我而做决定	自我功能不佳，不易做正确的决定，易受不良玩伴引诱而犯罪。
超我（superego）	6岁开始发展	超我类似于道德感、良知、是非对错观念	超我太强，本我被压抑，自我不能调节，容易心理失调、患精神疾病或形成高度抑制型的人格。

2-3　弗洛伊德精神分析论：心理防御机制

一个固着的人，需要解决心理冲突，不然就需要建立防御机制来处理冲突。防御机制是一种无意识地企图想要隐藏、压抑或以其他方式控制冲突的机制。兹将常见的心理防御机制说明如下：

一、补偿（compensation）

补偿是努力伪装个人的自卑感或弱点。例如：一个从小体弱多病的人，长大后努力健身想要当健美先生，以补偿先前的软弱。

二、压抑（repression）

压抑是一种无意识的过程，指个体将不容于超我的欲念，具威胁性、令人痛苦的想法与感觉、欲望排除在意识之外。那些被压抑的内容可以通过做梦、笑话或口误表现出来。例如：你会对与好朋友打架的这种不愉快事件加以压抑，将其阻断于意识记忆之外。

三、升华（sublimation）

升华是指对不为社会所接受的动机、欲望加以改变，以较高境界且正向、符合社会标准的方式表现出来。例如：踢足球以满足攻击性的冲动。

四、否认（denial）

否认是以忽视或拒绝承认的方式来逃避不愉快的现实，可能是一种最简单、最原始的防御机制。个人借着潜意识拒绝现实，以逃避现实的心理痛楚。例如：母亲持续否认孩子已经过世。

五、认同（identification）

认同是个人表现出理想化的他人（父母、亲戚、大众英雄等）的态度、行为、人格特质的一种机制。

六、反向形成（reaction formation）

反向形成是阻断"威胁性的冲动或感觉"。亦即，反向形成是发展一种相反的行为或态度，以压抑其个人没有意识到的危险或不愉快的冲动和欲望。例如：一个憎恨小孩的母亲，可能会强调自己有多爱他们，不能没有他们。

七、退行（regression）

退行是指一个人退缩到更早期的发展阶段，让自己比较有安全感。亦即，个人行为退回到早期发展阶段较不成熟的行为，这些行为可以暂时满足欲望或需求而消除焦虑。例如：某些成年人生病时，表现出孩子气及苛求，其潜意识目的在得到周遭他人的关怀和注意。

八、投射（projection）

投射是指将个人潜意识中不被接受的想法或冲动归咎于他人。例如：一个人想要伤害别人，反而觉得别人要伤害自己；一个有懒惰倾向的人，批评别人的懒惰。

九、合理化（rationalization）

合理化是指个人面临挫折或行为受到批评时，寻找一连串借口来掩饰自己。例如：一个学生考试考不好，可能会怪罪老师教得太烂或是工作太累，而不承认真正的原因是他前一晚玩得太疯了。

十、转移（displacement）

转移来自受挫的强烈情绪，个体把它们发泄在其他的事物或人物身上，使其成为代罪者。例如：一个孩子对他的双亲很生气，然后将这份敌意转移到他的小狗上。

十一、理智化（intellectualization）

理智化是指通过理性或使用逻辑方式，来创造情感距离。

十二、退缩（withdrawal）

退缩是指退回到孤独中，以避免痛苦的情绪和状况。

防御机制的含义

防御机制（defense mechanisms）于潜意识运作，自我保护，源自不安释放和焦虑。

对弗洛伊德理论的评论

- 常有不适用于个案的情况，原因之一是将日常生活的问题延伸至与性心理的发展相关。
- 精神分析可能需要花费大量时间，在预算限制下，这种处理法对于许多社会服务机构来说并不实际。
- 这一理论的结构几乎难以定义、测量和测试，这使许多坚持可量化并要能证明结果有成效的机构，更不会使用这个理论。
- 与医学模式一样，它仅关注个体，忽视外部力量对个案问题的影响。例如：经济、歧视或有问题的社会政策。因此，根据这一理论所提出的治疗，有可能会与个案所面对的许多环境障碍的问题无关。
- 弗洛伊德的观点是根据其患者的经历所发展的，那些患者几乎都是在维多利亚时代寻求治疗的富有白人女性。将他的理论运用在当代来自不同社会文化背景和经历的不同族群，可能会有局限性。
- 弗洛伊德的理论中发生在性器期阶段的恋母情结和阉割焦虑的观点，被视为以男性为中心，且有性别歧视。批评者认为，这一理论过于强调男性生殖器的重要性，以及假设女性对它们的嫉妒。

2-4　皮亚杰认知发展理论：基础概念

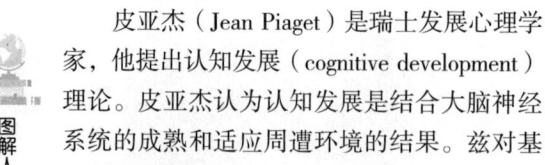

皮亚杰（Jean Piaget）是瑞士发展心理学家，他提出认知发展（cognitive development）理论。皮亚杰认为认知发展是结合大脑神经系统的成熟和适应周遭环境的结果。兹对基础概念说明如下：

一、图式（schema）

图式是指个人所拥有信息的最基本单位。例如：婴儿看见一个他们想要的物体，所以学习去紧抓他们所看见的部分。在一个适当的情况下，他们开始形成一个图式。

二、适应（adaptation）

适应是指个人有能力改变或依照环境而调适。孩童调适他们的思考过程，以便进一步了解新信息。皮亚杰提出孩童有两种适应方法：同化（assimilation）和顺应（accommodation）。说明如下：

1. 同化（assimilation）

同化是指将所见所闻的新信息纳入现有的图式中，修正从外界取得的新信息。亦即，同化是指吸收新的信息并且整合成为图式或思考架构。同化即为当个人面对新的情况、事件或片断信息，不只是信息的接收与有意识的思考，同时要整合为思考方式；以此方式储存这些信息，以备日后能应用于问题解决情境。例如：幼儿对玻璃容器内液体的观察与判断，以6岁以下幼儿对信息的同化程度，仅能观察出现在他们眼前的物质，而无法思考物质以其他形式改变，或变成其他不同内容。他们无法使用较高层次、较逻辑性的思考同化这类的信息。6岁或更大的儿童，已经能够同化关于装满液体容器的信息。再者，他们能够以更抽象的方式思考物质的改变。他们认为液体不仅能被装在某个特定形状与尺寸的容器中，也能够装在其他形状与尺寸的容器中。

2. 顺应（accommodation）

顺应是指孩子改变他们的知觉及行动，以便思考更高层次、更抽象知识的过程。孩子同化（吸收）新信息，并加以顺应。亦即，他们使用以前的信息建立图式，然后发展出一种新的且较复杂的思考方式。6岁或更大的儿童能顺应液体装满玻璃容器的信息，从而用更抽象的方式来思考物质的改变。

三、组织

皮亚杰认为人类认知功能的另一个特征是组织（organization），将任何过程整理出一个系统，使之具有条理，这是物种共有的趋向和特质，也是我们对所察觉到的事物赋予意义的方式。这种倾向可以从皮亚杰的生物遗传观点来解释。皮亚杰认为经由遗传，每一物种都拥有该物种特有的生理结构，人类也不例外。人类遗传到一些基本的生理结构，例如：神经系统和知觉结构。这类遗传使人类有发展认知能力的共同潜能。

皮亚杰的认知发展四阶段

婴儿期 — **1** 感知运动阶段（sensorimotor stage）：外界物体存在的知识。

2岁到7岁 — **2** 前运算阶段（preoperational stage）：了解符号所代表的意思，儿童思考能力仍未发展完成，仅能思考一些简单问题。

7岁到11~12岁 — **3** 具体运算阶段（concrete operational stage）：儿童已能了解一般因果法则，以具体事例作为逻辑判断推理的基础。

11~12岁到16岁 — **4** 形式运算阶段（formal operational stage）：运用概念的、抽象的逻辑方式来推理。沙盘演练，思考抽象的数学、道德和想象未来的种种，以及问题的解决策略。

2-5　皮亚杰认知发展理论：认知发展的四阶段

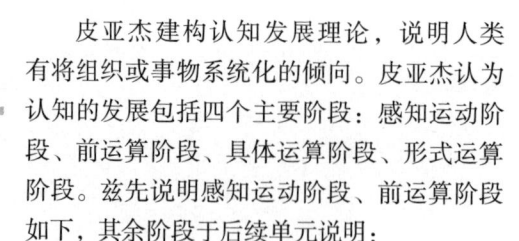

皮亚杰建构认知发展理论，说明人类有将组织或事物系统化的倾向。皮亚杰认为认知的发展包括四个主要阶段：感知运动阶段、前运算阶段、具体运算阶段、形式运算阶段。兹先说明感知运动阶段、前运算阶段如下，其余阶段于后续单元说明：

一、感知运动阶段（sensorimotor stage）

感知运动阶段是从出生到大约2岁，由简单无思考的反射性反应到对环境的基本了解。感知运动阶段有三个重要方面的发展：

（一）幼儿通过所接收到的信息，学习到他们可以有不同的感觉。此外，对于环境中相同的物体，他们开始了解能够接收不同类型的感觉信息。例如：最初一个婴儿可能可以看见与听见父母争吵，在37.2℃的夏天，谁要开空调正常的汽车，谁要开空调坏掉的老旧汽车；即使他是他看见与听见他们的争吵，他也无法把这两者感官信息联结成环境中的相同情境，也就是他的父母。直到感知运动阶段末期，他才了解自己能够同时听见与看见父母，通过两种模式的感官输入，他将会察觉到他们的互动。

（二）感知运动阶段会表现出目标导向行为（goal-directed behavior），取代单纯的随机反应，幼儿能够有目的地展现数种行为以完成简单目标。例如：幼儿会伸手拿取一片木制拼图，尝试放到缺口处；他们想把拼图放在一起，但能力仍相当有限。

（三）了解物质是永恒的，即目标物不在视线及听觉范围内，但仍存在。客体永久性（object permanence）是本时期养成的最重要图式。最初，当孩子没看到物体时很快就忘记了，到2岁时，他们就能够思考、了解这个物体的影像。幼儿开始使用表征（representation），从而在心理上形成视觉影像以解决问题。

二、前运算阶段（preoperational stage）

（一）前运算阶段是皮亚杰认知发展第二阶段，约为2~7岁，从一个时期到另一个时期会有些重叠。此阶段，儿童的思考能力持续发展，更加抽象且富有逻辑。虽然儿童仍试图联结生理与知觉经验，但他们了解事物与解决问题的能力持续成长。

（二）在前运算阶段，儿童对环境中的事物进行认知，开始使用符号式图像。他们不再局限于实际的具体知觉，能够以符号或物体的心智表征来思考。

（三）最好的符号图像例子就是文字，借着使用文字，儿童能够将物体或情境以文字符号展现。换句话说，即使物体与情境不在当前，他们也能够使用语言来思考。此时期的儿童认知能力发展，开始达到成人的逻辑思维水平。儿童的知觉水平逐渐提升，且能掌握分类（classification）、序列化（seriation）等概念。

前运算阶段逻辑思维发展的三个障碍

01 自我中心主义
基于自我中心（egocentrism），儿童无法从他人的角度看事情，他们只能知觉到自己，别人的需要与观点都是不存在的。

02 不可逆
不可逆（irreversibility）指儿童只能单向思考，不能反向推理。

03 专注
专注（centration）指儿童倾向专注于物体或情境的一项细节，忽略其他方面。

案例
当有人问4岁的小明："谁是你的表兄弟姐妹？"小明可能会回答："小红、小白、小青与小美。"假如稍后再问他："谁是小红的表兄弟姐妹？"他可能会回答说不知道。小明可以单向思考，但无法逆向思考。他知道小红是他的表姐妹，然而无法反向去思考这种亲属关系，那就是，他也是小红的表兄弟。

前运算阶段认知能力的发展

认知能力	说明
分类（classification）	指依照某些特质区分项目的能力，这些特质可能包含形状、颜色、质地或大小；儿童逐渐发展出区别不同物体的能力，并且加以分类以反映这些差异。
序列化（seriation）	指依照某些特质有顺序地排列物体的能力，这些特质可能包含大小、重量、体积或长度。依照各种特质运用序列化的能力，随着年龄增加而发展。例如：9岁之前，儿童通常无法依重量来排序物体，排序能力必须要到大约12岁才具有。

2-6 皮亚杰认知发展理论：认知发展的四阶段（续）

本单元继续说明皮亚杰认知发展理论四个主要阶段中的具体运算阶段、形式运算阶段，如下：

三、具体运算阶段（concrete operational stage）

（一）具体运算阶段大约为7岁到11~12岁。在此时期，儿童的逻辑思维能力发展处于具体层次。也就是说，显然地，在认知发展早期，儿童必须学会应对逻辑思维的阻碍。

（二）此时期儿童发展出从他人的观点看事情的能力，理解力与同理心也大幅提高。他们也发展出较复杂的思考，会依据许多变量来看待或检视情况、事件，逐渐不再受限于一个关注点，也不再受限于以单一变量来解决问题。更甚者，他们会考虑更多的变量。以玻璃杯为例，儿童开始从高度、容量、物质与形状等许多变量来思考。

（三）他们也发展出反向的概念化能力，开始从不同观点了解亲属关系。如第67页的例子，此时小明将会了解不但小红是他的表姐妹，他也是小红的表兄弟。

（四）此时期儿童已经可以掌控分类、序列化与客体永久性的概念，对于情况与事件的思考也更有弹性，且能够从许多不同观点来评价事件。

（五）此外，儿童也能够使用符号来表示真实世界的事件，算数理解力与语言表达力也逐渐进步；相对地，他们的记忆也变得更敏锐。

（六）尽管在具体运算阶段，认知发展进步很大，但儿童仍有些限制；虽然可以从许多观点来看待事件，但这些观点仍受限于具体议题。儿童可以思考那些能看见、听到、闻到或触摸到的事物，他们的焦点仍在于对事物的想法而不是思想。

四、形式运算阶段（formal operational stage）

（一）最后的阶段是形式运算阶段，大约处于11~12岁到16岁；认知发展的特质是处于青春期。在形式运算阶段，抽象思维能力发展到最高点，孩子能够把许多变量纳入思考，并且他们已经具备关于事物是如何形成或为什么是这个样子的抽象假设。

（二）青少年思想主要的发展特质有三。

（1）青少年认同一个情境能够受到许多变量影响，一项议题往往有许多种观点。

（2）青少年能够分析变量之间的相互影响，亦即能假设关系，且思考改变的情况。

（3）青少年有能力假设演绎（hypothetical deductive）推论。换句话说，青少年能够有系统、有逻辑地评估许多可能关系，以得出结论。以"假如……然后"的方式，逐一检视各种可能性。例如：青少年可能会思考，假如某种情况存在，随后就会出现某结果。

美国于"二战"期间在日本投掷原子弹：具体运算阶段 vs 形式运算阶段的思考比较案例

具体运算阶段

10岁的小末（Meredy）的思考模式仍停留在具体运算阶段，她知道第二次世界大战末期时有一颗原子弹被丢下，当你问她发生此事的原因，她可能会说美国要让战争结束。她可以把这些情境概念化，并分析某些方面的变量。在此情况下，变量是美国参战的事实且需要采取行动赢得战争。她的思考能力仅限于此。

形式运算阶段

15岁时，小末的思考模式已进入形式运算阶段，答案会有些不同。她可能会说若考虑到人类生命的巨大成本，这将是个困难的决策；也可能认为投掷原子弹只是众多作战策略之一；她也可能详细说明此事件的政治结果。换句话说，小末多方考量、评估想法或事件的能力，要等到形式运算阶段才会大幅改变。

年龄结构化

- 皮亚杰的认知发展理论到青春期就基本上停止了。
- 皮亚杰根据对自己孩子的观察发展了他的观点。因此，一些批评者认为他的方法让他的理论产生偏误，而且没有提供足够大的样本，以便能将其研究结果推论到其他孩子。
- 他的理论倾向于关注"正常"的发展，或是"平均"的发展，因此对于个人发展变异性没有太多解释空间，但是有变异的个人发展也可能是"正常的"。
- 阶段性的发展趋势往往低估了发展过程中发生的变化：每个人是否真的按照精确的顺序和圈定的时间框架来遵循这些阶段？许多批评者认为，发展是一种非常个人化的历程，以至于无法整齐利落地契合到每个阶段。
- 皮亚杰对影响认知发展的社会文化因素的关注不够。他的理论并没有对人格、环境刺激、社会互动、文化脉络和其他相关因素如何促进或减弱认知的发展，提供太多解释，尽管他后来曾试图将这些观点纳入他的理论中。
- 根据对皮亚杰理论的研究结果显示，他可能低估了儿童的能力。人们相信儿童可能在比皮亚杰所认为的更早时期，就开始发展认知的技能。例如：有一些研究人员认为，如果改变测试认知能力技巧的方法，那么测试结果显示，儿童能够比皮亚杰所提出的阶段，更早地理解和执行各种技能。
- 研究显示，皮亚杰认为在青春期发展的形式运算阶段所掌握的技能，在其他任何特定时间都不容易预测到或普遍地发生。但是相反地有一些个别的经验显示，许多在形式运算期所发生的个体差异会受到神经变化的影响。

第二章　行为发展的理论

2-7　埃里克森心理社会发展理论：总体概念

埃里克森（Erikson）的心理社会发展理论融合了弗洛伊德理论的许多基本原理，但它更强调社会对于发展的影响。兹将总体概念说明如下：

（一）埃里克森1933年从德国移居美国，在此之前，他曾在弗洛伊德门下学习。他成为美国公民后，在哈佛大学任教。当完全离开弗洛伊德理论门派后，埃里克森提出了许多反对弗洛伊德的论点。例如：他觉得弗洛伊德太过于强调有关以性为基础的行为。相对于弗洛伊德的理论，埃里克森提出了自己的心理社会发展理论，他认为人类发展过程中面对着许多的心理刺激和需求，其在人类发展和行为上，成为重要的力量。埃里克森接受弗洛伊德所强调的早期经验和潜意识动机的重要性，但他反对弗洛伊德对成年期的忽略。并且，他不赞同弗洛伊德对人类本性愤世嫉俗的观点，以及弗洛伊德认为人类不能处理他们自己的问题的信念。埃里克森表示，人们可以解决他们所面临的困难和冲突。

（二）埃里克森理论指出，一个人的发展会持续经历心理社会发展的八个阶段，这八个阶段会扩及整个生命周期（如右页图）。

（三）埃里克森认为，人们会以一致的方式度过每个阶段，处理发展任务和解决每个阶段独有的危机。发展任务是健康、正常的活动，有助于促进成长。在每个阶段中，有些时期人们非常容易学习适合该年龄的任务，这些任务有助于他们适应并掌握他们的环境。危机是一种心理努力的状态，用来适应社会环境。这些是在每个阶段都可以预测到的"正常"压力源，可以协助人们发展（相对于罕见的、非常特殊的事件或创伤，则是不可预估的）。每个阶段的目标都是通过培养促进成长的正面品质来解决危机，并支持对自我和环境的探索。

（四）如果人们能在每个阶段成功地完成任务和度过危机，那么他们就会获得并处理新信息，帮助他们控制情绪状态和环境。即使某个阶段的特定任务和危机没有完成或解决，人们仍然可以进到下一阶段，只是可能会遇到上个阶段尚未经历或解决的危机。根据埃里克森的说法，我们可以在没有完全解决早期发展阶段危机的情况下到达我们生命的终点。

（五）埃里克森的理论关注的是个人与社会环境之间的持续互动。埃里克森根据表观遗传学原理发展出他的理论，该理论指出人们有一个生物蓝图，决定了他们如何成长和达到成熟。虽然人们的成长和发展受到这种生物学蓝图的指导，但社会力量和期望也会影响成长和发展，并有助于确定人们适应和调适环境的程度。

埃里克森指出的八个发展阶段

成年晚期 60岁及以上	自我整合对失望
成年中期 40~50岁	繁殖对停滞
成年早期 20~30岁	亲密对孤独
青春期 12~19岁	角色同一对角色混乱
儿童中期 6~11岁	勤奋对自卑
儿童早期 3~5岁	进取对罪恶感
幼儿期 1~2岁	自主对羞怯和怀疑
婴儿期 0~1岁	信任对不信任

比较弗洛伊德与埃里克森关于发展时期的观点

估计年龄	弗洛伊德	埃里克森
0~1岁	口唇期	信任对不信任
1~2岁	肛门期	自主对羞怯和怀疑
3~5岁	性器期	进取对罪恶感
6~11岁	潜伏期	勤奋对自卑
12~19岁	生殖期	角色同一对角色混乱
成年早期		亲密对孤独
成年中期		繁殖对停滞
成年晚期		自我整合对失望

第二章 行为发展的理论

2-8　埃里克森心理社会发展理论：心理社会发展阶段

埃里克森将人类的心理社会发展，分为八个阶段，说明如下：

第一阶段：信任对不信任（婴儿期：0~1岁）

在这个阶段，孩子们学会信任他人，特别是他们的照顾者。婴儿知道他们可以信任他们的照顾者，因为照顾者会给他们食物、住所和爱，并满足他们的需要。婴儿的需求如果无法被满足，婴儿就会学会不信任他人。

第二阶段：自主对羞怯和怀疑（幼儿期：1~2岁）

孩子们学习独立地做一些事情，例如：吃饭和穿衣。通过完成各种任务，孩子们获得了自信心。如果不鼓励孩子的独立性，或者他们因独立行事而受到惩罚，他们就会产生一种自我怀疑的感觉。

第三阶段：进取对罪恶感（儿童早期：3~5岁）

孩子在他们身处的环境中很主动活跃，他们需要主动学习、探索和操纵周围环境。被鼓励这样做的儿童将能够培养出技巧与能力，让他们能够追求未来的目标和兴趣。无法得到鼓励的儿童将缺乏信心，无法对自己有兴趣的事情采取行动，也不会主动塑造自己的生活。

第四阶段：勤奋对自卑（儿童中期：6~11岁）

儿童需要有生产力及拥有成功经验。这时期孩子们忙着玩耍和学习，因此要给他们机会掌握各种任务。能够找到成功途径的孩子，将学会勤奋。那些经历过多次失败的孩子将会产生自卑感，妨碍他们未来获得成功。

第五阶段：角色同一对角色混乱（青春期：12~19岁）

青少年在此阶段探索自己的身份，并培养他们的角色同一感。他们尝试未来的角色，并将这些角色融入自我意识中。难以将自己的角色融入自己认同的青少年，会对自己是谁感到困惑。

第六阶段：亲密对孤独（成年早期：20~30岁）

成年人正在寻求亲密和亲近的关系。他们在不牺牲自己身份认同的情况下，与重要他人互相学习付出和接纳。如果他们无法建立亲密关系，他们进入成年期后就有可能会觉得孤独。

第七阶段：繁殖对停滞（成年中期：40~50岁）

中年人在此阶段投入他们的工作、家庭、社区和养育下一代。他们开始从着重自己的生活转为关心周围人的福祉。无法做到这一点的成年人，不会摆脱过去只着重自己的状态往前走，而只能专注于自己。他们会变得停滞不前，无法为别人变得更有生产力。

第八阶段：自我整合对失望（成年晚期：60岁及以上）

年龄较大的人开始回顾他们的一生，并盘点自己的成功。对于自己过去所完成的事感到满意的人，会有一种幸福和平安的感觉。那些不满意自己成就的人，会产生绝望感，他们会为失去的机会而哀悼。

埃里克森的心理社会发展的任务与危机

阶段	任务	重要事件	特征（心理社会危机）
第一阶段：婴儿期	爱的需求满足	供给食物	信任对不信任
第二阶段：幼儿期	探索环境	大小便训练	自主对羞怯和怀疑
第三阶段：儿童早期	独自筹划做游戏	自主活动	进取对罪恶感
第四阶段：儿童中期	学习学校里的课程	学校经验	勤奋对自卑
第五阶段：青春期	认识自己、身份的确定	同伴关系	角色同一对角色混乱
第六阶段：成年早期	社会化发展、增进人际关系	亲密关系	亲密对孤独
第七阶段：成年中期	事业发展、有意愿助人	子女养育与创造力	繁殖对停滞
第八阶段：成年晚期	对一生成就的检讨	回顾并接纳自我人生	自我整合对失望

对心理社会发展理论的批判

- 埃里克森着重发展阶段的论述可能会有局限性。因为在发展中存在很多个体差异，所以试图根据年龄将人置放在某个特定阶段可能会产生问题。
- 该理论的结构非常抽象，因此难以测量和验证。例如：社会工作者和个案有可能对"自我整合"或"自卑"等结构有不同的解释，这使对这些概念的共同定义变得困难。
- 对于在不同年龄阶段所应该发生的发展过程，社会的规范和期望总是在变化。你可以从对婚姻和生儿育女这类传统活动的观念中看到这样的例子，这两件事似乎符合埃里克森的亲密与孤独阶段，以及繁殖感充沛与停滞的阶段。但是由于经济条件、科技进步、女性就业机会的扩展及对婚姻态度的改变，许多年轻人可能会将这些活动延迟到更晚时期。此外，不同的民族和文化群体对于发展里程碑的重要性和时机的看法，可能会与埃里克森不同。同样地，人们可能会找到其他与传统不一样的方法来完成亲密关系建立或生产力充沛的活动。
- 这一理论可能会与某些种族和其他少数群体无关。它没有考虑到男女同性恋青年的发展任务是否有可能与一般青年不同，或者人们是如何发展其民族的认同的。

2-9　科尔伯格道德发展理论

科尔伯格（Lawrence Kohlberg）深受皮亚杰的影响，关注个人道德发展历程，他相信人类的道德发展由道德前期直至道德后期阶段性地发展。科尔伯格的理论呈现系列分明的发展模式，他的道德发展是基于皮亚杰的认知发展模式。有关科尔伯格建构的三层次、六阶段的道德发展理论，本单元说明第一个层次和第二个层次；第三个层次则于次一单元说明。

第一个层次：前习俗水平（preconventional or premoral level）

此时期以自我兴趣为优先考量，个体通常于4~10岁经历此阶段，其道德决定是基于外在行为会获得奖赏或处罚来考虑自我行为。此层次的行为的是非，主要看行为的后果或执行此后果的人。行为的准则基本上是工具式的相对取向行为，这是以恶报恶、以善报善的阶段，遵行规则是满足自己或别人的需求。其观点是一个具体的行动者遵守规则，是为了避免麻烦、满足需求和增加自己的利益。此层次包括第一阶段、第二阶段，说明如下：

第一阶段

此层次的第一阶段为避免处罚，儿童言行主要为避免负面结果。对一项行动的物理性结果与心理性结果并不能清楚地加以区别，在一个时间点上只能从某一个观点建构其社会互动，不同的观点并不能清楚地被认知或统合。

第二阶段

第二阶段主要为趋赏避罚，亦即儿童是为了得到奖赏和报酬才做对的事。这有时候会牵涉到利益交换。例如："我将会帮你抓背，假如你帮我抓背的话。"一个人理解不同的人有他们自己的观点、需要、利益、意图等。人们被视为在施与受的基础上彼此相互关联，会考虑彼此的反应。

第二个层次：习俗水平（conventional level）

此层次的道德想法主要基于遵循符合社会习俗的角色，10~13岁当属此阶段。此时个人会有取悦他人并获得社会赞同的强烈欲望。此时道德标准虽然已逐渐开始内化，但仍以他人要求为主，而非个人自我决定。习俗、规则、义务和期许被经验为自己的一部分，自己对个人的及非个人的（社会的）相互义务和期许是认同的，并自愿隶属于它本身。这并不意味着一个人必须认同他的社会，因为这个认同可能隶属于一个次文化，例如：一个自治团体、宗教团体或家庭。此层次包括第三阶段、第四阶段，说明如下：

第三阶段

此层次的第三阶段着重于他人认同，因此良好人际关系显得特别重要。人们本身蕴含在关系中。这种关系具有一种知觉，即情感和期许应该彼此分享，而且建立在相互的信赖上。道德的角色采择仅着重于特定的关系，同时重视好人的共同特质，忽略制度或社会体系的观点。

第四阶段

第四阶段"以威权维持道德秩序"（authority-maintaining morality），强调遵循法律和社会规范，较权威者通常亦较受尊敬，法律和秩序被视为维持社会规范所必需。人们从一个社会或意识形态体系的观点来看现象，且于其中发现道德行动与道德期许的意义并肯定之。

科尔伯格道德发展理论：三层次、六阶段的道德发展

层次／阶段	叙述
层次一：前习俗水平（遵循符合社会习俗的角色）	外在控制，以获得奖赏或处罚来考虑自我行为。
第一阶段：避罚服从取向	以避免处罚作为考量行为好坏的标准。
第二阶段：工具式快乐主义	为获得奖赏而顺应规则，常会更换个人喜好。
层次二：习俗水平（社会顺应）	会考量他人的意见，以顺应社会期待决定自我行为。
第三阶段：好男孩／好女孩	有强烈欲望想被赞赏和喜欢，认为可讨人喜欢的行为就是好行为。
第四阶段：顺从权威	其行为会遵循法律和社会规范的要求，顺应法律权威。
层次三：后习俗水平（自我道德原则）	内在控制，已超越法律要求和自我喜好。
第五阶段：法律观念取向	认同法律的必要性，并可理性思考社区福祉。
第六阶段：个人价值观念取向	遵循自我内在伦理原则，在做决定时会内省思考什么是对的，而不是以法律规范为主。

引自：ZASTROW C，KIRST-ASHMAN K K. 人类行为与社会环境[M]. 温如慧，李易蓁，译. 台北：巨流出版社，2012.❶

对科尔伯格道德发展理论的批判

- 只考虑道德的思维而未考虑实际行为方面，忽略一个人的道德思考有时与自己的行为相冲突。
- 理论多强调人们的想法，而非实际做法。
- 提出的道德两难情境太抽象，必须要口语能力很好的人才可以答辩。
- 道德观念狭隘，只着重正义感而忽略了由体恤同情、感同身受及团结情感所衍生的价值观。
- 不是所有的成人都能达到后习俗水平，有许多人一生只能到达习俗水平。尤其是第六阶段，几乎只有圣人才能达到。
- 对个人内心想要做的及实际做到的，未作详细的说明。
- 本理论具有文化差异，第六阶段无法适用于所有文化。

---

❶ 本书有简体中文版本：《人类行为与社会环境（第六版）》，中国人民大学出版社出版。——编辑注

2-10　科尔伯格道德发展理论（续）

本单元接续说明科尔伯格建构的三层次、六阶段的道德发展理论中的第三个层次，如下：

第三个层次：后习俗水平（postconventional level）

此层次，个人已跳脱他人想法，发展自我好恶观念，会仔细思考法律和他人期待，决定自己认同的是非对错标准，较有自主性且独立思考。其行为是基于自身的理念而非法律。此阶段的进展已超越自私需求，他人的需求和福祉亦非常重要，此属真正的道德。个人已能从较特定的社会或人际的期许、法律和规范中，抽离出自由、平等和团结的共同原则。自我从其他人的期许分化出来，他视本身为隶属于全人类或对所有成员的义务的超越原则。此层次包括第五阶段、第六阶段，说明如下：

第五阶段

第五阶段，个人会遵循法律和社会原则，且认为法律有益于全民福祉，然而法律易受个人解释影响和改变。道德推理反映出理性个体优先于社会的观点，他被一个想象的，尤其受法律所具体化的社会契约所约束。内隐和外显的社会契约建立在信赖、个人自由，以及平等对待所有人的原则上，这些原则应该是社会和人际相互关系的基础。

第六阶段

第六阶段为最高境界，此时个人对他人所提想法和意见可自主思考，其个人道德标准已内化，在思考自我行为时会超越法律规范，主要依据自我好恶观念做出决定，例如：马丁·路德·金、甘地是达到此层次的人。个人以"道德观点"表达尊敬人本身，就是目的的无私态度。这个尊重应该经由对话和奠基在理想的角色取替的互动上等其他形式来表达。理想的角色取替，会使涉及道德两难问题的人们对诉求与观点予以同等的考虑。

处于不同的道德层次和阶段的人，在道德两难中对"什么是应该做的事"及"为什么它可能是对的"有不同的概念。在前习俗水平，道德辩证集中在实用主义的考量、需求和兴趣的满足，对自己和其他人造成具体伤害的避免，以及服从规则和权威人物。

在道德推理的习俗水平，个人尝试以共享的规范、成为好人的内化概念、道德或宗教法律，以及制度化的权利和义务来生活。在后习俗水平，个人已经发展出抽象的道德原则，倾向于重视自由、平等、共有、仁爱和敬重个人尊严。这些原则在某些方面上与特定的道德规则不同；涵盖较广的道德考虑，且站在较具体概念化的规则上；经常看重正向的价值（生命、自由、人的尊严），然而许多道德原则以反向的方式看待（不偷窃、不谋害、不欺骗、不说谎）。原则整合特定的道德规则和角色概念，并且赋予它们一个宽广的道德意义。

科尔伯格的道德发展理论，清楚分析一个人的道德推理水平随阶段而提升，以及由物质性（生理性需求）的推理而提升至相当抽象的价值演绎，顾及权利及契约的含义。

科尔伯格的道德发展理论：三层次、六阶段的道德发展

层次／阶段	叙述
层次一：成规前期（道德成规前期）	此时人们尚未将道德观念内化，而是依靠奖赏和惩罚来约束。
第一阶段：惩罚与服从导向	所有的道德决定都是为了规避惩罚。
第二阶段：工具性与享乐主义	为了获得奖赏而遵守规则。
层次二：成规期（道德成规期）	此时人们开始在意他人的想法，外在的社会期待引导行为表现。
第三阶段：乖小孩心态	个人的行为表现是为了取悦他人。
第四阶段：权威导向的道德观	信奉法律规范，认为维持社会秩序是最重要的事，同时顺从权威。
层次三：成规后期（道德自律期）	此时人们已将道德观念内化，道德发展已超越法律规范及自身利益。
第五阶段：契约、个人权益及民主法治的道德观	将法律及社会秩序视为理所当然，然而法律必须是为了公共利益而存在。
第六阶段：个人原则及良知的道德观	人们的行为表现依据内在的道德原则，所做出的道德决定是为了符合最佳公共利益，无论是否违背法律或权威。

引自：ROGERS A T. 人类行为与社会环境[M]. 张纫，刘嘉雯，李静玲，译. 台北：心理出版社，2019.

层次／阶段	叙述
层次一：成规前期（道德成规前期）	
第一阶段：惩罚与顺从倾向	避免被他人惩罚。
第二阶段：纯真的工具享乐主义	从他人处得到奖赏。
层次二：成规期（道德成规期）	
第三阶段：好人道德观	维持与他人良好关系，并顺从他人。
第四阶段：权威维持的道德	维持法律与规矩，并显示对国家的关注。
层次三：成规后期（道德自律期）	
第五阶段：社会规约导向	获得个别化国家的遵从。
第六阶段：普遍性道德原则导向	避免犯错引起的自我谴责。

引自：PHILIP R F. 人类发展学[M]. 谢佳容，杨承芳，周雨桦，等译. 台北：五南图书出版股份有限公司，2005.

2-11 吉利根女性道德发展观点

吉利根（Gilligan）对科尔伯格道德发展理论最主要的批判，是认为科尔伯格主要基于男性观点。吉利根主张不可用科尔伯格的论点来说明女性道德发展，因为女性对道德两难困境的看法与男性不同。兹将吉利根对女性道德发展的基本概念、女性道德发展层次，说明如下：

一、吉利根对女性道德发展的基本概念

（一）科尔伯格的理论基于公平正义观点（justice perspective），强调"个体会独立做出道德判断"。然而，吉利根认为女性会立足于关怀观点（care perspective），即"注重与他人的关系、人际沟通并关心他人"。亦即，女性倾向于依据个人情境来考量道德标准。

（二）女性常无法将以自我观点为主的道德观转换为顺应法律及社会秩序。此涉及个人小我观点的是非对错（个人道德决定会如何影响自己的生活），相对于普世价值或大我的道德观（道德对每一个人的影响）。科尔伯格之所以被批评，就在于其未将女性的生活层面和思考纳入考量。

（三）吉利根认为女性道德发展立足于个人好恶与对重要他人的承诺。这意味着有时需为他人牺牲自我福祉，强调善良和仁慈。此有别于男性着重于独断且较无法变通的道德决定。吉利根认为女性道德观主要"立足于关怀伦理而非公平正义"，她主张女性的是非对错标准强调人际关系及关心重要他人福祉。相较于科尔伯格用较抽象道德观点来叙述如何决定公正与正确，吉利根采用较一般的观念来阐述。吉利根理论凸显男女两性观点不同，这特别有利于强调男女两性的优势差异。

二、吉利根提出的女性道德发展层次

层次一：个人生存取向。纯粹关注自我利益（self-interest），并未真正关心他人福祉与需求。首要关注个人生存，怎么做对自己最有利及实际是最重要考量。

过渡期一：由自私转变为负责任。从只考虑自己，转变为能些许考虑会被影响的人。女性认识到不仅应履行对自己的责任，也需对他人负责，这包括还未出生的人。亦即，她开始理解到自己的决定会影响其他人。

层次二：自我牺牲是美德。会将自我需求和期待搁置一旁，他人福祉变得很重要。所谓"好"是意味着自我牺牲，以让其他人获益。此时会以他人想法为主，但在做决定时常面临究竟是要为自我行为负责还是顺应外在压力的矛盾。

过渡期二：从美德转变为现实考量。此时女性可更客观评估自我情境，已不再依照他人意见来决定自我行为，并可同时考虑自己和他人的福祉，属层次一的个人生存考量，会在此时再被纳入思考，但非完全以利己为主。

层次三：非暴力责任（不伤害他人）的道德。在此层次，女性会思考自我决定和行动的影响，不再只是考量他人看法，且可承担自我行为决定的责任。她会同步平等地考虑自己跟其他人的状况，衡量自我后续相关行动可能导致的各种不同结果，且自认应该对这些结果负责，此时的重要原则是必须把对自己和他人的伤害减至最小。

吉利根的女性道德发展观点

层次／阶段	叙述
层次一：个人生存取向	此时女性是以自我利益及生存为导向，其他人并不重要。
过渡期一：由自私转变为负责任	女性在道德思考上开始考虑他人，虽然自我仍被视为最重要的，但开始了解到他人的福祉同等重要。
层次二：自我牺牲是美德	此时女性认为道德就是为他人牺牲，她们看重他人的想法，甚至可以为此牺牲自己的需要及感受。
过渡期二：从美德转变为现实考量	女性开始能够平衡他人与自身的需求，思考要如何做才能同时对他人及自身有益。
层次三：非暴力责任（不伤害他人）的道德	此时女性进一步思考道德决定的后果，相较于他人的看法，决定的正当性及对于所有人福祉的影响，变得更为重要。

对吉利根女性道德发展观点的批判

CRITICAL THINKING

- 有研究发现虽然女孩的道德取向中，对关怀他人的关注会胜过应用抽象判断原则，但是若有需要，她们会同时采取这两个取向。
- 其他研究则指出，虽然女性会略为倾向采取吉利根的关怀取向道德决策，而非科尔伯格的公平正义观点，但是男女道德决策标准仅有些许差异，且男女青少年的道德差异比成人明显。个体会采取关怀取向还是公平正义观点，主要是依据当时情境而有不同考量。例如：男女在面对自我问题时都会采取关怀取向，而在评估全球社会议题时则会采用公平正义观点。

2-12 马斯洛需求层次论

马斯洛（Abraham Maslow）提出需求层次论（hierarchy of needs theory），说明人类需求的五个种类，包括生理的需求、安全的需求、爱与归属的需求、自尊的需求、自我实现的需求。根据马斯洛的需求层次论，最基本的需求为生理的需求，当生理的需求获得满足后，才会感觉到有安全的需求；当安全的需求满足后，才会有归属感及爱的需求，以此类推。兹将需求层次论，说明如下：

一、生理的需求（physiological needs）

生理的需求，也称为级别最低、最急迫的需求，例如：食物、水、空气、睡眠。未满足生理需求的特征是：什么都不想，只想让自己活下去，思考能力、道德观明显变得脆弱。例如：当一个人极度需求食物时，会不择手段地抢夺食物。

二、安全的需求（safety needs）

安全的需求，同样属于较低层次的需求，包括人身安全、免遭痛苦、威胁或疾病，以及与自身安全感有关的事情。缺乏安全感的特征是：感到自己受到身边事物的威胁，觉得这世界是不公平或危险的。认为一切事物都是危险的，而变得紧张、彷徨不安，认为一切事物都是"恶"的。例如：一个孩子在学校被同学欺负，受到老师不公平的对待，而开始变得不相信这社会，变得不敢表现自己，不敢拥有社交生活（因为他认为社交是危险的），而借此来保护自身安全。

三、爱与归属的需求（love and belonging needs）

爱与归属的需求，属于较高层的需求，例如：对友谊、爱情及隶属关系的需求。缺乏社交需求的特征是：因为没有感受到身边人的关怀，而认为自己活在这世界上没有价值。一个没有受到父母关怀的青少年，认为自己在家庭中没有价值，所以无视道德观和理性，积极地寻找朋友或是同类。

四、自尊的需求（esteem needs）

自尊的需求，属于较高层的需求，例如：成就、名声、地位和晋升机会等。既包括对成就或自我价值的个人感觉，也包括他人对自己的认可与尊重。无法满足自尊需求的特征是：变得很爱面子，或是很积极地用行动来让别人认同自己，也很容易被虚荣所吸引。例如：利用暴力来证明自己的强悍。

五、自我实现的需求（needs for self-actualization）

自我实现的需求，是最高层的需求，包括针对真善美至高人生境界获得的需求，因此前面四项需求都能满足，最高层次的需求方能相继产生，这是一种衍生性需求，例如：自我实现、发挥潜能等。缺乏自我实现需求的特征是：觉得自己的生活被空虚感推动着，要自己去做一些身为一个"人"应该在这世上做的事，急需充实自己，尤其是让一个人深刻地体验到，自己没有白活在这世界上。此层次的人往往认为价值观、道德观，胜过金钱、爱人。例如：一个真心为了帮助他人而捐款的人。

马斯洛需求层次论

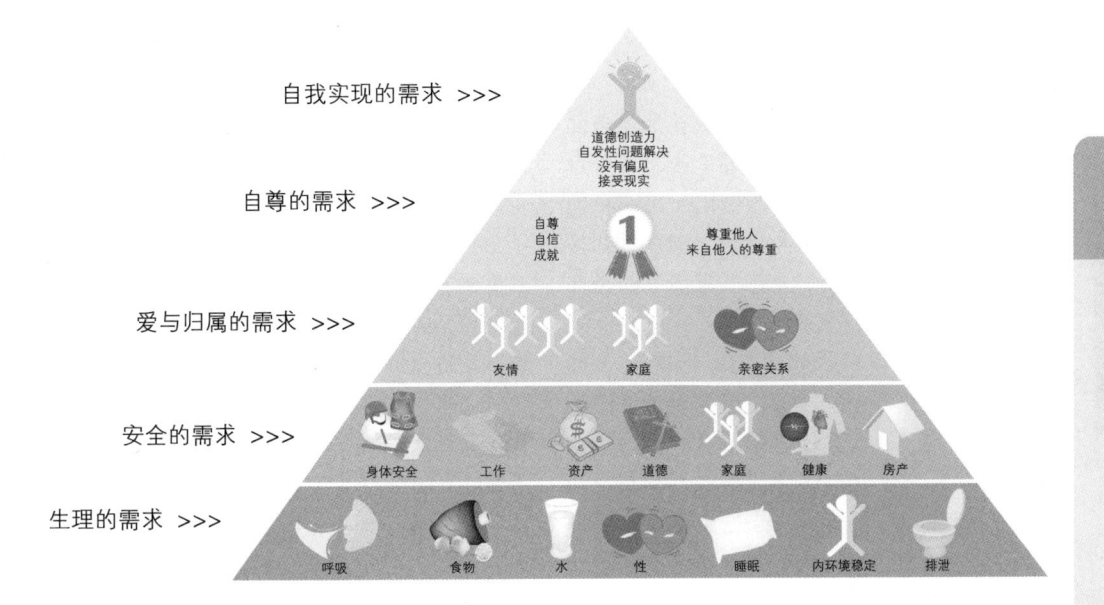

自我实现的需求 >>>
- 道德创造力
- 自发性问题解决
- 没有偏见
- 接受现实

自尊的需求 >>>
- 自尊 自信 成就
- 尊重他人 来自他人的尊重

爱与归属的需求 >>>
- 友情
- 家庭
- 亲密关系

安全的需求 >>>
- 身体安全
- 工作
- 资产
- 道德
- 家庭
- 健康
- 房产

生理的需求 >>>
- 呼吸
- 食物
- 水
- 性
- 睡眠
- 内环境稳定
- 排泄

需求项目	内容
生理的需求	包括食物、水、氧气、休息等。
安全的需求	包括保障、稳定，免除恐惧、焦虑、威胁及混乱。我们需要社会法律机制及他人的部分帮助，来满足这些需求。
爱与归属的需求	包括朋友、家人及爱人所给的亲近与关爱。
自尊的需求	包括自我尊重、尊重他人、成就、受到注意及赏识。
自我实现的需求	包括感受到个人潜能完全发挥，并执行符合本身能力的工作，这是努力创造及学习的结果。

第二章 行为发展的理论

2-13　行为和学习理论：巴甫洛夫经典条件反射理论

巴甫洛夫（Ivan Pavlov）是讨论经典条件反射理论时，最常被提及的理论家。其重点是人们如何对环境中的刺激做出反应。在他的经典实验中，巴甫洛夫指出，狗在看到食物时会自然分泌唾液。兹将巴甫洛夫的经典条件反射理论，说明如下：

（一）巴甫洛夫将食物标记为无条件的刺激物，并将分泌唾液标记为无条件的反应，因为狗会"自然地"学习这种行为。也就是说，不需要任何训练或条件，狗在看到食物时就可以分泌唾液。当巴甫洛夫随后将食物与另一种刺激物搭配时（这个实验状况是，当食物呈现时，他会同时播放一种声音），他就能够训练狗在声音出现时分泌唾液。因此，这种声音会变成条件刺激，对应声音而来的流口水成为条件反应。因此，巴甫洛夫得出结论，只需以另类刺激替代食物，就可以通过训练引发狗自然的流口水反应。

（二）条件反应可借关注刺激，以及对此刺激的反应来了解行为。刺激（stimulus）是"一项物体或事件被某人察觉了，因此潜在影响了此人"。一个特定刺激会引发一个特定的行为反应，这刺激可能是文字、画面或声音。（详见右页刺激与反应的关系图示）

（三）有许多行为反应是不需要学习的。亦即，受到刺激后，本能性地自发反应。这种刺激叫作无条件（unconditioned）（自然发生）刺激。条件反射（respondent conditioning）〔又称作经典条件反射（classical conditioning）或巴甫洛夫条件反射（Pavlovian conditioning）〕，是指对新刺激的反应是学习而来，而非自发性本能。这个新刺激称为条件（conditioned）（学习）刺激。为了形成反射，这个新刺激和它引发的反应会自然地被配对。个人学习去联结这新刺激和这特殊反应，即便这刺激和反应最初并没有关联（详见右页条件反射的图示）。

（四）条件反射原则经常被社工人员运用于某些行为技巧，系统脱敏法（systematic desensitization）即是。例如：有人惧怕蛇、密闭空间或学校。系统脱敏法有两项使用要点：第一：让个案渐进式接触他所惧怕的事物；第二：当个案暴露于他所恐惧的事物时，指导他做出矛盾的反应。这些反应必须是某些绝不会和恐惧、焦虑同时发生的事。例如：个案首先学习如何控制身体和放松，同时让他暴露于他所惧怕的事物或事件到一定的恐惧程度。对于一个怕老鼠的人，可以让他先保持一段距离看一下老鼠照片，同时使用所学到的放松反应。在放松的状态下，焦虑和恐惧就不会发生。因为这两个反应是矛盾的。接着近距离看老鼠照片，再次使用放松技术来防止焦虑。个案越来越直接面对老鼠，直到他敢把一只实验老鼠握在手中，逐渐学习应用矛盾的放松技巧减轻焦虑情绪，即便老鼠真正出现的时候，也不再感到焦虑。

刺激与反应的关系

```
龙虾与巧克力蛋糕          →          小马开始流口水
 （无条件刺激）                         （反应）
```

- 小马正进行严格的节食，当她顺道拜访朋友小伊时，小伊正在准备龙虾晚餐，且正在烤香喷喷的巧克力蛋糕。小马一看到这些美食就忍不住开始流口水。小马的反应（流口水）是刺激（看到小伊准备的美味晚餐）所导致的。

条件反射

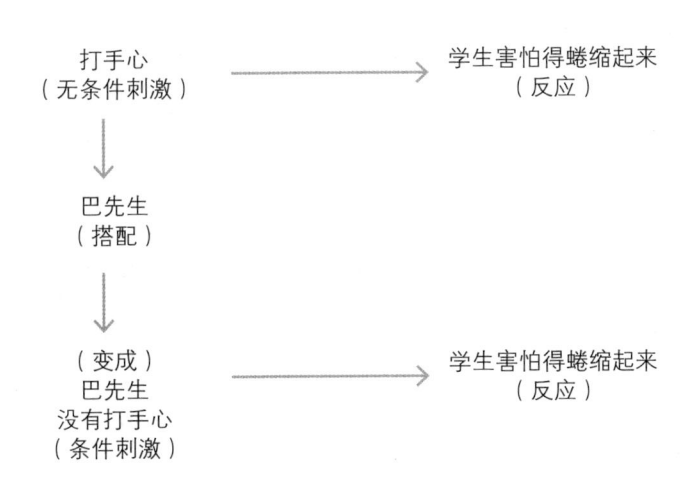

```
    打手心           →     学生害怕得蜷缩起来
 （无条件刺激）                    （反应）
     ↓
    巴先生
   （搭配）
     ↓
   （变成）
    巴先生           →     学生害怕得蜷缩起来
   没有打手心                   （反应）
  （条件刺激）
```

- 巴先生是一位三年级老师。每当学生说话不合时宜时，就会被巴先生用力打手心。因为刺激的结果——打手心，所以学生们都很怕他。久而久之，借着联想到巴先生打手心，学生学习到害怕巴先生，即当巴先生没打人的时候，学生们看到他也会害怕。因为巴先生已经和打手心的结果联结在一起，令学生形成反射了。

第二章　行为发展的理论

2-14　行为和学习理论：斯金纳操作条件反射理论

在经典条件反射的概念上，斯金纳（B. F. Skinner）发展了"操作性条件反射"的概念。"操作性条件反射"（operant conditioning）是"一种行为受到后来结果所影响的学习方式"。可以塑造新的行为，也可以强化弱的行为，并可维持强的行为，削弱或消除不想要的行为，强调行为结果。在操作性条件反射的概念中，行为的结果会导致行为的改变（行为增加或减少）。有孩子用蜡笔在墙上涂鸦（行为）并受到惩罚（后果），孩子在墙上涂鸦的行为就会减少。相反地，如果行为得到奖励，行为将会增加。斯金纳认为，通过这种互动可以塑造行为。相关概念说明如下：

一、正强化与负强化

1. 正强化

添加正向的东西，以强化行为。例如：在孩子清理房间后，她可能会受到表扬或被允许观看她最喜欢的电影。这些正向的后果，会强化清洁行为。

2. 负强化

消除负面因素以强化行为。例如：当你坐上汽车并听到蜂鸣声时，那个蜂鸣声很烦人，让它停下来的唯一方法是系好安全带。一旦你这样做，蜂鸣声就会停止。每次系上安全带时，烦人的蜂鸣声会停止或消除。因此，想要增加的行为（系上安全带）是被关闭噪声（负强化）所强化。

二、惩罚

惩罚是通过增加负面的东西或移除正面的东西，来减弱或减少行为的频率。例如：当一个孩子表现不乖时，他的母亲告诉他必须在没有玩具的房间里安静地待15分钟。当孩子处于这种状况时，就是移除正面的东西：孩子失去了与他人在一起的刺激，也失去了玩具。家长希望通过移除这些正面的东西来减少孩子不乖的频率。在另一种情况下，母亲可能会责骂孩子不乖，这是增加一些负面或令人不愉快的东西（在这种情况下是责骂），以减少不当行为的频率。惩罚与负强化完全不同。惩罚的目的是削弱或减少行为，负强化的目的则是增加行为。

三、消退

消退是一种停止强化的过程，以达到减少发生频率，也可能根除此行为。只是单纯地停止强化，并未积极移除什么。消退与惩罚是两个不同的概念。消退是先前的结果不会在反应后出现。事件或刺激既非移除，也不再出现。惩罚是在某些嫌恶事件后予以回应（训斥），或解除某些正面事件。日常生活中，经常采取的消退方式是去忽略某个先前被关注的行为。例如：假如你觉得生物课实验很难，教授讲课听不太懂，而且你也不太确定教授究竟会考些什么（你已经拿了两个D+）。你趁着办公时间去找教授三次，但每次他都不在，最后，你放弃再去找他，寻求教授协助的行为因此消退。

正强化与负强化协同运作案例

- 正强化和负强化都会增加行为，它们只是以不同的方式，通过增加某些东西（正强化）或带走某种东西（负强化）。
- 正强化和负强化协同运作的例子：一位母亲带着儿子去商店，当他们在购物时，孩子开始哭闹，因为他想要巧克力。起初，母亲拒绝给他巧克力，当他们在商店里走动时，孩子一直尖叫。最后，母亲因为尖叫而变得非常恼怒，受不了之下给了孩子巧克力好让他安静下来。在这种情况下，孩子的哭泣行为和母亲给他巧克力的行为都得到了加强。母亲的行为被负强化，因为只要她给孩子巧克力，孩子的尖叫就会停止；孩子哭泣的行为会得到正强化，因为他学会了只要哭泣，妈妈就会给他巧克力。

正强化、负强化、惩罚与消退

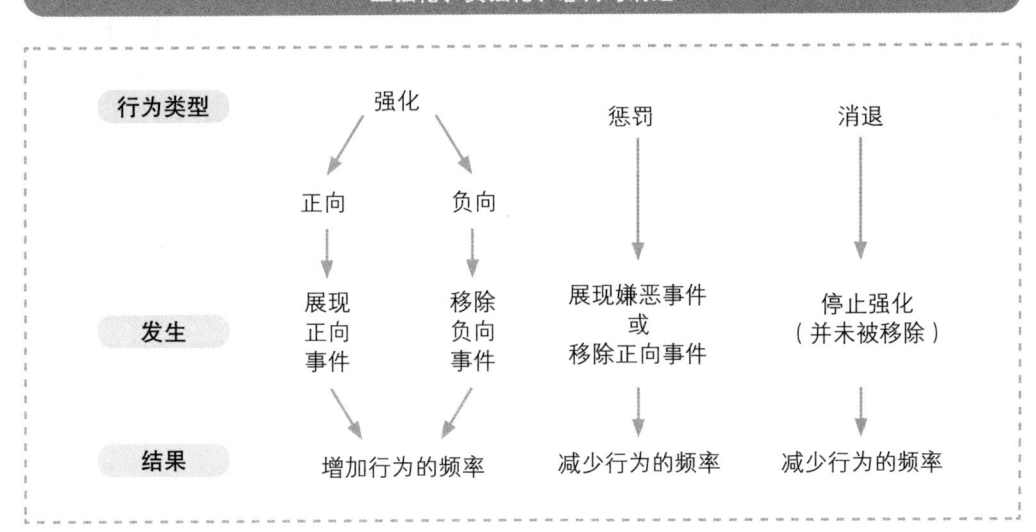

行为类型	强化		惩罚	消退
	正向	负向		
发生	展现正向事件	移除负向事件	展现嫌恶事件 或 移除正向事件	停止强化（并未被移除）
结果	增加行为的频率	增加行为的频率	减少行为的频率	减少行为的频率

第二章 行为发展的理论

2-15　行为和学习理论：班杜拉社会学习理论

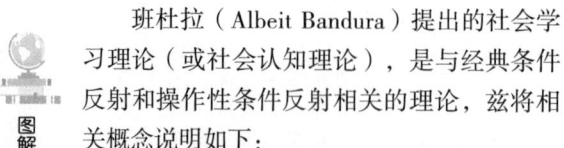

班杜拉（Albeit Bandura）提出的社会学习理论（或社会认知理论），是与经典条件反射和操作性条件反射相关的理论，兹将相关概念说明如下：

（一）班杜拉是提出社会学习理论的主要学者，他认为人们是主动学习者。他的理论除支持其他学习理论学者所提出的观点外，能够更进一步说明，人们在学习中使用了认知和社会互动。人们不会单纯地自动回应刺激，相反地，他们能够思考学习的过程，并且能主动与周围环境互动，这通常会产生学习。具体而言，人们会考虑其行为的后果，并根据这些行动的结果决定是否采取行动。

（二）班杜拉将人类视为有意识、主动思考的生物，可与环境产生互动。斯金纳认为学习是被动的，但班杜拉认为人们经由信息加工的过程，可主动与环境产生互动，经由观察榜样以学习新的行为，此称为观察学习（observational learning）。由此可知，学习是间接的，不需通过任何强化作用，而且在面对外在环境的刺激时，即使没有产生外显的行为，仍然可以达到学习的效果，这是认知学习的一种，因为个体必须注意到榜样，并对相关信息加以储存。

（三）社会学习理论认为，人们能够产生替代学习，或通过观察他人来学习，这种类型的学习称为"模仿"。亦即，我们可以通过观察别人如何做事，然后模仿这些行为来学习该行为。此外，我们经常会看别人做的事情，再看看他们的行为会带来什么后果。如果我们发现某人因某一特定行为而受到惩罚，我们就不太可能会做出那种行为。相反地，如果我们观察到某人因某种行为而获得奖励，我们就更有可能模仿该行为以期望获得相同的奖励。因此，根据社会学习理论，人们实际上并不需要从自己的行为中学习。相反地，人们可以通过他人的成功或失败来学习。

（四）社会学习理论强调榜样对人格发展的重要性，这也是观察学习的原则与应用。社会学习理论强调人可以通过观察他人而获得知识，不必依赖直接参与的经验。因此，社会学习理论融合了学习原则、认知过程和观察学习的效果。例如：儿童如何学到暴力和攻击行为？

（五）班杜拉界定学习的一个重要层面是自我效能（self-efficacy），是指个体对自己有无能力达成目标的信念，会影响目标的达成。他将这个概念定义为人们能够成功完成任务的期望。根据社会学习理论，成功经验对于建立自我效能感是必要的。当人们具有高自我效能时，他们更有可能在学习、工作和生活的其他方面表现良好，这有助于建立和加强他们的能力感。从本质上来说，自我效能的发展和维持是一种周期性的过程：人们拥有的成功经验越多，他们寻求其他机会就越有可能获得成功的结果，这有助于更进一步建立自我效能感。

模仿

模仿 (modeling) —— 含义：行为的学习借由观察他人的行为而来。因为是学习榜样，学习者本身并不必参与这个行为，只需要观察榜样怎么做，因此模仿也称为观察学习法（observational learning）

案例：

正面模仿
5岁的拉里是个有行为问题的孩子，他把社会工作者不小心掉在地上的铅笔捡起来还给社会工作者。社会工作者可能说："谢谢你帮我捡起铅笔，拉里好乖哦！"为家长示范当孩子有良好的行为时，如何给予正向强化。

负面模仿
一位母亲为了一点小事情被激怒，就对其他的家庭成员大发雷霆，甚至刺激其他家庭成员。她可能就在示范一种不良行为，以后她的孩子可能也会模仿此种方式，以攻击别人来表达自己的愤怒。

角色扮演（role playing）
通过演练以预备日后需要达成目标情境（如了解别人的处境或学习更有效的沟通方式）。例如：通过角色扮演，社会工作者要求一位无法管束儿子的母亲扮演儿子，并且模仿其行为。她依照指示扮演她所认为的儿子行为，社会工作者示范当"儿子"有这些行为时的适当、有效的回应方式。类似的模仿给予父母学习回应儿子新方法的机会。

对行为和学习理论的批判

- 经典和操作条件反射理论背后的一些原则将人们视为被动的主体，他们只是坐在那边等着事情"发生"在他们身上。这些理论无法说明人天生的认知过程，那些认知过程可能有激励个人行为的功能。然而，有人认为这些学习理论其实有承认主动认知过程对个体的影响，只是影响程度多少而已，这样的论点仍然有一些争论。此外，社会学习理论意识到人们可以洞察自己的行为，并可最终根据这些有洞察力的见解积极改变行为。
- 经典和操作条件反射理论不考虑环境影响人们决策和行为的方式。相反地，社会学习理论会考虑到人与环境之间的相互作用。虽然社会学习理论融合了一些基本的学习概念，但它以影响人们学习和行为的更复杂过程来强化这些概念。

2-16　系统理论：总体概念

作为了解人们在环境中互动的一种方式，系统理论在社会工作中被广泛使用。1949年，生物学家路德维格·冯·贝塔朗菲（Ludwig Von Bertalanffy）首次使用"一般系统理论"一词。系统理论将人类行为视为人与其社会系统之间积极互动的结果，这"系统"的概念，就是这个理论的核心。总体概念如下：

（一）系统由相互依赖的部分所组成，当组合时，即成为一个有组织的整体。系统可以包含任何正式或非正式的人员组织或组织的组合，包括夫妇、家庭、学校、社区、政府和社会服务机构，所有这些系统都是由较小的、相互依赖的部分组成的，以贡献整个系统。

（二）每一个子系统，相对于系统，都存在着界限，以定义其角色、规则和认同，这些界限使系统或子系统外的人员能够知道如何开放或关闭系统，以与其互动、沟通和掌握关系等。例如：教师子系统的界限使学生了解如何及何时能够寻求教师的协助。

（三）系统总是努力维持其功能运作的现状，无论其功能是正面的还是负面的。亦即，系统依其日常运行，系统的成员通常会知道什么是可以预期的，以及如何保持正常运作，成员承担个别的角色。例如：教师或学生的角色。有时候一个子系统或系统中的成员扰乱了动态平衡，系统中的其他人将调整他们的行为或试图影响偏离的成员，以将系统恢复到原来的功能状态。综效或能量，皆是系统创造出用以维持动态平衡过程的要素。

（四）系统不断地接收到其外在表现的相关信息：输入，指能量、信息、沟通或资源，来自系统本身的外部。例如：学校接收到来自家长、学生和社区教育目标和标准的输入信息，根据输入的本质，学校发展课程与方案以服务学生，这些后续的行动是学校的输出形式；亦即，输出是指系统对于输入的反应方式，一个特殊的输入形式是反馈，是告知系统关于其表现的信息。

（五）随着时间的推移，系统倾向于变得越来越复杂，系统内部的相互关系持续发展和变化，角色和规则相应地变得更复杂，子系统、界限和动态平衡都随之变化。这种迈向更大复杂性的趋势称为分化，是系统生命一个自然的部分。例如：家庭中的孩童年纪渐长及获取经验，变得像一个成人，因此家庭内的关系有了改变，如同家庭系统本身的功能。

（六）相同地，系统有趋向混乱或增熵（灭亡）的趋势，例如：在学校有教师离开、方案终止等；然而，学校也可能通过变革使组织变得更好，可以招募更好的教师、发展完善的方案等。这些朝向成长和发展的改变，被称为负熵（生存）。

（七）殊途同归的概念是指系统和系统的某部分，可采取许多不同的路径，但最终会达到相同的结果。亦即，许多不同的情形或情况可能发生在系统中而改变它，但相同的结果仍可能因系统而发生。而结果分歧，是指在系统中遭遇相同情况或类似情形，却产生非常不同的结果。

系统输入与输出的反馈圈

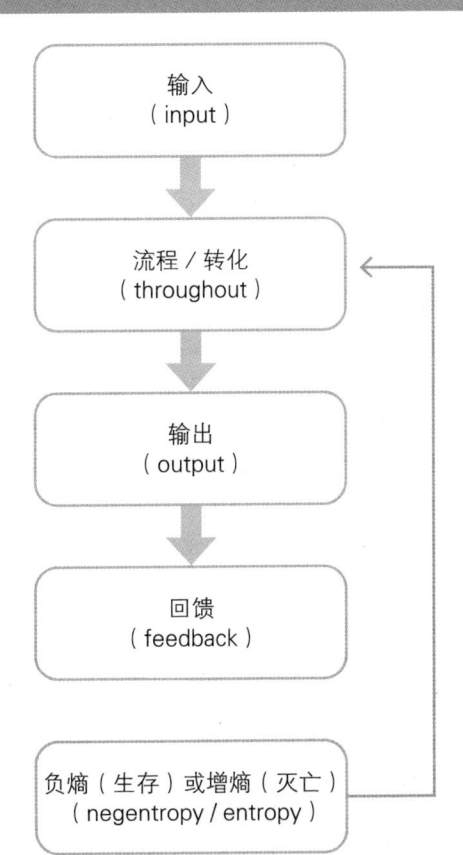

```
输入（input）
    ↓
流程／转化（throughout） ←──┐
    ↓                      │
输出（output）              │
    ↓                      │
回馈（feedback）            │
    ↓                      │
负熵（生存）或增熵（灭亡）──┘
（negentropy / entropy）
```

系统观点基于介入或改变，包括：
- 输入（input）：即资源进入系统
- 流程／转化（throughout）：资源如何在系统内被运用
- 输出（output）：系统如何影响其外在环境
- 反馈（feedback）：经由与外在环境互动后所回收的资源和信息
- 负熵（negentropy）：即系统可以获得维持生存所需的资源而持续运作
- 增熵（entropy）：即系统无法获得生存所必要资源而终止运作

系统理论的假设

- 如果系统不能与界限之外的其他系统互动，则属于封闭系统；反之，如果与其他外界环境有所交换，则是开放系统。
- 系统的整体和各部分，以及各部分之间，均是消长的和调适的。
- 系统的整体和各部分，以及各部分之间，均是动态的，而非静态的，即不断地变迁和演化。
- 系统的整体和各部分之间，不但有其脉络和特质，而且具有整体大于部分的总和的属性。
- 系统的整体和各部分乃是共存共荣或休戚相关的。

第二章 行为发展的理论

2-17　系统理论：关键概念

在学习系统理论与社会工作实务的关系时，需要了解数个重要的专有名词，这些名词包括了系统、界限、子系统、动态平衡、角色、关系、输入、输出、反馈、界面、分化、增熵作用、负熵作用，以及殊途同归。兹先说明系统理论部分的关键概念；并于后续单元继续说明其他关键概念。

一、系统（system）

系统为一套有秩序且互为关联的要素，以促成整体的运作。一个国家、公立的社会服务部门与新婚夫妻皆是系统。例如：社会系统是指那些由人们所组成，影响着人们的系统。

二、界限（boundary）

界限是区分一个实体的边界或边缘。界限可能存在于父母与孩子之间，父母拥有家庭领导地位，提供支持并养育孩子。界限也可能存在于一个县市政府的社会福利机构，执行保护性服务的社会工作者与办理经济补助的社会工作者之间。这些条理分明且互相关联的团体，以其工作职责与所服务的个案群作为特定的界限。然而，每个团体都为一个较大型的社会福利机构的一部分。

三、子系统（subsystem）

子系统为次要或附属的系统，且是较大的系统的一部分。例如：家庭中父母与手足的子系统。在大型的社会福利机构中，执行保护性服务的社会工作者为一个子系统，办理经济补助的社会工作者则为另一个子系统。这些次系统被指定的界限所分隔，然而他们也是较大于整体系统的一部分。

四、动态平衡（homeostasis）

动态平衡是系统维持相对稳定的倾向，是一种平衡的持续状态。如果平衡遭到破坏，系统会自行重新调整并恢复稳定。动态平衡的家庭系统，就是以此方式运行来维持其功能，并凝聚家庭成员的。动态平衡的社会福利机构，则是持续性地经营。然而，家庭或机构不一定可以运作得很好或发挥效率。动态平衡只是意味着维持现况。有时现况会毫无效率、效率差或是存在着许多严重问题。

五、角色（role）

角色是从文化角度所述来建构社会行为，引导人们在任何被指定的人际关系中所期待的行为举止。每个人会认定所牵涉的系统里的角色。例如：某人是社会工作者，其角色会被期待去表现出符合专业伦理守则所定义的特定"专业"行为。因涉及了多重系统，社会工作者或许要执行许多角色，在家庭系统中也许是配偶与父母的角色。此外，此人可能在社会工作协会担任董事长的角色，也担任少年棒球队的教练，以及家委会的会长。

六、关系（relationship）

关系是情绪交流、沟通与行为互动的模式中，所呈现的交互、动态、人际之间的联结。例如：社会工作者与个案之间存有专业关系，彼此沟通互动以应对个案的需求。关系可能存在于任何大小的系统之间。一个个案可能与机构有关系，一个机构可能与其他机构有关系。

增熵（entropy）、负熵（negentropy）：运作含义

- 系统是开放的或封闭的，取决于增熵或负熵的多寡、增熵或负熵的状况。
- 负熵指系统充满活力，从外界输入的能量比消耗掉的要多，该系统就可以成长与发展。
- 反之，当系统的能量入不敷出（即熵升高时），系统就会逐渐老化或腐化，终至瓦解。负熵与增熵是相反的。

增熵（entropy）、负熵（negentropy）：案例

人的成长过程

- 年轻时不断地吸取外界的能源，增长比消耗多，生理持续成长，负熵高。
- 年老时，能量来源减少（熵升高），老化现象就日趋严重。

SOCIETY 社会环境

- 机械体系倾向于封闭；有机体系较为趋向开放。
- 一个体系的开放程度，与"增熵"和"负熵"有关。
- "增熵"是系统崩溃衰弱的趋势，"负熵"则为结构正常运作的趋势。
- 封闭的体系，会逐渐倾向于增熵（entropy），会因缺少活力而解组；反之，开放体系则不一定，只要活跃在可控制的范围内，便处于动态的稳定状况，组织维持的机会增加。

2-18 系统理论：关键概念（续）

兹接前一单元，继续说明系统理论的关键概念如下：

七、输入（input）

输入包含了从其他系统接收到的能量、信息。父母可能从孩子的小学校长那里得知孩子的体育成绩不佳；公共机构可能从政府得到资金补贴。

八、输出（output）

输出是系统的回应，接收与处理输入之后，会影响环境当中的其他系统。

九、反馈（feedback）

反馈是一种特别形式的输入，即系统接收到与其成果表现相关的信息。当结果是负面的反馈（negative feedback），则意味着运作上出现了问题，系统可以选择修正任何的误差或错误，使其恢复到动态恒定。例如：社会工作者被督导告知填错了一份重要的机构表格。如此的做法令社会工作者有机会去修正他的行为，并适当地完成表格。正向的反馈（positive feedback）也是具有价值的，意味着系统接收到执行正确的动作，以维持其系统运作与成功的相关信息。学生在历史考试上若答对了97%的题目，表示已熟读了大部分的资料。某一机构得到了政府的特别拨款，则表示所发展的计划值得到如此的反馈。

十、界面（interface）

界面是指两个系统（包括个人、家庭、团体、组织或社区）相互联系或沟通的地方。例如：介于领养机构的实习督导与实习学生之间的界面，是一张实习的合约书。

十一、分化（differentiation）

分化是系统从较为简单的实体转变为较为复杂的实体。关系、情境与互动也会随着时间而更复杂。例如：任何家庭形态的生命周期，每天都会增加新的经验，会搜集新的信息，也会探索新的选择。家庭的生命会变得更为复杂；社会福利机构也会随之发展出更详尽的政策与方案。

十二、增熵（entropy）

增熵是系统逐渐解组、耗尽与死亡。没有任何事物是可以永久维持的。人们会老化，最终将会死亡。年轻的家庭成员会变老，孩子会离家并开始组建自己的家庭。随着时间的流逝，旧的机构与系统最后将被新的机构与系统所取代。

十三、负熵（negentropy）

负熵为系统迈向成长和发展的过程。实际上，负熵作用与增熵作用是相反的。个体随着成长而发展其身体、智力与情绪。社会福利机构成长，并发展新的方案与个案群。

十四、殊途同归（equifinality）

殊途同归指的是以许多不同的方法达到相同的结果。不设限于唯一的想法是很重要的。任何的情境中都可能会有替代方案。有些方法会比其他的方法更佳，但是仍然会有其他的选择。例如：身为一名社会工作者，可能会从不同的来源，为某一家庭获取所需的资源。这些可能包括了经济上的协助、房屋补助或私人慈善捐助。

开放系统（open system）的特性

1 开放的系统可以和系统外的环境彼此交换物质、信息及资源。

2 它能够输入、转化及输出，此即系统的操作程序。

3 它能够将系统内所包含的物质，加以组织或分解。

4 它会维持系统在一个稳定的状态，此稳定状态并不是固定不动的；相反地，它内部仍有许多交互作用产生。

5 开放系统具有两项特别的功能：使组织功能正常运作；组织内的反馈功能。

对系统理论的批判

- 辨识个案生活中的各个系统，进而评估这些系统彼此的互动，以及对于个案功能的影响并不是容易的任务。系统理论通常更适用于家庭或其他可识别的系统，如组织或工作场所，在这些情况下，能够较为直接地应用此理论。
- 系统的广泛焦点和抽象概念会使理论难以说明或验证，尤其是试图预测行为时；然而，许多社会工作者和其他专业人士成功地运用了该理论，在个案情况多样的情况下仍能支持其有效性与可靠性。
- 一些社会工作者也认为这个理论太过问题导向，忽略了个案生活中的正向功能。
- 理论中关注家庭和其他系统，导致社会工作者较未关注可能导致个案问题的个人生理方面的议题，因此，这方面的信息将在评估和治疗中被忽略。
- 由于这个理论倾向于关注个案及其系统的当前运作功能，社会工作者可能会忽视与现在问题息息相关的过去功能议题方面的重要信息。

2-19　生态系统理论：总体概念

生态系统理论（ecological system theory）最初是由心理学家布朗芬布伦纳（Urie Bronfenbrenner）所发展的，兹将总体概念说明如下：

一、生态系统理论

该理论认为人类的发展包括个人层次、环境层次，以及双方的交互作用。生态系统理论认为人们积极地参与其环境和自身发展（相对于部分发展理论认为人们是被动的，他们在发展中并没有扮演积极角色），而且发展和环境都在不断变动着。人们生来就有积极和消极的倾向，这都受到天性和教养的影响，那么，发展会受到个人行动、所处环境，以及二者交互作用的影响。

二、生态系统理论的基本原则

认为人们感知其环境和经验的方式对于福祉有显著影响。具体来说，人们对于发生在他们身上的事件的意义，以及他们在何种环境脉络下诠释这个事件，对于这个事件究竟是如何影响他们的福祉有着重大影响。例如：两个人生活在相同的社区，对于经济衰退导致他们失去工作可能有不同的反应，一个人可能视失业为危机，因为这将导致他无法负担开支和支持他的家庭，这样的预期可能使他感到绝望与沮丧，也意味着他可能需要心理健康的支持以应对这样的情况，并且产生寻找新工作的动机。相反地，另一个人可能觉得自己的失业是个机会，能够回到学校或发展新技能，进而可能找到更有乐趣或有商机的工作，对于生活中被迫采取新方向，他可能感到松一口气，甚至是解放。

三、生态理论的四个环境层次

（一）微观系统：在生态系统理论中，它包括个人在直接环境中的所有角色和关系，这个层次包含家庭、学校、工作和邻里等物理场域，这些是人们每天彼此面对面接触的地方。

（二）中间系统：这个层次聚焦于人们居住的两个或多个环境机制之间的相互作用。换句话说，中间系统包含一组微观系统。例如：一个人的工作和家庭生活存在着彼此影响的动力；一个人将工作中的紧张情绪带回家就是一个例证。

（三）外层系统：所有导致事情发生而影响人们的社会环境，构成了外层系统（如孩子的学校、父母的工作场所、社区），虽然个人不一定是该机制中的积极参与者，但其中发生的事情将直接或间接影响个人。例如：学校做出闭校的决定，虽然家长并没有参与做决定的过程，但他们的小孩和家庭都将受到闭校的影响。有些家庭可能决定搬到另外一个学区，或送小孩到另一个学校就读，即使没有小孩的居民也会受到决策的影响。

（四）宏观系统：这部分涵盖了各式内涵较大的文化因素机制，可能影响个人环境的其他层面，并影响个人的发展，这包含法律、政治哲学和文化信仰等方面。

生态系统理论关键的四个层次

1. 微观系统
指的是与个人生活关系密切的家庭成员。

2. 中间系统
是指介于家庭的微观系统与外层系统之间的互动媒介。

3. 外层系统
指的是对个人的发展有影响，但当事者在其间没有一个直接参与角色的社会情境。

4. 宏观系统
指一个社会的文化风俗、价值规范与意识形态、政治经济环境等。

生态系统理论：各层次的因素及其交互作用的案例

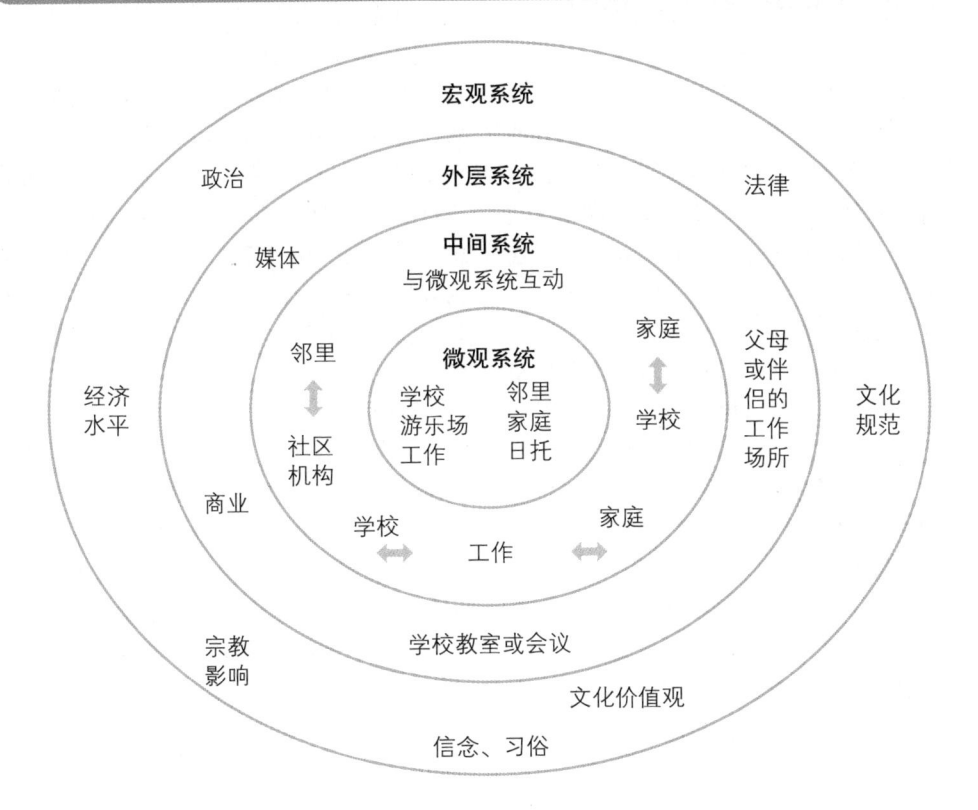

宏观系统：政治、法律、经济水平、文化规范、宗教影响、商业、信念习俗、文化价值观

外层系统：媒体、邻里、社区机构、父母或伴侣的工作场所、学校教室或会议

中间系统（与微观系统互动）：家庭、学校、工作

微观系统：学校、游乐场、工作、邻里、家庭、日托

2-20　生态系统理论：关键概念

生态系统理论认为个人与其生存环境的交流过程中，必须在其成长的适当时间点获得足够的环境滋养，才能进行各项生活历程。而为了维系生活历程的前进，人就要与其生存环境保持适当的调和度以达到顺利的适应。不同于其他物种的演化，人类具有高度发展的认知能力，其在适应环境的历程上是非常主动而富有创意的，即使是消极地迁移他地的适应行动，也是一个主动性的抉择结果。

此理论认为个案所经历的困境为"生活中的问题"（problem in living），并非个人的病态或性格的缺陷所致。社会工作干预的目标涵盖个人、家庭、子文化、社区等各层次系统，其助人的实务模型则综合各种社会工作的取向，主张运用多元层面和多元系统的干预策略。兹将生态系统理论的关键观念，说明如下：

一、生命周期（life course）

指的是影响个人发展的相关社会结构及历史变迁的生活事件（life events），其对个人的生活产生意义，因此运用时间线（life lines）方法可以重现个案所经历集体历史事件的可能。

二、人际关联

指的是个人拥有与他人联结而建立关系的能力，这种人际关系的发展开始于亲子关系间的依恋关系的建立，并因此建构个人在未来生命周期中所发展出来的各种互惠性的照顾关系。

三、胜任能力

指的是通过个人与环境间的成功经验交流，建立个人有效掌握环境的能力。具体而言，此种"胜任能力"涵盖了婴儿哭泣、抓取、爬行等动作的自我效能感，能与他人建立有效而关怀的人际关系，有做决定的信心以获得想要的结果，有能力动员环境资源及社会支持等。

四、角色

指的是角色表现，是一种互惠性期待的社会层面，非个人的角色期待，是个人历程及社会参与的桥梁，受到个人的感受、情感、知觉和信念的影响。

五、生存环境与地位

生存环境指的是个人所在文化脉络中的物理及社会环境，地位指的是个人在其所在直接环境或社区中所拥有的成员地位。布朗芬布伦纳提出生态位（ecological niche）的概念，指个人所在的某种环境区域的特色，特别有利或不利于个人发展任务。然而，运用此概念并不是要为个人进行社会分类，而是为了了解形成个人目前处境的发展历程。

六、适应力

在个人与环境的交流过程中，个人与环境间相互影响与反应，以达到最佳的调和度。生态观点所认为的适应良好，不是指病态关系、偏差的成果，而是天时、地利、人和下的成功交流；而适应不良指的是个人的需求和环境所提供的资源、支持之间无法配搭调和。

生态系统理论的基本假设

01 | 一个人与生俱来就有能力与其所在环境互动,有能力和其他人发生关联。

02 | 基因及其他生物因素经常被视为个人与环境交流的结果,而非原因。

03 | 人在情境中是一个整合的交流系统,人类与环境在此系统中相互影响,并形成一个互惠性的关系。

04 | 相互调和度是一个人与环境互惠历程的结果,经由一个调适良好的个人与一个具有滋养的环境相互交流而获得。

05 | 个人的行动是目标取向的、有目的的,人类为了生存而竞争,因此发展的关键取决于环境给个人的主观意义内涵。

06 | 要理解个人,必须将其置于其所生长的自然环境及所在的情境之中。

07 | 个人的人格是个人和环境经年交流的长期发展成果。

08 | 个人的生活经验是可以产生正向改变的。

09 | 所谓的问题指的是生活中的问题,要了解个人的问题,应将个人置于其所生活的整体空间来理解。

10 | 为了协助个案,社会工作者应随时准备干预个案所在生活空间的各个层面。

2-21　优势观点：总体概念

优势观点取向的社会工作模式（简称优点模式），自1980年代于美国堪萨斯大学社会工作福利学院发展出来。优势观点的提出，是对于病理观点的反对，以及对于问题解决学派的修正。兹将优势观点的总体概念，说明如下：

（一）优势观点是基于假设所有人都有成长、变化和适应的能力，不管他们情况或问题如何严重，都具有技能、能力和优势。亦即，他们所有的不仅是问题。在社会工作中使用优势观点，意味着须检视个案的技能、目标、天赋、能力和资源，以及他们在环境中的优势和资源，然后将这些优势纳入评估和治疗的过程当中。

（二）优势观点认为人们是自己情况和问题的专家，这意味着他们自然有能力为这些问题提供解决方案。过去人们通常能够幸存于困扰和成功之中，因此他们可以从中了解解决问题的方法，并清楚哪些有效而哪些无法起作用。

（三）优势观点的一个重要信条，就是人们具有足够的资源和弹性。当个案寻求社会工作者帮助时，也应该使用这些特点。不仅如此，社会工作者所意识到的压迫、歧视和其他超越个人权利的力量，也都能够对处理个案问题有所贡献。因此，社会工作者必须评估个案的能力，同时评估环境中潜在的障碍，有些即便是最有资源的个案可能也无法掌握。

（四）在优势观点中，要求社会工作者与个案在改变的过程中成为合作者。社会工作者从"个案的所在"开始，仰赖个案对情况的解释、信赖个案准确地陈述自己的需求，以及期望如何做出改变和实现目标。社会工作者的工作是在改变的过程中确认个案发挥其优势的机会，并帮助个案学习新的技能以支持实现他们的目标。当个案有可能无法改变时，社会工作者也需要提供关于更大环境的教育，这个教育过程被视为赋权：社会工作者正在向个案提供可以增添其技能组合的信息。

（五）从优势观点出发与个案工作时，社会工作者并不会聚焦于标记问题或确认原因；相反地，他们花时间评估个案的优势和资源，以期能改变他们的情况。对于优势的关注是一种赋权个案，以及将注意力从妨碍进步的障碍上转移的方式，这并不表示社会工作者忽视个案的问题。相反地，他们视这些问题为改变的催化剂，个案面临有问题的情况时，意味着他有机会能够学习做一些不同的事，或使用有助于达成设定目标的技能。

缺点模式的问题

问题	说明
负面标签效应与责备受害者	诊断个人的心理病因不仅使优势变得模糊隐晦,更赋予个人负面的标签,于是"一个有病理的人"变成"一个病态的人"。前者的含义是病理只是个人的一部分,后者则是将个人与病理等同。如个人被赋予"被害者"名称后,即承接创伤和无能的被害者角色,并与他人区别开,其已是受损的人,个人自我价值与对于未来的展望因而受到影响,带来负面的自我期待以至于降低正面改变的可能性。
着重环境缺失	社区环境的缺失是社会工作指责的一环,包括社会的烙印、歧视、不友善、缺少机会给予弱势者等,为修正这些社会的负面因素,于是制定政策和创造各类服务方案,提供正式支持以弥补社会的不足,满足个案需求。这些诚属必要,然而正式服务网络的支持仅能确保个案的生存,至于生活品质的显著改善则需仰赖探索社区资源和能量,一味地责怪环境会使人感到无力而丧志,着重社区资源优势则可开创提升服务质量的新路径。
连续照顾理念的不切实际	缺点模式下的服务和照顾理念乃是根据专业人员依据诊断与病理严重度,设计不同程度或类型的照顾方案,强调服务内涵的连续性,其为一种线性思考下的产物,规范个案必须经过整个服务流程。此模式着重专业判断与规划,用意良善,然而忽略个人的特殊性与愿望。

优势观点与问题解决取向的比较

优势观点原则	运用于社工实务	问题解决取向
每个个人、团体、家庭和社区都有其优势。	鼓励尊重个案与社区的声音。	评量环境中的情境与个人。
挑战可能带来威胁,但也可能是机会来源。	个案被视为具有韧性和资源。面临挑战促使个案发现自己的能力和自尊。	发现问题所在,并排定优先级。
个人、团体和社区的愿望应受到重视。	诊断、评量和服务方案不能限定个案的机会。个案和社区有能力重新立足。	发展实际的目标和干预计划。
通过专业人员和个案共同合作,个案方能获得最好的服务。	站在专家或专业角色位置,可能无法发现个案的优势。	专业人员促进问题解决的过程。
每个社区都充满资源。	社区是资源的绿洲。个人、家庭和团体的非正式资源,可扩大社区的韧性。	着重在使用可用的资源。

2-22 优势观点：关键概念

一、优势观点的两项基本假定

（一）有能力生活的人必然有能力发展自己的潜能，并且可以取得资源。

（二）人类行为大多取决于个人所拥有的资源，此乃对人有绝对的相信与肯定。此模式肯定人类内在的智慧和蜕变的能力，即使是在受虐的人身上，仍可以看这些属性所散发的力量。此观点的关键，在看待个案、其周遭与环境的视野改变、超越问题，由看问题转为看可能性，在创伤、痛苦和困扰中看到希望和改变的花朵。

二、优势观点对问题的看法

（一）将问题放置于特定脉络中，只有当问题成为个人追求目标的阻碍时才加以处理。

（二）以简单的方式讨论问题，于是问题就不会那么复杂和困难，且变得较容易处理。以简单的语言，而非艰涩的心理学名词描述问题，问题就不那么可怕。

（三）给予较少的关注，将能量转移到具体的正向行动上。聚焦于人们的优势和愿望，帮助我们转移注意力，通过别人的反应，个人得以看见另一种观点，发现自己的能力和资源，并获得力量克服改变中可能面临的困难。

三、优势观点的实践

（一）相信个案的能力：发现、肯定和称赞个案具有处理事情的意愿和能力。借由当面给予肯定和称赞，使其具有继续学习和认真尝试进行改变的动力。

（二）启发引导个案的改变意愿和动力：社会工作者借由称赞个案的能力和优点，接纳同理个案以减少个案的防御，进而了解个案抗拒改变的原因，并提供各种不同的和新的正面信息，以激发个案思考如何改善问题或现况，以及追求未来较好生活目标的新动力。

（三）强化个案的权能：所谓相信个案有学习成长和改变的能力，无非希望强化个案的权能，故一旦个案燃起改变的动力，即可进一步提升个案改变的能力。

（四）随机示范和教导：个案的自我复原之道，除了要学会自我照顾和保护，就是要学习有效地沟通和互动，可以正确或适当表达并澄清沟通双方的感觉、想法和意见期望，借以减少误会和冲突。社会工作者可协助其学习适当表达和澄清想法的有效沟通方式。

（五）维持改变与实务成长：复原之路是坎坷的，也是不断进退来回的，故个案改变的结果不会是静态的，也不会是一次就完成的。因此，社会工作者对于各种可能使个案故态复萌的障碍，需与个案共同讨论，并发展各种新的和有效的应对技巧，使个案可以维持改变后的稳定生活与结果。

（六）涟漪效应与结果：正如系统观点所说，任何部分改变，都会带动其他部分乃至整体的改变。个案的改变会带动成员的改变，乃至于周遭社会环境的改变。

人的三大基本优势

人的三大基本优势 = 抱负 + 能力 + 自信

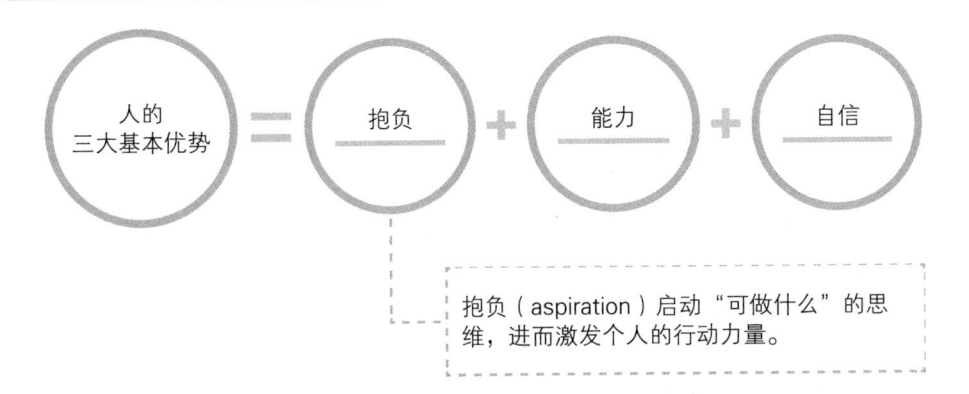

> 抱负（aspiration）启动"可做什么"的思维，进而激发个人的行动力量。

对优势观点的批判

CRITICAL THINKING

- 此观点的原则是以个人责任和个人自主的价值联结起来的，忽略了阶级、种族和其他对于个人福祉有影响的不平等来源，以及政府有责任处理对个人有影响的社会问题。
- 对于个人的关注，也被批评为提升自尊就能促进个人福祉和解决社会问题。
- 仅仅关注优势，可能破坏实务验证包含个别问题的生理和相关议题的影响合理性。例如：以神经学为基础的心理健康问题。
- 优势观点假设人们可以采取社区和其他资源的本质是好的，但忽视社区和其他组织也有其压迫性、组织的议程等，这也再次将个人的问题归咎到可能与歧视和不平等的社会与经济结构有关。
- 许多机构可能不会只使用这一方法，它们还会采用问题为中心的观点，这自然会要求社会工作者深入了解个案所处环境的问题。社会工作者可以结合优势观点的元素，作为其他理论和视角的根基，但这可能无法充分地使用优势观点。
- 尽管优势观点看似直接且概念清楚简单，但不同的社会工作者可能对于优势的定义大不相同。因此，定义和测量此观点的概念可能是困难的，将使实务的验证上也遭遇困难。
- 由于以问题为中心的模式普及，想要使用优势观点的社会工作者可能不会被其他的专业者认真对待，且这些社会工作者所采取的方法，可能也不像其他方法那样被公认为有效果。

2-23　功能论：涂尔干功能论、默顿结构功能论

功能论与冲突理论相反，功能论企图解释社会的各个方面、功能如何共同维持稳定。具体而言，功能论是在关注价值观、规范、制度和组织，如何为整体社会做出好的贡献。功能论方法将社会视为一个由各个部位共同运作的有机整体，所有系统共存并彼此依赖，他们共同努力工作以确保整体能运作顺畅，对于社会有功能和贡献的各个方面将保持，并从一代传递给下一代；相反地，功能失调的系统将被完全改变或抛弃。兹将先说明涂尔干（Durkheim）的功能论、默顿（Merton）的结构功能论，帕森斯（Parsons）的结构功能主义则于下一单元说明。

一、涂尔干功能论

（一）涂尔干认为社会必须被视为一个功能性的整体，个别部分并无法被分开单独检视，他认为各个部分都有助于形成整体的功能、目的或角色作用。

（二）涂尔干认为为了社会的运作良好，并保持动态平衡，必须满足其成员和机构的各种需求（如社会的、身体的、情感的和经济的）。涂尔干认为社会发生巨大如工业化的变革，人们会失去他们生活的意义和活动的方向。他创造了失范（anomie）这个术语来描述这个过程，认为如果失范最终无法被控制，整个社会就会失去目的感，导致无法控制个人的行为。

二、默顿结构功能论

默顿的结构功能论认为，社会的各种功能应共同合作，以确保整体社会的福祉，这些功能可用不同的方式来表现，说明如下：

（一）显性功能：是那些目的容易识别的。例如：许多学生会同意课程成绩是对于他们课堂表现的反馈，并提供反映学生能力的报告给外部人员（如父母、雇主、学校），如此一来，给予成绩的目的似乎就显而易见。

（二）隐性功能：是那些目的不一定如表面上的功能。再一次使用成绩的例子，虽然成绩确实提供给学生反馈，但它们也能执行一些较不明显的功能，例如：它们可以劝阻学生、扭曲学生的真实能力、在没有公平或统一标准的情况下被任意给予，它们也可以被用来造成歧视；换句话说，不论有意与否，隐性功能可以仅凭个人所经历的观点，促进或破坏制度或社会的某方面。

（三）反功能：是社会中那些对于较大系统的福祉没有贡献的部分。反功能实际上可能会增加系统的不稳定性和混乱，有时候还会导致系统的崩溃。例如：多数人认为犯罪是反功能的，犯罪行为，如诈欺、窃盗、纵火和谋杀等，都会扰乱受这些行为影响的个人的生活秩序，也可能给社区和社会造成混乱。犯罪行为，可能肇因于身体、财务、情感及心理的不稳定，它有时候可能导致系统的全面瓦解。例如：一个人因为被诈骗失去所有金钱而自杀，或由于被谋杀而在社区中引发骚动。

涂尔干对失范的定义

失范（anomie）发生于社会规范被打破时，此时，社会控制的影响力不再有效，人们因此存在于一种相对无规范的状态。此外，失范并不是指个人感受，而是指社会情境。

涂尔干
（Emile Durkheim）

默顿提出的三种功能类型

默顿提出的三种功能类型

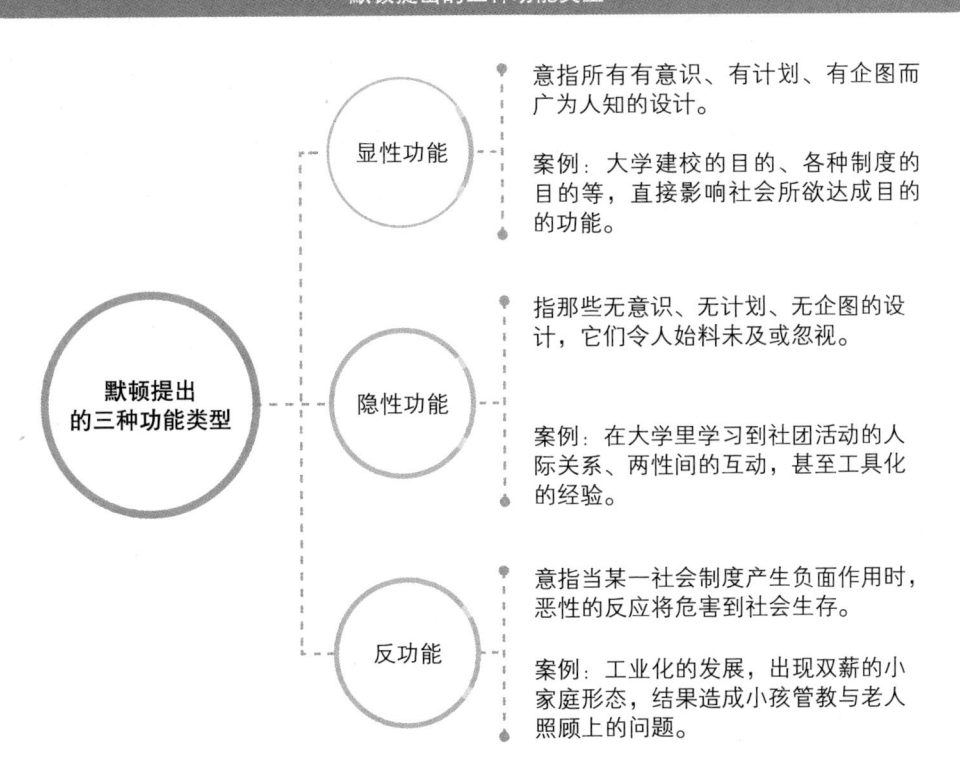

- **显性功能**
  - 意指所有有意识、有计划、有企图而广为人知的设计。
  - 案例：大学建校的目的、各种制度的目的等，直接影响社会所欲达成目的的功能。

- **隐性功能**
  - 指那些无意识、无计划、无企图的设计，它们令人始料未及或忽视。
  - 案例：在大学里学习到社团活动的人际关系、两性间的互动，甚至工具化的经验。

- **反功能**
  - 意指当某一社会制度产生负面作用时，恶性的反应将危害到社会生存。
  - 案例：工业化的发展，出现双薪的小家庭形态，结果造成小孩管教与老人照顾上的问题。

第二章 行为发展的理论

2-24　功能论：帕森斯结构功能主义

接前一单元功能论主题，本单元说明帕森斯的结构功能主义如下：

（一）结构功能主义的理论起点是社会行动，而行动者的行动是有目标导向的。帕森斯认为行动模式是由一连串方向交替变动的行动所塑造的，这些方向交替变动的行动称为模式变量（pattern variables）。这些模式变量会限制个体在社交场合中选择行为的方式，行动者只能从一个模式变量中的多样变量选取一项。例如：有一个人在某情境之下和另一个人对峙，为了判断对方，他只能从每一个模式变量中的多样选择里，挑选其中一项——以对方的表现（成就）来判断，或者以对方的特质来判断。在任何社会里，这些选择都会左右社交关系，这些选择也因此被广泛应用于社会结构的分类上。

（二）帕森斯的结构功能主义（structural functionalism）指出：社会系统存续了四个必要功能条件，这四个要件被称为AGIL系统，取每个要件的英文字首缩写而成，分别是：Adaptation（适应）、Goal attainment（目标的达成）、Integration（整合）、Latent pattern maintenance（潜在模式维持）。任何社会系统都必须要具备这四个要件才能存续下去。这些要件可以帮助我们了解主要社会系统在社会里所扮演的角色，说明如下：

（1）A（adaptation）：适应。主要是指行为有机体体系，也就是体系必须应对与克服所面对的情境或问题，强调工具与状况（means and conditions）。表现在社会体系上便是"经济制度"，金钱成为其主要媒介。

（2）G（goal attainment）：目标的达成。主要是指人格体系，体系必须达成其主要目标，强调有动机的行动者（motivated actor）。表现在社会体系上的便是"政治制度"，权力（power）是其主要工具手段。

（3）I（integration）：整合。主要是指社会体系，体系必须规范或管制其他三个功能条件，强调规范的（normative）标准。表现在社会体系上的是"社会制度"，影响（influence）是其运作的工具。

（4）L（latent pattern maintenance）：潜在模式维持。主要是指文化体系，体系必须修正、保持与更新动机的文化模式，强调目标与目的（goal and end）。表现在社会体系上的是"社会化"（socialization），承诺（commitment）是其重要方式。

（三）AGIL的分类方法：可以帮助我们了解社会上一些重要的社会体制、功能原则，有助于研究社会体制。而社会体制则是文化价值转变成习俗行为的过程的最后一个步骤。一种社会体制被定义为"以保存基本社会价值为主的一整套社会道德规范"。

（四）帕森斯确定了五个基本制度：家庭、宗教、教育、经济及政府，每一个基本制度在社会的存续上都占有举足轻重的地位。

AGIL系统

社会体系	需求达成渠道
Adaptation：适应	经济 → 钱
Goal attainment：目标的达成	政治体系 → 权力
Integration：整合	社会体系 → 社会控制、道德、法律条文
Latent pattern maintenance：潜在模式维持	社会化 → 家庭、学校

分类社会系统四个层次的社会组织

系统或层次	经验层面
行为有机体系统	身体
人格系统	个人心理
社会系统	道德、角色与地位
文化系统	知识、文学、艺术及其他人文产物

对功能论的批判

CRITICAL THINKING

- 一个主要的限制是功能论视系统间的互动为封闭的，亦即，它并不思考系统之间复杂的互动，这可能会产生大量的冲突。
- 功能论并没有解决系统内可能存在的不公平问题，这是一个重要的伦理考量，它将社会功能视为相当温和与单一方面的；只需要帮助系统运行顺利，然而可能无法解决对个人和团体造成的问题。
- 如同冲突理论，功能论并不适用于为个案发展治疗措施。

2-25　符号互动论：总体概念

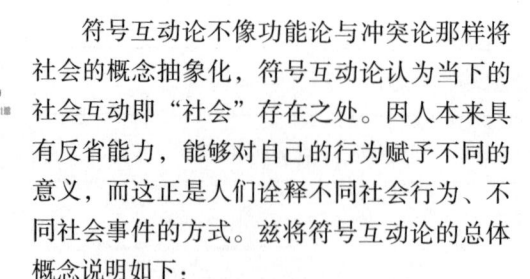

符号互动论不像功能论与冲突论那样将社会的概念抽象化，符号互动论认为当下的社会互动即"社会"存在之处。因人本来具有反省能力，能够对自己的行为赋予不同的意义，而这正是人们诠释不同社会行为、不同社会事件的方式。兹将符号互动论的总体概念说明如下：

（一）符号互动论指的是人与系统互动和沟通交流的独特方式，是互动交流的本质和特征。符号互动论的重要原则，是我们都会对在互动发生的环境脉络中与他人交流赋予意义。因此，即使我们中间有些人可能在同一个地方和时间经历过互动，也有可能对这样的互动有非常不同的解释，正视我们所赋予的意义。符号互动论主张我们不仅是信息的被动接收者，相反地，我们根据文化、经验等过滤和解释信息，也因我们如何解释这些信息而给予回应。

（二）符号互动必须大量地依赖人们在互动过程中所衍生的符号意义，因符号互动论强调的是人与人之间面对面的互动。因此，我们的经验和互动，以及对于经验和互动的诠释形成了一个持续的、动态的过程，人们为其经验创造意义，社会的本质就是与彼此互动，从而塑造社会的发展与结构。

（三）符号互动论主张我们根据自己的经验建构现实。我们每个人都以不同的方式感知自己周围的世界，我们活跃于自己的世界，我们如何看待互动反映着我们的文化、历史、语言和经验，以及这些事物如何影响我们对世界的诠释。

（四）符号互动论将社会秩序解读为通过人们对其行为的解读，而不断相互调节与创新的结果。符号互动论者寻求的不仅是事实，还有"社会建构"（social constructions），亦即为事物赋予的意义，无论是具体的象征（如文身或特定的装扮模式）还是非语言的行为。符号互动论者认为，社会是非常主观的：存在于人们的想象中，即使它的作用非常真实。

（五）符号互动论基本上是强调个人的解释、评价、界定及计划等过程，也能注意到互动对于个人与社会都具有决定性的影响。在人与人之间的互动中，不仅应该注意到个人的观点，也需注意到他人的观点，唯有不断地修正、补充和解释个人的观点，才能符合当时的情境。

（六）符号互动论认为，符号是人类沟通时最重要的部分，一个社会中的所有成员共享符号与象征的含义。例如：在美国，敬礼代表尊敬，而紧握拳头则代表抵抗；然而，其他文化可能会使用不同的手势动作来表达尊敬与抵抗。这些不同的符号互动形态被称为非语言沟通。非语言沟通包含许多其他的手势、脸部表情及姿势等。

符号互动论的三个主要前提

符号互动论的三个主要前提

01 我们对世界采取的行动取决于我们对经验赋予的意义。

02 我们加诸于经验的意义，源自我们与他人的互动。

03 这些含义受到我们对互动的解释的影响。

符号互动论的观点

1 ■ 强调的分析层次。借由微观分析来了解整体的现象。

2 ■ 对个人的看法。个人可以在互动的过程中操纵符号，来创造属于自己的世界。

3 ■ 对社会秩序的看法。通过日常生活行为共享的认知来维持。

4 ■ 对社会变迁的看法。借由个人的社会地位和与他人的沟通反映出来。

5 ■ 个人与社会之间的关系为何？个人与社会相互依赖。

6 ■ 为何出现不公平？不公平通过象征/符号（symbols）的重要性来展现。

第二章 行为发展的理论

2-26　符号互动论：米德互动论、库利镜中之我、戈夫曼戏剧理论

符号互动论，包括米德（George Herbert Mead）互动论、库利（Cooley）镜中之我、戈夫曼（Goffman）戏剧理论，兹分项说明如下：

一、米德互动论

（一）米德是互动论观点的创始人之一。他对于这个观点的贡献是关注自我。他认为自我是社会中的积极参与者，依赖自我以维持形塑经验的过程，而不仅是一个被动采取行动的结构。

（二）因为人是活跃的，可以对自己和他人采取行动，这也影响他们对待世界的方式。例如：人可以使用内省来帮助指导自己的行为、做出决策，并赋予外部世界意义。亦即，人并不是简单回应环境，相反地，他们"自己"是不断改变的，他们遭遇新的经验，并为之赋予意义。

（三）米德确认了两种类型的互动：符号互动、非符号互动。这两者在一个持续发展意义和现实的过程中，均扮演部分的角色。说明如下：

（1）非符号互动：人们如何直接回应他人的行动。例如：我们在与他人互动时回应声音、语言和手势等提示。

（2）符号互动：我们解释他人行为的方式。例如：我们可能将另一个人的语调解释为威胁或讽刺，这取决于互动时发生的背景，以及我们赋予它的意义。同样地，我们可以将指点的手势视为信息性或是挑战性的。

二、库利镜中之我

（一）库利创立镜中之我的概念。所谓镜中之我，指的是我们通过与他人互动来了解我们是谁。我们通过社会互动，了解其他人如何看待和感知我们的印象来发展自我意识。因此，我们如何看待自己源自别人对于我们的看法——这些不一定基于事实或现实。

（二）自我认同的过程，通常包括三个阶段：

（1）我们了解自己如何向周围的人展示自己。

（2）我们理解其他人如何根据这个呈现来评估我们。

（3）我们基于这些评估来发展对于自己的感受。

（三）自我认同过程的案例：一个小孩可能会认为自己是一个好姐姐，因为她帮忙喂养她的弟弟，但是她的父母对于她的"帮忙"是有负面反应的，例如：父母评论她是如何妨碍他们的。因此，她形成了一种自我认知——她不是一个好姐姐。然后，如果她无意中听到她父母告诉别人，她确实对于照顾弟弟很有帮助，那么这个自我认知可能会改变。

三、戈夫曼戏剧理论

（一）戈夫曼提出戏剧理论，他将日常生活比作戏院和舞台上的戏码，根据这种方法，由生活表现和投射图像来表现我们希望别人看到的，我们有规则、仪式和道具，并且我们创造布景，以确保互动投射出对我们来说重要的形象。

（二）所有这些东西协助定义我们的环境，保证行为是可以预测的，以及社会秩序是被维持着的。没有它们，我们可能不知道在特殊情境下，应如何与他人互动。

戈夫曼戏剧论的观点

戈夫曼戏剧论的观点

- **印象整饰（impression management）**：一个人在别人面前表演时，会受到社会印象的操纵，戈夫曼把这种现象称为"印象整饰"。
- **场地（regions）**：印象处理的方式之一是场地的布置。依场地是否为视线所及，而有"前台"和"后台"之分。人们在前台和后台的表演往往是相互抵触的。
- **面子工作（face-work）**：所谓"面子工作"，是指人们采取行动以使别人对自己产生好印象的做法。

对符号互动论的批判

CRITICAL THINKING

- 此观点可帮助社会工作者评估和检视个案的情形，但不能提供明确的治疗措施。
- 符号互动论聚焦微观，强调个人经验；相反地，冲突和功能论倾向关注宏观，且强调影响人们的较广泛的社会因素，因此，互动论关注焦点，可能无法考量影响个案的较大社会力量。具体来说，它忽视了多数群体成员所建构的事实的力量，这种批判与社会工作高度相关，因为任何忽视大社会现实的治疗措施都可能是无效的。
- 互动论观点缺乏一个坚实、一致的理论基础，可用来检验关系。换句话说，组成这个方法的结构可能是模糊的，难以在不同的脉络下加以定义、应用和测量。

2-27　女性主义理论：基本原则

女性主义以玛丽·沃斯通克拉夫特（Mary Wollstonecraft）为先驱。女性主义理论基于女性主义的概念，可以被定义为倡导男女之间的社会、经济和政治平等。许多社会工作者将这个定义进一步应用于所有少数群体，在所有领域倡导平等权利。女性主义理论为探讨关于各种人与社会的不平等、压迫和剥夺等议题提供一条途径。兹对女性主义理论的基本原则说明如下：

一、挑战错误二分法

在社会实践中，人们创造出许多互斥类别（二分法）来描述各种行为和特征，也创造社会期待。例如：西方社会非常重视男人与女人、富有与贫穷、年轻与年老的差异，这些分类为某一类别的人制定特定的规范行为。

二、重新思考已建立的知识

重新评估且批判性分析那些我们已知道的知识、我们如何知道它们，以及这些知识是从何而来。思考这个原则时，可以考虑到最近哪些研究主题和方法，排除了对女性和少数群体特别重要和有益的议题。

三、检视不同的社会化模式

根据不同的社会化和经验，检视男人与女人之间的差异。男人与女人对应于不同的性别角色和期望，最终影响行为和发展。

四、解构父权的阶层制度

检视社会中存在的父权体制和影响人们的经验。这一策略挑战着所有社会机构中，男性对女性的权力和支配。

五、增加赋权机会

具体来说，赋权女性以促进社会变革。例如：女性积极参与制定生育权利的政策，能使其对于她们自己的身体有更好的控制，这样的参与最终会使女性有更好的生育控制和分娩等医疗保健程序，也将直接影响女性和孩童的身体、经济和贡献。

六、价值流程导向

女权主义经常聚焦于男人和女人工作和思考方式的不同，女人倾向于注重过程，这是指人们在工作和解决问题时的互动联系方式。相反地，男人往往重视产品，强调解决问题过程的最终结果。在西方社会，产品的价值通常高于产品的制作过程。

七、了解个人是政治的

所有的个人行为都受到政治行为的影响，传统上我们认为个人领域也是政治性的。例如：女人决定怀孕的过程受到医疗和其他政策的影响，这些也将影响她的怀孕前后时期。

八、尊重多样性

受压迫的群体除保持团结外，还应尊重个体差异，避免失去个人的多样性。

九、提高对于个人和社会力量间互动的意识

一旦女性意识到有更大的社会力量能影响她们和社会生活时，就可能发生变化。

女性主义流派观点比较

FEMINISM

流派	基本主张	理论观点	行动方向
自由女性主义	・男女无差异 ・男女具有同样的理性思考能力 ・社会给予男女的机会不均	・在公领域男女机会均等	・去除女性追求自我实现与成就的障碍
社会主义女性主义	・男女因社会化而产生差异 ・资本主义与性别主义的结合矮化女性在生产过程中的贡献	・经济面与家庭面的结构变革	・倡导国家支付贫穷与单亲女性的家庭津贴 ・倡导儿童照顾津贴
激进女性主义	・男女有天生的差异 ・个人的问题根源于性别主义造成权力不平衡 ・在社会与家庭内男性被赋予较多权力	・使女性免于被身体及心理控制 ・追求女性再生产的自由	・争取社会对于儿童照顾的责任 ・倡导女性意识觉醒 ・受暴女性的救援
文化女性主义	・礼赞差异 ・肯定女性关爱、照顾他人的特质 ・强调女性通过与他人的联结完成自我	・建立女性文化	・促成女性的联合 ・促成女性中心提供女性活动与服务
后现代女性主义	・礼赞差异 ・不赞同任何分类 ・强调语言当中隐含的权力关系	・解构文化建构的男性优越意识形态	・分析女性如何被社会影响 ・检视权力与知识如何影响女性的世界观 ・思考改变世界的方式
妇女主义	・主张同时考量性别与种族两个因素所导致的压迫 ・发展有别于白人中产阶级女性的女性主义	・去殖民化 ・个人自我疗伤	・找出殖民主义的系统与社会脉络 ・修正殖民主义心态的认知错误 ・增强个人的掌控感

第二章 行为发展的理论

2-28　女性主义理论：主要流派

女性主义思想存在诸多的流派，主要在对于平等和社会改变的看法上有所不同，也对于社会工作有不同的影响方式。兹将女性主义的三大流派说明如下：

一、自由女性主义

（一）这是女性主义的主流派。主张男女并无根本的差异，女性一样具有理性思考能力；社会结构的设计对于女性群体造成歧视与不公。争取女性自我实现的机会，并区分公、私领域，国家应在政策上保障女性应有的权利与机会，但是在私领域政府则不必介入。

（二）在行动策略上，这个流派主要通过政策制定达到社会变迁的目的，争取女性同等的受教育权、工作权与同工同酬是他们的标志。例如：立法禁止性别歧视、改善产假的设计、教育改革、改善婚姻关系内女性的经济权、增加离婚后女性获得孩子监护权的机会，以及提高女性参政权。此派女性主义并不追求社会结构根本变迁，而是追求女性在既存社会中的地位，目标是增强自我肯定。此派受到抨击之处，在于他们以性别为歧视根源，忽略种族因素与贫穷问题。

二、社会主义女性主义

（一）此派同样认为父权社会对女性压迫，但特别着重在经济方面与家庭方面的影响，不似激进主义强调心理方面的影响。在此结构下，女性往往负担家务，而在资本主义社会中，家务工作不被视为生产与再生产的过程之一，因此抹杀了女性的贡献。反之，男性在外工作为家庭赚取薪资，以供家庭经济需求，地位因而高于女性。他们认为资本主义特质即是边缘化女性为次等劳工。至于男女的差异，则是因为社会化的结果，并非天生的差异。

（二）社会主义女性主义的目标在于家庭与经济面的结构变革，策略上倡导家务与儿童照顾是公共责任。具体而言，指政府应负担孩童照顾的支出和给予家庭主妇工作津贴，特别是针对单亲与贫穷的女性。此种策略倡导背后的信念，认为任何形式的压迫都应该终止。

三、激进女性主义

（一）激进女性主义认为男女有先天的差异。此派的口号是"个人的即是政治的"，主张性别主义导致的权力不平衡乃是女性问题的根源，包括公领域与私领域。父权结构的制度设计使男性居于优势地位，而且强化既有的社会秩序。

（二）激进女性主义主张需要根本的变革才能消除女性被压迫的现象，特别是由最根本的家庭制度着手，因此着重在家庭内的变革，目标在于达到女性自主，去除男性对女性的心理控制，特别是在性与生育（再生产）方面。策略上包括倡导女性意识觉醒、争取国家对孩童的照顾，甚至结束婚姻以达到解放女性的目的。具体服务方面，针对受暴女性提供庇护及法律服务以保护女性，另外也倡导对于施暴者的治疗以终止其暴行，并倡导立法对施暴者进行法律制裁。

女性主义理论的其他流派

文化女性主义

文化女性主义是激进女性主义的分支。此派主张男女有与生俱来的根本不同，并且礼赞这些差异。基本上女性具有温暖、关怀他人的特质，这种特质优于男性的彼此竞争。

后现代女性主义

后现代女性主义是后现代主义与女性主义相结合，但是此种组合有时会出现一种两难，亦即是否强调"女性"这个类别。后现代女性主义认为女性是多样的，没有任一类女性可以替所有的女性说话，但是在进行政治倡导时又不得不使用"女性"相对于"男性"的二分法。

妇女主义

妇女主义是回应自由女性主义而生的。妇女主义批判自由女性主义是白人中产阶级女性的观点。这一流派主张考量自我的所有方面（性别、种族、阶级），方能对于个人的受压迫经验有整合与全盘的了解。妇女主义努力的目标不仅在社会变迁，还在于个人创伤的自我疗愈。

对女性主义理论的批判

CRITICAL THINKING

- 女性主义理论专注于女性，因而忽略了其他少数群体的困境。
- 诉求聚焦于女性受到压迫的特殊状况，使其"独立"于男人之外，并强调应有特殊待遇。

2-29　文化观点：基础概念

虽然没有单一理论可以解释文化及其对人类行为的影响，但我们仍需要思考文化的理论，特别是在社会工作的脉络下，文化的想法、概念和应用与社会对于个案的影响是密不可分的。兹将文化观点与社会工作应用，以及有关少数群体的双元层面观点，说明如下：

一、文化观点与社会工作应用

（一）文化对于不同的人有不同的意义。文化是通过经验来创造的。为了成为有效的实践者，社会工作者必须理解个案的行为、观念和生活如何受到文化的影响。为了深入了解，社会工作者必须意识到价值、信念、哲学、经验和社会结构如何因社会而异。社会工作者要能够从个别个案的现实中，去区别定义文化的刻板印象和生活在其中的人。

（二）此外，多元文化主义指的是对于有不同价值观和规范的各种文化的认识和理解。社会工作者聚焦于多元文化主义，是因为它适用于较边缘化或有受压迫风险的群体。

二、少数群体的双元层面观点

（一）双元层面观点是一种认知取向，用以了解行为、态度及少数族群个案在主流文化下的反应模式。此取向认为一个人同时是两个系统的成员：主流的社会系统，以及与个人目前的情绪、物理与社会环境有关的系统。根据双元层面的观点，这两种系统就是所谓的"支持系统"（sustaining system）与"培养系统"（nurturing system）。双元层面观点描述了来自少数群体的人在发展过程体验的不同系统，以及这些经验如何影响发展。这种观点认为少数群体成员如同双脚踏在两个世界。

（二）依据双元视角，在培养系统中的个人被灌输了文化相关的价值观、信念、习俗和行为，随着个人的成长并与支持系统增加互动，他们可能发现培养系统的价值与支持系统的价值相冲突，并且被支持系统贬抑，这是少数群体成员可能经历到偏见和歧视的时候。此外，两个系统之间价值的冲突，可能导致群体成员的发展问题，例如：低自尊。

（三）双元层面观点在社会工作中的应用

（1）社会工作者必须了解支持系统与培养系统对行为、态度与价值观的期待。例如：培养与支持系统对儿童期的期待是有差异的；少数族群与主要族群的小孩，会经历不同的自我发展过程，如自我认知、价值观、自尊心等。如果忽略了这些差异性，治疗将无法真正关照到儿童的心理需求，也限制了儿童对治疗计划的参与。

（2）在面对少数族群的个案时，社会工作者需要敏感地察觉双元层面的观点。此架构提供一种认知取向，以发现受压迫的个人经验、价值观与信念。然而，此系统若没有立足于各个种族的相关事件、议题与事实的基础上，便无法施展。

社会工作实践中的文化概念

- 文化相对论：对于不同的文化应该有平等对待的观点；文化不能根据哪个比较好或哪个更好来排名。
- 族群认同：人们如何根据某种族归属，而形成自己的身份。
- 种族：群体中的人们如何通过价值观、传统、习俗、语言和宗教等，来与全体联结起来。
- 民族优越感：相信一种文化是优于其他的信念，而且是衡量其他文化的标准。
- 社会思潮：一个人生活的道德、伦理和审美观的基调，是世界观的情绪方面。
- 意识形态：关于什么是正确和应该如何应对的主流想法。
- 社会阶层：具有相似经济分层的人群类别。
- 世界观：人们认识世界的方式，为他们提供了参考框架，关于事情是怎么回事，以及应该如何做的个人哲学。

双元层面观点的关键系统

家庭和周边社区

支持系统

培养系统

个体

直接概化他人
货品与服务

主要概化他
人经济资源

服务和实物资源
政治权力
经济资源
教育系统
大型社会系统

■ **培养系统**
这是主要系统，由接近个人的人和环境组成。例如：个人所联结的直属和延伸家庭与当地环境（如学校、邻居等）。

■ **支持系统**
这是主流文化的世界，由影响个人的较大系统组成。例如：政治、经济环境，教育与社会服务系统。

2-30　文化观点：克罗斯的文化能力交互模型

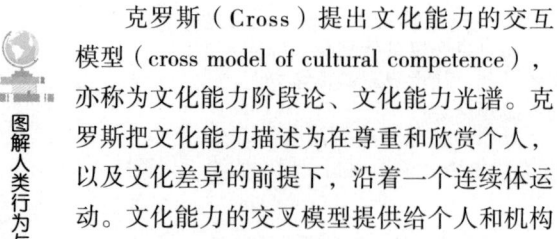

克罗斯（Cross）提出文化能力的交互模型（cross model of cultural competence），亦称为文化能力阶段论、文化能力光谱。克罗斯把文化能力描述为在尊重和欣赏个人，以及文化差异的前提下，沿着一个连续体运动。文化能力的交叉模型提供给个人和机构一个评估文化能力的架构。文化能力的交互模型包括六个阶段，说明如下：

一、文化摧毁（cultural destructiveness）

这是连续体最消极的一面。此阶段的个人在文化能力上，包括：将文化视为问题；相信如果文化或人口可以被压制或破坏，人们会过着更好的生活；相信人们应该更像"主流"；假定一种文化是优越的，应根除"较少"的文化。在组织层面，这种极端观点导致了种族灭绝。

二、文化无能（cultural incapacity）

此阶段的个人在文化能力上，包括：缺乏文化意识和技能；可能是在同质的社会中长大的，被教导要以某些方式行事，从不质疑所学的内容；相信优势群体的种族优势，并假设对他人是采取家长式态度；维持刻板印象。在组织层面，转化为支持种族隔离或对来自其他文化的人们的期望较低。

三、文化盲点（cultural blindness）

此阶段的个人在文化能力上，包括：根据自己的文化看待他人，并声称所有人完全相同；相信文化没有区别（我们都是一样的）；相信无论任何种族都应被平等对待。在组织层面，是以民族为本及同化为主。

四、文化初始能力（cultural precompetence）

此阶段的个人在文化能力上，包括：意识到存在文化差异，并开始教育自己和他人对这些差异的看法；意识到他们在多样化环境中进行交互作用的缺点；但是可能会为自己的工作感到自满。在组织层面，此阶段导致机构尝试解决多样性问题，例如：雇用多样化的员工进行文化敏感性培训，促进多样化的员工管理等。

五、基本文化能力（basic cultural competence）

此阶段的个人在文化能力上，包括：接受、欣赏和适应文化差异；重视多样性并接受和尊重差异；接受自己的文化相对于其他文化的影响；了解不同文化管理具有动态性差异；有意愿研究跨文化间的互动（沟通、解决问题等）。在组织层面上，此阶段致力于招聘无偏见的人员、从有色人口社区（和其他社区）中寻求建议，并评估可以提供给不同个案的相关服务内容。

六、精通文化能力（advanced cultural competence）

此阶段的个人文化能力，包括：超越接受、欣赏和容纳文化差异，并开始积极教育文化程度较低的人；寻找有关多元文化的知识，并发展在不同环境中互动的技能，并在多元文化背景下与他人互动。在组织层面，雇用多文化能力实务的专家对多元文化进行研究，以及成为少数群体和多元文化主义的倡导者。

美国全国社会工作者协会的社会实践的文化能力

1. 认知到个人和专业的价值如何影响到与文化多元性的个案工作
2. 不断地发展与文化多元性有关的知识
3. 在与个案工作时要使用文化上适当的方法
4. 具有个案的文化适宜服务相关知识
5. 了解政策和方案如何影响文化多样性的个案
6. 支持在社会工作教育和实践中倡导专业多样性的努力
7. 努力消除对文化多样性个案的服务障碍
8. 为专业提供文化能力的领导

对文化观点的批判

- 不是单一的、连贯的文化理论,是许多学科的文化思想、定义的集合。因此,文化观点在社会工作中的应用难以界定、运用和衡量,确认治疗措施是否尽可能有效,以及社会工作是否已涵盖所有可能的文化方面,都是困难的。要进一步发展和定义文化及其在社会工作专业中的地位,仍有许多工作待做。
- 如果社会工作者与个案在不同文化中成长,即使社会工作者能拥抱多元文化和拥有文化能力,仍难以真正了解其个案的世界观。社会工作者如何知道他们是否将文化相对主义应用在了他们的个案身上呢?他们是否能够确定在某些情况下,没有以种族中心论回应呢?

第三章

受孕、怀孕到出生

章节体系架构

- 3-1 受孕
- 3-2 避孕与不孕症
- 3-3 产前检查
- 3-4 怀孕期的并发症
- 3-5 胎儿发育
- 3-6 影响胎儿发育的物质
- 3-7 影响胎儿发育的物质（续）
- 3-8 生产过程与方式
- 3-9 新生儿评估量表
- 3-10 新生儿的反射动作
- 3-11 新生儿的先天缺陷
- 3-12 遗传异常
- 3-13 堕胎（人工流产）

3-1 受孕

人类生命的诞生，始于精子与卵子的结合。身为社会工作者，必须对生命的起源有清楚的了解。兹对受孕、怀孕诊断等，说明如下：

一、受孕（conception）

（一）受孕是指怀孕的过程，精子必须在排卵时进入阴道，而排卵（ovulation）是指由卵巢释放一个成熟的卵子到一侧的输卵管末端，沿着输卵管壁，卵子通过极细微纤毛（cilia）温和地移动。受精通常发生在靠近卵巢的输卵管三分之一处。假如精子能到那么远，就会受孕。

（二）在射精（ejaculation）后，阴茎射出精液，精子经过输卵管遇到卵子。精子有个尾巴可以急速前后挥动前进。一般正常射精，大约有一匙精液，通常包含2~5亿个精子，然而只有千分之一可以迅速抵达卵子周围。虽然大部分健康的精子在射精后24小时内都可能使卵子受精，且精子可以在女性生殖器内存活约72小时，某些可以存活5天，但最易受精的时间是排卵后8~12小时。受孕的理想性交时间不应超过排卵的前5天，或排卵后1天。

（三）在输卵管里，卵子表面分泌出一种化学物质以吸引精子。实际受精过程包含精子抵达卵子，分泌酶，穿透进入卵子；这种酶有助于分解卵子外围的胶质，让精子得以穿透；当一只精子穿透障碍后，胶质层会发生物理变化，避免其他精子进入。精子与卵子结合时，就完成受精，并形成单细胞，即受精卵（zygote）。

（四）卵子有X染色体，精子可能有X或Y染色体；卵子与一个有X染色体的精子结合，则胎儿是女性，与一个有Y染色体的精子结合则是男性。这个单细胞受精卵开始分裂成2个细胞，然后4个、8个等；经过一周，这些新分裂细胞称为囊胚（blastocyst），在子宫内着床；假如着床不成功，新形成的囊胚就会被排出。从着床到八周内称为胚胎（embryo），八周到出生则称胎儿（fetus），孕期（gestation）则指受孕到出生这段时间。

二、怀孕诊断

（一）怀孕的诊断方式有生化检查、观察孕妇生理症状，或理学检查。怀孕早期症状，包含持续三周基础体温升高、乳房肿胀、感觉疲劳与恶心。有些女性因月经没来而意识到怀孕。不过，女性也可能因为压力、疾病、担心怀孕而不来月经；许多女性在怀孕一个月甚至更久后都还有月经。医疗机构可以通过生化检验来确认是否怀孕，准确度为98%~99%。

（二）大部分怀孕诊断借由检验女性的血液或尿液中人类绒毛膜性腺激素（HCG）来进行，HCG是由胎盘（placenta）分泌的。生化检查最早在受孕后8天就能检测出来，也可以使用家用验孕试剂自行检验，但仍可能有错误，例如：未依照指示操作、暴露在阳光下、意外震动、搜集尿液的容器不干净等，都会造成错误诊断，产生伪阴性反应（即有怀孕却显示未受孕）及伪阳性（即未怀孕却显示怀孕）的情形。

受孕

- 每次射精会释出2~5亿个精子
- 数百万个精子试图使卵细胞受孕,但是只有1个精细胞能穿过卵细胞壁
- 通常每次月经只会排出1个成熟卵子

常见的怀孕症状

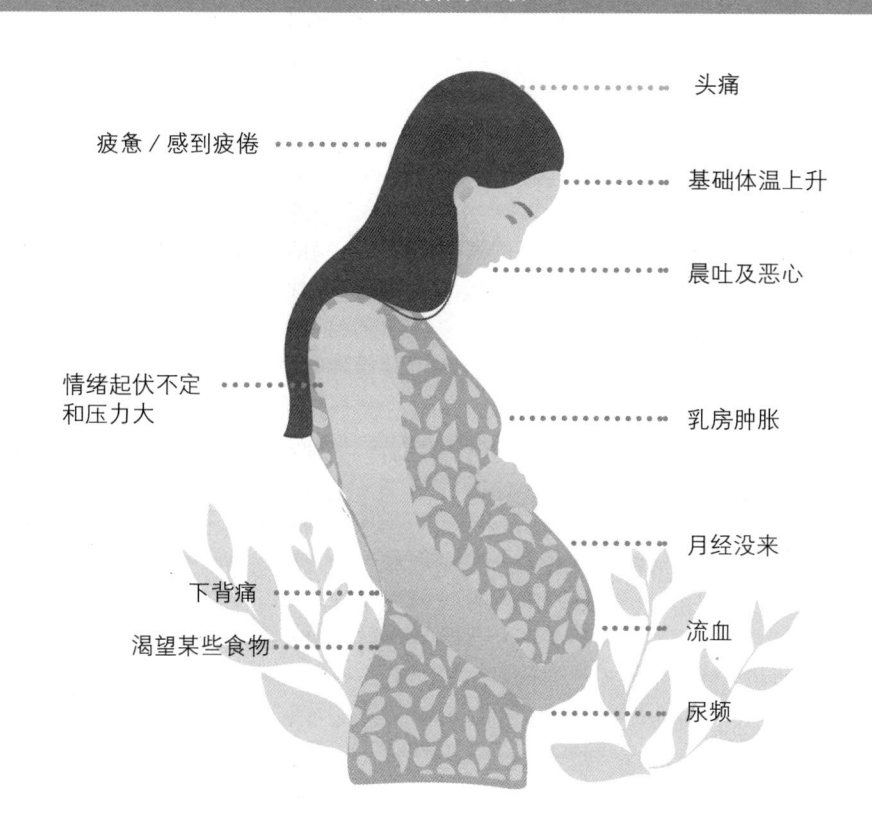

- 头痛
- 疲惫/感到疲倦
- 基础体温上升
- 晨吐及恶心
- 情绪起伏不定和压力大
- 乳房肿胀
- 月经没来
- 下背痛
- 流血
- 渴望某些食物
- 尿频

第三章 受孕、怀孕到出生

3-2　避孕与不孕症

一、避孕

避孕的方法相当多元，社会工作者面对个案时，应思考个案的个人、家庭和文化因素等，这些可能会影响他们使用或不使用某些避孕方法。兹将常见避孕的方法，说明如下：

（一）哺乳：相对来说，正值哺乳期的女性，受孕的机会较低。哺乳期女性一年中怀孕的风险为1.2%~6%。

（二）中断性交：是指在射精前提早将阴茎从阴道抽出，失败率约为19%。

（三）定期禁欲：或称为自然周期避孕法。需日常追踪女性生理的变化，包括月经周期，以避免在排卵期性交，有效率为90%~98%。

（四）障碍方法（barrier methods）：包括使用保险套、子宫帽、子宫颈帽。保险套的失败率为3%；子宫帽（diaphragm）的失败率为6%；子宫颈帽（cervial cap）的失败率为20%~36%。女用避孕套的失败率约为5%。

（五）口服避孕药：避孕药的失败率仅约0.3%~8.0%，但在所有节育方法中，使用口服避孕药者仅占30%。

（六）肌肉注射：注射甲羟孕酮（depo-medroxyprogestrone acetate），避孕效果可达3个月，失败率为0.05%~3.0%。

（七）子宫内避孕器（IUOs）：虽失败率只有0.1%~1.0%，但只有2%的妇女选择子宫内避孕器作为避孕的方法。

（八）自愿性结扎手术：输卵管、输精管结扎，被认为是一劳永逸的避孕方法，而且有效率高达99.5%。在进行自愿性绝育手术前，需要签署授权同意书。输卵管结扎手术可以降低罹患骨盆腔炎症和卵巢癌的风险。

（九）紧急避孕药：在无保护措施的性行为后72小时内，服用2次激素（雌激素和黄体激素），每次间隔为12小时，估计可以降低75%怀孕的可能性。

二、不孕症

（一）不孕症的定义：不孕症是指在未避孕的情况下，有性关系一年后仍未怀孕的情况。研究指出，现代社会不孕者较上一代有所增加。

（二）替代传统怀孕的方法：

（1）人工受孕法：想要怀孕的父母，每月至医院将精液注入阴道。精液大部分是捐献而来，用冷冻的方式保存起来。例如：精子银行。

（2）试管授精：又称体外受精。从母体的卵巢将卵子移出，放入孵卵器中的一个碟子，然后在碟子内加入父亲的精子。卵子受精后，细胞开始分裂，然后把这个受精卵植入子宫中以进一步发育成长。

（3）配子输卵管输入技术：将精子及卵子输入女性的输卵管，受精过程就像在正常情况下所发生的一样，是在女性的生殖系统内完成。

不孕症的原因及治疗

男性不孕症		女性不孕症	
问题	治疗方式	问题	治疗方式
精子数量少	抗生素、外科手术、激素疗法、人工受孕	阴道的生理机能问题	外科手术
		子宫颈分泌异常	激素疗法
因生理缺陷而影响精子输送	微型外科手术	排卵异常	使用抗生素对抗感染、激素疗法
遗传疾病	人工受孕	输卵管阻塞或损伤	外科手术、体外受精
暴露于工作环境污染	早期检查及改变工作环境	受精卵不易于子宫内壁着床	激素疗法、抗生素、外科手术
饮用酒精和咖啡因、吸烟	在受孕前减少或停止使用	饮用酒精和咖啡因、吸烟	在受孕期停止饮用酒精及吸烟后,则可促使怀孕结果最佳化
高龄	年轻时预先储存精液、人工受孕	体重过重	减重

不孕症个案的社会工作者角色

1 使能者
协助不孕症者做抉择,假如夫妇之中一方基于某些理由不同意,社会工作者就扮演协调角色,帮助他们达成协议或做出彼此满意的决定。

2 教育者
是指提供个案在选择及过程中,所需要的确实信息。

3 中介者
联结个案与特定资源。

4 分析者
是指评估相关不同不孕诊所,以及符合不孕夫妇共同或个别需求的各项生殖技术的适当性。

5 倡导者
假如个案受到拒绝服务、不孕治疗太困难、治疗费用昂贵等问题困扰,社会工作者应代表个案发声。

3-3 产前检查

产前检查可用来诊断怀孕期间的胎儿发育缺陷，包括超声波（ultrasound sonography）、胎儿核磁共振成像（fetal MRI）、羊膜穿刺（amniocentesis）、绒毛采样（chorionic villus sampling），以及母体血液检查（maternal blood tests）等，说明如下：

一、超声波（ultrasound sonography）

（一）超声波筛检是一种非侵入性的检查，利用超声波仪器监测胎儿的心跳，了解胎儿周数及生长评估，并侦测胎盘位置和羊水量多寡。

（二）超声波影像形成的原理是利用超声波穿透不同密度的介质时会有反射的特性，随组织密度出现不同强度的反射波。产检超声波影像是利用探头仪器发出高频率声波，经过孕妇肚皮、子宫、羊膜腔，反射至探头而形成胎儿影像。

（三）超声波的检查受限于仪器分辨率，以及多方因素的限制，包括超声波无法穿透骨头，也会受到空气阻隔，孕妇腹部脂肪组织太厚、胎儿趴卧等影响。若羊水过多，会因胎儿距离过远而影像不清；若羊水过少，缺乏介质传导，加上胎儿四肢重叠，则会造成影像失真，因此超声波检查的准确性会因扫描条件而有所限制。

二、胎儿核磁共振成像（fetal MRI）

胎儿核磁共振成像可用来诊断先天性畸形。核磁共振成像是通过强磁场与无线电波共振转化出人体器官与结构的清晰影像。最先普遍的胎儿产前筛检是超声波检查，因为有效又安全。如果需要更清晰的影像或进一步的诊断治疗计划，就必须使用核磁共振成像。超声波经常用来诊断潜在的畸形，核磁共振成像能提供全方位清晰的影像。比起超声波，核磁共振成像更能检查出胎儿某些中枢神经系统、胸腔、肠胃、生殖/泌尿系统与胎盘的畸形。

三、羊膜穿刺（amniocentesis）

即以针插入腹壁到达子宫抽取羊水，以检测胎儿的性别或染色体畸形。羊水的成分含有胎儿细胞，可用以分析先天缺陷，包含唐氏综合征、肌肉萎缩症、脊柱裂；同时也可以检测胎儿性别。当孕妇曾经生育先天缺陷婴儿（表示其可能是缺陷基因携带者），或者年龄超过35岁，建议施行羊膜穿刺。羊膜穿刺的缺点是，这项检查通常在怀孕第16周或第17周施行，大约2周后检查结果出来，假如检查发现严重畸形，通常没有较多的时间来思考是否终止怀孕。另一个危险是有一定的造成流产的风险。

四、绒毛采样（chorionic villus sampling, CVS）

为另一种诊断胎儿异常的方法。以细塑料管经阴道，或用针穿透腹部到子宫进行采样，采取绒毛样本（突出在胎盘周围绒毛薄膜的微小细长物），以分析潜在基因缺陷。这项检查通常在怀孕10~12周时进行，大约需要2周得到结果。绒毛采样检查可以比羊膜穿刺更早进行，可在怀孕初期进行。绒毛采样也会有导致流产的风险。

五、母体血液检查（maternal blood tests）

通常在怀孕的16~18周时进行，检测α胎儿蛋白（alpha-fetoprotein，AFP）。AFP数值高是大脑与脊椎畸形的预警，α胎儿蛋白也可用来检验唐氏综合征；超声波、羊膜穿刺也可用来检查这类先天缺陷。

台湾地区公共福利主管部门提供的孕妇产前检查项目

检查日程		建议周数	服务项目
妊娠第一期 妊娠未满17周	第一次	第12周以前	1. 于妊娠第六周或第一次检查时，需包括下列检查项目： （1）问诊：家庭疾病史、个人疾病史、孕产史、本胎不适症状、成瘾习惯 （2）身体检查：体重、身高、血压、甲状腺、乳房、骨盆腔、胸部及腹部 （3）实验室检验：血液常规［白血球（WBC）、红血球（RBC）、血小板（plt）、血球容积比（HCT）、血色素（hb）、平均红细胞体积（MCV）］、血型、Rh因子、VDRL、RPR（梅毒检查）、Rubella IgG及HBsAG、HBeAG（因特殊情况无法于本次检查者，可于第五次孕妇产前检查时接受本项检查）、艾滋病（EIA或PA）及尿液常规 2. 例行检查项目（注） 注：风疹抗体检查呈阴性的孕妇，应在产后尽速注射一剂麻疹–腮腺炎–风疹混合疫苗，该剂疫苗免费
	第二次	第16周	1. 例行检查项目（注） 2. 早产防治卫生教育指导
妊娠第二期 妊娠17周至未满29周	第三次	第20周	1. 例行检查项目（注） 2. 超声波检查（特殊情况者，可改于妊娠第3期检查）
	第四次	第28周	例行检查项目（注）
妊娠第三期 妊娠29周以上	第五次	第32周	1. 例行检查项目（注） 2. 于妊娠32周前后提供：VDRL等实验室检验
	第六次	第34周	例行检查项目（注）
	第七次	第36周	1. 例行检查项目（注） 2. 补助孕妇进行乙型链球菌筛检
	第八次	第38周	例行检查项目（注）
	第九次	第39周	例行检查项目（注）
	第十次	第40周	例行检查项目（注）

注：例行检查项目
（1）问诊内容：本胎不适症状，如出血、腹痛、头痛、痉挛等。
（2）身体检查：体重、血压、腹长（宫底高度）、胎心音、胎位、水肿、静脉曲张。
（3）实验室检查：尿蛋白、尿糖。

3-4 怀孕期的并发症

在怀孕过程中,可能产生某些并发症,说明如下:

一、妊娠剧吐

多数孕妇在怀孕早期,都经历过恶心想吐或晨间不适的状况。这种恶心或偶尔孕吐的情形在怀孕第4周时便会停止,如果孕妇一天呕吐数次或长时间地呕吐,很有可能导致营养不良或脱水症。在怀孕期经常性呕吐的现象,称为妊娠剧吐。

二、阴道出血

这是一种会产生严重后果的并发症。怀孕早期的出血现象,可能是流产之故,75%的流产都发生在怀孕的前12周。怀孕末期发生阴道出血,则可能是胎盘方面的问题,此时的出血大多是因为胎盘在子宫的位置过低而挡住子宫颈,或是因为胎盘开始脱离子宫颈或子宫壁。这种情况导致的怀孕末期出血,有可能非常严重,甚至威胁到胎儿和母亲的生命。

三、妊娠毒血症(toxemia)

这也是怀孕期很危险的并发症。初期的毒血症指的是子痫前期,孕妇会出现高血压、水肿(尤其是手和脸)、体重增加、尿蛋白过高等症状。假使这些初期的症状没有被检查出来并进行治疗,就会演变成其他严重的并发症,包括母体的死亡、胎儿的死亡及胎儿脑部受损。

四、妊娠糖尿病

这是怀孕期常见的一种新陈代谢异常,是指在怀孕最初期开始的病症,发生比例甚至高达80%。若女性在怀孕前已有糖尿病,在怀孕期间母体及胎儿并发症的概率较高,因此必须在怀孕前、中、后期密集进行医疗控制。

五、羊水过多

过多的羊水会对胎儿造成问题。胎儿会饮用羊水,但如果胎儿基于某种原因无法饮用羊水,羊水就会在子宫内累积,造成孕妇的腹部体积过大。

六、胎儿发育不良

这种状况通常发生于怀孕期胎儿体重由百位数下降至十位数时。有许多因素会影响母体子宫的质量,致使子宫发育缓慢。这些因素包括母体的营养、体重的增加、年龄、怀孕次数和间隔、健康状况、环境压力大小,以及烟酒药物的摄取等。

七、子宫外孕

当受精卵在子宫以外的地方着床,就是所谓的子宫外孕或输卵管妊娠。发生子宫外孕的原因主要是输卵管阻塞。发生在输卵管内的子宫外孕,可能自然流产且掉入腹腔与胎盘持续成长,撑大输卵管直到破裂,必要时必须施行外科手术,以挽救孕妇的生命。

八、自然流产

是指在胎儿有能力存活前,因自然因素终止怀孕。自然流产的概率有20%~25%。大部分经常自然流产的原因,是胎儿缺陷或孕妇的身体因素,胎儿缺陷或情况不佳会被排出体外。孕妇的问题则指子宫太小、太弱或发育不全,压力过大、营养不良、缺乏维生素A、药物使用或骨盆感染。

与受孕、怀孕与分娩有关的风险因素及保护因素

阶段	风险因素	保护因素
受孕	精子数量少	父亲改变不良生活习惯
	输卵管问题	妇科保健
	遗传异常	遗传咨询
	青少年时期的性生活混乱	家庭生活教育、避孕、节制欲望
	子宫内膜异位症	激素治疗、外科手术
	正值生育年龄、性生活活跃的女性缺乏适当的营养	补充叶酸
怀孕	体重过重	维持正常体重
	性传染病	障碍避孕法
	女性年龄小于18岁或大于35岁	家庭生活教育、生育控制
	妊娠未满38周	产前照顾、妇幼营养补助计划
	妊娠毒血症、糖尿病	产前照顾
	资源不足而产生压力	社会及经济支持
	创伤	意外事故预防（跌倒、火灾、车祸）
	吸烟	产前照顾、戒烟方案
分娩	性病，如淋病、B群链球菌感染	产前照顾、新生儿抗生素、眼药水、孕妇检查
	胎便吸入、缺氧	剖腹产、怀孕过程药物治疗、管理良好的分娩过程
	时间过长及疼痛的分娩过程	分娩课程、社会支持、父亲参与分娩、适当的疼痛控制

3-5 胎儿发育

社会工作者必须对胎儿发育及发育阶段有基本的了解。兹对胎儿发育说明如下：

第一期

（一）第一期是最危险的，由于胚胎是快速分裂发育的组织，因此会对母亲摄取的有毒物质及健康状况特别敏感，且容易受到伤害。

（二）在第3周，囊胚的内层细胞开始分化，胚胎会形成内、中、外三层。包括如下：

（1）内层：称为内胚层（endoderm），分化成消化系统，例如：肝脏、胰脏、唾液腺和呼吸系统。

（2）中间层：称为中胚层（mesoderm），即细胞群分化为皮肤内层、肌肉、骨骼、排泄及循环系统。

（3）外层：称为外胚层（ectoderm），此层将发育成为外表皮肤、指甲、毛发、牙齿、耳、鼻、嘴等感觉器官和中枢神经系统的外层细胞。

（三）第一个月后，心脏与消化系统已经发育，脑和神经系统也开始发育，手和脚也正在成形。一般来说，大脑先开始发育，然后是全身，脚最后发育。在第一个月，胚胎并不像个婴儿，因为它的器官才刚开始分裂。

（四）第二个月胚胎开始更像个人，体内的器官越来越复杂，开始可以辨识脸部的五官，包括眼睛、鼻子、嘴巴。两个月大的胚胎长约2.54厘米，重约9.3克。

（五）第三个月手臂、脚、腿等成形，手指甲、头发毛囊、眼皮也成形，虽然这些器官已经出现雏形，但还未发育完全；第三个月末，骨头取代了软骨组织，这时期经常可以检测出胎动。

（六）在第一期，因为体内产生大量激素，孕妇会经历不同症状，如疲倦、乳房肿胀和柔软、尿频、贪吃；有些孕妇会孕吐。

第二期

（一）胚胎持续成长，脚趾头及手指已经分开，皮肤、指纹、头发及眼睛也已发育，出现规律性心跳，此时胎儿睡觉与醒着的时间开始固定，还会把拇指放到嘴巴里。

（二）对多数母亲（孕妇）而言，第一期不舒服的症状会消失，也会觉得胎动越来越强壮有力；母亲的腹部明显隆起，某些孕妇会有水肿或积水，如手、脸、脚踝、腿等浮肿。

第三期

（一）胎儿在第三期成长完成，当皮肤下的脂肪组织成形后，胎儿变得丰满且更像人类；体内器官也已长成及预备发挥功能，脑部与神经系统的发育完全成熟。

（二）在怀孕第六、第七个月，最要紧的是存活能力，这是指胎儿提早离开母亲的存活率。虽然胎儿在第二期中期已有生存能力，但许多22~25周出生的婴儿"即使接受加护治疗，仍然无法存活；能存活者，也可能面临慢性或神经系统疾病"。

（三）对母亲而言，第三期会相当不舒服，因为子宫扩大，母亲的腹部变大及沉重，体重增加经常加重肌肉及骨骼压力，导致背痛及肌肉抽筋。子宫压迫其他器官，也会导致不舒服的感觉。某些体重增加是来自胎儿本身、羊水及胎盘，其他的正常增加则包括子宫血液与乳房，都是怀孕的自然现象。

胎儿发育的里程碑

① 第一期
第0周到第13周（若根据受精时间计算则到第10周），被认为是产前照护和胎儿接触母体及环境毒素最关键的时期。

第一个月：
- 至第一个月月底时，原始的大脑、心脏、肺部、消化和神经系统已发育。
- 开始长出手臂和腿。

第二个月：
- 内脏变得更复杂。
- 开始可以辨识出眼睛、鼻子、嘴巴。
- 可监测到心跳。
- 到第8周为止，婴儿被称为胚胎（embryo），之后称为胎儿（fetus）。

第三个月：
- 开始形成手臂、手、腿、脚、指甲、头发、眼睑。
- 形成指纹。
- 可区分性别（虽然可能要到大约16周才能通过超声波观察到）。
- 骨骼发育。
- 可以微笑、皱眉、吸吮、吞咽。
- 妊娠初期结束时，婴儿大约7.62厘米长，重约28.34克。

② 第二期
第14周至第27周（若根据受精时间计算则到第25周），以持续发育和生长为特征。

- 所有发育都持续着，器官和系统的分化持续进展。
- 脚趾和手指分离。
- 手指甲和脚指甲形成。
- 开始有协调运动。
- 头发、睫毛、眉毛都长出。
- 建立规律的心跳。
- 建立清醒和睡眠的循环周期。
- 妊娠中期结束时，婴儿已有27.94~35.56厘米长，重453.6~680.4克。

③ 第三期
第28周到第40周（若根据受精时间计算则到第38周），是胎儿发育的最后阶段。

- 完成发育，器官功能成熟。
- 皮肤下脂肪组织已发育。
- 到分娩前胎儿非常活跃。
- 会对声音有反应。
- 妊娠末期结束时，婴儿长48.26厘米，重约2721.55克。

3-6　影响胎儿发育的物质

在怀孕期间，孕妇接触的物质会影响胎儿的发育。常见的影响物质包括药物、酒精、香烟等。本单元说明酒精对孕妇的影响，其余项目于下一单元说明。

一、产妇酒精滥用

（一）会导致宝宝先天性缺陷的物质，称为致畸因子（teratogens）。酒精也是造成婴儿畸形的因素。怀孕初期饮用过量的酒精，会影响胎儿发育，干扰细胞的生长和组织、中枢神经的神经中介质（neurotransmitter）的发育，严重阻碍生理神经系统的发育。

（二）目前没有证据能确切地说明，在怀孕不同阶段饮用多少酒精是安全的。很难制定"安全"的饮酒指导原则，原因有：每个女性代谢酒精的速度不同；酒精摄入的量和时间可能会对胎儿产生不同的影响，并非所有产前接触酒精的婴儿都表现出不良症状。因此，医生和其他医疗健康专业人员都建议孕妇和考虑怀孕的女性都不要喝酒。

（三）和酒精使用有关的对胎儿的影响称为胎儿酒精效应（fetal alcohol effect），特征包括出生体重过轻、焦躁易怒、新生儿过动、注意力不足和学习障碍。任何和酒精使用有关的异常，都可通称为"酒精相关的出生缺陷"（alcohol-related birth defect）。

（四）FLK是"funny looking kid"（长相怪异的小孩）的缩写。某些婴幼儿生下来便具有一种脸部及行为异常的不明综合征，由于没有医学名词可以形容这种异常现象，医生们便在婴幼儿的病历表上填入FLK。FLK并不代表某种特定的医学诊断，仅代表医生对此异常现象的吃惊反应。医学界发现，这类型异常现象皆出现于酗酒孕妇所产下的婴儿，会出现这种特定的先天性缺陷，称为"胎儿酒精综合征"（fetal alcohol syndrome，FAS）。

（五）胎儿酒精综合征这种先天缺陷具有长期的影响，会造成智能迟滞的现象。在生理上的征兆为头部小、眼睛小、人中（鼻与上唇间的部位）发育不良、上唇薄、短鼻，以及脸部中间部位平坦。

（六）罹患胎儿酒精综合征的婴幼儿在学习、注意力、记忆力、解决问题能力上都有问题，另外还有动作协调不良、容易冲动、语言和听力受损等问题。这些个案到了青少年或成年阶段，会出现过于冲动、欠缺约束力、判断力不足的表现，对社会规范下的正当性行为也无法理解。这些行为特质使他们无法工作，也无法和同伴建立良好的关系。

影响胎儿的致畸因子

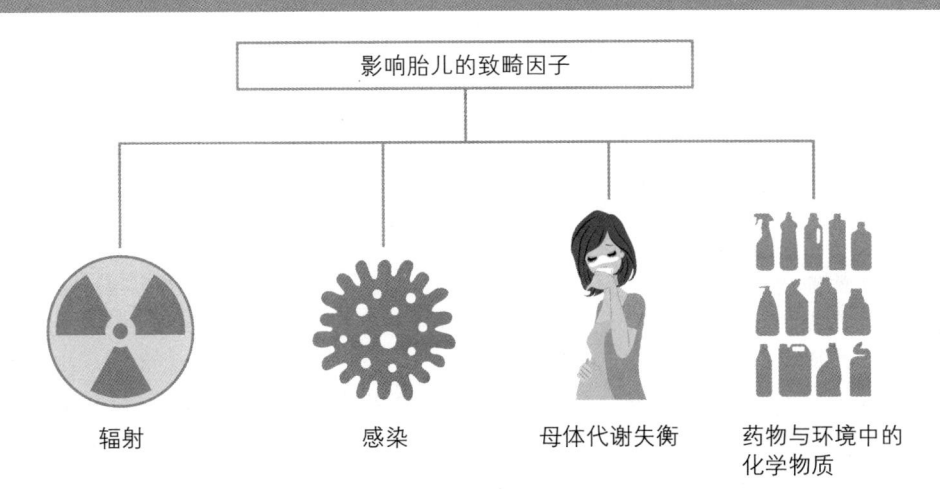

影响胎儿的致畸因子

- 辐射
- 感染
- 母体代谢失衡
- 药物与环境中的化学物质

胎儿酒精综合征的婴儿脸部特征

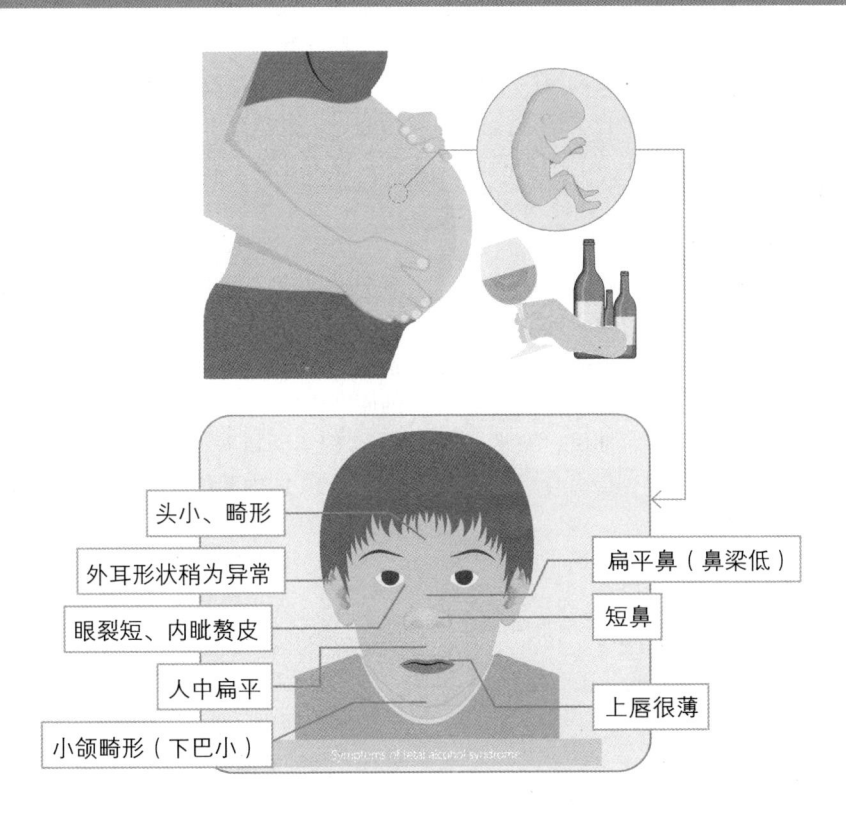

- 头小、畸形
- 外耳形状稍为异常
- 眼裂短、内眦赘皮
- 人中扁平
- 小颌畸形（下巴小）
- 扁平鼻（鼻梁低）
- 短鼻
- 上唇很薄

第三章 受孕、怀孕到出生

3-7　影响胎儿发育的物质（续）

在怀孕期间，孕妇接触的物质会影响胎儿的发育，常见的影响物质包括药物、酒精、香烟等。本单元接着说明药物使用、吸烟对孕妇的影响。

二、产妇的药物使用

（一）药物容易导致胎儿畸形的严重后果，在怀孕期间，医护人员都会劝告孕妇不要随便服用药品，服用前应事先征询医生的意见以了解对胎儿发育的影响。

（二）孕妇如果染毒瘾，产下染毒瘾婴儿的概率也会大增。有毒瘾的婴儿出生之后，会产生和这些毒品有关的问题或症状，包括抽搐、呕吐、焦躁、颤抖和睡眠干扰等症状。此外，使用不明药物也会增加流产、胎儿死亡、出血、心脏缺陷、先天缺陷或感染（如肝炎或艾滋病），以及体重过低等问题出现的可能。婴儿亦可能出现新生儿戒断综合征（neonatal abstinence syndrome，NAS），这是相当严重的问题。这些婴儿常有低体重、呼吸问题、睡眠障碍、抽搐等症状，需较长时间留院治疗。新生儿戒断综合征的症状包括：身体颤抖、抽搐、嚎哭、易怒。所有症状都需要药物、点滴与高热量营养治疗。

（三）美国食品药物管理局（FDA）将怀孕用药安全级数分为A、B、C、D、X五级，各级所代表的意义如下：

（1）A级：已证实对胎儿无危险性。

（2）B级：目前尚未证实对胎儿有危险性。

（3）C级：对胎儿的安全性尚未确立。

（4）D级：对胎儿有明确的危险性。

（5）X级：已证实会导致畸形，孕妇禁用。

（四）依据前述的药物分类，A级和B级药物，孕妇可以服用；C级药物，需由医生权衡利弊情形，酌情考量下才可使用；D级药物，尽量避免使用，除非不用此药物会危及孕妇生命；X级药物，研究已证实为致畸胎物（teratogens），严格禁止孕妇使用。

三、产妇吸烟

（一）孕妇吸烟使血液里的一氧化碳含量增加，减少胎儿氧气的供给量，增加了早产、胎儿死亡、流产，以及其他怀孕期和生产时并发症的风险。例如：胎儿发育和成长缓慢，以及出生时体重不足的问题。父母吸烟的家庭，孩子通常比较娇小，认知发展有问题，且学校表现不佳。

（二）吸烟也被认为和婴儿猝死综合征有关。婴儿猝死综合征（SIDS）或婴儿猝死（crib death），是指1岁以下婴儿突发、没有预期的死亡，通常在睡觉过程中发生。发生的原因包括：

（1）受到不知名的病毒感染。

（2）体内某种系统造成心脏的衰弱，以及呼吸道的阻塞。

（3）在睡梦中短暂停止呼吸。

（4）如果婴儿的母亲是个烟瘾者，也可能造成婴儿猝死。

（5）研究指出，母亲年纪很轻、生产次数较多、吸烟、吸毒、社会经济地位较低、未作产检、两胎的间距过近等，都和婴儿猝死综合征的发生有关。

影响胎儿发育的药物

药物类型	影响
酒精	产前产后成长迟滞、发育迟缓、脸部畸形、头小畸形、过动、行为问题、发展障碍
安非他命	早产、死产、新生儿焦虑不安、新生儿哺乳情况不良
抗生素	链霉素：丧失听力 四环霉素：早产、污齿、短手短腿、手蹼、骨骼成长有限
阿司匹林	造成母亲或婴儿出血方面的问题
大仑丁 （苯妥英钠，治癫痫药）	头部及脸部异常、心脏缺陷、唇腭裂、心智发育迟滞
巴比妥酸盐	胎儿会产生戒毒过程所出现的症状，包括：盗汗、呕吐、情绪激动、神经方面问题
致幻剂	染色体可能受损、流产、行为异常
锂盐	心脏缺陷、产后嗜睡
可卡因	出生体重不足、头小畸形、婴儿猝死综合征、早产、胎儿发育不良、流产
海洛因	毒血症、胎儿发育不良、流产、早产、出生体重不足、婴儿猝死综合征、新生儿出现戒断症状（焦虑不安、呕吐、颤抖）
激素	DES：生殖系统异常、生殖系统癌 雄激素：男性女性化 雌激素：女性男性化
镇静剂（valium）	手蹼、呼吸困难、肌张力不足、新生儿嗜睡
烟草	胎儿发育不良、早产、死产、出生体重不足、婴儿猝死综合征、过动、学习障碍
维生素A	手蹼、心脏缺陷
粉刺药物（accutane）	小头畸形、眼盲、心脏缺陷、婴儿死亡
咖啡因	出生体重不足、胎儿发育不良、早产
抗组织胺药	畸形、胎儿死亡
皮质类固醇	畸形、手蹼、胎儿发育不良

3-8 生产过程与方式

一、生产过程

开口前期、中期与后期

（1）开口前期最长，约持续8~12小时，每隔5~30分钟有一次阵痛，每次持续30~40秒。开口前期之后，阵痛频率与周期会增加。开口前期，子宫颈开始扩张，同时阵痛，会有血液般黏稠液体排出，以及下背痛与羊水破裂。

（2）当产妇有高血压或先兆子痫等并发症时，婴儿可能有缺氧危险，或者羊水破了但子宫颈不开，可能必须催产打开子宫颈，此时开始使用催产素与前列腺素等药物；如果羊水没有破，也需要借助人为方式破水，或者刺激乳头分泌催产素以催生。越来越多孕妇将催生视为"规划安排"孕期的方法，然而医生鼓励孕妇在医疗许可下，应使胎儿尽可能待在子宫里。

（3）产期的开口中期持续约3~5小时，收缩更强烈也持续更久，此时产妇必须前往医院或跟助产士联系。局部麻醉或硬膜外麻醉（脊椎麻醉）可帮助产妇减少生产过程中的疼痛。最后阶段时，子宫颈会扩张到8~10厘米，此时期最艰难但持续时间较为短暂（从30分钟到2小时）。子宫收缩时间长、强烈且急迫（每30秒至2分钟一次，且持续约60~90秒），产妇感觉恶心、热潮红或打冷颤，且胎儿强烈想要挤出。

婴儿产出

（1）此产程可能持续20分钟至2小时。在两次宫缩之间，鼓励产妇用力挤，以帮助婴儿向产道移动，接着子宫颈全开，婴儿通过阴道产出。婴儿的头部先出现，称为"着冠"，此时即可告诉产妇不需要再用力了。

（2）当婴儿完全产出时，婴儿与母亲仍然通过脐带连接着，须从距婴儿身体约3英寸处夹住，切断脐带。因为脐带末端没有神经，所以并不会伤害婴儿。当婴儿逐渐成长，这一小段脐带会干掉并脱落。有时，必须以外阴切开术（切开会阴部）帮助婴儿产出，这种情形通常是婴儿头太大卡在阴道，会阴扩张不足，或是臀位生产产妇无法控制推挤力道。

产后胎盘排出

最后产程是指产后，通过收缩使胎盘从子宫壁脱离，约需5~30分钟。

二、生产方式

1. 自然分娩

自然分娩即是经由阴道生产。相较于剖腹产，自然分娩的产后感染率、产后大出血概率、泌尿道感染概率皆较低。对于婴儿来说，通过产道对于肺部的发育有很大的帮助。重要的是，产后恢复快，多数产妇产后可以马上下床，住院天数只有2~3天。此外，产妇可以增加与宝宝相处的机会，培养亲子感情。

2. 剖腹产

是指从腹部至子宫切开，取出婴儿的手术过程。当婴儿难产，如胎儿头太大、胎儿有危险、生产时间太久体力耗竭等，都必须施行剖腹产。目前剖腹产对产妇与婴儿的风险相当低，但因为产妇有切开伤口，所以复原时间较长。

怀孕与生产

怀孕月数

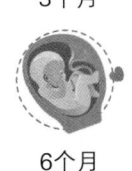

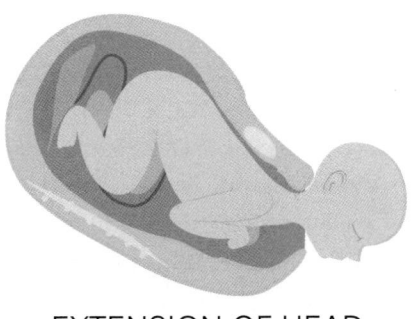

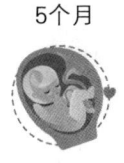

1个月　2个月　3个月
4个月　5个月　6个月
7个月　8个月　9个月

EXTENSION OF HEAD
头部娩出

第三章　受孕、怀孕到出生

胎位的类型与比例

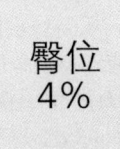

头位 95%　臀位 4%　横位 1%

拉玛泽自然分娩法（The Lamaze Method of Natural Childbirth）

- 拉玛泽自然分娩法起源自苏联，1951年由法国妇产科医生拉玛泽引入西方世界。
- 拉玛泽自然分娩法的重点
  1. 生产教育：包括教导产妇在生产时放松不需要用到的肌肉。
  2. 运动加强体能。
  3. 控制呼吸：指导心理技巧以预防疼痛，并且学习放松以释放肌肉紧张的能力。
  4. 分娩时的情感支持：指伴侣的指导与支持技巧。
- 拉玛泽分娩法强调男女关系与沟通，要求孕妇的另一半或支持者也参加分娩教育课程，训练孕妇了解和掌控分娩过程。

3-9　新生儿评估量表

新生儿评估主要是采用评估量表，用以评估婴儿出生时的状况，越快关注这些问题，就越有机会拥有正常健康的婴儿。兹将常用的两种新生儿评估量表：阿普加量表（Apgar scale）、布列兹顿新生儿行为评估量表（Brazelton Neonatal Behavioral Scale），说明如下：

一、阿普加量表（Apgar scale）

（一）这是1953年由阿普加（Virginia Apgar）创制的量表，即为一般人所熟知的阿普加量表，包括以下五个变量（Apgar是五个变量的首字母缩略词）：

（1）Appearance（肤色）：肤色（范围从淡蓝灰色到全身粉红）。

（2）Pulse（脉搏）：心跳（范围从无心跳到每分钟至少100次）。

（3）Grimace（反射）：反射反应（范围从抽吸呼吸道之后的无反应到有活力的皱脸、拉扭、咳嗽）。

（4）Activity（肌张力）：肌肉张力（范围从软弱无力到活力十足）。

（5）Respiration（呼吸）：呼叫（范围从无呼吸到正常呼吸与哭声强健）。

（二）这五个变量给分为0~2分，通常评估两次，分别在出生后1分钟及5分钟；五个变量给分加总，最高分是10分，7~10分代表婴儿正常健康，4~6分表示应该小心注意观察婴儿；4分及以下表示婴儿有问题，需紧急处置。

二、布列兹顿新生儿行为评估量表（Brazelton Neonatal Behavioral Scale，BNAS）

（一）阿普加量表是针对刚出生的婴儿做立即性粗略的评量，而布列兹顿新生儿行为评估量表，评估范围则遍及婴儿的中枢神经系统与行为反应，其施行期间通常为出生后24~36小时。此量表强调行为的细微区别，以评估如动作系统控制、活动层面、吸吮反射、清醒或睡眠的反应、对外界环境的反应等方面。

（二）布列兹顿新生儿行为评估量表，适用于1个月大的婴儿，可以检视宝宝对于新环境的反应，评估宝宝的肌肉弹性和反射反应、对刺激的反应和控制能力。例如：医生让婴儿坐着，观察宝宝是否能够稳定地支撑头部，还是头部会前倾、后仰；或者医生将婴儿抱起，直立于桌上，观察婴儿走路的反射动作（walking reflex）。另一项测试是由医生摇铃，观察婴儿是否转向声音的来源。接着再摇铃铛，观察婴儿需要多久的时间来习惯铃声，不再被声音吸引而转头。整个评估测验包括37个行为项目，18个新生儿神经的反射项目。

（三）量表的检测有助于检视宝宝如何使用不同的反应和意识状态，来控制他们对环境刺激的反应。面对太多的刺激，宝宝可能会转移目光、睡觉或哭泣。社会工作者可协助父母了解自己的宝宝，指出互动过程觉察到的宝宝需求和偏好。社会工作者也可以正向描述宝宝的反应："你看宝宝要告诉你，他得到的刺激已经足够了，不需要再给了，他真的很棒。"父母可以学习觉察宝宝感受到压力的征兆或者宝宝需要更多互动的信息，以便学习给予宝宝不同程度的刺激，好让父母与宝宝的互动成为快乐的经验。

阿普加量表

变量	得分		
	0	1	2
心跳数	无心跳	每分钟心跳低于100	每分钟心跳100~140
呼吸	无呼吸	呼吸不稳定	呼吸且哭声强有力
反射动作	无反射	反射动作微弱	反射动作强烈（打喷嚏、咳嗽、做鬼脸）
肌肉状况	软弱无力	手脚弯曲情况不佳	手脚弯曲情况佳
肤色	身体呈青色	身体呈粉红色，四肢青色	身体四肢皆呈粉红色

布列兹顿新生儿行为评估量表

	评估项目	实例	得分
神经学项目	诱导反射本能和动作	足底抓握、手部抓握、足踝痉挛、巴宾斯基反射、站立、自主性行走、颈部张力反射、莫罗反射、寻觅、吸吮、腿和手臂的被动动作	这些神经方面的项目，每项以3分量尺（低、中、高）测量反应的强度。注意动作的不协调或缺乏反应的问题
行为项目	观察或诱导的特殊行为	注意并追逐物体、对听觉刺激的反应、对人物的反应、对声音的反应、对人脸及声音的反应	这些行为方面的项目，每项以9分量尺测量，中间的分数（5分）代表3天大的正常宝宝应该有的行为
	观察到的一般行为	警戒程度、肌肉成熟度、搂抱、外来的安抚、兴奋顶点、焦虑易怒、受惊吓程度、自己安静程度、手对嘴的熟练度、微笑次数	

3-10 新生儿的反射动作

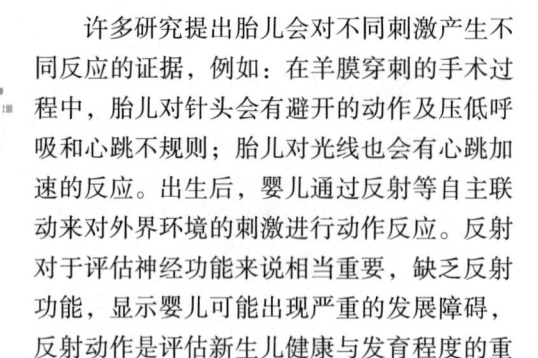

许多研究提出胎儿会对不同刺激产生不同反应的证据，例如：在羊膜穿刺的手术过程中，胎儿对针头会有避开的动作及压低呼吸和心跳不规则；胎儿对光线也会有心跳加速的反应。出生后，婴儿通过反射等自主联动来对外界环境的刺激进行动作反应。反射对于评估神经功能来说相当重要，缺乏反射功能，显示婴儿可能出现严重的发展障碍，反射动作是评估新生儿健康与发育程度的重要指标，可分为三大类：

①促进生存的反射：为新生儿生存提供一些适应性的反射。

②与物种的能力相联系的反射：进化过程中提高物种的生存概率的遗传性反射。

③机能不详的反射：帮助发展较复杂的行为模式，以适应未来生活的机能。

反射会随着月龄的增加及神经系统的成熟而逐渐消失，取而代之的是较有目的、有方向、随意且有协调性的动作，兹对常见的反射项目说明如下：

（1）觅食反射：当婴儿的面颊或嘴角被手指轻轻抚摸，他们便会转过头来并张开嘴巴，试图吸吮手指。这种反射可以协助哺乳，因为它引导婴儿到乳头的方向。

（2）吸吮反射：婴儿对于任何出现在眼前的大小适合的物体，都会本能地吸吮。当乳头或其他可以吸吮的物体出现在面前，婴儿便会自然地吸吮它。如果没有觅食和吸吮反射，许多婴儿很可能无法存活，幸好婴儿天生便具有摄取营养的能力。

（3）惊吓反射：当婴儿突然听到巨响，会自发性伸展手脚，展开手指，头向后转，这种反射的目的不明且在几个月之后会消失。

（4）游泳运动反射：当把婴儿的脸正面放入水中，他会做出向外划，类似游泳的动作。

（5）踏步反射：当以垂直的姿势抱起婴儿，并将脚放在坚固的地面上时，婴儿会移动踏步做出走路的动作。

（6）眨眼反射：眼睛对于光线、空气和其他刺激物，会做出眨眼的反应。

（7）抓握反射：婴儿会抓握放在手中的物体。这种本能让婴儿被母亲抱着的时候，可以抓住母亲的头发，得到安全感。

（8）巴宾斯基反射：当脚底被碰触时，脚趾头会张开，这是巴宾斯基（Babinski）反射动作。

（9）莫罗反射：当婴儿受惊吓时，他们会做出莫罗（Moro）反射动作，出现弓背、张臂、握拳等反射动作。

（10）爬行反射：当我们将婴儿以腹部着地的方式放置时，婴儿会用脚去踢脚旁的物体。

（11）僵直性颈反射：为了避免头部掉下来，婴儿颈部的肌肉非常强壮，可以支撑头部；同时颈部肌肉与手部肌肉相连，因此，当婴儿仰躺着，将头偏向某一侧时，该侧的手和脚就会伸直，而另一侧的手和脚则弹性弯曲。如果仔细看着维持这种姿势的宝宝，明显地可以看出他的一只手正好在自己的视线里。

新生儿的反射动作分类

反射		诱发刺激	反应
促进生存的反射	吸吮反射	嘴唇或舌头上的压力	由嘴唇或舌头运动产生的吸吮
	瞳孔反射	微弱或明亮的光线	瞳孔的扩张与收缩
	寻觅反射	轻轻触摸脸颊	脸部向触摸方向转动
	惊吓反射	响亮的噪声	类似于莫罗反射,手肘弯曲且手指紧缩
	游泳反射	新生儿俯伏于水中	手臂和腿的运动
与物种的能力相联系的反射	爬行反射	脚蹬地面	手臂和腿牵拉,头部抬起,腿不由自主地弯曲
	屈肌反射	脚底上的压力	腿不由自主地弯曲
	抓握反射	手指或手掌上的压力	手指紧握
	莫罗反射	婴儿仰卧,头部抬起→快速放下	手臂伸展,头向下落,手指张闭,手臂在胸前交叉
	弹跳反射	婴儿直立并微微前倾	手臂前伸且腿向上缩
	踏步反射	婴儿自腋下被举起,脱离平坦的地面	规律性的踏步运动
	腹壁反射	触觉的刺激	腹部肌肉不自觉地收缩
机能不详的反射	跟腱反射	敲击跟腱	肌肉收缩并向下弯曲
	巴宾斯基反射	轻柔地敲击脚底	脚趾张开并伸展
	僵直性颈反射	婴儿仰卧,头转向一边	与头部面对方向一致的一侧手臂和腿伸展,而另一侧手臂和腿则弯曲

3-11 新生儿的先天缺陷

新生儿的先天缺陷，即出生时出现的任何类型缺陷或不正常。先天缺陷的胎儿，往往容易流产，流产也意味着避免更严重缺损或不正常出生。某些先天缺陷很可能极严重，而某些缺陷的发生频率是极高的。兹将常见于新生儿的缺陷，说明如下：

一、唐氏综合征（Down syndrome）

（一）是染色体的缺陷而造成的不同程度认知障碍，伴随的生理特征如宽扁头部、眼距较宽、眼皮上有皱褶、又圆又平的脸、塌鼻子、伸长的舌头、四肢较短，以及心脏、眼睛和耳朵缺陷。孕妇怀有唐氏综合征孩子的概率，是随着年龄增长而增高的。

（二）唐氏综合征患者最主要的问题，在于智力方面。一般而言，唐氏综合征患者有中重度智能不足，随着年龄增长，智商则有相对下降的趋势。由于小孩的心理、运动和社交能力会持续成长，唐氏综合征儿童的智力要到15岁左右才会稳定下来。

（三）为避免生出唐氏综合征儿童造成社会与家庭的负担，孕妇应于产前接受筛检，年龄小于34岁的孕妇，可先做唐氏综合征母血筛检，检测母血中甲型胎儿蛋白（AFP）及人类绒毛膜性腺激素（HCG）的值，再用电脑将检测值换算成唐氏儿的概率。年龄34岁以上的高龄产妇，则建议在妊娠16~18周时进行羊膜穿刺术，及早诊断胎儿有无唐氏综合征或其他染色体异常。

二、脊柱裂（spina bifida）

是指脊柱未能闭合，以至于神经暴露在外，出生后需立刻进行脊柱闭合手术，通常伴随肌肉无力或麻痹、膀胱及肠道控制困难等症状。随着脊柱裂而发生的是脑水肿，这是不正常脊髓液堆积在脑部，可能导致头部增大与脑萎缩，脊柱裂的发生率是万分之3.49。

三、低出生体重与早产儿

对新生儿来说，低出生体重与早产会造成严重问题。低出生体重（low birthweight）是指约2500克或更低。低出生体重的根本原因是早产与胎儿成长迟滞，其他来自母体的因素（如高血压、糖尿病，或者肺部与肾脏疾病），某些感染问题（特别是子宫内），胎盘问题（导致无法提供给胎儿足够的营养），怀孕期间体重不正常增加，以及母亲的行为及经验（吸烟、喝酒、营养不良、缺乏足够的资源），都可能导致低出生体重。

四、早产

早产是指在怀孕37周以前出生。早产儿通常出生体重低。足月产是指怀孕37~42周出生，大部分婴儿在40周左右出生。因为没有足够成长时间，早产儿体重通常较低。低出生体重与早产使婴儿面临一连串高风险状况。虽然大部分低体重婴儿终究功能正常，但越早出生及体重越轻的婴儿，发展迟缓与生长期障碍的潜在风险可能越高。虽然现代医疗技术进步，低体重婴儿比起过去更可能存活，但他们仍可能面临黄疸、呼吸问题、脑出血、心脏功能问题、肠道问题及视力丧失等困难。某些研究指出，低出生体重的学龄期儿童，更容易面临学习与注意力缺损多动症。

唐氏综合征儿童的生理特征

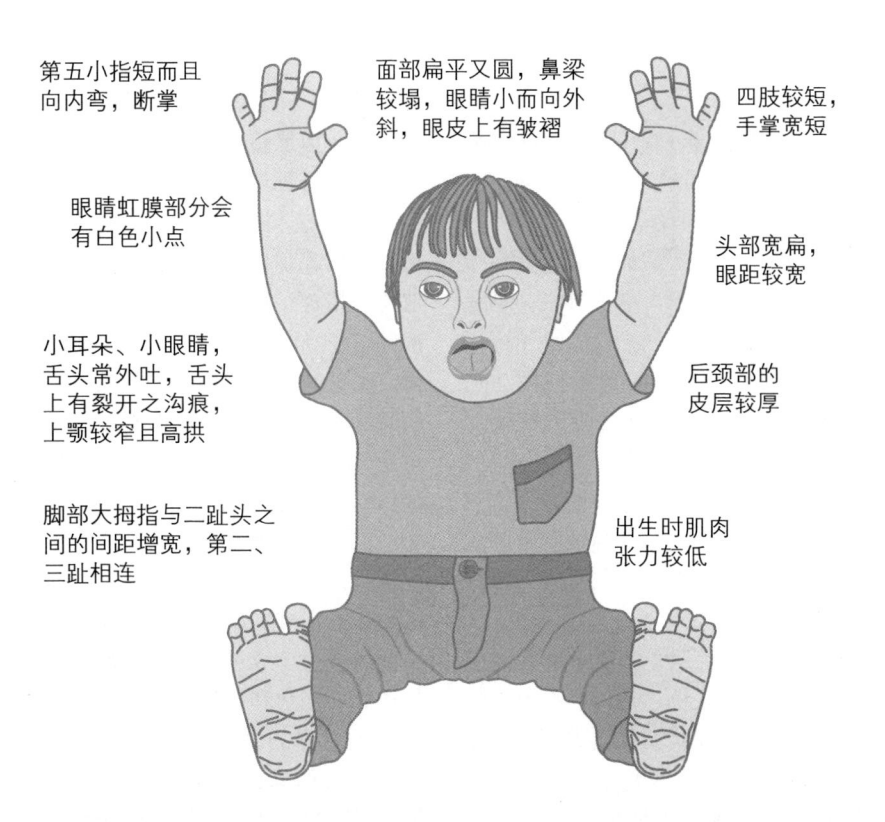

- 第五小指短而且向内弯，断掌
- 眼睛虹膜部分会有白色小点
- 小耳朵、小眼睛，舌头常外吐，舌头上有裂开之沟痕，上颚较窄且高拱
- 脚部大拇指与二趾头之间的间距增宽，第二、三趾相连
- 面部扁平又圆，鼻梁较塌，眼睛小而向外斜，眼皮上有皱褶
- 四肢较短，手掌宽短
- 头部宽扁，眼距较宽
- 后颈部的皮层较厚
- 出生时肌肉张力较低

新生儿出生的体重

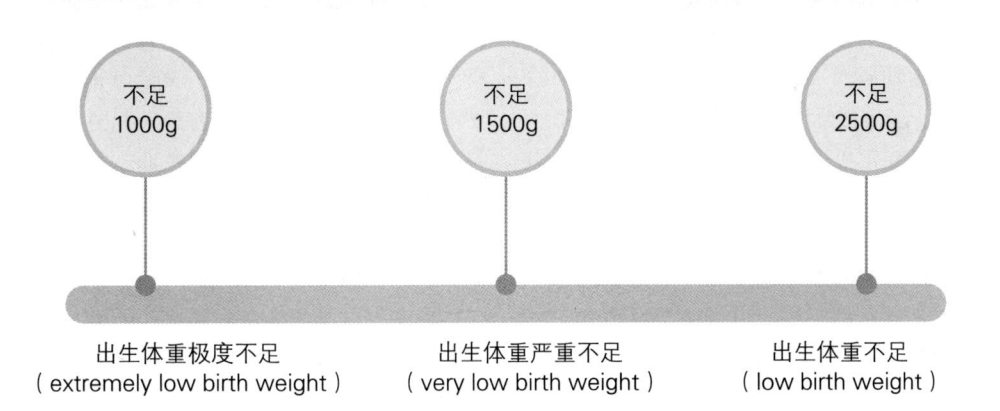

不足1000g	不足1500g	不足2500g
出生体重极度不足（extremely low birth weight）	出生体重严重不足（very low birth weight）	出生体重不足（low birth weight）

第三章 受孕、怀孕到出生

3-12 遗传异常

由于遗传过程的复杂性，遗传疾病的结果预防、诊断和预测更加困难，其原因如下：

基因表现度：基因的表现程度会因人而异。例如：隐性基因所造成的囊肿性纤维化，症状的严重程度有很大的变异性，会受到心理、社会、政治、经济及其他环境因素间交互作用的影响，同时也可能因为产妇药物滥用、营养不足和分娩时的创伤而加剧。

遗传异质性：同样的特征可能是一个或数个遗传异常的结果。例如：神经管缺陷的症状，便可能来自基因突变，或是因为接触到特定的致畸因子。

多效性原则：同一种基因可能会影响看似完全无关的身体系统，例如：头发的颜色，通常会与特定的皮肤颜色相关（如金发与白皮肤、黑发与橄榄肤色）。

表观遗传学：聚焦于环境因素，则是指在不改变人体基因构造（基因型）的情况下，影响基因的表现（表现型）。这些因素会引起或抑制影响基因表现的化学物质，而这些化学物质似乎能够在不造成基因改变的情况下，产生代际间的影响。

遗传异常可区分为以下四种类型，说明如下：

单一异常基因遗传：异常的单一基因可能导致严重的病症。该基因可能是隐性的，即基因来自父母双方；也可能是显性的。在后一种情况下，父母双方只要有一位带有此种基因，便可能表现于孩子身上。第三种可能性是与性别相关的疾病，即基因来自父亲或母亲一方。

多基因遗传：某些遗传特征，如身高和智商，会受到环境因素（如营养）的影响。多基因遗传，即由多个基因所控制的遗传特征，它们表现出来的程度各有不同。多基因遗传与精神疾病的倾向特质有关，例如：抑郁症。然而，这些特质只是可能诱发的因素，也就是所谓的遗传缺陷倾向。因此，出生时具有相同遗传特质的手足，发展出某一特定遗传性疾病的可能性会有所不同，例如：酗酒或精神疾病。

染色体数目畸变：某些遗传异常并非与生俱来，而是源于卵子或精子细胞产生过程中出现的意外。某些时候，细胞最后包含的染色体会过少或过多。当受精卵不足23对染色体时，受孕和存活的可能性就微乎其微。然而当过多的染色体出现于受精卵中时，各种可能的异常情况便会发生。唐氏综合征（或称21三体综合征）是最常见的染色体异常，原因是出现了47条染色体。更明确的说法是，在第21对染色体上多出了一条染色体。年龄超过35岁的孕妇，孕育的孩子罹患唐氏综合征的比例上升到1/350。其他染色体异常的疾病，包括特纳综合征（只有单一性染色体，X），以及克氏综合征（多一条性染色体，XXY）。

接触致畸因子：致畸因子可以分为四类：辐射、感染、母体代谢失衡，以及药物与环境中的化学物质。致畸因子所造成的影响大多取决于接触的时间点，各器官系统有不同的关键和敏感时期。

遗传异常的四种类型

第一类型：单一异常基因遗传		
■ 隐性基因 镰刀型细胞贫血病 囊肿性纤维化	■ 显性基因 神经纤维瘤病 亨廷顿舞蹈症	■ 性联基因 血友病 假性肥大型肌营养不良

第二类型：多基因遗传		
可能的精神疾病	酒精中毒	

第三类型：染色体数目畸变		
唐氏综合征（第21对染色体多出了一条染色体）	特纳综合征（只有单一性染色体，X）	克氏综合征（多一条染色体，XXY）

第四类型：接触致畸因子			
■ 辐射 神经管缺陷	■ 感染 风疹：耳聋、青光眼 梅毒：神经的、视觉的及骨骼的缺陷	■ 母体代谢失衡 糖尿病：神经管缺陷 缺乏叶酸：脑部及神经管缺陷 过高热（14~28天）：神经管缺陷	■ 药物与环境中的化学物质 酒精：智能迟缓 海洛因：注意力缺乏症 安非他命：泌尿生殖器缺陷

第三章 受孕、怀孕到出生

3-13 堕胎（人工流产）

堕胎是一项具有争议的议题。堕胎的原因为非计划或意外怀孕，包括双方没有避孕、避孕无效、不一致或不正确。没有任何一种避孕方法是完美的，每一种避孕方法都有失败率。兹将堕胎的方法及堕胎对女性造成的心理影响，说明如下：

一、堕胎的方法

因怀孕周期的不同，而有数种不同堕胎方式，说明如下：

1. 药物堕胎

药物堕胎意指服用某些特定药物的堕胎方式。例如：米非司酮（mifepristone，俗称RU-486）。其药理作用会引发子宫内壁破坏，其过程为先服用米非司酮，数日后再服用前列腺素。前列腺素会导致子宫收缩而将胚胎排出。大部分女性服用前列腺素后4~5小时流产，成功率约97%。潜在副作用包括恶心、严重痉挛、呕吐、腹痛及轻度发烧或打冷战。

2. 真空吸引术

真空吸引术，亦称为真空刮除或抽吸刮除。施行时间约最后一次月经没来至第16周。此法是将子宫颈口扩张打开，利用抽吸管将子宫内容物抽离，有时候需再配合刮除。绝大多数堕胎在医疗机构执行，实施堕胎之后医疗人员会观察数小时。一般而言，出现出血与抽筋等基本症状是正常的。真空吸引术被认为是非常安全的方法，术后并发症也比较少。

3. 子宫颈扩张与刮除术

子宫颈扩张与刮除术是在怀孕第4~5个月所使用的堕胎方式。此法类似吸出子宫胚胎的真空吸除术，用刮匙刮除。因为子宫颈扩张与刮除术多在怀孕较后期实施，所需要取出的胚胎组织较多，需要全身麻醉。潜在并发症跟真空吸引术类似，并且会有麻醉后遗症。

4. 非法堕胎

当女性无法取得安全合法的堕胎方式，许多人可能转向不安全的非法堕胎。全世界大约40%的女性居住在高度限制或禁止堕胎的国家。当陷入绝望，她们可能会转而寻求违反规定的医疗，如设备不干净、不安全、不合格的医疗机构或非医疗机构堕胎，或是自己使用尖锐物品及服用某些有害物质堕胎。

二、堕胎的心理影响

不管堕胎的时机或类型为何，所有进行流产程序的女性，在之前和之后都应该接受详尽的咨询服务。计划外的怀孕通常会造成相当大的心理压力，社会工作者可以帮助孕妇考虑所有的处理方式（包括堕胎），同时必须符合个案的个人价值观与信仰。堕胎后，大多数女性的经验是：轻微的内疚感、悲伤，或是迅速减轻的遗憾，随之而来的则是危机获得解除的轻松感。然而，某些女性的反应较为严重，并且可能需要持续性的咨询服务，特别是那些在堕胎前曾经历创伤的女性。社会工作者必须留意个案个人对于堕胎的观点，以协助个案依据其个人价值观、宗教信仰与选择机会做出决定。

堕胎的争议

支持堕胎的理由

- 允许女性有堕胎自我决定权,以及对于她们身体和生活有较大的自由度。
- 假如禁止堕胎,女性会如同过去一样选择不合法堕胎;没有法律曾经禁绝堕胎,也没有法律能够如此。在医疗机构进行堕胎会更安全,而若在不卫生、无经验或技术不良的环境下进行堕胎,极可能非常危险,甚至危及女性生命。
- 假如禁止堕胎,有些女性可能会尝试危及生命的人工方式堕胎。例如:剧烈运动、热水浴、刺激骨盆和肠道,甚至以尖锐物品(如指甲剪及刀子),企图割破子宫。
- 没有完全可靠的避孕方法,所有方法都有失败概率和风险,且并非所有女性都能方便取得避孕信息及服务,特别是少女、穷人和乡村妇女。
- 在许多生育率快速升高的国家,堕胎是必需的;避孕可能是不充分、无效或无法负担的;堕胎是控制人口、保障生活品质的必需技术(某些国家的堕胎数可能接近生育数)。

反对堕胎的理由

- 胎儿有基本生命权,不应被侵犯。
- 堕胎是不道德的,违反某些宗教信仰。
- 选择堕胎的女性是自私的,她关注自己的快乐胜过未出生的孩子。
- 有效避孕的社会,不会有非期望的怀孕,也就没有堕胎的需要。
- 堕胎是反家庭的,人们应该为自我行为负责,遏止非婚姻关系的性行为,在家庭中养育孩子。

社会工作者在个案堕胎过程中所扮演的角色

使能者
协助女性做决策,包括帮助个案确认可能的选择及评估正负面影响。

教育者
为怀孕女性提供有关堕胎过程的胎儿发展、确切信息,以及可做的选择;提供避孕咨询,以避免再次非预期地怀孕。

中介者
应告知女性可用的资源,详细解释并协助其取得资源,包括:堕胎的医疗机构、产前健康咨询、领养服务。

倡导者
倡导修改堕胎政策或取得堕胎服务经济补助;倡导不想堕胎女性获得支持及服务。

第三章 受孕、怀孕到出生

第四章

婴幼儿期

章节体系架构

- 4-1 婴幼儿生理发展的重要原则
- 4-2 婴幼儿期的认知发展（皮亚杰的认知发展理论观点）
- 4-3 婴幼儿期的心理社会发展（埃里克森的心理社会发展理论观点）
- 4-4 鲍尔比依恋理论
- 4-5 安斯沃思依恋理论
- 4-6 婴幼儿的气质
- 4-7 婴幼儿的情绪
- 4-8 婴幼儿的语言发展

4-1　婴幼儿生理发展的重要原则

婴儿的生理成长，遵循着一些重要的原则，对这些原则加以检视，有助于社会工作者在实务性评估中应用。说明如下：

一、全人整体的原则

生理及环境的因素必须共同发挥交互作用的特性，以帮助幼儿达到最好的成长和最佳的发展；内在神经传导问题、激素不均衡、外在的营养失调、缺乏适当的环境刺激，都会成为成长助力或阻力。

二、由简单至复杂细腻的活动

动作由大而化之变成复杂细腻，例如：刺激脚部或引起头→肩→手指→脚趾的全身反应。随年龄增长，个别协调的动作反应则增多。婴儿先能走、跳、爬、跑，然后才能发展出写与画的细腻动作，这些都是由大而化之的动作到精巧细致的发展过程。

三、精致复杂动作至整合动作

各部位的复杂动作发展之后，紧接着是统合协调的生理过程。例如：孩子借由哭闹以寻求食物，吸吮奶嘴时猛咬奶嘴，或者将奶瓶或奶嘴塞入自己的嘴中。

四、从头到四肢和尾端的发展原则

婴儿发展从头部进行到身体较低的部位，神经部位的发展也是从头至脚。婴儿对肌肉的控制收缩是由头至颈部至手臂及肚子，然后至两腿。婴儿刚开始爬行时，是利用上半身进行匍匐爬行，腿部的动作是消极随行。等到再大一点，腿部才开始爬行的动作。

五、由近到远的发展原则

是指成长的过程是由头至身躯乃至四肢，由身体的中央部位发展至外围部位。婴儿先学会摇动头及身躯，然后动作的掌控由手臂至手腕再至手指，最终做出握紧手指等灵巧的动作。

六、喂食

儿童在成长的过程中，生活需要规律化。定时饮食、定时睡眠，时间流程与生活节奏，以及平衡感的形成，可以形塑婴儿日后生理作息的规律性。

七、睡眠

儿童睡眠时间的长短因年龄而异，预产期顺利出生的小孩，每天睡眠时间占50%~60%，早产儿则为80%。新生儿再长大些，就睡得少些，尤其是体力及能量增强、活动范围扩大及经验增加后，容易抗拒按时上床睡觉或忙着玩耍，而静不下来上床就寝。

八、感觉运动技能

运动神经是指肌肉的运作。在婴幼儿出生后前2年的生活里，颈部、颈脊椎、手臂及腿部并没有力气去协调运动，要等到脑部及脊椎发育成熟才能引起肌肉的力量及全身的协调，连带地促进肌肉的成长及运作。婴幼儿的肌肉发育依据两个方向：第一，是由躯干到四肢的；第二，肌肉的动态由反射性的行为转为有目的及自发性的操作。例如：吸吮等反射性动作有助于婴幼儿吸收足够的营养，是发展进一步自发性控制行为的前奏。

九、触摸及抓紧物品

运动是由粗大演进至精细、协调、有目的的动作。这种动作起源于反射性行为。新生儿能通过物体的握与抓来稳住他们的重心，但这种反射动作在出生4周后逐渐消失，取而代之的是探取、精准掌握、弯曲及放手的动作。

大动作技巧发展的里程碑

大动作技巧

是指大脑和大肌肉群的大动作协调，能通过爬、走、跑、跳来探索环境。

- ■ 大动作技巧：出生到1岁
- 能够趴着抬头和身体10秒左右：1~3个月
- 趴着（腹部）翻身到背部：4个月
- 仰着（背部）翻身到腹部：5个月
- 靠支撑可以独立坐着：5个月
- 独自坐正：6个月
- 趴着（腹部）爬行：8~9个月
- 靠着头部和膝盖可以爬行：9~10个月
- 在稳定的表面上可以站立，且靠着家具走路：10个月
- 独自行走：10个月

- ■ 大动作技巧：1~2岁
- 爬上楼梯：14~15个月
- 爬下楼梯：15~16个月
- 用一只手支撑走上楼梯：15~16个月
- 后退走：18个月
- 用一只手支撑走下楼梯：18~20个月
- 奔跑：18~24个月
- 侧着走：21~22个月
- 独立走上楼梯：23~24个月
- 双脚向前跳跃4英寸，向上2英寸，从6英寸的高度跳下来（1英寸=2.54厘米）：19~24个月
- 踢球：19~24个月
- 一脚脚跟和另一脚脚尖接龙

婴幼儿生理发展阶段

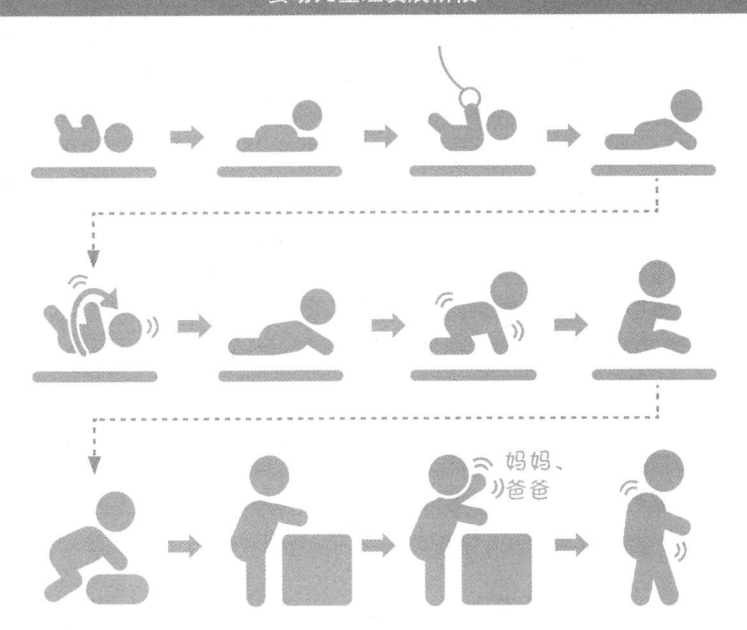

4-2 婴幼儿期的认知发展（皮亚杰的认知发展理论观点）

皮亚杰的认知发展理论是通过对自己的子女，以及对其他儿童进行密切观察后构建的。他将婴儿出生到2岁这个阶段称为感知运动阶段（sensorimotor period），可分为六个亚阶段，说明如下：

阶段一：自然反射运动的开始期／反射动作

指从出生至1个月。此期间包括自然系统的使用及与生俱来的反射动作，如眨眼为婴幼儿的"反射动作"。而出生的前几天，婴幼儿在吸吮奶水时，如果奶嘴从口中溜出，能够表现出寻找奶嘴或吸吮的自然反射动作，这种进展称为"功能性的同化适应"；进而类推至其他的同化（婴幼儿除借此吸吮乳头之外，也能吸吮其他的东西），以及辨认的能力（婴幼儿借此分辨出乳头与其他东西的差异）。

阶段二：初级循环反应／主要循环反应

指约4个月。发展吸吮手指头，将拇指塞进口中的习惯，这种行为与刚出生时吸吮拇指的不同点在于，这时婴幼儿体认吸吮拇指为一种照顾活动，持续的吸吮拇指之所以为基本的循环反应，是因为这种"反复循环"是简单且重复的，具有强化觅食行为的作用。

阶段三：进阶循环反应／次级循环反应

指4~8个月。婴幼儿学习达到进阶循环反应，进一步协调整合初期所学习的反应动作，发展出另一个行为。例如：婴幼儿摇着"响铃串"，去聆听所发出的声音是进阶循环反应。超越孩童先前所习得接触及聆听的动作，孩童在此时期扩大先前所习得的行为范畴，而进入更新、更复杂的行为系列。

阶段四：思考认知行为的开端／次级图式协调阶段

指8~12个月。婴幼儿演化至智力思考的开端，在此阶段似乎已具有使用工具行为的能力。例如：在红色枕头下方放置玩具，婴幼儿会在红色枕头下方找到玩具，这个到枕头下找东西的动作，是婴幼儿智力发展的起点。

阶段五：高阶循环反应／三级循环反应

指12~18个月。婴幼儿开始寻找新事物，发展新的探索方法，如一个幼儿看见地毯上有一个东西，为了接近该东西，便拉扯地毯，就在接近地毯的同时，发现地毯上的东西也到手了。婴幼儿习得感官及心理上的能力，了解物体存在的永久性，这种积存物体形象的能力，是孩童更进一步培养习得象征性思考的图式。这种"客体永存"的概念，也是逻辑思维的基本架构。

阶段六：思考图式期／具象思维

指18个月至2岁。孩子在行动之前，心理上能综合思考不同的解决难题的可能方式，皮亚杰将这段时间称为"思考图式"。初步的架构使孩子能够适应及操纵环境中的信息，并综合新的信息以适应环境的需求。孩子们的表现可视为一种超越感知运动阶段的协调及整合，也就是思考智力的开端，概念式的思考也开始发展。

感觉运动期的六个阶段

感觉运动期的阶段	发展年龄	发展内容
反射动作 （reflex activity）	0~1个月	新生儿的反射 随意运动
初级循环反应 （primary circular reactions）	1~4个月	重复动作带来结果 以身体为中心的简单动作习惯 发现有舒适感，开始吸吮手指
次级循环反应 （secondary circular reactions）	4~8个月	焦点转移到周遭的物体 重复可以引起周遭效应的行动 脚踢床边的旋转玩具，让它转动
次级图式协调阶段 （coordination of secondary schemes）	8~12个月	意欲性目的手段行为（intentional means-end behavior） 开始有客体永存的概念 看到你拍手，宝宝会拍手，但无法主动拍手
三级循环反应 （tertiary circular reactions）	12~18个月	通过新颖的行动，探索物质的特质 具有客体永存的观念，但是放置物体时需看得到 如果玩具放在盒子里，再放在毯子之下，然后把玩具从盒子拿出，但仍然放在毯子之下，虽然玩具发出声音，宝宝还是会在盒子里找玩具
具象思维 （representational thought）	18~24个月	物体或事件内在的描述（完整的客体永存） 具有延迟模仿能力 快乐的时候可以主动拍手

认知理论相关概念

目标取向行为

婴儿从随机反射的动作开始，逐渐发展出目标取向行为，即将一连串的行动组合在一起，以便达到想要的目的。例如：从只能够观看自己的手在眼前毫无目的地移动，发展到可以动手搬椅子到桌边，取得桌上的饼干。

客体永存

是指能够将对某人或事物的印象存留在脑中的能力。皮亚杰指出，婴儿无法记住一个不在眼前的东西。例如：如果把玩具放在毛巾之下，4个月大的婴儿不知道将毛巾掀起来可以找到玩具。2岁大的幼童虽没有看到饼干却知道它在哪里，因为饼干的印象已经保留在他们的脑海里。另外，他们也有能力想出办法解决问题，取得饼干。

4-3 婴幼儿期的心理社会发展（埃里克森的心理社会发展理论观点）

埃里克森提出心理社会发展理论的八阶段，在婴幼儿期中，包括两阶段，说明如下：

第一阶段：信任对不信任（婴儿期：出生至1岁）

1. 信任（trust）

（1）埃里克森的理论主要着墨于婴幼儿与照顾者之间的关系。基本信任关系，包含一种个人与外界及其他人互动时正面的态度取向；不信任的关系是反映对外人及外界持有负面的感情、不安及畏惧。

（2）婴幼儿一旦离开母体，仍然得全面依赖成人的养育喂食，婴幼儿如获适度养育、爱护及关注，将培养出一种安然自如的感觉。对一个尚不能开口说话的幼儿，信任感取决于出生之后种种的体验，如果他或她的需求如其所愿，婴幼儿会感到被周遭环境尊重，进而培养对环境的信任感。信任感可在婴幼儿能否克制自己的冲动，或与成人进行温暖与愉悦的互动中显现。

2. 不信任（mistrust）

（1）若婴幼儿的需求没有受到重视或者照顾者态度不一致，婴幼儿会发展出不信任感。当一个哭闹的婴幼儿被严厉地喝止，即使是小婴儿，也可能以为自己是微不足道的，而感觉受到藐视，能让幼儿感受到周遭的敌视而认为自己是一文不值的。婴幼儿生理需求无法得到满足，直接的不信任行为反应是不停地哭泣或号啕大哭。

（2）当婴幼儿开始有了这种不信任的态度之后，环境更强化了这种不信任感。不信任及猜忌感会造成婴幼儿自我贬低的行为，以及一种自尊丧失和无法与别人和睦相处的逆境。一旦逆境形成，这种转变的模式会深深影响婴幼儿的情绪发展，以及成人对婴幼儿情绪上的反应。

第二阶段：自主对羞怯和怀疑（幼儿期：1~2岁）

1. 自主（antonomy）

此阶段的特征是婴幼儿探索自主性。生理上，幼儿的肌肉逐渐成熟，也开始进行三种新的活动：走动、大小便排泄的控制及说话。肌肉的控制让婴幼儿学习接受与放弃，促进了留守或停止的行为机制。这些活动赋予孩子自主的动力及胜任感。

2. 羞怯和怀疑（shame and doubt）

（1）大小便自主的训练，在幼儿初期的自主发展中是不可漠视的。幼儿的双亲如果是严厉、拘谨、爱苛责和施行处罚的人，幼儿可能会因抗拒严谨的父母，而对自己的尿道或肛门失去自我训练及自律。若幼儿在此期间不懂得在排泄行为上操作得当，则会落得里外不讨好，一方面他们会自我否认或是缺乏自主的能力，另一方面也得不到父母的赞许。亦即如埃里克森所称，当儿童们面对一种"双重反抗及双重挫败感"，他们便无法因自主而自傲。

（2）在一连串的羞愧及自我怀疑的心态下，幼童缺乏自信且没有能力达成自己的目标，而且具有预期性的失败感。为了避免这种难为情的窘境，幼儿可能因此而畏缩不前，且不愿参与活动，学习新的技巧也因此变得困难重重了。

信任对不信任

婴幼儿学习对照顾者所提供的喂食、保护、舒适和情感的信任,当其需求未被满足时,他们会发展出不信任。

自主对羞怯和怀疑

孩童学习控制排泄功能,学习自己进食,独立玩耍和探索这个世界(在安全的环境下),以及发展一些独立的行为。若是照顾者有太多的限制,他们对自己的能力将会发展出羞怯和怀疑的感觉。

4-4 鲍尔比依恋理论

依恋（attachment）关系始于婴儿与重要他人发生往来互动的时刻，这种关系是形塑人类社会关系的基本要素。依恋是联结个人与一个亲密伴侣的强烈情感联系，特点是喜爱与维系亲近的渴望。最早的依恋理论是由鲍尔比（John Bowlby）所提出的，为最初的人际关系提出的重要观点。现对其说明如下：

（一）依恋理论认为出生至3岁是个人一生重要的时期。鲍尔比认为孩子会和一个成人形成一种依恋，亦即一种持久的社会情绪关系。这个成人通常是母亲，但也不必然是，关键在于与一个有回应的照顾者的强烈情感关系，孩子也可能和父亲、祖父母或其他人形成依恋。依恋理论强调孩子与父母或其他照顾者互动，并产生情感联结的重要性。在依恋关系建立过程中，婴儿被视为扮演主动参与者，这个观点与弗洛伊德的口唇期着重在婴儿对照顾者的顺从与依赖不同。

（二）鲍尔比认为婴儿从出生后的第一个月开始便产生依恋，此时婴儿已具有辨别母亲声音的能力。依恋在2岁时发展完全，此时母亲和幼儿发展出彼此的伙伴关系。在依恋的晚期，儿童已经能够操纵母亲以达成他所想要的结果，但同时他也已经能够了解母亲的想法。于是，母亲和孩子达成彼此可以接受的折中方式。

（三）婴儿也会对其他人产生依恋行为，不过对于母亲的依恋出现较早，也较为强烈与一致。一般认为，最早出现的依恋会成为儿童往后关系的互动协调工作模式（working model）。

（四）依据鲍尔比的概念架构，依恋有四个进行阶段，从普遍的喜爱人到依恋一个照顾他们的特定对象，包含下列阶段：

第一阶段"依恋前期"（preattachment）：0~2个月的婴儿，学习区分人与物的不同，随后逐渐增加微笑与声音以回应人们。

第二阶段"依恋成形期"（attachment in the making）：2~8个月，婴儿学习分辨主要照顾者与陌生人，对于主要照顾者的回应越来越明确，并且当他们与照顾者互动时呈现出热情与兴奋，当照顾者离开时他们会表现出沮丧。此种复杂的情感依恋过程，可视为婴儿与照顾者学习如何相互回应的发展。

第三阶段"真正依恋"（true attachment）：8~18个月，婴儿会寻找照顾者并且尝试留在他们身边，当爬行与移动增加，婴儿在探索周遭环境时会不时与照顾者眼神接触，他们开始密切关注照顾者对其行为的反应，并且经常做出回应。假设照顾者在附近且紧密关注，婴儿可能会微笑；假如发现离照顾者太远，婴儿可能会快速返回。

第四阶段"相互关系"（reciprocal relationship）：自18个月起，对于与照顾者的互动，幼儿的敏感度逐渐提升。当孩童寻求爱、关注与身体接触时，他们也会释出感情。孩子可能会要求照顾者讲睡前故事或拥抱他们，对照顾者的感情与目标的敏感度渐增。

鲍尔比的依恋阶段理论

阶段	年龄	行为
阶段1：依恋前期	0~2个月	随意而没有区别地微笑，发出咕咕声，依偎他人
阶段2：依恋成形期	2~8个月	选择性互动，给喜爱的照顾者社交性微笑；会比较陌生人和主要照顾者的脸
阶段3：真正依恋	8~18个月	很明确地依恋主要照顾者，当照顾者不在时会哭，试图跟随照顾者；对陌生人和环境存有戒心
阶段4：相互关系	第18个月起	发展完整的客体永存概念，且能够更确切地知道照顾者的存在。越来越能够和其他人社交

影响孩子与照顾者之间依恋质量的四个因素

01 有意义的共处时间

02 察觉孩子的需求并且提供体贴照顾

03 照顾者的情绪反应及对孩子保证的深度

04 在孩子的生活中是长期随时可获得的

4-5 安斯沃思依恋理论

婴儿与照顾者有不同的依恋程度，大多数的婴儿会与母亲（或其他主要照顾者）形成安全依恋关系。

安斯沃思（Ainsworth）运用陌生情境反应，提出安全型依恋、焦虑型依恋、回避型依恋三种婴儿反应依恋模式。近来学者又加入第四种反应，称为无组织／无定向的不安全反应（insecure disorganized/disoriented response）。兹将四种依恋模式说明如下：

一、安全型依恋（secure attachment）

此类婴儿以母亲为安全基地而探索游戏室，他们能意识到母亲的同在，会不时地看，以确保需要之时母亲就在身旁。母亲离开时，他们会哭或抗议；母亲回来后，婴儿会靠近母亲取得安慰，和她有肢体上的接触。中产阶级的婴儿之中，65%属于安全型依恋。

二、焦虑型依恋（anxious attachment）

是典型的黏人宝宝，不喜欢探索游戏室内的事物。母亲离开时会很生气，哭泣许久。母亲回来后，他们虽会寻求肢体上的接触，但可能即刻推开，甚至打母亲，不易被安抚。安斯沃思认为这类婴儿不够信任母亲，不相信她能够满足自己的需要。

三、回避型依恋（avoidant attachment）

这类婴儿不太在乎母亲的离开，不以母亲为基地，行为举止视母亲为不在场，眼神不太和母亲接触，也不会试图吸引母亲的注意。他们对母亲的离开无动于衷，对她的回来也毫无反应。

四、无组织／无定向的不安全反应（insecure disorganized/disoriented response）

亦称为紊乱型依恋。这些婴儿表现出矛盾的行为，他们试图在身体上靠近，但又出现逃避畏缩的行为。通常，这些婴儿的母亲若不是曾经有过虐待行为，就是仍未摆脱自己的创伤经验。于是，婴儿对于"陌生"的情况感到困惑，他们害怕不认识的人，并且向母亲寻求安慰，然而因为对于母亲也同样感到害怕，因此后来变得选择退缩。某些学者认为，紊乱型依恋所表现出来的相关行为，实际上是对于严苛照顾的适应性反应。其他三类型婴儿会采用协调策略处理压力情境，此类型婴儿没有一致的策略，他们的行为矛盾又无可预测，似乎在传达极度的恐惧或迷惘。这类型婴儿的母亲常很负面，突然爆发敌意惊吓到婴儿，或表现出消极与无助，很少对婴儿有正向温暖的行为。

婴儿与照顾者的特质都会影响依恋关系的发展，照顾者敏锐感受到婴儿的需要，有助于依恋过程发展。虽然研究显示在依恋过程中，照顾者给予正向回应且满足其需要，可以克服婴儿的特质，但是易怒婴儿的依恋过程可能更困难一些。研究发现孩子与照顾者早期的安全依恋关系，会使孩子在成长后与同伴有较多正向社会互动及更亲密友谊。当儿童学会信任与正向互动，之后就会运用这些技巧发展其他的社会关系。

婴儿与照顾者建构依恋关系的联结方式

方式	内容
一视同仁式的反应	1.年龄：从出生至2~3个月。 2.联结内容：婴幼儿对于声音、脸部表情及任何人所发出的社会信息刺激，只要是婴幼儿有兴趣者，他们通常是来者不拒，没有特别喜爱的人。
差别式的社会反应	1.年龄：在2~3个月及6~7个月之间。 2.联结内容：婴幼儿开始对某些熟悉的人产生好恶的选择，通常对友善的人物都会发出热情的回应、咕咕声或微笑以回报之，甚至对少数陌生人相当友善。
真诚的依恋／主动的接近	1.年龄：6~7个月至3岁大。 2.联结内容：婴幼儿形成相当明确的依恋关系，多半是与他们的母亲。常见婴幼儿爬着紧跟母亲、靠近她，母亲一离开就抗议，当母亲回来时则温暖地微笑。婴幼儿持续与其他特定的重要他人建构这种亲密关系，直到3岁多。
目标正确的伙伴关系	1.年龄：3岁以上 2.联结内容：会具备相当的认知技能，能够体认父母的期待，而且依其期许的目标考量并调整他们的行为，以保持与父母的亲密关系。

评估婴儿依恋问题

行为	依恋失调的表现
行为表达	在各种人际互动里，缺乏温暖和情感的交流，轻易地亲近任何陌生人。
寻求安慰	忧伤、惊吓或生病时，不会寻求安抚。即使寻求安慰，也有点奇怪或模棱两可。
依赖他人合作	不是过度依赖，就是在有需要的时候，不寻求可依恋的照顾者的支持或安抚。
合作	不顺从照顾者的要求，或者强迫式地过度服从。
探索性行为	在陌生的场合里不会察看照顾者是否同在，或者不愿意离开照顾者去探索环境。
控制行为	过分讨好照顾者或不适当的关照行为，或过度控制与支配照顾者的行为。
重聚的反应	分离后团聚却无法重建互动，行为表现包括忽视、回避、强烈愤怒或无感。

4-6　婴幼儿的气质

气质（temperament）可区别个人的心理与情绪本质，以及对他人及周遭环境的回应形态。托马斯（Thomas）和切斯（Chess）的研究指出，气质的维度分为九项，包括活动量、规律性、趋避性、适应力、情绪、反应阈、反应强度、注意分散度和持久性，并可采用三种基本类型来描述儿童的气质。

一、自在型的儿童（easy children）

亦称为随和型的儿童。大约有40%的儿童属于随和的孩子，特征就是作息规律，对新的刺激有正向的反应，对于改变能够有高度的适应力，情绪适度且正向（快乐幸福）。这些儿童很能够接受新的玩具、食物、互动对象与环境。他们有可预期和稳定的饮食，以及睡眠规律，也比较幸福快乐。

二、适应缓慢的儿童（slow-to-warm up children）

亦称为慢热型的儿童。有15%的孩子属于慢热型，他们对外在世界比较没有那么热情，情绪也没有那么快活，对新情境的反应比较负面，适应也比较慢。他们与随和的孩子一样，作息规律可以预测，这些孩子虽然对新的环境和经验有些戒心与焦虑，只要过渡期不要施压或过度催促，终究还是能够适应。

三、困难型儿童（difficult children）

亦称为难以相处的儿童。与前两者相较之下，难以相处的孩子每日作息无法预测，在宝宝时期，他们每天醒来的时间都不一样，也无法建立规律的午休习惯，对新环境的反应很消极，无法适应或者适应很慢，情绪的反应也很强烈和负面。他们对新的食物、玩具、人和情境都会有强烈的抗议，不喜欢或者受挫就发脾气，很兴奋的时候选择尖叫。研究对象中，10%属于这类儿童，35%属于三种类型混合的儿童。托马斯和切斯的研究结果显示，难以相处的儿童之中，有70%长大之后，必须接受精神科的治疗，随和的宝宝却只有18%需要治疗。

契合度（goodness of fit）是指环境的需求和儿童的行为风格两者之间适配的程度。一个好动的婴儿如果搭配外向和精力充沛的父母，鼓励吵闹和耗费精力的活动，两者的契合度当然就很不错；相反地，如果这类好动的婴儿出生在父母比较内向、内省和要求安静的家庭里，契合度当然就比较不佳。

利伯曼（Alicia F. Lieberman）在《学步儿的情绪生活》一书中，除聚焦托马斯和切斯的三种类型外，附带提出第四种性情类型：活跃型儿童（active child）。针对每种类型提出亲职教育的建议：难以相处型儿童的父母，不要把儿童的行为当作对自己的挑衅，必须以幽默的态度看待孩子的行为，具备耐心，多与孩子互动，制定清楚的行为准则，同时发展和寻找支持的系统，找到可以协助照顾孩子的人，以便获得暂歇或喘息。活跃型孩子的父母应将家里布置成适合大动作和比较激烈活动的游戏场域。慢热型孩子的父母则应尽量将孩子带到不同的环境里，陪伴孩子直到他们能够从拘谨转为乐于接受环境再抽身。随和型的孩子往往容易被其他孩子占便宜，因为他们不太会抱怨，即使有需要的时候，也不要求注意，因此很容易在忙碌的每日生活里被忽略了。

气质的维度

气质维度	案例	可能的优势
活动量 （activity level）	• 婴儿经常动来动去吗？ • 婴儿是否无法经常坐定，很难换尿布？	• 在需要高精力的职业，可能会表现不错。 • 可能同时担负许多不同的责任。
规律性 （rhythmicity）	• 婴儿的疲倦和肚子饿，常常无法预期吗？	• 可能在不寻常或需要经常旅行的工作上表现不错。
趋避性 （approach/ withdrawal）	• 婴儿在面对新情境或陌生事物时会抗拒和裹足不前吗？	• 采取行动之前会先考虑。 • 在青春期阶段，可能会比较不冲动。
适应力 （adaptability）	• 婴儿面对活动之间的转换或例行事务的变化有困难吗？	• 可能比较不容易受到同伴压力的影响。
反应阈 （sensory threshold）	• 婴儿对声音很敏感，容易受惊吓吗？ • 婴儿很挑食吗？	• 可能比较有艺术的天分或创造力。
强度 （intensity）	• 婴儿生气或快乐的情绪很强烈或者戏剧性吗？ • 婴儿对每件事甚至是小事，都有很强或暴躁的反应吗？	• 需求比较可能被满足，有比较深沉的情绪。 • 在戏剧方面可能有天分。
情绪 （mood）	• 婴儿对周遭世界的反应较消极吗？ • 婴儿对很多事都很看重吗？	• 对情境的评估可能比较谨慎，或者分析能力比较强。
注意分散度 （distractibility）	• 提供其他选项的活动后，婴儿容易受到安抚吗？ • 哺乳或喝奶瓶的时候，声音或眼前事物容易让婴儿分心吗？	• 可能比较容易从不被允许的行为转移。
持久性 （persistence）	• 活动中断的时候，宝宝反应强烈吗？ • 婴儿能够等待或被延迟需求的满足吗？	• 有时候孩子比较容易被打上有耐心（坚持完成拼图）或固执（不想停止活动）的标签。 • 可能比较容易成功地达成目标。

研究者认同的六项气质概念

- 胆怯、忧郁：此类儿童倾向退缩，面对新情境或环境时会更忧郁。
- 愤怒／挫折：当儿童的需要或需求未能被满足时，呈现出愤怒与挫折。
- 正向情感：儿童表现出较多正向情绪、愉悦与兴奋。
- 活动程度：儿童大动作活动与能量的程度。
- 注意力广度／持久性：儿童维持专注与兴趣的能力。
- 规律性：儿童行为的可预测度。

4-7 婴幼儿的情绪

个人发展包含了情绪，它使个人的人格更加健全。情绪（emotion）是感受及心情的混合，包含了微妙的心理反应，以及所展现的行为特质模式。布里奇斯（Bridges）是研究婴儿情绪的先驱者，他指出婴儿最初只能展现基本情绪，那就是兴奋；华生（Watson）是另一位早期研究者，他认为有三种基本情绪：爱、愤怒与恐惧。依照华生的说法，这些基本情绪是婴儿对特定刺激的反射性反应。假如父母轻轻抚摸及温和地说话，婴儿会感受到爱；假如约束婴儿的身体，他会感到愤怒；突如其来的响声会让婴儿恐惧。兹对婴儿的情绪说明如下：

一、哭泣

哭泣是新生儿与他人沟通的第一种尝试，照顾者需要去分辨婴儿哭泣是要表达什么，以及判断是需要立即回应还是可以让婴儿自行平静。婴儿通过哭泣表现他们的情绪。婴儿至少有三种哭泣形态：

（一）基本哭泣（basic cry）：也可说肚子饿的哭泣（hungry cry），是"有节奏的形态，通常由一声哭泣，然后短暂静默，然后一声较短，且音阶略高于主要哭泣声的哭泣所组成，然后在下次哭泣前稍微停顿。某些婴儿期专家强调饥饿是激起婴儿基本哭泣的原因之一"。

（二）愤怒哭泣（angry cry）：是指婴儿从声带挤出一大口空气，所发出的极大声哭泣。

（三）痛苦哭泣（cry of pain）：其特征是先前有吸气声或呜咽声的号啕大哭。

二、微笑与笑

婴儿也会借由微笑与笑，表现他们的情绪。婴儿对父母微笑，而父母也以微笑回应。微笑在养育关系中，具有重要意义。婴儿微笑有三个基本阶段：

（一）第一阶段是反射性微笑：最初是无意义的反射性微笑，通常发生在睡眠中，是中枢神经系统功能的自然发展；几星期后，婴儿开始对于"视觉、触觉、听觉刺激"有所回应。

（二）第二阶段是社会性微笑：6~8个星期大的婴儿，会出现社会性微笑，婴儿看见父母的脸或听见父母的声音会微笑。

（三）第三阶段是选择性社会微笑：仿佛他们认得他人，孩子以微笑回应他人。本阶段开始于大约3个半月大，反映出婴儿正逐渐熟悉并适应他人及社会关系。

三、恐惧

（一）恐惧是婴儿第一年期间发展的情绪之一。5~6个月大的时候，婴儿开始出现陌生人焦虑（stranger anxiety）。8个月之后，见到陌生人的脸会避开或哭。8~10个月时，开始表现出分离焦虑（separation anxiety），照顾者离开时会哭。到了13个月大，婴儿因为具有客体永存或保留的认知能力，渐渐能够克服这种恐惧或焦虑，他们知道母亲只是暂时离开，不久便会再回来。此时，婴儿能够使用过渡性客体（transitional object）作为替代物。

（二）过去的研究显示，从婴儿期的情绪表达，可以预知儿童未来的情感特质，例如：害羞婴儿长大之后，成为害羞的儿童。害羞的特征就是在实际或想象的社交互动情境里，焦虑地过度聚焦于自我，这种特质和婴儿期避开人的脸和避免与人有眼光接触有关。

过渡性客体（transitional object）

- 过渡性客体（transitional object）是婴儿在照顾者离开时所使用的替代物。
- 过渡性客体可能是一块毯子、一个玩具或一只泰迪熊，在照顾者不在的时候，使婴儿获得慰藉。

社会参照（social referencing）

8~10个月的婴儿，很明显地会受到他人情绪的影响。这个阶段的婴儿如果遇到陌生的情境，会想从母亲处获得情绪的线索。例如：宝宝看到会打鼓的粉红色小兔玩具，会先看看母亲的脸色和反应，母亲如果微笑，他们就会接近玩具。到了12个月大，宝宝开始学会从陌生人的表情中，获得要如何反应的线索，这种行为称为社会参照（social referencing）。

4-8　婴幼儿的语言发展

在发育期间，语言成为婴儿发展期重要而亲密的一部分。语言的发展及说话表达的差异在于：语言的发展是指熟悉字词及发音，以及结合两者技巧的发展；同时也顾及句子的结构长短、类型。说话表达则是指发声诵音或字句、音韵和音调等的发展，如字正腔圆的熟悉度。婴儿的口语，可以帮助观察者了解儿童心理的成长过程，以及儿童内心深处的需求与兴趣。兹将婴幼儿的语言发展说明如下：

一、咕咕声

在3~5周大时，婴儿会开始发出咕咕声（coo）或者"啊啊啊""喔喔喔"。到3~4个月大，有时候会发出辅音（如"b"或"k"）。

二、儿语

3~6个月时，婴儿会把辅音和元音组合在一起，不断地重复说出。开始一些p、b、m的发音，初期常见的儿语包括"mama""papa"和"dada"。到了7~8个月时，他们会在别人说完话时出声，也就是说他们会先听，然后开口说儿语，属于轮流式的发声。到了8个月时，婴儿开始出现母语口音，语调会与对话者一致，并且以上扬或下降的变音来结束句子，他们正在学习沟通的基本方式。他们接着会开始发出能够指称某些特定事物、人物或行动的声音，例如：看到食物时说"mmmm"。他们也会使用动作配合语言，例如：以手指指出来，让别人了解自己的想法。

三、独词句阶段

在9~12个月大的时候，婴儿开始能够说出第一个字。这个时候，他们的"接收性语言"能力比"表达性语言"能力好，亦即，他们能够理解的字比能够说的字还要多。在这个阶段，婴儿会使用一个字来表达整个句子的意思，称为独词句（holophrastic speech）。例如：婴儿会指着一个水瓶而说"汁"（juice），意指"我要喝些果汁"；当你倒一杯果汁给他时，他会笑着高兴地说"汁"，指的是"啊，总算有一些果汁可以喝了"；当果汁沾到他的衣服，他会掀开衣服，哭着说"汁"，意指"我不小心把果汁沾到衣服上，我不舒服，我要换一件干净的衣服"。这种使用单字代表整个句子的沟通方式，称为过度延伸（over extension），指的是一个字被过度概化，包括大范围的类型事物。例如：婴儿可能将所有长毛的动物都称为"狗"，但这并不代表他不知道狗与牛之间的区别。

四、电报式语言

到了18~24个月大的时候，婴儿开始将单字组成简单的语词或句子，因为句子结构很简要，很像电报的内容，因此叫作电报式语言（telegraphic speech）。在计算机还没被发明之前，打电报时，每个字都必须付钱，因此人们发电报时能省则省，能简就简，除非必要的字，否则就不会放入。婴儿的电报式语言，主要是包括名词、动词和形容词，省略了助动词、介词、冠词和代名词。例如：18个月大的婴儿，一次只会说一个词，有一天，她坐在母亲的腿上看着台灯，接着说："妈咪、灯、热、烧、哎唷"，她用了5个词来说明碰到灯泡烫伤，感觉疼痛的现象。

婴儿认知发展的重要里程碑

项目	起始发展年龄	项目	起始发展年龄
以咕咕声回应	出生到3个月	牙牙学语	6~8个月
以微笑回应	3~4个月	了解简单的指令	12个月
对着镜子里的自己微笑	3~4个月	遵循指示的方向	2岁
大笑	3~4个月	学会连接2~3个单字	2岁
玩反复遮脸和露脸的游戏	3~4个月	学会使用句子	2~3岁
显露出不高兴的样子	5~6个月		

婴儿的表达性和接收性语言

发展年龄	表达性语言（expressive language）	接收性语言（receive language）
3个月	■ 对他说话时，维持眼神接触。 ■ 因为不同的需要，哭的方式会不同。 ■ 叩叩、咕咕、微笑。	■ 显示出对说话的人有所觉知。 ■ 注视说话者的嘴唇或眼睛；对他说话时，他会微笑或安静。
6个月	■ 开始儿语，发出p、b、m的声音。 ■ 发出声音引起注意和表达感受；使用和发出不同类的声音。	■ 转头朝着说话的方向。 ■ 对他说话时，能够倾听和回应。 ■ 能够注意发出声音的玩具。
9个月	■ 以儿语发出4个以上声音。 ■ 能够参与轮流发声。 ■ 以手势沟通需求和想法。	■ 叫他的名字都能够有反应。 ■ 提到熟悉的人或物的名字会注视。 ■ 遵循搭配手势或姿势的例行指令。
12个月	■ 发出1~2个字，例如："mama"和"dada"。 ■ 模仿说话的声音。 ■ 发出一串儿语。	■ 最多可以理解到50个字。 ■ 对简单的指引有所回应。 ■ 能够跟随你的眼神和方向。
15个月	■ 可以使用4~6个字。 ■ 模仿简单熟悉的字和声音。 ■ 混合声音和手势或姿势。	■ 一致性地遵循简单指引。 ■ 对图片维持注意力。 ■ 能辨别1~2个身体部位，并说出名称。
18个月	■ 可以使用20个字，大多数是名词。 ■ 能够回答问题。 ■ 持续说出一连串难懂的话。	■ 能够指出图片里熟悉的物体和人物。 ■ 了解特定的方向与图文。 ■ 以点头或摇头回应是否的问句。
21个月	■ 使用字句多过使用姿势或手势。 ■ 能够一致性地模仿新的字词。 ■ 使用20~50个单一字词。	■ 了解一些情绪的字句。 ■ 了解一些代名词。 ■ 能够辨别3~5个身体部位并说出名称。
24个月	■ 使用至少50个字。 ■ 开始使用2个字的词。 ■ 使用宝宝常用的代词（我、你、我的）。	■ 了解300个以上的字。 ■ 知道动作类的词语。 ■ 很喜欢听故事。

第五章

儿童期

章节体系架构

5-1　儿童期的生理发展
5-2　儿童期的认知发展（皮亚杰的认知发展理论观点）
5-3　儿童期的认知发展（皮亚杰的认知发展理论观点）（续）
5-4　儿童期的心理社会发展（埃里克森的心理社会发展理论观点）
5-5　维果茨基社会文化认知发展理论
5-6　智力：智力的理论
5-7　智力：智力测验
5-8　生长迟缓
5-9　学习障碍
5-10　注意缺陷多动障碍（ADHD）
5-11　自闭症
5-12　儿童的性别认同与发展
5-13　儿童的负面情绪反应
5-14　儿童的负面情绪反应（续）
5-15　儿童的人际意识与友谊发展
5-16　儿童的游戏
5-17　儿童的游戏（续）
5-18　儿童诠释事件的风格
5-19　儿童的攻击行为
5-20　儿童的攻击行为（续）
5-21　儿童与媒体
5-22　鲍姆林德的教养风格理论
5-23　霍夫曼的父母管教策略理论
5-24　亲职教育模式
5-25　亲职教育模式（续1）
5-26　亲职教育模式（续2）
5-27　家庭的形态
5-28　儿童福利服务
5-29　儿童虐待发生的理论
5-30　儿童虐待类型：身体虐待
5-31　儿童虐待类型：身体虐待（续）
5-32　儿童虐待类型：儿童疏忽
5-33　儿童虐待类型：情绪虐待
5-34　儿童虐待类型：性虐待
5-35　父母离婚与儿童发展
5-36　父母离婚与儿童发展（续1）
5-37　父母离婚与儿童发展（续2）
5-38　父母离婚与儿童发展（续3）
5-39　父母离婚与儿童发展（续4）
5-40　父母离婚与儿童发展（续5）
5-41　父母离婚与儿童发展（续6）
5-42　父母离婚与儿童发展（续7）
5-43　校园霸凌

5-1 儿童期的生理发展

本单元说明儿童期的生理发展，分为儿童早期、儿童中期两个阶段加以说明。

一、儿童早期

此时期的生理发展主要是两种过程，包括整个身体的成长和各种动作技巧表现能力的进展，分述如下：

1. 生理发展

儿童到了3岁，身高大约是出生时的2倍，体重则可达到出生时的4倍。身体的快速成长，代表适当摄取食物和营养的重要性。社会工作者可能会经常遇到对于儿童的饮食习惯很关注或担忧的父母，特别是挑食或吃太多的儿童可能成为照顾者的压力。

2. 动作技巧

（1）大动作技巧：儿童早期阶段是生理成长与动作发展最令人兴奋的时期，这个阶段的儿童特别好动，跑、跳、爬、翻滚，只为了挑战身体的能力，纯粹为了乐趣不断重复。乐此不疲的原因，主要是可以从挑战自己身体的过程中得到快乐与成就感。学龄前儿童的发展来到了一个特别的时期，就是靠着活动而成长，3岁儿童的活动量是人类生命周期之中最高的。

（2）精细动作技巧：精细动作技巧的发展在这个阶段也非常迅速。不过，这个阶段的儿童常会因为动作的精确度和力道不足而产生挫折感。有些活动方案并不适合他们，因为他们虽然在认知上能够理解所要达成的方案目标，体力与身体执行动作的精准度却没办法配合。例如：串珠子或是模仿哥哥堆出高度相同的沙堡，都不容易成功。

二、儿童中期

1. 生理发展

儿童中期的生理成长和发展特征是缓慢而平稳，缓慢的成长期刚好介于快速成长的儿童早期与超速成长的青少年早期之间（女生为10~13岁，男生则为12~16岁）。例如：在儿童早期和中期，每年长高约6.67~10厘米，到了14岁，男生的身高和体重都会超过女生，这种情形在整个成年期都将持续下去。与此同时，身体的脂肪组织会比肌肉组织发展得更快。女孩的脂肪组织因保留时间较长，所以会较圆润、柔软，而男孩在肌肉组织方面会更快速发展。

2. 动作发展

（1）在儿童中期，大小肌肉的发展使孩子动作的反应更加协调、顺畅与敏捷。小学的孩子对许多运动都很感兴趣，例如：攀爬、投掷、接球、游泳、滑板、溜冰等，这个阶段特别需要大动作的运动。经过儿童中期，男生在大动作的发展上超过女生，女生则在精细动作的发展上超越男生，这也能部分解释男生为什么会比女孩子对体能运动更感兴趣。

（2）此时期的儿童虽然会越来越像大人，他们却不是小大人，因为身体的发育未臻完全，骨骼、肌肉和视神经的发育都不如成人。有些行为与动作的要求不能够太高，学习不能太早开始，否则会产生强烈的挫折感。因此，时机成熟（readiness）这个观念对了解儿童的发展格外重要。学习或行为的要求必须配合儿童的发展，因为时机尚未成熟之前强加的学习只会事倍功半。

父母应对儿童食物摄取困难的建议	
父母的责任	儿童的责任
什么（what）：父母应提供营养又好吃的多元食物选项，不要因为孩子抱怨而提供另外的食物，因为长期下来，额外的食物无法满足营养的需求，也容易造成父母的压力。当小孩正在转换阶段，比较没有那么挑食，父母可以要求小孩每餐至少要吃一种食物。	多少（how much）：为了帮小孩维持自然进食的欲望和行为，父母可以允许他们自行决定要吃多少。如果食物是健康的，就不用太担心孩子会吃太多；如果孩子不饿，逼迫或催促他们进食，只会造成双方的压力。
哪里（where）：在用餐时间，父母可以决定孩子用餐的地点，不必要求每个家庭每天晚上都一定要一起用餐，但是能够一起进餐、聊天和交流，对家庭凝聚力很有助益。父母也必须注意在电视机前面用餐，可能会造成进食过多。	是否（whether）：如果孩子拒绝吃，父母可以直接把食物撤走，直到孩子想吃，这样做就不会引起无谓的争吵和不愉快，有助于减少用餐时间的压力。
何时（when）：控制两餐之间零食的分量，当孩子肚子饿的时候，比较可能尝试新的食物。	

儿童中期的体能活动原则		
形态	频率	活动范例
有氧	1周至少3天	跑步、跳绳、游泳、跳舞、滑轮滑
肌肉强化	1周至少3天	爬树、吊单杠、拔河、俯卧撑
骨骼强化	1周至少3天	篮球、网球、跳绳、跑步

5-2 儿童期的认知发展（皮亚杰的认知发展理论观点）

皮亚杰对儿童的认知发展，将2~7岁儿童的认知发展称为前运算阶段（preoperational thought stage）、7~11岁或12岁的儿童认知发展称为具体运算阶段（period of concrete operations）。本单元先说明前运算阶段，具体运算阶段于次一单元说明。

一、前运算阶段（preoperational thought stage）

前运算阶段的儿童对抽象的事物仍不了解，必须依赖实物或概念的具象呈现，否则无法抽象地了解物体的重量、体积、尺寸或高度的含义。皮亚杰将前运算阶段再细分成两个子阶段，说明如下：

分期1：前概念阶段（preconceptual stage）（2~3岁）

（1）在前运算阶段中最重要的部分，是前概念阶段的符号象征发展。2~4岁的儿童已具备象征功能的思考能力，亦即，他们能够以心象保留和呈现不在眼前的物体、进行延时的模仿（看了他人的动作之后在心中形成心象，一段时间之后再加以模仿）、以涂鸦代表人或物体、独自或和其他人玩过家家、述说不在眼前的人或物。他们能够想象或虚构有关自己或他人的整体情节，并且将这些情节融入游戏与言语中。例如：象征功能阶段的儿童能够玩"家和房子"或"学校"的游戏，扮演妈妈、爸爸、老师和学生的角色。

（2）皮亚杰认为自我中心（ego centrism）是象征功能阶段的另一特征，儿童无法区别自己的或别人的观点。例如：你跟儿童玩捉迷藏时，儿童常会躲在容易被你找到的地方，因为他们以为如果自己看不到你，你也不会看到他们。此外，儿童不了解你有你的制高点，和他们不一样。

分期2：直觉思维阶段（intuitive stage）（4~7岁）

（1）儿童在4~7岁时发展出直觉思考这个特质。此时儿童只能运用原始的思考方式，不具逻辑思维能力。在这个阶段他们常会问许多问题，每件事都想知道"为什么"和"如何"，他们能够确定自己知道的，却无法确定自己是如何得知的。

（2）此时期的儿童用语言来象征物体。在概念前期，任何长耳朵的物体都可能被称为"小兔子"。不过到了直觉思考期，儿童开始了解小兔子这个词汇所代表的是动物的全部，而不只是它的特性。然而，虽然幼儿已经能分辨不同的物体，但是一次只能依照一个属性进行分类。例如：如果给予幼儿一组包括各种大小和颜色的填充玩具动物，幼儿的分类方式不是按照动物的颜色，就是按照大小。相反地，已进入直觉思考期的年长儿童，会将动物按照大小和颜色同时进行分类。

（3）在儿童早期，也开始进行皮亚杰所说的"转换式推理"（transductive reasoning），即依据两个或两个以上经验推理的思考方式，运用非抽象的逻辑推理。具体逻辑推理虽缺乏抽象推理能力，但可具体借事物进行思考转换式推理，亦即，从某一单一事件牵连到另一单一事件，但缺少推论的思考方式。例如：孩子在电影《狮子王》中看到的辛巴是幼狮，因此他推论，一开始出现在书上的成年狮子不可能是辛巴。

前运算阶段认知发展的特色（特征）

自我中心主义

儿童过于自我中心以致无法想象或理解另一个人，对相同的问题与情境可能采取另一种角度与观点，幼儿深信"别人都和我一样，看到我所看到的"。

集中化

儿童只注意事件的一个细节而无法看到其他部位的重要性，即见树不见林。换言之，儿童不能够看见差异，而只注意局部或细节，或是事件过程中的单一环节，容易导致不合理的类推。

缺少可逆性思维

幼儿无法在他的思维中回溯至思考起点，例如：一个前运算阶段的儿童在蹒跚学步时，无法了解其起步点或回头找到起步点。

5-3 儿童期的认知发展（皮亚杰的认知发展理论观点）（续）

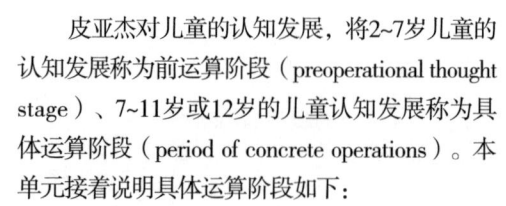

皮亚杰对儿童的认知发展，将2~7岁儿童的认知发展称为前运算阶段（preoperational thought stage）、7~11岁或12岁的儿童认知发展称为具体运算阶段（period of concrete operations）。本单元接着说明具体运算阶段如下：

二、具体运算阶段（period of concrete operations）

（一）皮亚杰将7~11岁或12岁这个年龄阶段归类为具体运算阶段，他将这时期描述为一系列可逆的运作或心理行为，这种运作的特征在于逻辑规则。这阶段会被称为"具体"，是因为儿童的思想仅限于实物（real objects），不会使用逻辑做正式的运算，也无法将想象和现实进行比较或假设性思考。

（二）皮亚杰认为，具体运算阶段最大的突破是思维建立在心理运算上，而不是建立在行动操作上，而心理运算更是在物体关系中进行转换的内部心理表征。具体运算阶段的儿童，能说出操作的顺序动作，并能从内心中说出此种物理关系，说明如下：

（1）心理运算来自早期的知觉动作能力，而动作的图式是心理运算的基础。

（2）心理运算具有完全的可逆性。动作的可逆性（如把物件从A点移至B点，再由B点移回A点）受外界环境或物性限制，不可能达到百分之百的完美性。但心理或思维上，可通过想象达到百分之百的可逆性。

（3）运算是内化的动作，所有的运算都在内心中进行，因此，运算就是思考。

三、儿童从具体运算阶段获得的抽象技能

1. 守恒／保留概念（conservation）

最著名的实验是守恒（保留概念）测验。守恒是指不改变质或量，除非加入或取出部分物质（虽然外观变化可能造成感知差异）。如右页的图案所呈现的，即为测量数量、体积、长度与面积守恒的典型操作。假使我们给儿童两颗大小相同的球状黏土，再将其中一颗捏成细长的形状，5~6岁的儿童会认为细长形黏土的体积比较大；7~8岁的儿童则因具有守恒的观念而认为两者体积相等。这些儿童也具有运算程序可逆性（reversibility）的观念，亦即他们的运算不固着于黏土的长度，能够整合物体不同形状的相关信息，逐渐显示出具体运算（逻辑法则的思考过程）的能力。

2. 分类技能（classification skill）

分类技能包括对物体具有分组的能力，以及建立等级顺序的能力，这是所谓层级分类能力。尚未进入具体运算阶段的幼儿，倾向于只注意一个维度，例如：速度、颜色和形式，而较少注意双重维度，如小的白花、跑得快且动作轻巧无声等。具体运算阶段的儿童可利用试误的方法，发现自己的错误并重新调整解决问题策略。

3. 组合技能（combinational skill）

当儿童有了数量守恒之后，他们便了解物质不灭定律，而且知道物体的数量，不会因集中或分散而改变。在具体运算阶段，儿童已学会加法、减法、乘法及除法，无论涉及什么特殊的物体或数量，儿童都会应用同样的运算方法，发展组合技能。

测量守恒／保留概念（conservation）的典型操作

数量守恒
（6~7岁）

儿童观察到两排相等数量的物体，即认为数目相等

将其中一排物体拉长，要求儿童辨认是否有一排物体数目较多

体积守恒
（7~8岁）

儿童认为这两颗球状黏土体积相等

改变其中一颗的形状后，询问儿童两者的体积是否相等

长度守恒
（7~8岁）

将两根长度等长的棍子并列对齐

将其中一根棍子往右或往左移动，再问儿童两根棍子是否仍等长

面积守恒
（7~8岁）

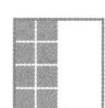

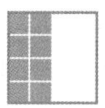

两块面积相等的积木板上放置数目相同及排列组合也相同的积木，儿童确认剩余空格的面积相等

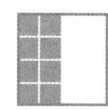

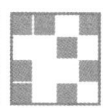

将其中一块积木板排列组合弄乱，再询问空格的面积是否仍相等

5-4 儿童期的心理社会发展（埃里克森的心理社会发展理论观点）

在埃里克森提出的心理社会发展理论八阶段中，在儿童期包括两阶段，说明如下：

第三阶段：进取对罪恶感（儿童早期：3~5岁）

1. 进取（initiative）

（1）埃里克森认为儿童发展的危机，源于生活依赖感减弱之后所面临的困扰，即什么是可行或不可行的，什么是可接受或不可接受的冲突。当儿童智力发展后，多半可感受自己的权能所及或达成想做的事的可能。儿童也渐渐了解如何主宰自己的生理需求，以及其对物理环境所产生的影响力。

（2）这种极为复杂微妙的好奇心、创造力与探讨外界的活力及语言认知能力，伴随着对自我的信心，以及父母随时会在背后的心理社会支持，更强化了儿童心理社会的发展。

2. 罪恶感（guilt）

（1）儿童驱动新的能量，同时引起他们的罪恶感。因为内在的冲动力、自我中心有其外在的限制，儿童也能感觉心中的欲望与行为受限，产生不能为所欲为的矛盾及罪恶感。

（2）如果儿童能够好好地控制罪恶感及危机意识，他们将来就能有意义地、自由自在地发挥自主性，而且能够融合自己内在的能力，转化冲动力，接受外人的协助，促进自我成长。

第四阶段：勤奋对自卑（儿童中期：6~12岁）

1. 勤奋（industry）

（1）此阶段夹杂着勤奋或自卑的冲突感，勤奋意味着表现动机欲望并赋予工作意义，儿童学习新的技能，让儿童们有种独立感及责任感，带来自信与自尊。

（2）儿童期的独立自主是一般家庭所鼓励的。儿童的发展必须自动自发，如果孩子们仍然时时要看父母示意才行动，他们养成勤奋习惯的可能性也会降低，在这种情况下，孩童会感到羞愧。

2. 自卑（inferiority）

（1）埃里克森指出，在此期间的发展相对于勤奋者，即为自卑。儿童何时、为何会自卑？自惭形秽来自自我成长及社会环境，儿童不能发展胜任感常会造成自卑感；儿童因个人的性向、嗜好及特殊才华的差异性，多少会在某方面的技术学习上感到力不从心，如果取其所长、补其所短，适度平衡成功与失败，可减低力有未逮及心理社会的冲突与焦虑感。

（2）此外，周边环境也不时会释放出不同成就的奖励信息与赏罚规则。外界时常对惨遭败北的儿童赋予负面评价而引发其自卑感，这种因失败引咎自责的羞愧感，通常也伴随着畏缩行为。由于几次的挫败，有些儿童会通过逃避参与担任新任务以避免失败。例如："我当然会打网球呀！但是我打得不如乔好，所以我不认为我能去参加比赛。"不过，孩童年岁渐长，勤能补拙，加以百折不挠地习得胜任的技能，最终会为社会所接受。根据埃里克森的说法，儿童在此期间习得勤奋与自卑的感觉，儿童的自尊乃是努力学习各种技能，并适度发挥表现以建立自己的地位。

进取对罪恶感

孩童们的运动神经和智力不断发展和提升；他们继续探索环境并得到关于许多新事物的经验，主动承担责任并实现计划。如果照顾者不能接受孩童进取的本能，会导致孩童对错误行为产生罪恶感。

勤奋对自卑

孩童们在学校和家庭中接触到学习的需求，他们借由成就以及与他人的互动，发展出自我价值感，否则他们在与他人的关系中，会有自卑的感觉。

5-5 维果茨基社会文化认知发展理论

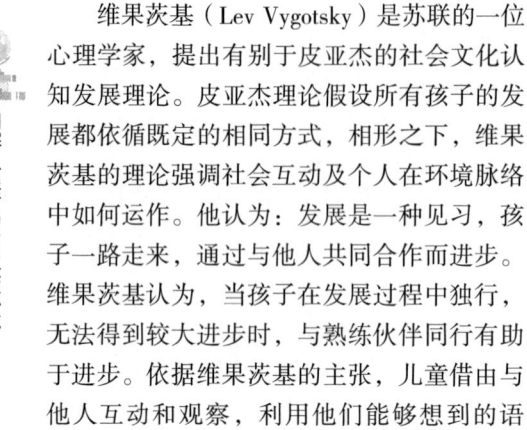

维果茨基（Lev Vygotsky）是苏联的一位心理学家，提出有别于皮亚杰的社会文化认知发展理论。皮亚杰理论假设所有孩子的发展都依循既定的相同方式，相形之下，维果茨基的理论强调社会互动及个人在环境脉络中如何运作。他认为：发展是一种见习，孩子一路走来，通过与他人共同合作而进步。维果茨基认为，当孩子在发展过程中独行，无法得到较大进步时，与熟练伙伴同行有助于进步。依据维果茨基的主张，儿童借由与他人互动和观察，利用他们能够想到的语言，将这些互动关系塑造进入心里。然后他们的思考能力逐渐发展，并且通过语言学习与了解人际互动。兹将相关内容说明如下：

一、最近发展区（zone of proximal development, ZPD）

（一）最近发展区即"一个学习者能够独立完成，与接受有技巧同伴的引导激励才能完成之间的差异"，指的是一个人独自解决问题所反映的实际发展程度，与其经由成人从旁辅助或与有能力的同伴合作解决问题，所反映出的潜在发展程度间的差距。

（二）维果茨基采取社会文化的观点探讨人类发展的问题，其认知发展论强调社会互动对认知内化的作用，认为所有高层次的心理过程都是社会化的结果，这些过程是在人际（特别是成人与儿童之间的）互动中逐渐形成的。刚开始时，儿童经验与别人共同解决问题的活动，渐渐地儿童能独自表现这些功能。

（三）内化是逐渐形成的，首先由成人或知识较多的同伴引导儿童的活动，渐渐地成人与儿童分担问题解决的责任，像这样由他人控制（other regulation）到自我控制（self-regulation）的转化过程，达到认知的结果。这个发展过程是通过个体与社会互动而形成的，社会环境中别人的支持效果具有脚手架作用（scaffolding）。

二、脚手架（scaffolding）

（一）儿童最近发展区的学习，称脚手架教学。脚手架即支持架构，维果茨基定义脚手架是"成人借着'脚手架'或支持来帮助孩子学习如何思考，让他们试着解决问题或探索原理"的一种过程。

（二）基于维果茨基的这种观点，布鲁纳（Bruner）等人在1976年将儿童得自成人或同伴的这种社会支持比作脚手架，借此强调在教室内的师生互动过程中，教师宜扮演社会支持者的角色，这就如盖房子时脚手架的作用一样。最初孩童需要在成人或同伴的支持下学习，不过，当孩童的能力渐渐增长后，社会支持就应该逐渐减少，而将学习的责任渐渐转移到孩童自己身上，如同房子盖好后，要把脚手架逐渐移开。

（三）维果茨基理论至少有两项重要的正向影响：第一，他考虑到多元文化的重要性，认为不同文化中的人有不同的思考模式。他强调应该关注家庭与社会影响力对儿童早期思想的重要性；第二，"在最近发展区，个人借着与他人互动提升至更高层次"。因儿童通过与周遭他人的互动，得以进一步发展。

最近发展区概念图

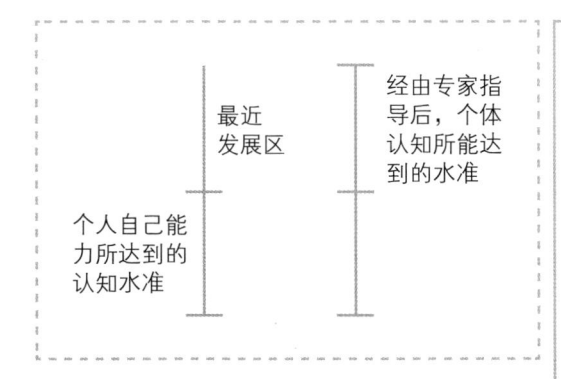

- 维果茨基认为由目前能独自完成的水平,达到潜在发展水平(经由协助后的表现水平),这段差距是学习潜能的重要指标。维果茨基称这段由现有的实际发展水平到潜在发展水平的差距为"最近发展区"。
- 实际发展水平是指儿童到目前为止,已完全发展的心理功能,也就是儿童能独自完成认知作业的水平。

(图示:个人自己能力所达到的认知水准 — 最近发展区 — 经由专家指导后,个体认知所能达到的水准)

维果茨基社会文化认知发展理论的重要法则

01 孩子的发展,视其周遭发生的事而定,亦即,孩子的发展会因社会文化环境及成长期望而不同。

02 孩子的发展,是当他们接触各种不同社会情境与变化,就必须去回应。

03 发展是孩子在团体活动中的互动。

04 孩子通过观察他人及从活动与周遭状况中学习,而有所成长。

05 孩子必须运用类似语言的一种符号图式来处理他们所见的事物,并发展新技巧。

06 孩子通过与周遭他人的互动学习文化价值。

对维果茨基的社会文化认知理论的批判

- 例如:互动。维果茨基极度依赖言语指导,但在某些文化里,这不是那么适合或者有效的学习方式。澳大利亚小男孩学习野外追踪猎物,或者是东南亚孩童学习庄稼收割,观察与实地演练都比言语指导和鼓励更有益处。其他研究者发现,同伴合作解决问题也并不总是有效的,假设有能力的合作者缺乏自信,或者无法好好地传达所知给同伴,实际上可能逐渐损害任务的完成。
- 维果茨基强调文化与社会经验,导致他忽略发展的生物学层面。虽然他承认遗传与大脑发育的重要性,但他很少探讨此两者对认知改变的影响。更甚者,比起其他学者,维果茨基重视知识含义的社会传递,却很少关注塑造儿童发展的能力。

5-6　智力：智力的理论

智力（intelligence）可被定义为了解、学习及处理新的、未知情况的能力，并非指天生智商。兹将智力的理论说明如下：

一、斯滕伯格（Sternberg）的智力三元理论

斯滕伯格提出人类智力的三元理论（triarchic theory of human intelligence），强调行为产生的背景，他从三个主要部分解释智力的表现方式（因此命名为"三元"），包括成分智力、经验智力和情境智力。他相信智力包括三个主要素，这些要素与个人适应行为有关，亦即，与个体的自我环境有重要关系。斯滕伯格模式强调人们思考内容的重要性，关于智力的三个主要部分，说明如下：

1. 成分智力（componential intelligence）

成分智力类似一般人对于智力的看法，认为智力奠基于人们思考分析信息的方式，强调规划、思辨及评估等能力。成分智力高的人，通常在标准化智力测验上也会有不错的表现。成分智力是指人们思考及处理、分析信息以解决问题，并且评估结果的能力。成分智力高的人，智力测验分数较高，且擅长争论及有系统地辩论。

2. 经验智力（experiential intelligence）

经验智力着重于人们在任务上的表现，解释人们如何学习新知识并应用所学去解决问题。经验智力高的人就像驾驶自动装置一样，能够自由驾驭知识及任务，并学习新知识。经验智力又被称作"理解的"（insightful）智力。经验智力指个人确实执行任务，是有洞察力的，能够以创新、创造力的方式结合所有信息。例如：爱因斯坦将相对论加以概念化。

3. 情境智力（contextual intelligence）

情境智力强调智力的实际运用层面，即一个人对于新环境在不同情境下的适应力，也有人将此称为"街头智慧"（street smarts）。情境智力高的人擅长于"在环境中求生存"，并懂得如何"讨好上位者"。因此，情境智力是指人们如何确实适应环境，在个别情境中，涉及人们所学习的知识及如何运用这些知识。

二、卡特尔（Cattell）的流体与晶体智力

卡特尔提出两种不同的智力，说明如下：

1. 流体智力（fluid intelligence）

亦称为变动智力、流动智能。变动智力主要由神经活动效率等生理因素决定。这一范畴包括神经传导速率、归纳及记忆的能力。这种智力类别能进入不同智力的活动，包括视觉、认知及认知上处理事务的能力。变动智力是一种个体处理高度概念性问题和其他问题、记忆事实、对眼前事物的专注与数字计算等的天赋，这类智力是与生俱来的。

2. 晶体智力（crystallized intelligence）

亦称为具体化智力、晶体智能。具体化智力可被视为一种个人通过正式及非正式教育所能吸收，并记录整合的能力，这些主要指（包括）语言的推理、词汇、理解力及空间视觉与辨识。具体化智力强调口语沟通与通过社会环境中的教育互动所学习的智力。例如：个人语言学习或词汇增加，个人也可能通过经验获取新知识并从所学中获益。

斯滕伯格的智力三元论

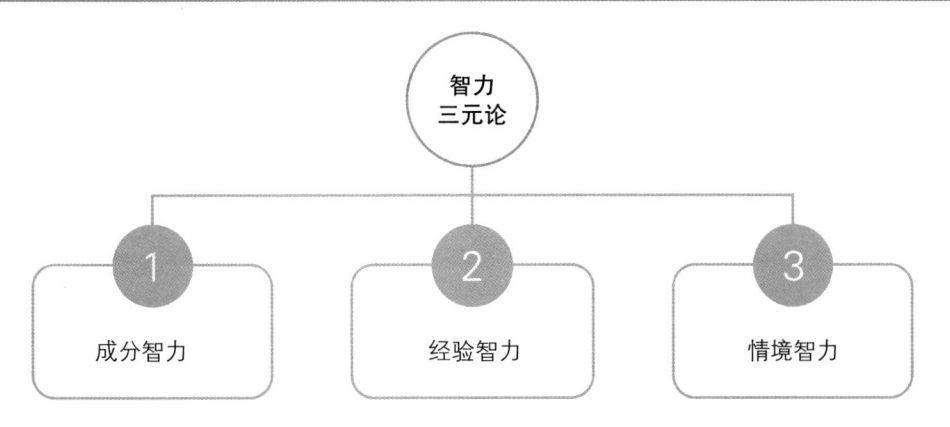

```
        智力三元论
       /    |    \
      1     2     3
   成分智力 经验智力 情境智力
```

对斯滕伯格的智力三元论的肯定理由

许多学者认为斯滕伯格的理论是用一种比较正向、优势的观点，去看待那些标准化智力测验中得分较低的人，同时可以解释为什么某些人看起来智力不高，却能够逾越看似无法克服的障碍而获得成功。

斯滕伯格的智力三元论在社工实践中受限的原因

CRITICAL THINKING

- 它只描述了影响人类行为的众多因素之一。毕竟，对于社会工作者来说，要如何应用理论去说明一个人在职场上比较具有复杂运算的能力，或是"百般讨好"的特质呢？
- 它的基本概念难以定义、测量及评估。例如：社会工作者要如何定义"街头智慧"呢？
- 当标准化智力测验已被广泛应用，一般人通常不愿再花力气去找可验证其他形式智力的方法。社会工作者要如何说服政策制定者，让他们同意将资源投入在那些拥有非传统定义智力的个案身上？

5-7　智力：智力测验

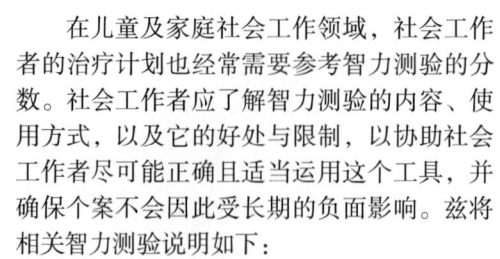

在儿童及家庭社会工作领域，社会工作者的治疗计划也经常需要参考智力测验的分数。社会工作者应了解智力测验的内容、使用方式，以及它的好处与限制，以协助社会工作者尽可能正确且适当运用这个工具，并确保个案不会因此受长期的负面影响。兹将相关智力测验说明如下：

一、标准化智力测验（Stanford-Binet intelligence test）

（一）亦称斯坦福-比奈智力测试，由法国心理学家比奈（Alfred Binet）于1905年首先提出。为了评估儿童在学习方面的问题，比奈提出心智年龄（mental age）的概念，以比较人与人之间心智发展的差异。心智年龄的概念后来被威廉·斯特恩（William Stem）运用，进而发明了今天我们所熟知的智力商数（intelligence quotient，IQ）。

（二）IQ的计算方式，是将一个人的心智年龄除以他或她的实际年龄之后再乘以100。因此，当一个人的心智年龄与实际年龄相同时，他的智商便是100，这就是标准化智力测验的平均分数。测验内容包含语言（语言的使用及了解）与非语言（非使用语言的问题解决与思考方式，如画图）。

（三）该测验过去因过度强调语言能力，常遭人批评对于那些基于某些因素语言能力不足的孩子，无法测出他们真正的智力。新版的修改包括减少语言能力、增加较多的推理，例如：过去使用语言评估时会要求做名词解释，如解释香蕉或铅笔，现改用复杂绘图以测试思考能力，并且修订得更平均，以适合不同地区、种族、性别群体的广泛使用。

二、韦氏智力量表（Wechsler intelligence scale）

由大卫·韦克斯勒（David Wechsler）针对三个不同年龄层（4~6.5岁、6~16岁、17岁以上）所创建的测验。测验结果除了呈现整体的IQ分数，也可分别呈现语言（verbal）及操作（performance）两项IQ分数。

以往将智力失能（intellectual disability）称为智能障碍（mental retardation）。智力失能是指到成年期时智力明显低于平均值，伴随适应功能缺陷的状态。《精神障碍诊断与统计手册》（第五版）对智力失能的定义如下：

（一）个人的智力测验分数低于平均值，虽然在测定上过去是以智力测验为准则，现在则包含"临床评估与个别化、标准化的智力测验"。一般而言，智力失能者的智力程度至少落在正常值两个标准差之下，即智商约为70或更低。

（二）智力失能定义应包含适应功能（adaptive functioning）损伤。亦即，个人如何看待自我状况、与他人互动，以及日常生活自理。适应功能包含三个层面：概念的、社会的和实践的，分述如下：

（1）概念的（conceptual）层面：即思考、记忆、解决问题与完成学业的能力。

（2）社会的（social）层面：包括与他人沟通、建立关系，以及了解他人情绪与其他需要。

（3）实践的（practical）层面：即必要的日常生活管理。如自我照顾与个人卫生、拥有工作、金钱管理、完成其他教育与工作责任。

三、智力失能的定义

主要是鉴定或诊断"发展时期"的情况，亦即在成年之前。在过去，这是指18岁之前，但目前则有其他因素，如将适应功能列入考量。

定义"资优者"的五项特点

01 智慧
是指了解、学习、处理新的未知情况的能力。

02 特定学术领域
资优者在某些学术领域优于他人,包括数学、科学、语文与社会科学等学业表现。

03 创造性或丰富的思考
创造性包含创新、独创、丰富的、富有想象力、流畅、弹性、仔细和原创的思考能力。丰富的思考指所提出的想法非常有效、实际或可应用。

04 领导力
领导是指个人影响团体成员达成共同目的的过程。一个资优者可能擅长影响他人。

05 视觉与表演艺术
资优者也可能擅长艺术,他们可能特别擅长视觉表现,如绘画或雕塑,也可能在戏剧表演或体能活动方面相当杰出。

智力测验分数对认知障碍的分类

智商 50~55到70	智商 35~40或50~55	智商 20~25到35~40	智商低于 20或25
轻度认知障碍	中度认知障碍	重度认知障碍	极重度认知障碍

使用智力失能与智能障碍这两个用语有两点值得注意:
- 比起智能障碍,智力失能具有较少负面含义。
- 智力失能是人们在失能之前曾经拥有智力,例如:智力的、精神的,或者认知改变,我们应尊重他们享有平等的权利与尊严。

5-8 生长迟缓

生长迟缓是一种症状，不是一种疾病。对生长迟缓的相关内容说明如下：

（一）生长迟缓（failure to thrive）是指儿童体重低于95%的同龄人。许多生长迟缓的孩童出生时的体重还算正常，后来体重增加的速度却明显下降。体重不足的儿童当中，有些先天体型较小，体重自然落在95%之下；但是要符合生长迟缓的分类，儿童的身高和体重（和其他儿童相较之下）必须同时下降。生长迟缓儿童体重的下降，发生在身高和头围下降之前。

（二）一般用来评估生长速率的生长曲线图，有体重年龄比照（weight for-age）、身高年龄比照（height for-age）、头围年龄比照（head circumference-for-age）等。因为生长速率被影响的顺序依次为体重、身高、头围，因此体重年龄比照的生长曲线图是评估生长迟缓最简单，也是最适当的指标。

（三）生长迟缓通常可分为两类：器质性和非器质性，说明如下：

（1）器质性生长迟缓（organic failure to thrive）：通常是因为医疗状况，例如：先天性心脏病、胰脏纤维炎或肾脏疾病。

（2）非器质性生长迟缓（nonorganic failure to thrive）：通常找不到任何生理上的病因，主要原因是情绪上的剥夺。塞尔玛·弗雷柏格（Selma Fraiberg）认为，非器质性生长迟缓和母亲失去功能，未能给予婴儿物质或心理上足够的照顾有很大的关系。因此，有学者认为生长迟缓的背后存在心理的因素：母爱的剥夺（maternal deprivation）。但埃弗罗斯（Ephross）认为，儿童生长迟缓通常不是母爱的剥夺造成的，而是家庭功能不彰和其他许多相关因素导致的。家庭成员有人生长迟缓，并不代表这是个糟糕的家庭，只能说明这是个需要协助的家庭。

值得注意的是，事实上，许多生长迟缓婴儿的母亲，童年很可能也是被剥夺者。这些母亲之中的许多有很不快乐的童年，和自己的母亲有很不愉快的关系。童年的经历使这些母亲似乎丧失以情感回应自己的宝宝和满足他们需要的能力。有些人相信：照顾者的情感缺乏，可能会造成婴儿的垂体激素分泌不足，导致成长迟缓。情绪的紧张也可能导致婴儿呕吐、腹泻和食欲不佳。

（四）早产是另一个可能造成生长迟缓的因素。生长迟缓的儿童之中，有20%~40%出生时就有体重不足的问题。早产和出生时体重过轻的宝宝，都很难喂食、容易焦躁、难以照顾。有些婴儿因为耳朵发炎或喉咙痛，身体不舒服就无法进食，而因为营养摄取不足，导致营养不良、抵抗力弱、生病频繁。生病导致食欲不佳，进食的可能性又会降低，形成恶性循环。

（五）家庭的情境也可能造成孩童的生长迟缓。压力过大可能造成家庭生活的混乱，比较无法建立正常固定的进食时间。家庭成员也因为忙于处理家庭问题和维持生计，忽略了孩子进食的问题。有些家庭受到抑郁症、物质依赖、家庭暴力等问题的干扰，可能会忽略儿童营养方面的需求。本身有生长迟缓问题的父母，可能无法了解婴儿成长所需的营养。

生长迟缓的类型

器质性生长迟缓	非器质性生长迟缓
围产期并发症 　轻微先天性异常 　药物、酒精或其他毒物暴露 　子宫内生长迟缓 **慢性疾病** 　先天性异常 　　基因异常、唐氏综合征、性腺发育不良 　心肺方面 　　先天性心脏病、气喘、囊性纤维化（cystic fibrosis）、扁桃体及腺样体慢性发炎 　消化道方面 　　胃食道逆流、幽门狭窄、消化道结构异常、肠胃过敏、肝胆疾病 　肾脏方面 　　肾小管酸中毒、慢性肾功能不全 　内分泌代谢方面 　　先天性代谢异常、甲状腺功能低下、糖尿病、垂体病变 　神经学方面 　　脑性瘫痪、发展障碍 　免疫方面 　　免疫不全、反复感染、慢性泌尿道感染或肾盂肾炎、结核病 　其他 　　铅中毒、恶性肿瘤、风湿性疾病	**小孩、父母的脾气、个性** 　不完善的支持网络 　拒绝协助的应对方式 **作风强势的母亲** **缺乏父爱（情感上的或是单亲家庭）** **喂食困难** **社会经济压力** 　贫困 　夫妻间的压力 　最近家人过世 　失去其他亲人 　慢性疾病 　没有规划的生活 　无计划的怀孕

5-9 学习障碍

学习障碍儿童，在成长过程中常处于受压迫、差别待遇、忽视、嘲笑与不公平的危机中，社会工作者应对学习障碍的相关内容加以了解，说明如下：

一、学习障碍（learning disability）的定义

（一）美国联邦政府对学习障碍的定义：特定学习障碍意味着了解使用语言的一种或多种基本心理过程障碍，明显表现在倾听、思考、说话、阅读、书写、拼字或数理计算等能力不完整，包括概念的失能、脑部损伤、轻微脑功能异常、阅读困难与先天性失语症等，不包含原有视觉、听觉或动作障碍，精神障碍，情绪困扰或环境、文化、经济损伤。

（二）美国学习障碍联合会对学习障碍的定义：学习障碍是一般性词汇，可视为混乱失调的异质性群体，在倾听、说话、阅读、推论思考、数学的能力方面都呈现困难。这些混乱失调是个人本身的，推测原因是中枢神经系统失调，终其一生都有可能发生。学习障碍可能伴随出现其他障碍（如感觉障碍、精神障碍和严重情绪困扰）或者外在影响（如文化差异、不适当的指示）。

二、学习障碍的共同问题

（一）认知：

（1）注意力困难：很容易因有人在走道讲话或马路上有车辆杂音，而转移注意力。

（2）知觉困难：知觉（perception）不仅与学生的看或听有关，更与大脑在接收视觉、听觉信息后如何诠释与行动有关。知觉困难包含空间关系的理解困难，也可能表现为距离判断错误。

（3）记忆与回忆：孩子无法正确回想起他们所看到或听到的信息，经常拼错字。

（4）对所接收的信息缺乏组织能力：缺乏重新记忆与归纳所需要的"分类、联想与顺序，以及将所学习的运用到新的情境里的能力"。

（二）学业：学业表现出现阅读、口语、书写、数学或综合任一项的困难。

（三）书写：书写问题如拼字、发音、使用大写或词语形态等困难。

（四）社交与情绪困扰：有面临沮丧、社会排斥、自杀意念与孤寂的较大危机。

三、学习障碍对儿童的影响

（一）习得无助感：习得无助感是学习障碍者的回应方式之一。这些情况导致孩子失败之后不再尝试学习，开始依赖他人的帮忙。亦即，他们丧失学习动机进而放弃，孩子可能以此来逃避其他有能力完成的事情。

（二）低自尊：这些孩子很可能看到其他孩子正在做他们不会的事情；或者被他人严厉批评，老师与父母可能对孩子的无能力表现出一点不耐烦与挫败，孩子更有可能将失败内化，觉得自己比别人差，造成低自尊。

（三）缺乏社交能力：研究显示学习障碍儿童经常受缺乏社交能力所苦。社交能力是一种觉察与诠释社会情境，然后产生适当的社会回应，并与他人互动的能力。某些社会情绪学习障碍与无法适当地跟他人互动沟通的障碍有关，这将影响学习障碍者的社交能力，即受欢迎程度。

弗洛伊德对学习障碍特征的概述

01 学习障碍是由个人本身的神经生理因素造成的，某些障碍是由于脑部功能失调，而非经验不足或教学素质差等外在因素造成的。

02 学习障碍显现出非预期的学业成绩低落。

03 学习障碍并非其他障碍或问题所导致。

学习障碍的原因

01 神经功能的异常缺损。

02 基因遗传因素：似乎在某些家庭里更常出现学习障碍，可能原因是遗传或家庭暴露于某些致病媒介环境。

03 先天畸形：如药物导致胎儿畸形，可能造成学习障碍。

04 健康状况：如营养不良、早产、艾滋病宝宝，可能直接与学习障碍的发展有关。

学习障碍的介入

- 教育环境与计划：教育治疗聚焦于运用个性化的特殊教育方案，强调孩子的优点及淡化他的缺点。教育内容可采用认知训练、直接教导两种方法。
- 父母、其他家人与社会机构的治疗：家人及社会机构协助其建立自尊与正向自我概念；增强学习障碍孩子家庭的社会功能，包括教育学习障碍孩子与周边的人去了解他们所无法达成的事并调整期望，对双方都有助益。个别与家庭咨询可以改善沟通，促进家庭成员了解他人对于障碍的观点。

第五章 儿童期

5-10 注意缺陷多动障碍（ADHD）

社会工作者必须具备整合的能力，以确保注意缺陷多动障碍的儿童能获得最适当的发展。兹将注意缺陷多动障碍的相关内容说明如下：

一、注意缺陷多动障碍（ADHD）的定义

是一种精神的诊断，是焦虑违常的一种类型，是指注意力无法持续集中或过动，开始表现为学龄期的学习与行为问题综合征，特征是持续的不专心、过度的身体活动、在至少两种环境中表现冲动（包括家里、学校、工作或社会背景）。估计罹患ADHD学童比例为3%~7%。

二、注意力缺陷多动障碍的成因

（一）神经及化学性因素：根据研究指出，神经传导物质出现异常或缺乏时，就有可能诱发ADHD。

（二）遗传性因素：在许多关于ADHD的基因研究中发现，患有ADHD的儿童家庭中，其父母或是兄弟姐妹中，有高达30%的比例有注意力不足的问题。目前仍未有具体的结论足以显示ADHD单纯地由某种遗传性因素引起，只有"发病因素可能与家人有关"的推论。

（三）环境因素：有研究报告指出，儿童注意力不足与其出生前（在子宫中）的状态有关。即ADHD发生率会受到母亲怀孕时的营养、压力、感染和药物服用等众多因素的影响。早产或难产时胎儿头部受损等情况，也可能是ADHD的诱发因素，但并不代表这样的环境因素就绝对会引起ADHD（这项因素过去被许多人认为可能导致ADHD）。

（四）解剖学原因：大部分学者认为，注意力不足属于先天性疾病，可能是神经及化学性原因所造成的现象。研究统计资料显示，ADHD儿童的脑部基本构造的外观并无异常，但可在脑功能方面发现细微的功能障碍。就平均值而言，ADHD儿童的前额叶（frontal lobe）比正常的儿童小10%。

三、注意缺陷多动障碍的治疗

（一）大多数被诊断有ADHD的儿童都在服用药物（如Ritalin、Dexedrine、Cylert、Benzedrine等），但这些药物不一定能够减少儿童的活动量或改进他们在学校的表现，即使有效，效果也很短暂，其长期的效果颇受质疑。此外，这些药物都会导致副作用，最常见的是食欲减退和睡眠受到干扰。但是服用之后还是有些益处的，药物可增进儿童的注意力，减少他们在课堂上被干扰的可能性和改变同学对他们的负面印象，这些功能对儿童的人际关系均有助益。

（二）多数专家认为药物治疗必须辅以行为治疗，一些研究结果也支持这类主张。研究发现，上述两种治疗模式并用时，其疗效最大。由此可见，在药物治疗之外，还必须依靠其他的治疗方式，以改善儿童在学校的表现和改变部分问题行为。蔡斯（Chase）和克莱门特（Clement）发现行为治疗法中，以代币制疗法最有效，其方式是由儿童设定自己想达成的（学业方面）目标，儿童如果达成目标就可以累积点数，换取喜欢的玩具或东西，如此可增加儿童的正面行为。

注意缺陷多动障碍定义的特点

症状出现在7岁之前。

多重的发生模式，不只是在单一的情境或针对单一某人，也包含不全然与某个特定背景有关的不可控制行为。

三种行为特质：
1. 不专心，行为症状有做事混乱、漫不经心、经常抢先、容易分心、讨厌需要专心与费力的事情、任务与活动组织力非常困难、很难持续沟通。
2. 无法控制的过度生理活动（多动），几乎持续地在动、扭动或坐不住，很难保持静态，话说个不停。
3. 冲动、极度没耐性、难以等候轮流、经常打断与干扰。

注意缺陷多动障碍的类型

多动—冲动型	注意力不足型	复合型
患者的主要症状为冲动和多动，但无注意力不足症状，活动量特别大、坐立不安，不分场合地不时地敲击指头、晃脚；在课堂中的表现，可能是烦躁不安的、爱插嘴的、不断地站起来在教室内走动，有时甚至无缘无故捉弄邻座同学、乱拿别人东西等。	患者的主要症状为显著注意力不足，但无冲动或多动症状，对于外界的刺激保持开放的态度，因此常容易被刺激物分心，精神无法集中；在课堂上的表现为：经常性地出神、无法专心听讲，此种特征表现在团体活动或游戏时最为明显，有时候甚至连游戏都无法玩完。	患者会出现左述两种类型的临床特征，主要症状除了有多动—冲动型的大活动量、冲动性强等特征，亦伴随有注意力不足型无法集中注意力的主要症状。

第五章 儿童期

5-11　自闭症

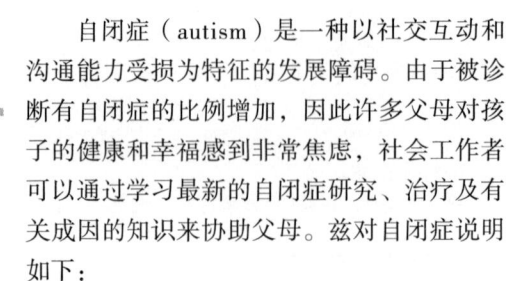

自闭症（autism）是一种以社交互动和沟通能力受损为特征的发展障碍。由于被诊断有自闭症的比例增加，因此许多父母对孩子的健康和幸福感到非常焦虑，社会工作者可以通过学习最新的自闭症研究、治疗及有关成因的知识来协助父母。兹对自闭症说明如下：

（一）自闭症属于自闭症谱系障碍症中的一种类型。这类型的疾病具有沟通困难、社会互动困难、具有重复或局限的行为模式的共同特征。被诊断患有这些疾病的个人，通常会出现一系列独特症状，但是这些症状会影响心理功能及造成的障碍，每个人都不一样。自闭症特征会因年龄、智商及其严重程度而不同。

（二）自闭症的主要特征：

（1）社交沟通与社会互动上的障碍：自闭症儿童缺乏学习认识自己与他人的关系和基本社交应对的能力，因此可能表现出不理人、不看人、对人缺少反应、缺少一般儿童自动自发的模仿学习能力、无法遵守游戏规则和小朋友一起玩耍、难以体会别人的情绪和感受、不会以一般人能接受及理解的方法表达自己的情感及想法等方面的困难。

（2）固定的兴趣及重复的行为：自闭症儿童常有一些和一般儿童不同的固定习惯或玩法，如特殊固定的衣、食、住、行习惯，狭窄而特殊的兴趣，玩法单调、反复、缺乏变化，环境布置固定等，若稍有改变，就因为不能接受而抗拒。

（三）自闭症的确切患病率很难确定，但最近的估计表示，美国每68名儿童中就有1名儿童患有自闭症，而且有些社区的患病率高于其他社区。在过去几十年中，自闭症的发病率一直在增加，但这有可能是因为有更好的诊断工具，以及在自闭症谱系障碍的范围中，包含了更多的行为和症状。

（四）所有种族和社会经济地位群体中的儿童都可能患自闭症。然而，男孩被诊断为自闭症的可能性接近女孩的5倍，患有这种疾病的孩子的兄弟姐妹，以及患有其他发展障碍的孩子，也比较有可能被诊断为患有自闭症。

（五）对于有可能患有自闭症的儿童，在18个月大时就可明显观察出症状。例如：儿童在眼神接触、非口语交流、适合其年龄的游戏，以及对方向或自己名字做出反应等方面出现明显的问题。有些症状迹象甚至可以在更早的时候就被发现，例如：婴儿可能不会发出咕咕声或说出其他语言，或者他们可能不会指方向或用手抓住物体。一项研究发现，童年后期被诊断患有自闭症的儿童，在他们2~6个月大时其实很少有眼神接触。然而，许多父母一直到小孩两三岁时才注意到此症状，那时候孩子在言语交流方面有明显的问题，或者他们急剧大幅地失去了他们之前能熟悉使用的技能。早期诊断和治疗，包括一系列行为、教育和药物治疗，可以改善终身预后，也能减少孩子可能出现的症状。

自闭症病因相关研究的发现

1 自闭症儿童的胎儿睾丸酮会增多，免疫也可能发生异常。

2 出生时体重低的婴儿发生自闭症的可能性接近正常婴儿的5倍。

3 在怀孕间隔时间较短（特别是兄弟姐妹出生后不到1年）后出生的孩子，发生自闭症的风险高于怀孕后间隔时间较长者。

4 自闭症与母亲生育的年龄之间存在相关性，尤其是35岁以上的母亲有较高的风险生下自闭症的婴儿。20岁以下的母亲生出有自闭症婴儿的风险较低。

5 自闭症发病率与环境因素之间存在相关性。研究发现降雨量高的地区，儿童有自闭症的比例较高。或许是这些地区的儿童比较容易待在室内，导致缺乏维生素D，以及接触家用化学品机会多，这些因素可能会引发这种疾病。

6 自闭症谱系障碍的敏感性与遗传因素有中等程度的关联性。

5-12　儿童的性别认同与发展

从发展心理学的角度来看，性别认同会随着儿童认知能力的发展历程而逐渐形成。纽曼（Newman）指出，在儿童早期，性别成为儿童如何理解自己和他人的一个重要维度。此阶段的性别认同包含四个部分，兹说明如下：

（一）正确地使用性别标志：2岁时，儿童通常可根据外表准确地辨识他人为男性或女性。

（二）理解性别是稳定的：儿童理解性别是稳定的，也就是男孩长大后会成为男人，而女孩则会成为女人。

（三）理解性别是恒定的：即使有了对于性别稳定性的认知，儿童富有想象力的思考方式使他们仍然继续认为，经由外观的改变，女生可以变成男生，而男生也可以变成女生。例如：让一位3岁儿童看一张女孩的照片，他能够识别那是个女孩；但如果同一个女孩在另一张照片中打扮成男孩的模样，3岁的儿童便会认为那是个男孩。一直要到4~7岁，儿童才能了解性别的恒常性（gender constancy），也就是个人的性别并不会改变，打扮成男孩模样的女孩仍旧是个女孩。

（四）理解性别的生殖器基础：性别恒常性被发现与理解性别和生殖器之间的关系有关。7岁以上的孩童会知道因身体结构上的差异，所以与异性在性别上有所差别，也知道自己和同性之间的相同处。因为这些生理（身体结构）上的不同，所以孩童会对性别概念有更深的理解，知道男生与女生除性别标志、稳定性和恒定性外，仍有根本上的生殖器官差异存在。这也会使孩童对生殖器官相同的同性产生性别认同，并且影响与性别有关的行为。

而依据伊根（Egan）和佩里（Perry）的研究，性别认同由五大部分所组成，包括：

（1）友谊知识（例如，对成员中不同性别的认识与了解）。

（2）性别典型性（例如，在团体中某人可以觉察到另一个成员的性别的程度）。

（3）性别满意度（例如，了解某人对于他自己的性别是否感到满意）。

（4）感到性别遵从的压力（例如，某人对从父母、同伴或其他人处获得的对性别的刻板印象所形成的压力）。

（5）异性偏见（例如，在某种程度上认为自己的性别是优于其他成员的）。

性别角色是可通过学习而习得的。有关性别特质的描述，反映了个体对于性别角色及其行为的信念与态度，这与社会化历程中，文化及社会的期许是密切相关的。然后，个体会形成一个固定的、刻板的看法及印象，也就是性别刻板印象（gender stereotypes）。这样的刻板印象，在性别概念形成的初始就已经建立。例如：8个月到2岁左右的儿童，会区分穿裙子的人是女性；学龄期的儿童会因性别不同，而分成女生、男生等次级互动团体，或是产生女生都爱哭、男生爱打架等看法。由于性别刻板印象与社会、文化密切相关，所以性别刻板印象并不是固定不变的，会随着文化的变迁而改变。

性别认同与发展的四个阶段

阶段	年龄	性别概念	皮亚杰指出的认知发展能力	典型范例
一	学步期至2岁左右	性别标志的使用	象征符号的认知（感知运动阶段）：已发展原始的符号，物体概念完备（如语言），能界定人、物，并能预期结果。	豪豪玩小汽车是男生；柔柔穿裙子是女生。
二	4岁左右	性别是稳定的	前运算阶段：单向思考，并集中在较明显的外观上；特定事物之间的推理。	豪豪是男生，长大了会变成父亲。
三	5~7岁	性别是恒定的	具体运算阶段：具可逆性及守恒概念。	即使豪豪穿了裙子，他仍然是男生。
四	7岁以上	性别具有生殖器基础	具体运算阶段：具可逆性及守恒概念；具可易（替代）概念。	因为豪豪有阴茎，所以他是男生。

麦考比（Maccoby）与杰克林（Jacklin）研究发现的四项性别差异

1. 女性的语言能力比较强
2. 男性的视觉和空间能力比较强
3. 男性的数学能力比较强
4. 男性比较具有攻击性

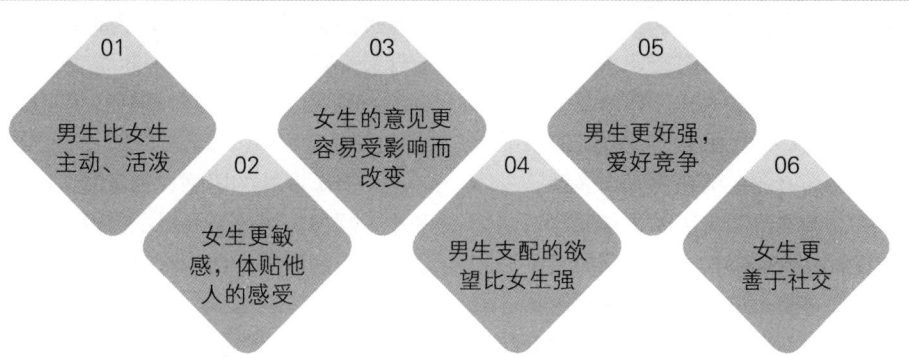

常见的性别误解

01 男生比女生主动、活泼

02 女生更敏感，体贴他人的感受

03 女生的意见更容易受影响而改变

04 男生支配的欲望比女生强

05 男生更好强，爱好竞争

06 女生更善于社交

5-13　儿童的负面情绪反应

儿童的负面情绪，会影响儿童的发展，因此，了解儿童的负面情绪反应，是社会工作者非常重要的课题。以下将分两个单元，说明儿童的负面情绪及相关的治疗原则。

学龄前儿童的想象力和认知能力的出现，有助于同理心与幽默感的发展，但也带来负面的结果，就是新的恐惧的开始。惧怕成为学龄前儿童的问题，害怕黑夜、噩梦、恶魔、噪声和陌生地方，这些都会在想象之中突然产生，这也是因为儿童能够使用象征思维进行抽象式思考。

当孩子直接受到灾难的影响，如目睹财务危机和亲人的死亡，可能会受到很大的冲击并产生长期的情绪问题。儿童即使没有目睹，也可能产生创伤反应，甚至出现创伤后应激障碍（post traumatic stress disorder，PTSD）。当事者觉得好像在重新经历创伤事件，这种现象通常发生在真实事件后的几个月或几年。经历创伤事件后，促使儿童更容易产生PTSD的因素包括：环境因素（如低社会支持、低社会经济地位）和个人因素（如心理或精神障碍的共病问题）。

父母可能会注意到经历创伤后孩子的行为改变了，包括无法入睡、做噩梦、尿床、敌意越来越强、越来越黏人、哭或哀伤、食欲改变、社交退缩、沉迷游戏、多动、身体症状或不适的抱怨增加（如头痛和胃痛）。社会工作者可以在创伤事件或灾难发生后，协助儿童应对复杂的情绪，例如：惧怕、失去控制、愤怒、失去稳定性、孤立和混乱。社会工作者除了要对儿童的行为变化有所警觉，还应为照顾者提供所需要的支持。

在儿童的发展过程中，常见的负面情绪反应如下：

（一）恐惧：孩子可能会担心他们的安全，以及他们所关心的人、事、物的安全。他们可能会有悲剧幻想或想象灾难的发生，有时这些想象和情绪可能表现在游戏或作品之中。

（二）失控：正如大多数成年人一样，孩子会感到不知所措和困惑，因为在灾难期间或之后他们经历到惊慌失措的感觉。父母可能会发现儿童不断专注在任何他们可以控制的东西上，并且拒绝合作或为了安全而黏着自己。

（三）愤怒：愤怒是一种常见的反应，儿童内心如果有很多的情绪（如羞愧、不满），有时可能会以愤怒来表达，最常表达愤怒的对象是最亲密的人，例如：父母、老师和同伴。

（四）不安稳：因为儿童的日常生活被干扰，所以可能会感到不安与焦虑。

（五）孤立：当家庭成员有人离开家，儿童可能会感到被孤立，因为这种情形可能会让他们觉得失去朋友，因而感到孤独，有时可能会引发他们对家庭正常的儿童的嫉妒。

（六）混乱／困惑：儿童对某些不确定和不可预测的灾难感到混乱或困惑，特别是恐怖袭击和战争。他们可能无法区分现实生活中发生的，与电视、电影中看到的暴力、灾难间的差异，因而感到困惑。

儿童情绪的发展与哀伤（父母与子女讨论死亡的建议）

年龄／阶段	哀伤症状／反应	协助的方向
0~2岁： 皮亚杰感知运动阶段（目标导向行为、客体永存）、埃里克森信任对不信任阶段	■ 不了解什么是死亡。感受到成人的情绪、依赖非语言的沟通、不会记得过世的人。 ■ 郁闷、睡不着、绝望、抗议。 ■ 紧张、无法控制怒气、经常生病、做出容易导致意外的行为。 ■ 反社会行为、叛逆行为。 ■ 多动、噩梦、忧郁、强迫行为、记忆反反复复。 ■ 过度愤怒、过度依赖在世的父母。 ■ 重现的梦境、不合理在世的期待、否认、伪装的愤怒。	■ 需要身体照顾、亲情、安慰或友谊。 ■ 需要替代者提供稳定一致的照顾。 ■ 参加葬礼仪式。
2~5岁： 皮亚杰前运算阶段（自我中心、万物有灵论）	■ 混乱、夜晚不安、噩梦、退行。 ■ 孩子理解发生重大失落事件。好像不受影响。 ■ 不断提问。 ■ 对死亡的了解仍然有限。也许知道"死亡"的字面意思，但对意义的了解极有限。 ■ 认为死亡是暂时或可逆转的状态。	■ 使用简单和坦诚的字句。 ■ 再三保证和确认。 ■ 提供安全、爱和关怀的环境。 ■ 一起画画、看书、玩耍。 ■ 需要爱、关怀、诚实对待，尽快回归正常生活。 ■ 让他们参加葬礼仪式。
埃里克森的自主对羞怯和怀疑（进取对罪恶感）	■ 询问死亡的原因。 ■ 可能会觉得失去所爱的人是一种惩罚。 ■ 难以理解抽象观念，例如：天堂；短暂感到悲伤。 ■ 退化。侵略性增强。 ■ 理想化失去的人。 ■ 放弃对心爱的人的依恋，转向替代的依恋对象（老师、邻居）。 ■ 以游戏逃避现实。表现出对失落没反应或无动于衷。 ■ 有可能不记得过世的人。 ■ 担心没有人会照顾他们。 ■ 会担心父母死去，因此紧密地黏着他们。	

5-14　儿童的负面情绪反应（续）

本单元接着说明前一单元有关儿童负面情绪的相关内容。

从婴幼儿期进入儿童期，大多数孩子经由生活经验的培育，觉察能力成长，已能洞察并表明自己及解读他人的情绪。大部分的儿童在这个年龄阶段，发展出更为细致的应对智力，以调适气愤、苦恼的情绪，以及压力或精神创伤。

戈尔曼（Daniel Goleman）提出"情商"（emotional intelligence）的概念。"情商"是指"转念激励自己，坚持并面对挫折，控制冲动和延迟欲求，调适自己的情绪，保持思考能力，突破难题窘境，培育同情和希望"的知晓能力。情商和社会关系智力是密不可分的，当儿童的社会调适发生困难时，治疗的策略往往着重于若干情绪维度的管理。

戈尔曼认为，道德推理和道德行为往往取决于情商和社会关系智力，而情绪管理能力包括自我觉察，情绪控制，辨识爱情、嫉妒、焦虑和愤怒等情绪的表达方式。学龄儿童健康情绪的发展，容易遭到家庭重大失落事件，以及心理创伤经验所影响。社会工作者需要觉察学龄儿童的情绪和心理健康状况，进一步评估与检视，并提出相关的治疗方案。

而认知行为的转化，是教导孩子适当地改变情绪与思维方式，从正面解读不幸事件，化危机为转机。例如："大难不死必有后福""塞翁失马焉知非福"等正面的转念。研究显示，韧性（resilience，又称为坚毅力）对儿童的发展具有关键的复原能力。

路特（Rutter）指出，具有韧性的儿童可以对压力有所反击并超越逆境。具有韧性的儿童，成长在不利条件下而能不受影响，正向成长、追求成功及自我实现，积极发展自我。

建议社会工作者在面对儿童的负面情绪反应时，可以采取如下的治疗原则：

（一）经历创伤或危机后，社会工作者可鼓励家庭使用清楚、直接、适于孩子年龄的语言，向他们说明事件的来龙去脉。

（二）持续监控照顾者的情绪反应：聚焦在孩子的情绪确实是最迫切的事，但是照顾者对孩子安全感的冲击最大，因此必须持续关注。

（三）注意孩子行为的变化：尤其是过去没有出现过的行为，如睡眠干扰、食欲改变、社交退缩和多动。

（四）鼓励成人减少创伤事件信息对儿童的侵扰，例如：听到成人谈论、媒体不断地报道。

（五）和孩子谈话，先确认他们已经知道的内容：孩子比较容易被误导或存有错误观念，倾听他们觉得事件中最可怕的是什么，很有可能和成人觉得困扰的事有很大的不同。

（六）鼓励家庭考量儿童发展的适切性，尽量进行开放式的对话，孩子不一定需要知道一切，鼓励父母回答问题和主动对话，回避话题只会增加孩子的不安全感。

（七）协助家庭找到可向孩子保证或确认安全的方式，例如：说明可让孩子感到安全的步骤。

戈特曼（Gottman）提出的"情绪教练"五个步骤

> **"情绪教练"**
> 是指父母或照顾者协助孩子辨识自己的情绪，然后借此经验帮助孩子了解自己，并将这一方法运用在问题解决的过程中。

1. 了解孩子的情绪
2. 辨识情绪是亲密和教育的机会
3. 同理倾听，认可孩子的感受
4. 帮助孩子找出可以描述自己当下情绪的字词
5. 探讨解决眼前问题的同时，必须为孩子的行为设限

具有韧性的儿童的特质：风险因素和保护因素

风险因素	保护因素
・贫困	・足够的好资源
・早产	・健康
・坏脾气	・脾气好
・不安全依恋关系	・安全依恋
・不一致、严苛的教养风格	・父母温暖和支持
・父母婚姻冲突、不和谐	・家庭和谐
・学校课业表现差	・学校课业表现好
・同伴排斥与隔离	・具有人缘
・邻里具有暴力特征	・支持的邻里
・种族歧视、不公平、缺乏机会（教育与就业）	・没有歧视与不公平，有许多教育与就业机会
其他风险因素	**儿童的其他特点**
・父母的医疗问题、精神疾病	・聪明
・父母死亡、离婚	・自信
・孩子的残疾、精神疾病	・自尊
・儿童虐待	・内控
	・具吸引力

5-15　儿童的人际意识与友谊发展

儿童的社会认知（social cognition）发展，是指随着认知能力的发展，儿童对自己和他人的认识也不断更新，对他人的想法、感受与意图的感知程度越来越高。这种感知更进一步的表现，就是角色采择的能力（role-taking abilities），意指能够减少皮亚杰所谓自我中心的思考模式，以别人的观点看事情，同理别人的感受。角色采择的能力和社交技巧的发展也有密切的关系，它是合作和利他行为的先决条件，也是儿童通过同伴习得其他社交技巧的重要途径之一。

塞尔曼（Selman）进一步以角色采择的观念，说明儿童同伴关系的发展。塞尔曼的研究着重在人际意识（interpersonal awareness），即儿童对自己的人际或同伴关系的看法。塞尔曼依据皮亚杰的脉络，将儿童角色采择的能力分为五个阶段：

阶段0：无差别或自我中心的观点采择。儿童无法区分生理和心理的层面。

阶段1：社会信息的角色采择。6~8岁的时候渐渐能够区分生理和心理层面，例如：开始能够区分故意和非故意的行为。

阶段2：自我反省的角色采择。约8~10岁，儿童大有进步，能够针对自我观念进行自我反省，更能够区分生理和心理层面。

阶段3：相互角色采择。10~12岁，能够采取第三者的观点，真正地从不同的角度看事情。

阶段4：社会和习俗系统的角色替换。12岁之后才开始，甚至到了成人阶段才会出现，能够从许多的层次进行抽象思考，能够辨认各层次之间的不同。

塞尔曼的研究着重在人际意识，即儿童对自己的人际或同伴关系的看法。塞尔曼在他的研究中，提出友谊发展的五个阶段，包括：0阶段（暂时性的玩伴）、1阶段（单向帮助）、2阶段（双向帮助）、3阶段（亲密地互相分享）和4阶段（自动相互依赖）。儿童会根据自己对于人际互动的觉察，去理解不同的信任关系。塞尔曼的研究结果发现，对于协助儿童发展对友谊和同伴关系的健全觉知，关键在于提供儿童角色采择的机会，因此鼓励他们以广阔的视野透视人际关系。

莱曼（Lyman）和塞尔曼发展出配对治疗，方式是：一位社会工作者与两位人际关系屡遭困难的儿童每周会谈一次。配对治疗包括三个基本的层面：

（1）提供舞台或机会（stage setting）：提供舞台指的是在安全和接纳的环境中，提供引发冲突的机会，儿童能够自由地表达自我、分享意见和幻想，尝试运用新模式处理冲突。

（2）建构（structuring）：建构是指仲裁同伴之间的协商、引发动机、设定规范，然后尽量放手，由儿童自己尝试新的协商技巧。

（3）促进思索和反省（reflection）：促进思索或反省是指鼓励儿童反思自己的行为，思索社会工作者解决问题的方式，鼓励同伴之间的反馈，通过榜样的学习和问题解决的途径，鼓励使用有效解决冲突的技巧。并鼓励儿童不只在治疗之中，在治疗之外的时间也能够回想整个过程，以便巩固所学习的新技巧。

非个人与人际意识的发展阶段

阶段	内在	人际关系	
	认知	友谊	同伴团体
0	前运算阶段	短暂的玩伴	身体的联系
1	前运算阶段和具体运算阶段的过渡期	单向帮助	单边的关系
2	具体运算阶段	双向帮助	双边关系
3	具体运算阶段和形式运算阶段的过渡期	亲密互相分享	同质性共同体
4	形式运算阶段	自动互相依赖	多元的组织

塞尔曼的友谊发展五个阶段

阶段	友谊	儿童回应范例
0	短暂的玩伴	我信任我的朋友，因为如果我把自己的玩具给他，他不会弄坏。
1	单向帮助	我信任我的朋友，我告诉他，他会照着去做。
2	双向帮助	信任就是：我为他做点事，他也会为我做点事。
3	亲密互相分享	信任就是：他们对我吐露心事之后有释怀之感，朋友的生命中有一些共享的事物。
4	自动互相依赖	依赖信任就是：一个人必须成长，对自己要有信心，因为自己是自己的好朋友，这样你才会信任朋友。

5-16 儿童的游戏

游戏得以让儿童发挥他们的想象力，与他人互动，学习扮演不同的角色，发展认知与生理能力，同时找到自然的方式去抒发紧张与挫折感。对于儿童发展而言，学者多支持游戏与同伴关系同样具有正向的功能。

游戏具有能力建构这个概念，可见于许多与儿童发展相关的理论中。例如：皮亚杰强调感觉动作与认知发展的议题，认为婴儿期的游戏可刺激视觉与动作技巧发展，随着儿童年纪渐长，更能够操作游戏的环境，同时刺激协调能力与其他能力的发展。年纪较大的儿童，能够在游戏中运用想象力去操作物体，并且能够运用他人观点进行角色扮演。此外，他们已经能够了解游戏规则，并创造出需要竞争和谈判的游戏。帕顿（Parten）将儿童参与社会性游戏的模式，按照发展阶段分成以下的类型：

一、无所事事／空闲式游戏（unoccupied play）

是指很少或没有活动，孩子可能安静地坐着或站着，通常孩子专注地观察周围的某些事情。亦即，没有投入任何活动，没有和任何人一起玩，毫无目标，属于最少见的游戏方式。

二、旁观者游戏（onlooker play）

是指单纯观察其他游戏中孩子的行为，精神上参与其他孩子在做的事情，然而身体上并没有参与。旁观者游戏与单独游戏的区别在于孩子的注意力在游戏中的同伴身上，而不是发生在周遭的任何事上。亦即，观看其他儿童玩耍，会参与聊天、问问题、口头参与，对游戏感兴趣但没有直接投入。

三、单独游戏（solitary play）

是指孩子独自玩游戏，不关心其他孩子在做什么。亦即，独自玩耍、任务取向、没有其他儿童参与，这是2~3岁儿童最典型的游戏方式。

四、平行式游戏（parallel play）

是指孩子单独玩耍，但是当其他孩子突然靠近时，会有类似游戏的态度或类似玩玩具的行为，但并没有任何互动。亦即，和其他儿童一样玩玩具，但是不和其他儿童一起玩，年幼的儿童比年长的儿童更容易采取这类游戏方式。

五、联合／结交式游戏（associative play）

孩子们一起玩游戏，但有些互动并没有组织性，例如：孩子可能共享玩具或活动、互相交谈等。然而他们其实是各玩各的，每个孩子都聚焦在他们自己个别的活动。亦即，儿童很活跃地一起玩，互动比游戏的组织和任务的达成更重要，社交技巧（如轮流和服从领袖）是游戏的内容。

六、合作性游戏（cooperative play）

包含组织性的互动，孩子们一起玩耍以达到类似目标，一起完成某事或生动地表达某个情况。其注意力集中在团体活动，合作是必需的，孩子清楚地感觉到自己是团体的一部分。亦即，社会互动很频繁，活动有组织，可以是社交性的、由老师所组织的正式性的及比赛性的游戏，儿童早期比较少有这类游戏。

帕顿对于游戏的分类

游戏类别	说明
无所事事游戏 （unoccupied play）	非典型的游戏类别，通常是指儿童什么也不做地站在那里，或是进行无特定目标或目的的活动；儿童通常只是看着发生在他或她周遭的事情。
旁观者游戏 （onlooker play）	指儿童旁观他人进行游戏，他或她可能会发问或感到有兴趣，但不会参与游戏。
单独游戏 （solitary play）	指儿童独自一人进行活动，通常他或她不太理会其他人在做什么，普遍发生于2~3岁的儿童身上。
平行式游戏 （parallel play）	指儿童同时进行游戏但各玩各的，他或她玩类似的玩具或游戏方式；随着儿童的年纪渐长，他或她会较少进行此类游戏。
联合式游戏 （associative play）	指儿童之间有较多互动，但仍然以个人为主进行的游戏，此时他或她虽然玩在一起，但是并没有明确的组织与目标。例如：儿童会一起聊天或分享玩具，但专注于自己的活动。
合作性游戏 （cooperative play）	指具有社交互动、组织及团体认同的游戏，此时儿童之间有共同的游戏目标并合作完成任务。

引自：ROGERS A T. 人类行为与社会环境[M]. 张纫，刘嘉雯，李静玲，译. 台北：心理出版社，2019.

幻想乐园（fantasy）

儿童借由幻想游戏扮演着成人，通过幻想，儿童私底下积累其社会化的经验，排练预演人生舞台上形形色色的脚本。例如：假装喝玩具杯中的牛奶，以及利用玩具电话与假想的远方朋友通话。

5-17　儿童的游戏（续）

儿童早期的象征性游戏，具有以下的功能：

一、游戏作为探索现实世界的机会

幼儿在游戏中模仿成人的行为，并尝试扮演社会角色。他们会玩家庭、学校、医生、警察和消防队员等游戏。当他们"装扮"成不同形式的成人角色，甚至是蜘蛛和兔子时，都是在运用幻想去探索他们可能成为的角色。

二、游戏对于认知发展的助益

幼儿借由游戏思考他们身处的世界，同时了解因果关系。整个儿童早期阶段，幼儿在他们戏剧性的游戏中，表现出日益复杂的词汇使用。儿童社会学家发现，儿童在团体游戏中所创造的复杂语言游戏，可以促进语言及逻辑思维的发展。某些研究人员已开始研究幼儿如何经由游戏发展识字的能力，特别是书本阅读与游戏。

三、游戏作为获得控制的机会

在对于游戏的跨文化研究中，儿童社会学家表示，幼儿通常会运用戏剧性的游戏来应对恐惧感。他们将自己的恐惧纳入团体游戏之中，从而发展出某种掌控压力和焦虑的能力。这种看待幼儿游戏的观点，成为游戏治疗的基础。

四、游戏作为共享的经验

许多研究幼儿游戏的研究者认为，能协调儿童想象力的社会戏剧性游戏，或是团体想象游戏，为此阶段最重要的游戏形式。幼儿能够创造出更为细致的想象游戏，并借由组成朋友团体，在持续扮演中获得团体冲突与问题解决的经验——这些都是在成人世界里会继续存在的问题。当幼儿在团体中游戏时，他们会限制哪些人可以进入游戏领域，以试图保障游戏的继续进行。经常可听到幼儿说："我们是朋友；我们正在一起玩，是吗？"或者是，"你不是我们的朋友，你不可以跟我们一起玩。"相反地，幼儿也必须学会如何进入一个已在进行的游戏。一个重要的社交技巧是能够证明他们的加入不会扰乱游戏。幼儿学习到一套"可以做的"和"不可以做的"游戏原则以达成上述目的，并且发展出得以进入游戏的复杂策略。

五、游戏为父亲与子女建立依恋关系的重要途径

大多数对于依恋关系的理解，都着重于母亲与儿童关系的联结，以及母子关系所造成的影响。某些人认为，父亲与儿女的依恋主要是借由游戏而建立的，如同母亲与儿女关系的建立是来自照顾行为。特别有趣的是母亲与父亲在游戏风格上的差异。研究者的结论是，相较于母亲与儿童之间进行较多的风俗习惯或礼俗庆典互动，父亲与幼儿之间则有较多的体育性游戏。两种形式的游戏，都可表现父母的情感，因此，两种形式的游戏都有助于亲子依恋关系的建立。事实上，肢体性游戏能够刺激、唤醒儿童，并将儿童带出他们的舒适圈。父亲的游戏方式通常能够为儿童提供克服自我限制的机会，同时让他们知道自己是在父亲的保护伞下，去体验冒险与挑战。

儿童游戏的发展

1 感觉动作游戏（sensorimotor play）：典型的婴儿游戏，旨在探究感觉动作的能力。

2 练习性游戏（practice play）：通过游戏不断练习新习得的技巧和动作上的协调，以达到熟练、精通的程度，作为运动和其他游乐的基础。人终其一生会经常进行这类游戏，儿童早期三分之一的时间是花费在这类游戏上。

3 象征性/假装游戏（symbolic / pretense play）：利用周遭的环境，以象征其他事物、假装游戏、营造幻想及角色扮演。自9个月大到2岁半开始，4~5岁的时候达到顶峰。

4 社交性游戏（social play）：和同辈群体进行社交性的活动，例如：追、赶、跑、跳、摔跤、翻滚。

5 建设性游戏（constructive play）：结合感觉动作和象征性的游戏，多数是儿童自创或改良的比赛。学龄儿童常进行这类有组织和有规则的比赛。

5-18 儿童诠释事件的风格

在儿童成长过程中，失败本身并不代表悲惨的灾难，重点在于孩子本身对失败事件的不当诠释，可能导致忧郁的情绪。孩子对事件的解释方式及他如何思考事件的前因后果，可能会强烈地影响他们如何看待发生在自己身上的事情的好坏。因此，塞利格曼（Seligman）相信一个具有乐观解读取向的孩子，更能够面对生命中的跌宕。

塞利格曼以永久性、普遍性、个人化三个层面来区分孩子诠释事件的风格，说明如下：

一、永久性："有时"vs"往往"

当坏事发生的时候，悲观小孩相信它是永久的，例如：他会认为"我永远无法在拼音考试中有好的表现！" 乐观的小孩则会说："今天的拼音考试，我没有考好。" 面对好事时，乐观小孩认为好事会持久，而且与自己的努力有关，例如："我考得好，是因为我很用功。"相反地，悲观小孩则认为："我成绩好，是因为妈妈逼我用功。"

二、普遍性："特定的"vs"全面的"

悲观的人把事情的原因投射到生活的每一个层面，却没有看到那只是单一的事件。一个普遍或悲观的陈述可能是："每个人都讨厌我。"相对地，特定和乐观的陈述应该是："玛莉不喜欢我。"针对好事，乐观的陈述通常会有普遍性的思考或陈述（如"我是一个聪明的人"）；悲观的陈述则是特定的（如"我的阅读能力很好"）。

三、个人化："内在的"vs"外在的"

个人化是指决定"是谁造成的"或"谁该负责任"，孩子可对内责怪自己（内在的）或者对外责怪他人、环境或情境（外在的）。坏事发生的时候，经常责怪自己的儿童往往有比较低的自尊心。不过，这不代表儿童如果想要有好的感觉，就要去责怪其他人。儿童还是必须为自己的缺失或过错负责任，重要的是孩子是否能够针对行为错误的问题，不要太过于全面性地责怪自己。乐观小孩的行为自责是出于自然的态度（短暂的和特定的），例如："我受处罚，因为我不遵守规定。"悲观小孩的自责则是全面性与永久性的，例如："我被处罚，因为我是个坏孩子。"

塞利格曼相信，父母、老师及社会工作者与其帮助孩子"感觉好"，还不如帮助他们"做得好"，也就是帮助他们发展能力及运用正确态度来面对生活中的挑战。正如戈特曼所说的，塞利格曼认为负面情绪及经验对孩子而言是很重要的，他强烈反对那些试图避免孩子因成绩差而心情低落的学校政策，免得他们丧失了习得正常情绪反应的机会，例如：难过、焦虑及生气等。避免失败经验不仅使孩子缺乏控制的能力，更会造成他们自尊较低。

儿童诠释事件的风格

乐观的小孩　　　　　　　　　悲观的小孩

- "有时"
- ▶坏事：今天的拼音考试，我没有考好。
- ▶好事：我考得好，是因为我很用功。

永久性

- "往往"
- ▶坏事：拼音考试我永远无法有好的表现！
- ▶好事：我成绩好，是因为妈妈逼我用功。

- "特定的"
- ▶坏事：玛莉不喜欢我。
- ▶好事：我是一个聪明的人。

普遍性

- "全面的"
- ▶坏事：所有的人都讨厌我。
- ▶好事：我的阅读能力很好。

- "内在的"
- ▶我受处罚是因为我不遵守规定。

个人化

- "外在的"
- ▶我被处罚，因为我是个坏孩子。

第五章　儿童期

5-19 儿童的攻击行为

在社会工作实务中，社会工作者常需评估儿童的攻击行为。为了精准评估，社会工作者必须清楚了解造成儿童攻击行为的生理、文化和社会因素之间的交互影响，以及成人对于这些行为的看法，说明如下：

攻击是在儿童早期逐渐增加的一种行为。在儿童身上能观察到两种侵略的类型，包括：

（1）工具性攻击（instrumental aggression）：通常发生于争夺玩具和空间的时候。

（2）敌对性/恶意性攻击（hostile aggression）：蓄意伤害另一个人的攻击行为。

近来，学者提出了其他类型的攻击行为，包括：

（1）肢体性攻击（physical aggression）：使用武力对付另一个人。

（2）社交性攻击（relational aggression）：在不使用武力的情况下破坏关系的行为，如威胁要离开某一段关系，除非朋友愿意服从命令；或是用社会排斥或沉默对待的方式，以达到自己的目的。

研究发现，男孩较常使用肢体性的攻击行为，而女孩则较常使用社交性的攻击行为。大家普遍认为男孩攻击行为的频率和比例都比女孩高，然而，这项观点或研究发现人们忽略了女孩间微妙形式的伤害行为。女孩的攻击行为可能通过某种比较间接、非身体接触或社会操纵的形式展开，例如：借由散布谣言故意侮辱、贬低、伤害受害人，排挤受害者，不让他们参加团体活动。

攻击行为的发展历程涉及生理、环境、同伴环境、社会政治环境、亲职教育风格，以及暴露于负面事件等因素的交互作用与影响。有些则牵涉到怀孕期间的因素，例如：吸烟或暴露于吸烟环境、化学物质、有害物质（如铅和有毒气体）影响胎儿的脑神经发育，可能导致出生后幼儿出现自我安抚与情绪调节的困难。父母对于这类困难婴幼儿的照顾和亲职反应的问题，也与日后的攻击行为密切相关。

虽然某些儿童的过度攻击行为会持续到儿童中期，但是肢体性的攻击行为通常在儿童早期的初期阶段达到最高峰。到了儿童早期结束前，儿童已学会较佳的协商技巧，更知道如何要求以满足自己的愿望，并用语言来表达情感。

学者古迪纳夫（Goodenough）对儿童关于攻击行为的研究，所获得的结果如下：

（一）攻击行为的次数在4岁时达到最高峰，然后开始走下坡，没有前兆、无缘无故发脾气的事件逐渐减少，4岁之后几乎不再发生。

（二）3岁儿童碰到挫折或攻击时，报复性的攻击行为有增加的趋势。

（三）2~3岁的儿童更可能会不理会父母的劝阻或告诫，继续攻击性的行为。大一点的儿童只有和同伴冲突时，才比较可能做出攻击性的行为。

（四）年纪较小的儿童，会为了得到想要的东西（如玩具）而踢或打，他们的攻击行为更多是工具性的。年长的儿童，早期较常使用口语攻击的行为，包括取笑对方、骂人、说坏话、搬弄是非或闲言闲语。争执的原因和年幼的儿童一样，也是为了取得某些东西，只是年长儿童的攻击行为会比较具有恶意，意在伤害对方。

儿童暴力或侵犯行为的预警

婴幼儿和学龄前儿童

- 一天之中,有多件脾气暴躁的事例,每次持续15分钟以上,很难接受父母或照顾者的安抚。
- 经常发脾气,通常毫无理由。
- 行为表现冲动,并且毫无惧怕。
- 经常拒绝遵守规范或听从成人指引。
- 行为显示出和父母的依恋关系薄弱。
- 经常观看暴力主题的影视节目。
- 喜好有暴力主题的游戏或活动。
- 以残忍的态度和方式对待其他小孩。

学龄儿童

- 常有干扰教室课堂活动的行为。
- 在学校经常和其他儿童打架。
- 面对失望的情绪、被批评或被取笑,会以强烈的愤怒、谴责和报复应对。学校的朋友很少,行为造成同伴的回避和拒绝交往,喜欢和同类为伍。
- 拒绝听从成人的指引。
- 观看暴力电视节目或喜好暴力游戏。
- 对他人的感受不具敏锐觉察的能力。
- 以残忍态度和行为对待宠物或动物。

5-20　儿童的攻击行为（续）

针对儿童的攻击行为，近来的治疗强调尽早监控攻击行为，最好在学龄前就开始，越早遏止，就越能减少日后的不当行为。社会工作者必须对遏阻攻击行为的方式有所了解，说明如下：

一、不兼容的反应技巧／不予理会

这个技巧的重点是故意不去理会儿童的攻击行为，以避免强化这类行为，只有在行为会造成伤害和危险时才加以干涉。同时，只要有和攻击行为不兼容的行为，应马上给予正面的强化（赞许或奖励），例如：相亲相爱或互相礼让。研究结果显示，这种技巧不只能够减少口语与肢体攻击的行为，还能增进互助的行为，并避免因为使用惩罚造成儿童模仿惩罚的暴力行为。此外，可避免给予攻击行为不必要的注意力，因为攻击行为有时是为了得到注意，若给予儿童所想要的注意力，无形中会增加其侵略的频率。

二、暂停的程序

让孩子暂停游戏，或者将孩子从争执场所移开，提供一个安全地方让他们恢复对情势的控制。这种技巧的优点是以非惩罚的方式介入儿童的攻击性行为，并且暂时将小孩所想要得到的注意力撤回，直到适当的行为出现再给予，避免因为给予注意而强化其行为。

三、角色榜样与教导

成人或其他小孩可成为非攻击性解决冲突策略的榜样和导师，他人以非攻击性行为解决争端的典范会促使儿童避免攻击性的解决方式。研究显示，这种方式对缺乏有效的解决问题策略的儿童很有效果。

四、营造一个无暴力的环境

提供一个可减少冲突和肢体接触的游戏场所，场所必须有足够的空间、器材或玩具，并且避免提供可能引起攻击行为的玩具（如刀、箭或玩具枪）。

社会工作者对于儿童早期的攻击倾向的治疗，首先必须分辨不同攻击类型。自我肯定的攻击（assertive aggression），主要是在争取独立自主和学习处世或生存的技巧过程中，无意间攻击父母或他人，这和恶意的攻击不同，恶意的攻击是指通过口语行动企图伤害或刻意胁迫他人屈服。

减少儿童攻击行为的第一要务，是了解儿童行为背后的意义。任何类型攻击行为背后的意义，不外乎想引起他人的注意、定义自己是谁或确保独立的自我。例如，两个儿童为了玩具扭打成一团，其信息不外乎："看我的能耐！""让你见识一下我是什么样的人！""我就是要做我想做的事！"了解背后的理由后，可以教导儿童有效的自我肯定方式，包括常常问孩子有何需要和感受、同理他们的感受，提供抒发负面情绪的渠道，鼓励他们自我肯定，协助他们了解自己是独特的个体，给予成长的空间但不忘管教，告诉他们个人的成长可以不必通过攻击他人或占他人便宜的方式取得等。

儿童的攻击行为类型

1 工具性攻击
争夺玩具和空间

2 敌对性攻击
蓄意伤害他人

3 肢体性攻击
使用武力对付

4 社交性攻击
破坏关系的行为

遏阻儿童攻击行为的方式

不相容的反应技巧 / 不予理会
故意不理会，以避免强化攻击行为

暂停的程序
游戏或争执的中断暂停，暂时将儿童想要得到的注意撤回

角色榜样与教导
成为教导非攻击性解决冲突的榜样或导师

营造无暴力的环境
提供减少冲突的场所

遏阻攻击 Aggression

第五章 儿童期

5-21　儿童与媒体

媒体与科技产品的使用对于儿童发展与行为产生的影响，可以说是最受家长关心的议题之一。对于媒体与儿童发展相关的讨论，大都集中在电视、电子游戏或网络上暴露过多暴力，以及不适合儿童的内容。有关媒体暴力对于儿童影响的研究非常多，此类研究的结论通常是：在媒体上观看暴力行为会对儿童造成负面影响。例如：增加儿童的攻击及反社会行为，以及恐惧和不安全感。

在班杜拉的一个著名研究中，当儿童观看一名成人攻击一个名叫"Bobo"的充气娃娃并得到奖励时，他们也会倾向复制这样的行为。许多父母及专家担心，在电视或电子游戏中的暴力行为，不但被塑造成榜样，还被美化。当儿童看到暴力犯罪被奖励，或是未受到惩罚时，可能导致他们认为使用暴力不是件严重的事。

许多对于媒体暴力的担忧，其实与儿童的发展能力有关。回顾皮亚杰的认知发展阶段理论，儿童要等到所有的认知过程都发展到位后，才有能力分辨现实与幻想。因此学龄前儿童仍然处于幻想（magical thinking）阶段，这表示他们很有可能认为电视上所看到的都是真实的情况，他们无法了解电视上的人是在演戏。因此，儿童并不了解电视上的暴力行为是为了"娱乐效果"，并且可能将此行为解释为社会上的普遍现象和可接受的行为。

电视导致的并不全是负面的影响，有些研究显示电视媒体教导儿童正常健康的见义勇为、友善、合作和敦亲睦邻的精神等值得赞赏的内容。电视节目的设计，如果主题正确、公益性高且宣扬人性的光明面，则足以担任人师的角色，例如：《芝麻街》（Sesame Street）强调了社会正常的活动，如分享彼此的资源、患难与共、体恤相助的人类互相合作的精神与情谊。研究也发现，观看这类节目的儿童，其性格及行为较为正直。

总之，电视节目可提供儿童正面教导功能，也可能具有负面的杀伤力。由研究的案例归纳总结，看了太多电视节目的孩子，多半比较被动、畏缩、没有韧性，不如与同伴结伴而游的孩子来得有创造力及进取心。

另一个需要被关注的议题是，儿童花费在看电视、打电子游戏或上网上面的时间。研究指出，当儿童多花1小时在看电视上，其在课堂上的专注力、数学学习成就及身体活动便相对减少，而身体质量指数（body mass index，BMI）、饮料及零食的消费则相对增加。

当媒体使用越来越成为儿童生活的重心，社会工作者需要与学校老师、家长及其他专业人士合作，为科技对于儿童发展的可能影响，找出应对之道。此外，社会工作者也要处理儿童暴露于媒体暴力的议题，协助个案家庭在媒体使用及其他休闲活动上取得平衡，让儿童多从事身体活动并与同伴互动。最后，对于促进儿童发展的相关政策及立法，社会工作者则要发挥倡导的影响力。以上这些都需要社会工作者持续努力。

媒体对儿童发展影响的四个解释层面

1 观察学习

从社会学习理论而言，幼儿通过观看或模仿来达到对行为的强化而获得学习。不管儿童是由观察别人或观看电视来学习，这些都是事实。电视或媒体提供攻击行为的模仿对象，而且游戏也让儿童历经实际攻击，加上父母、老师、同伴或其他人给予强化，儿童从观察中可学习到特定策略、一般问题解决能力与态度等。

2 认知图式

儿童由媒体所获得的认知图式与由特定观察所获得的行为不同，"图式"是个体对物体或概念的了解，以及在特定情境中可能遭遇的事件顺序。幼儿从媒体吸收到的不真实、刻板化及偏见概念，可能鼓励幼儿有了不正确的认知图式，这些图式可能导致他们将真实的社会情境解释为有危害的，但事实上可能没有。

3 去敏感性

当幼童接触到更多的暴力情节，渐渐地，他们需要更多刺激来产生反应，去敏感性让幼童对暴力情节及行为产生麻痹和迟钝。去敏感性让儿童更加习惯看见电视中的暴力，渐渐地，他们为暴力所惊吓的刺激减少，而习惯于接受它们。

4 提高唤醒水平

暴力情节的刺激可能会增加儿童生理的唤醒水平。唤醒水平指的是此刺激激起个体的情绪及生理反应。

5-22 鲍姆林德的教养风格理论

社会工作者在从事儿童及家庭社会工作时，理解教养的许多层面是很重要的。鲍姆林德（Baumrind）界定了四种不同的教养方式，有助于描述父母在养育孩子时的教养风格（模式），说明如下：

一、专制型父母（authoritarian parents）

此类父母使用坚定、明确的控制，但对孩子较不具关怀和爱，而采取较为拒绝及不回应孩子的方式。对孩子的教养倾向较严厉和处罚性，并未考量孩子的观点或需求，要孩子服从指令，不对孩子提出解释、沟通或妥协。在此种教养风格下成长的孩子，常觉得陷于困境、易怒，而且不敢与父母产生冲突，他们可能在学校学业表现较差，对朋友较具敌意与攻击性，人缘较差，而且较依赖。

二、权威型父母（authoritative parents）

此类型父母给予孩子充分的爱和温暖，而且对孩子使用坚定、明确的规范与控制。此类父母会陪伴孩子并监督，且对行为有清楚的规范、管教和高度的期待。亲子关系是互动、双向沟通的，父母对孩子的行为会给予支持，并倾听孩子的言语与需求。此类型父母养育出来的子女有较好的学业表现、较少的敌意行为和较好的社交关系，自尊且较为独立自主。证据显示，在西方文化中，权威式教养是养育调适良好儿童的最有效方式。然而，这个结论不一定适用于其他文化。并非所有文化在育儿方面都具有相同的价值观，不同的教养方式实际上反映了该文化中哪些是重要的价值特性，从而由父母灌输给儿童。

三、拒绝／忽视型父母（rejecting/neglecting parents）

亦称为宽大疏忽（permissive indifferent）、疏忽冷漠型。此类型父母不会对孩子设限，也不会对子女的需求有所回应。拒绝型父母对子女非常严厉，而且主动拒绝孩子。忽视型则忽视孩子的需求，而且未履行父母应有的责任。此类型的父母，可能本身具有太多压力或缺乏养育技巧，以至于无法适当地扮演父母的角色；此类型父母不能承担养儿育女的责任，或是他们有心理或情绪困扰，他们较为可能成为有毒的父母（toxic parents）。在此类型家庭成长的孩子可能有最坏的发展行为，例如：偏差行为、犯罪、药物滥用或提早有性行为。

四、放任型父母（permissive parents）

此类型父母给予孩子温暖与爱，但很少控制孩子的行为，且较少给予孩子限制或规范。此类型的父母由于较宽容，所以少与孩子产生冲突。极端型的放任型父母是"纵容型父母"（indulgent parents），除了无视孩子的违规行为，甚至还会促使违规行为发生。此类型父母所养育的孩子较可能冲动，学业表现较差，较少自我肯定，较依赖及少有自信心。

鲍姆林德发现，父母的温暖和支持，以及为子女的社会互动设定合理的要求与期待，能帮助儿童养成更好的社交能力，社会调适的情形也比较好。另有证据显示，在养育方面最重要和最有效的方法，甚至可能比特定风格的教养模式更有效的，是一致性和关怀。

鲍姆林德的父母教养风格理论

↑ 高

控制

1 专制型父母
- 父母控制、顺从,严厉处罚
- 孩子不快乐、恐惧、焦虑,而且缺乏主动性和沟通技巧

2 权威型父母
- 父母提供一致性的支持和妥协,有限度地约束,鼓励独立性
- 孩子积极主动、自我导向、具沟通和合作的能力

低 ← 温暖   温暖 → 高

3 拒绝/忽视型父母
- 不对孩子设限、不对需求有所回应
- 孩子易具有偏差行为

4 放任型父母
- 父母高度关注孩子,不提供多结构性规范或控制、对孩子的要求很少
- 孩子自我控制能力差、缺乏对他人的尊重

控制

↓ 低

祖父母教养风格

- **玩伴**:祖父母扮演孙子女的玩伴,双方都能在祖孙关系中享有共同的乐趣。
- **遥远人物**:祖父母只偶尔与孙子女接触,几乎不参与孙子女的生活。
- **代理父母**:祖父母承担了照顾孙子女的大部分责任。
- **正式角色**:祖父母仅偶尔提供照顾服务或提供给孙子女一些特殊待遇,所有教养责任都由父母自己承担。
- **家庭智慧传承者**:祖父母扮演权威角色,扮演智者,传授技巧、传统和故事等。

5-23 霍夫曼的父母管教策略理论

霍夫曼（Hoffman）提出三种管教策略，每一种都有其深远的影响，因为会对儿童的发展产生助益或伤害，因此使用时必须加以考虑，以便决定使用何种方式。分类如下：

一、权威施压的管教（power assertive discipline）

权威施压的管教方式，包括体罚、处罚的威胁或通过肢体的方式控制儿童行为。研究显示使用这些方式可能会增加儿童的侵犯行为，其理由可能是：父母管教的行为提供儿童角色模仿的机会，与父母有冲突的儿童会以为这是解决问题与争端的最佳手段（吵闹和威胁），权威施压方式也会造成孩子的尴尬与羞愧感，甚至导致自我价值的低落，自我价值比较低的儿童更倾向于使用侵犯行为来处理问题。

二、爱的撤回（love withdrawal）

爱的撤回是指儿童有不当的行为时，父母将爱撤回。撤回的方式可以是口头的贬抑、威胁要将小孩送走及指出对方不当的行为是造成不再被爱的原因；除口头之外，也可用行动表示，故意不理或故意不和儿童互动（又称沉默的威胁）。这种管教方式对儿童不太公平，因为儿童的行为再严重也不应让他们承受这类惩罚。这类惩罚也容易造成负面的结果，包括引起焦虑、过度恐惧和减少儿童情感的表达。

三、循循善诱（induction）

循循善诱是指通过解释和理性说明，企盼能够影响儿童的行为。其特征是不以强制或权威管教，重点在于：说明儿童必须依照父母指示而行动的理由，提供儿童决定行动和思考是否行动的空间，考虑儿童认知能力和道德发展的阶段或层次，不将成人的标准强加在他们身上。此方式的优点包括有助于儿童发展内在的道德标准、获得自我控制的经验、学习考虑和体贴他人的立场，这些都是权威施压之下的儿童更无法习得的。

1998年，美国儿科学会及许多亲职专家，提供了父母应如何管教孩子的一些建议：

（一）管理情境：父母应该要了解孩子身处的情境，而且能设身处地管理孩子周遭的情境，以减少孩子发生越轨行为的诱因。

（二）设立清楚的规矩与规范：父母需要清楚指出何事是可以做的，哪些事是不允许的，而且不要一下子就立太多的规矩，要以孩子的年龄及发展能力作为制定规矩的指标。

（三）奖励好的行为：不要尽抓孩子的小辫子，而是要多注意孩子表现适当及良好的行为，适时鼓励与强化其正向的行为，并给予正向的反馈。

（四）循循善诱、解释及讲道理：这种方法最能培育小孩自主性及高道德行为。温暖、诱导及讲道理的讨论，给予父母对孩子表达温暖及情感的机会，示范正向处理冲突的技巧。利用循循善诱及沟通方法来增加良性的亲子互动，以实现双赢。

（五）利用"取消特权"或"暂停"的处罚来替代体罚：善用行为修正技术来改正孩子捣蛋行为，"取消特权"或"暂停"是一种处罚，被使用来减少非期望行为出现的频率，此种管教行动与策略对孩子较温和，也符合适龄发展实务。

霍夫曼的父母管教策略理论

01 权威施压的管教
- 体罚、处罚的威胁、肢体的方式控制儿童行为
- 造成孩子羞愧、自我价值的低落

02 爱的撤回
- 口头的贬抑、威胁、不理会，让孩子担心自己不再被爱
- 引起孩子焦虑、过度恐惧、减少情感表达

03 循循善诱
- 透过解释和理性说明
- 有助于孩子道德标准发展、取得自我控制、体贴他人

第五章 儿童期

霍夫曼的父母管教策略的案例

- 妈妈说：小成，进屋子来，不听话，我就打你屁股。
- 孩子的反应：愤怒或不满。

循循善诱的例子：
- 请不要靠近那道墙壁，因为墙壁不够坚固，可能无法支撑你的重量（目的是避免受伤）。
- 你今晚不能看电视，因为你违背了不能无缘无故发脾气的规范（诉诸公平公正）。
- 请不要一边讲话，一边嚼食物，不太符合餐桌应有的礼仪（诉诸行为规范）。

- 妈妈说：小成，该进来了，晚餐已经好了，今晚你阿姨要和我们聚餐，再不进来我们会迟到的。
- 孩子的反应：这是循循善诱，这种方法可以帮助儿童了解自己的行动要依照父母指示的理由，儿童会比较合作。

5-24　亲职教育模式

社会工作者常常需要担负亲职教育的责任，有时必须带领亲职教育团体，或协助寄养父母学习如何管教托养儿童，或提供未婚青少年父母亲职教育课程等。兹说明四种最常用亲职教育模式，每一种都有它基本的运作原则，这些教育模式包括父母效能训练（parent-effectiveness training，P.E.T）、父母参与训练（parent-involvement training，P.I.T.）、行为修正（behavior modification）、父母效能系统训练（systematic training for effective parenting，STEP）。本单元先说明父母效能训练，其余亲职教育模式于后续单元说明。

一、父母效能训练（parent effectiveness training，P.E.T）

（一）父母效能训练是人文学派的主张，强调父母和儿童之间的关系应该是相互尊重的。戈登（Gordon）认为父母应该永远放弃权力的使用，其理由有二：一是权力会伤害人，也会破坏人际关系；二是权力的运用会妨碍P.E.T.中无伤的（no-lose）解决冲突方法的实施。P.E.T.对儿童行为的看法与众不同，认为没有所谓的不当行为，任何行为的目的只是满足需求。

（二）P.E.T.主张的第一个策略是鼓励父母和儿童双方将焦点放在双方关系中没有问题的层面，其做法是环境营造，也就是营造一个可以减少问题发生的环境。例如：将药物摆在儿童拿不到的地方，可减少父母的干预和双方的冲突。一个问题较少的环境，也是一个能让双方避免过度互相干扰、气氛轻松、放松个体和保持冷静的环境。

（三）当这些措施无效的时候，才诉诸P.E.T.的重要技巧。首先，父母要问："这是谁的问题？"（问题的归属）如果这是儿童自己必须解决的问题，则父母要倾听。例如：儿童因为弄丢了学校的作业本而无法交给老师，在学校被训诫，放学后，进入家门就面有怒色。这是儿童自己的问题。父母要学习如何协助儿童了解、接纳和处理自己的感受。父母可以对儿童说："你很生气，我知道准时交作业对你来说是很重要的事。"许多父母使用的方式不太适当或不太有效。例如：一听到孩子这么说，便生气地严加责备，有些父母则企图合理化孩子的行为，或想要替代儿童成为问题的解决者。

（四）如果父母无法接受孩子的行为，问题便归属于父母，父母是解决问题的关键。这时候必须使用的策略是：使用第一人称"我"来传达信息或自己的感受，避免使用第二人称的"你"，以第二人称为开头的话语带有谴责和贬抑，容易造成儿童自我价值的低落。例如，儿童将音响的音量调高，父母可以对他们说："我真的需要安静片刻，请你将音量调低点，好吗？"如果以第二人称则常会变成："你每次都这样，只会吵人，什么都不会。"

（五）当上述两种方法都无效的时候，最后才使用无伤的（no-lose）问题解决方式：父母和儿童一起坐下，双方合作一起解决问题。

P.E.T.强调的管教原则

	问题归属	管教原则
父母 **能够接受** 的行为	问题归属于儿童（儿童是问题的解决者）	父母倾听
	没有问题	
父母 **无法接受** 的行为	问题归属于父母（父母是问题的解决者）	以"我"（第一人称）传达信息，必要时，使用"无伤"的问题解决方法

无伤的（no-lose）问题解决步骤

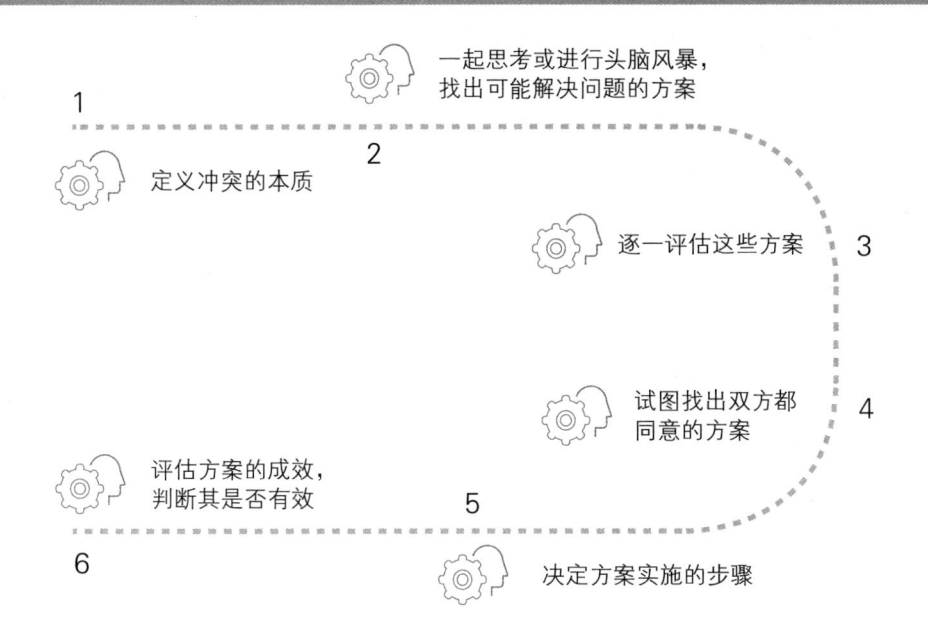

1 定义冲突的本质

2 一起思考或进行头脑风暴，找出可能解决问题的方案

3 逐一评估这些方案

4 试图找出双方都同意的方案

5 决定方案实施的步骤

6 评估方案的成效，判断其是否有效

第五章 儿童期

5-25　亲职教育模式（续1）

社会工作者常常需要担负亲职教育的责任，有时必须带领亲职教育团体，或协助寄养父母学习如何管教托养儿童，或提供未婚青少年父母亲职教育课程等。兹说明四种最常用的亲职教育模式，每一种都有它基本的运作原则，这些教育模式包括父母效能训练（parent-effectiveness training，P.E.T）、父母参与训练（parent-involvement training，P.I.T.）、行为修正（behavior modification）、父母效能系统训练（systematic training for effective parenting，STEP）。本单元接着说明父母参与训练、行为修正，其余于后续单元说明。

二、父母参与训练（parent-involvement training, P.I.T.）

参与训练的主旨是鼓励父母参与，尤其是与学校教师合作，其理由是父母行为的改变根植于充满信任、接纳与温暖的人际关系。被信任的儿童和自我肯定的儿童，行为较容易被改变。P.I.T.教导父母要随时融入孩子生活，尤其是当他们有需要或情绪不佳时。父母不可接受任何借口，且应避免使用处罚，与孩子一起玩游戏，提示儿童评估自己的行为等（P.I.T.训练方案的七个步骤如右页图示）。

三、行为修正（behavior modification）

（一）行为修正的重点在于教导父母如何将行为学派的原则应用到管教儿童上，这些原则包括行为的强化、惩罚、消除、区辨分化（discrimination）和冲动的控制等。首先教导父母选择和定义想要改变的行为，行为的改变不外乎决定要增加行为的次数或减少行为发生的频率。选定了想改变的行为且学会如何定义之后，还要学习如何监控与记录该行为，以便评估行为的严重性和后来行为改变的程度。例如：使用图表表示或记录。这些都学会之后，开始教导父母行为改变的原则。想要增加行为出现的频率时，通常可以使用赞美或代币制度（累积点数以换取金钱、奖品或特权），多数运用行为修正法的专家，会强调赞美的使用胜过其他的行为修正原则，他们会鼓励父母在儿童表现出好的行为时，大加赞美，为了增加赞美的次数，还鼓励父母以小卡片自我提醒，甚至将儿童行为的进步，以图表记录并张贴，以自我勉励。

（二）想要减少行为的次数，通常要使用各种不同的惩罚方法。例如：使用消除（不理或忽视），以减少上床前哭闹的行为或避免强化其行为。此外，两个最常被使用的惩罚方式是暂停和撤销原有的特权。暂停是让儿童在角落静坐2~6分钟，以引起枯燥无聊或避免强化其行为；撤销是取消代币制度的点数或特权，如果行为持续下去，进一步取消日常的特权，例如：为了减少手足之争，可取消看电视的特权。

P.I.T.训练的七个步骤

1. 常常参与或投入，尤其是以聊天的方式，集中在双方都感兴趣的事物上。

2. 协助儿童辨识自己当下行为的特征，并且认识到那是他们自己选择的行为模式，虽然不可忽略儿童的感受，但此时将焦点放在行为上是必要的。

3. 提示儿童评估自己的行为，要他们扪心自问自己的行为是否有益。

4. 协助儿童策划负责任的行为，要避免好高骛远，最好能有成功的经验作为行为持续的动力。

5. 协助儿童对计划的实施有所承诺，和他们订下契约可以增进其动机和投入的意愿。

6. 不接受借口，如果他们没有照着所承诺的去实践，回到步骤3，重新开始。

7. 避免使用惩罚，因为惩罚可能造成身心的痛苦，导致孤独、孤立和敌意，多运用鼓励或奖励等正强化的方式，必定可以激发儿童的动机和增加他们的投入。

5-26 亲职教育模式（续2）

社会工作者常常需要担负亲职教育的责任，有时必须带领亲职教育团体，或协助寄养父母学习如何管教托养儿童，或提供未婚青少年父母亲职教育课程等。兹说明四种最常用的亲职教育模式，每一种都有它基本的运作原则，这些教育模式包括父母效能训练（parent-effectiveness training, P.E.T）、父母参与训练（parent-involvement training, P.I.T.）、行为修正（behavior modification）、父母效能系统训练（systematic training for effective parenting, STEP）。本单元先说明父母效能训练，其余亲职教育模式于后续单元说明。

四、父母效能系统训练（systematic training for effective parenting, STEP）

父母效能系统训练来自阿德勒（Adler）学派的影响，鲁道夫·德雷克斯（Rudolf Dreikurs）首先将其运用到亲职教育实务上，之后丁尼迈耶（Dinkmeyer）及麦凯（McKay）运用德雷克斯的想法，进一步设计了一套完整的亲职教育模式，其主要概念如下：

（一）了解影响子女态度和信念形成的因素：家庭中的许多因素，如遗传、家庭气氛、价值观和父母教养方式，皆是影响孩子行为的重要因素。生活中的重要成人被子女当作角色榜样，也是影响孩子的态度和信念的重要因素。

（二）儿童不当行为的目的：阿德勒认为人的行为皆是有目的的，德雷克斯则指出小孩的行为背后有四个目的，引起注意、争取权力、报复和自信心不足。因此，父母需要学习鼓励和管教策略。除了强调给予儿童许多责任，避免过度保护或不必要的代劳，还要使用自然和合理的逻辑结果，让儿童能够有机会体验自己的行为和抉择（不论好坏）所带来的结果。

因此，父母效能系统训练这种亲职教育训练的基本信念是：行为不当的儿童是缺乏鼓励的儿童。父母需要学习使用鼓励与管教的策略，说明如下：

鼓励：强调给予儿童许多的责任，避免过度保护或不必要地代劳。例如：让儿童自己倒牛奶，若没倒好，为其擦拭桌面，让其继续尝试。这样儿童才能由自己的行为中得到教训，这在管教的技巧上更具效果。

管教：是指运用自然与逻辑的结果，让儿童能够有机会经验自己的行为和抉择（不论好的或坏的）带来的结果。这和行为修正的原则不同。惩罚与奖励儿童的行为，是指父母要为儿童的行为负起责任。STEP讲求的管教是儿童自己做决定，并由好的决定得到益处，为坏的决定承受后果，如此儿童会为自己的行为负责，不必受父母的干预。例如：儿童太晚回家，错过晚餐，他们必须自己准备晚餐；忘了穿外套，必须面对可能的感冒；错过了公交车时间，必须走路去学校，这些都是紧跟在行为之后的自然结果。如果自然结果不会发生，或者会引起危险，则必须改用逻辑的结果。例如：父母觉得儿童自己在外面玩太危险，就必须在家里玩；儿童如果在墙壁上乱涂鸦，父母就必须将蜡笔没收。STEP训练者认为，使用自然和逻辑的结果管教儿童，比使用奖励和惩罚还要有效，可避免父母介入所造成的权力角逐，并且提供给儿童从实际生活中习得结果的机会。

STEP的管教策略

鼓励
给予儿童责任，避免过度保护或不必要地代劳。

管教
儿童要为自己的行为和抉择带来的结果负责。

亲职教育模式

亲职教育模式	主要假设／目标	关键概念
父母效能训练	人类学取向：父母应该放弃使用权力	确认谁是产生问题者，若为儿童则积极倾听。若为父母，以单一人称传递信息。无效的话，即使用"无伤"的问题解决模式。
父母参与训练	父母行为的改变根植于充满信任、接纳与温暖的人际关系	被信任的儿童和自我肯定的儿童，行为容易被改变。
行为修正	使用强化的原则，来改变儿童的行为	定义与改变、追踪及监督进展、执行计划。
父母效能系统训练	阿德勒取向：需了解不当行为背后的原因，发展责任感	四种目标：注意、权力、报复与自信心不足，协助儿童增加责任感，避免过度保护且使用自然合逻辑的方式。

第五章 儿童期

5-27　家庭的形态

随着社会的变迁，家庭呈现多样的形态，兹说明如下：

一、收养家庭与重组家庭（step families and blended families）

亦称为混合家庭。即通过再婚而组成的家庭。收养家庭常会再生育以增添家庭的成员。父母之一或双方带着前任婚姻或结合关系的小孩住在一起，共组新家庭，家庭成员可能包括继父、继母和来自前一任婚姻的孩子。此种家庭的成员也可能包括目前婚姻所生的孩子。如同离婚一样，父母再婚与家庭的重组也会造成儿童适应上的困难。重组家庭中父母各自带来的孩子需要时间彼此认识并建立关系，家中的每一位成员也都需要适应新家的环境，以及新的角色和责任。此外，再婚的父母双方通常需要一段时间适应同居的婚姻生活，这也会让孩子们承受额外的压力。

二、单亲与同居家庭（single parent and cohabiting households）

单亲家庭是指双亲只有一方与小孩住在一起，形成单亲家庭的最主要原因为离婚。在美国，2012年的新生婴儿中，约有41%为未婚女性所生，约42%的12岁儿童会生活在同居家庭，而这个比例几乎是与离婚父母一方同住儿童的2倍。

三、隔代教养家庭

隔代教养一般又称"隔代家庭"或"祖孙家庭"，是指小孩因种种原因无法与父母同住，只得与祖父母生活在一起，而由祖父母代为照顾子女及承担教养责任的家庭。隔代教养家庭有狭义及广义之分：狭义指由祖父母负起孙子女照顾及教养责任的家庭，父母很少或根本没有履行教养责任；广义则如三代同堂，或晚间父母、周末父母、假期父母等情形，即父母仍或多或少履行教养责任的情形。

四、饱和家庭（saturated family）

汤米晚上7点在学校有活动，所以要在6点吃饭，他的姐姐玛莎则在曲棍球场等着家人接她回来。因为母亲萨拉在办公室有会议，8点后才能离开，所以到时候既没有人做晚餐，也没有人去接玛莎。萨拉曾请先生瑞克早点回家帮忙，但是他要准备隔天飞往达拉斯出差，必须工作到晚一点。隔天是萨拉母亲的生日，但是他什么都还没准备。除此之外，家中的电话录音机还有紧急的信息，一则是瑞克的老朋友说会在城里待一天，想顺道拜访他；另一则是萨拉好友向她哭诉自己的婚姻问题。格根（Gergen）称这种现代家庭为"饱和家庭"。

米纽庆（Minuchin）与菲什曼（Fishman）提出家庭的四种形态

01 两人组合的家庭

只有两人组成一个家庭，这种家庭可能只有夫妻两人或单亲家长及一个单独的孩子。这种两人家庭的结构可能是一种共生共存的相互依赖形式，两个个体在生物体上相互依赖，在这种家庭中，两个人可能十分相依为命。

02 三代同堂家庭

通常由社会经济地位较低的团体所组成。在这种几代同堂的家庭中，有着祖父母、父母和儿童们，这种组合最常见的问题是，谁负责管教孩子。

03 单一权威家庭

是指配偶一方因职务所需经常离家，如海军家属。其家庭模式是由夫妻一方挑起大梁，肩负双重的责任，既为家庭照护者、执行者，又是负责教导孩子的人。

04 流动家庭

流动家庭（fluctuating families），指的是家庭中的关系不定型，长期处于不断变动的状态，缺乏界限。流动家庭必须适应权力结构的丧失，传统上的阶级与权力结构概念，将逐渐不适用于现代家庭。另外，亦可指这种家庭时常移动于不同的地区，所以对家庭成员而言，认同一个特定地方为家的概念是因为移动而逐渐消失的，一个成年人可能因为常常转换关系而认为人际关系缺乏意义。

第五章 儿童期

5-28　儿童福利服务

本单元说明儿童福利服务的类型，以及儿童保护的三级预防机制，内容如下：

一、儿童福利服务的类型

卡督逊（Kasushin）及马丁（Martin）依据儿童与家庭系统互动的目的，将儿童福利分为三类：

1. 支持性服务（supportive service）

（1）支持性服务是以家庭为基础的计划（home-based programs）和儿童保护机构的工作。主要目的在支持、增进及强化家庭满足儿童需求的能力，避免家庭关系或结构因家庭成员长期承受压力而破坏，进而影响儿童的福祉。

（2）支持性服务是儿童福利的第一道防线，其具体的服务内容包括未婚妈妈服务、儿童虐待疏忽预防性服务、社区心理卫生及家庭与儿童咨询服务等。

2. 补充性服务（supplementary service）

（1）补充性服务是为弥补家庭照顾的不足或不适当。主要目的在应对父母角色不适当执行，以致影响亲子关系，经由家庭系统之外提供补充性服务的适当协助，帮助父母拥有照顾子女的能力，使子女仍能生活于家庭中，避免子女受到伤害。

（2）补充性服务为儿童福利服务的第二道防线，其具体的服务内容包括经济补助、托育服务和居家服务等。

3. 替代性服务（substitutional service）

（1）替代性服务是在家庭发生特殊状况致严重危害儿童受教养的权益，需要短暂或永久解除亲子关系时，对儿童进行家外安置或收养的服务。替代性服务必须以"儿童的最佳利益"作为家外安置服务的主要依循准则，且长远规划（permanency planning）的原则为亲生家庭教养，其次为亲属寄养、一般家庭寄养和机构教养。

（2）替代性服务为儿童福利服务的最后一道防线，其具体的服务内容包括寄养服务、机构安置及收养服务等。

二、儿童保护的三级预防机制

初级预防：避免及阻止虐待案件的发生，此部分有赖于社会宣传、亲职教育，以及儿童服务工作者、学校老师与大众媒体扮演积极角色。

次级预防：帮助及保护不幸的受虐者。此部分主要依赖良好的责任通报制度和辅导照顾措施，在此过程中，社会工作者、医疗体系人员、儿童保护机构工作者和司法人员特别重要。

三级预防：治疗受虐儿童所受到的伤害，共同预防进一步受害。最主要是身体治疗、寄养服务、心理辅导等，社会工作者和医疗人员都有责任为此努力。

整体而言，从广义角度看，儿童福利是以全体儿童的成长与发展为主，以发展或制度化取向（developmental or institutional orientation）为原则，采取积极性、发展性、预防性及全面性的福利举措，保障所有儿童的各项基本权益，并兼顾成长发展需求的一项福利服务。从狭义角度看，儿童福利是以特殊需求儿童的特定需求为主，以残补或最低限度取向（residual or minimal orientation）为原则，采取消极性、保护性、补救性及问题解决性的福利举措，以保障弱势儿童的权益，提升其生活福祉的一项福利服务。

少儿保护社会工作者的助人者角色

评估者
提供对少年儿童的安全性评估；进行家庭功能与需求评估。这个工作自受理通报开始到结案都会持续进行。

教育者
帮助家长、大众了解儿童少年保护的观念。提供教育示范，以及表现出合理的权威运用。

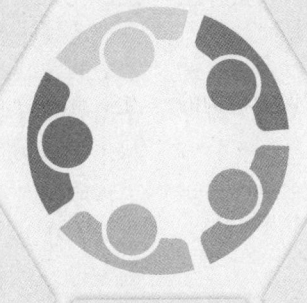

协调者
协调网络各单位提供家庭服务；协助处理家庭关系。

行政者
完成组织所规定的工作记录或行政工作。

资源连接者
整合适当资源，减轻个案家庭照顾者生活上的压力。

倡导者
协助个案反映现有制度上的不平等，以及协助他人理解个案的身心或家庭状况，倡导个案权益的维护。

5-29　儿童虐待发生的理论

对于儿童虐待的发生，有不同的理论解释观点，说明如下：

一、心理动力模式

虐待儿童的加害者通常在童年时期也有被虐待的相同经历，导致个人的自我概念模糊、性格偏差、对人缺乏信任感、挫折容忍力低或人格不成熟等。他们因童年时期的不满足导致内在冲突，并在不知不觉中重演潜意识中的早年受虐经验，或是陷在缺乏养育知识的恶性循环中，对孩子有不合理或非理性的要求，甚少思考孩子在不同年纪有不同的发展和需要。

二、人格特质模式

本观点是分析施虐父母的人格特质。施虐父母通常自制力差、挫折容忍力低、易冲动、缺乏安全感、自尊低或自我认同混乱等，这些施虐父母会较孤立且少与社会接触，所以难以信任他人，因此，当有环境上的压力时，就容易做出施虐行为。此外，父母会对孩子有过高的期望或因担心太宠孩子而不当苛求，当孩子无法达到父母要求时，施虐行为便会发生。

三、社会学习模式

本观点认为行为经由人们的经验与认知而习得，强调儿童早期的生活经验对儿童的未来具有决定性的影响。在儿童社会化过程中，儿童与主要照顾者或重要他人的互动模式将奠定儿童日后的行为模式。因此，如果儿童在童年时期的需求没有得到适当的满足，也缺乏适当的角色模仿对象，在为人父母后也就缺乏适当的养育知识。如果童年曾有受虐待的经历，虐待模式便在世代间传递；另外，施虐行为可以带来想要获得的结果，因此当受害者顺从压迫时，施虐者将因此得到权威、控制及心理的满足，进而强化其施虐行为。亦即，不管是施虐者还是受虐者的行为，都是学习而来的。

四、社会心理模式

本观点强调儿童虐待不是单一因素所促成的，而是由诸多因素共同引起的，且各个因素间有相当复杂的关系。其认为父母虐待子女是其应对压力的一种形式，而造成压力情境的因素则有：父母关系不和睦、家庭结构不稳定、失业、社会疏离、子女本身的偏差行为、父母社会经济地位或社会化程度等。当施虐父母面对社会和孩子所带来的一连串的压力，再加上突发性危机事件，虐待行为就极有可能发生。

五、环境压力模式

此观点并非探讨个体差异，而是对整体社会、价值和家庭组织的共同特质做研究，包括社会经济地位、失业和拥挤的环境等。可能引起儿童虐待的环境压力有低教育程度、贫穷、种族、失业或因工作压力过大导致失控而虐待的情形。另外，婚姻冲突、配偶遗弃、疾病、经济问题、缺乏亲职教养技巧或缺乏社会支持系统等因素，也较易促成虐待事件的发生。当压力产生而又无资源可供利用或压力无法纾解时，施虐者便将压力转移至孩子身上。

六、精神病理模式

此观点认为，虐待行为的发生起因于施虐者罹患各类精神疾病，影响其个人心理健康状况，进而导致虐待行为的发生。

儿童虐待对于成长与发展可能造成的影响

生理损伤	认知损伤	情绪损伤
身体虐待或疏忽		
■ 烫伤、疤痕、裂伤、骨折、重要器官及四肢的损伤 ■ 营养不良 ■ 身体暴露于外 ■ 皮肤保健不良 ■ 牙齿保健不良 ■ 严重健康问题 ■ 严重牙科问题 ■ 发育不良综合征 ■ 死亡	■ 认知能力迟缓 ■ 语言能力迟缓 ■ 心智迟缓 ■ 现实感迟缓 ■ 思考过程的整体阻碍	■ 负面的自我概念 ■ 攻击行为增加 ■ 同伴关系不佳 ■ 冲动控制不佳 ■ 焦虑 ■ 注意力缺乏 ■ 逃避行为
性虐待		
■ 口腔、肛门及阴道部位受伤 ■ 生殖器及直肠部位疼痛 ■ 生殖器及直肠部位出血 ■ 生殖器及直肠部位撕裂伤 ■ 性传染病	■ 多动 ■ 性行为异常	■ 过于适应的行为 ■ 过于顺从的行为 ■ 感统失调（咬指甲） ■ 焦虑 ■ 抑郁 ■ 失眠 ■ 做噩梦 ■ 自残
情绪虐待		
	■ 悲愤的人生观 ■ 焦虑及恐惧 ■ 扭曲的世界观 ■ 道德发展缺陷	■ 疏离 ■ 亲密问题 ■ 低自尊 ■ 抑郁

5-30　儿童虐待类型：身体虐待

儿童虐待（child abuse or maltreatment），是指违背社会对儿童照顾和安全所定规范的情况，包括身体虐待、疏忽、情绪虐待和性虐待等类型。兹分多个单元依次说明各类型，本单元及下一单元说明身体虐待。

身体虐待（physical abuse）是指对儿童身体施加的伤害，例如：造成骨折、严重和轻微烧烫伤、头部受伤和瘀伤等。另外，身体虐待还包括一些未造成明显可见伤痕的身体碰触，例如：打耳光、殴打、使用皮带或以戒尺体罚。儿童身体受虐的指标，包括身体指标及行为指标，说明如下：

一、身体指标

（一）瘀伤：婴儿身上的任何瘀伤都应该被怀疑，他们甚至还不能行动，所以不太可能弄伤自己。瘀伤的部位或形状不寻常，可能是身体虐待。当瘀伤形状可辨识为手印或皮带印等时就该注意。最后，如果瘀伤颜色深浅不一，可能意味瘀伤已经一段时间了。

（二）撕裂伤：经常发现无法解释原因的割伤、擦伤或抓伤，可能是身体虐待。应该要注意脸部和生殖器的撕裂伤，咬伤也可能是虐待。

（三）骨折：骨折和其他骨头的伤害可能是虐待的指标，特别是奇怪的扭曲变形骨折和多处骨折更是无可掩饰的症状。婴儿骨折原因可能是虐待，其他则为关节脱臼和骨膜受伤。

（四）烧烫伤：特别是部位或形态奇怪的烫伤，可能是虐待的指标。儿童被香烟烫伤与绳索烙印（被捆绑与监禁），或发生在难以到达的部位，如腹部、生殖器或脚底烫伤都是虐待的线索。烫伤的形态也会指出孩子被何种物品所伤。

（五）头部受伤：其指标包括颅骨骨折、强烈拉扯之后的掉发及硬脑膜下血肿等，黑眼圈也很可疑。强烈摇晃孩子会造成视网膜脱离或出血。

（六）内出血：踢打可能造成孩子脾脏、肾脏及肠道的伤害，静脉破裂及腹膜炎都可能是虐待指标。

二、行为指标

（一）极度被动、亲切和低姿态的柔顺行为：避免与父母潜在冲突，因为这可能会导致被虐待。受虐儿童异常温和及驯服，以避免任何与施虐父母可能的冲突。假如他们可以隐形，就不会激怒父母。因为过度关注自己，受虐儿童甚至会避免玩乐，这种行为模式有时被称为过度警戒。

（二）因为需求未被满足而产生愤怒及挫折，导致对他人有明显攻击行为与敌意：有些孩子在初期时会装出完全相反的过度被动态度，这些孩子拼命地想要被注意，会试着做任何事来得到注意，即使只能从父母处得到负面的注意，这会强化他们的攻击行为。

（三）发展迟缓：因为受虐孩子被迫将他们的精神放在适应受虐状态上，经常呈现出发展迟缓的状态，如语言迟缓、社会技巧发展不足或动作发展迟缓。

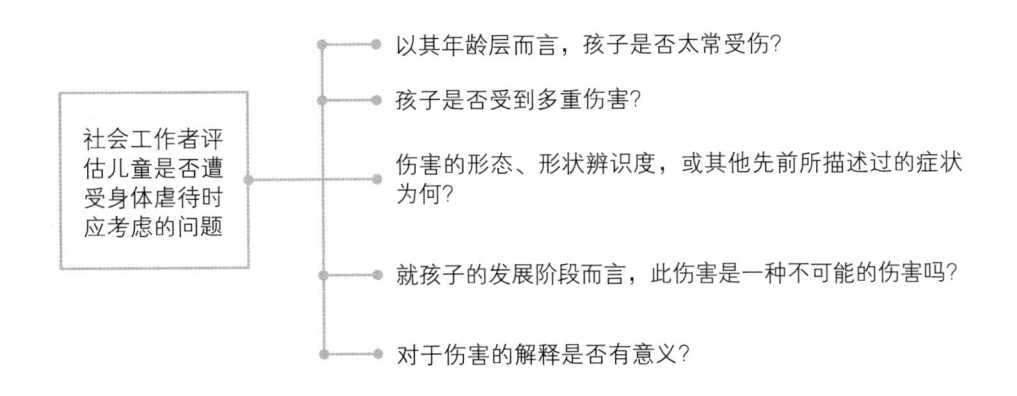

社会工作者评估儿童是否遭受身体虐待时应考虑的问题

社会工作者评估儿童是否遭受身体虐待时应考虑的问题
- 以其年龄层而言,孩子是否太常受伤?
- 孩子是否受到多重伤害?
- 伤害的形态、形状辨识度,或其他先前所描述过的症状为何?
- 就孩子的发展阶段而言,此伤害是一种不可能的伤害吗?
- 对于伤害的解释是否有意义?

儿童虐待的相关综合征

摇晃婴儿综合征(shaken infant syndrome)

是指摇晃婴儿所造成头部的伤害。由于婴儿的颈部肌肉很脆弱,在快速的摇晃之下,大脑可能会撞击头骨,造成婴儿颅内出血和脑部的伤害,也可能导致永久性神经损伤、抽筋、失明或耳聋。看得见的症状则包括昏睡、哭闹、呕吐、没有胃口及抽筋等,有25%的婴儿甚至会死亡。

代理孟乔森综合征(Munchausen's syndrome by proxy)

受虐婴儿通常会有多种不同的病症,这些症状多数是照顾者(通常为母亲)亲手造成的。制造症状者通常也是最先发现孩子有症状的人,她们会通报家人或医疗人员,虐待者通常有强烈想要立功的欲望或被孩子依赖的需求。例如:母亲会喂孩子喝糖浆,使之呕吐;或将血滴入孩子的尿中,让人觉得这孩子好像病了。

5-31　儿童虐待类型：身体虐待（续）

虽然造成儿童虐待的背后动机相当复杂与多元，但其共同特征包括以下六个方面。并非每个人都具备全部特征，可能只会具备某些问题。兹将儿童虐待的施虐者的特质，说明如下：

一、人际和抚育的支持

施虐者的基本特质是低自尊，从儿童期开始他们的情感需求就没被满足，所以他们也无法满足孩子的需求。因为对自我能力信心不足，导致抗拒和敌意。他们不知道如何得到支持，一方面觉得没受到帮助，另一方面极度渴望别人的支持。

二、社会孤立

施虐者的自信可能较低，自认为不被喜欢，所以将自己隔绝起来。即使需要他人的情感支持，他们也拒绝关心、害怕关心，不想与别人联系，导致压力与日俱增，无人能够协助。

三、沟通与人际关系困难

施虐者与家人、重要他人的关系恶劣，沟通困难，有敌意。低自尊也会影响他们与伴侣，甚或重要他人的关系。施虐者不知道如何满足自我需求，且因为不知道如何适当表达感受，而衍生失望与愤怒。即使在婚姻或伴侣关系中，他们还是觉得孤立和孤单。父母无法互相沟通时，可能会迁怒孩子，会把要对伴侣或重要他人表达的暴力跟愤怒，发泄在孩子身上。

四、养育技巧不足

许多施虐者不知道如何养育孩子，由于他们的原生家庭经验可能是充满敌意和虐待的，因此从未从父母和照顾者身上观察到养育行为，所以也就无法学习到如何养育子女。此外，他们可能要求孩子完全顺从，或管教行为不一致，具有敌意且缺乏正向互动。

五、适应技巧不佳

施虐者可能无法适应压力，故压力由孩子替代承担。他们缺乏愤怒管理技巧，也不知道如何满足自我情绪需求，也可能没学习到如何区分感受、情绪与行为，因此当生气时，他们无法以口语讨论，就使用拳头。未能学习适当的责任划分技巧，施虐者倾向将自我过错怪罪于他人，例如：是因为孩子太顽皮，是孩子的错，所以孩子应该被打。施虐者可能也缺乏决策和问题解决技巧，很难表达和评估对各种不同选择的正反面影响。

六、高度外在压力与生活危机

儿童虐待与低社会经济地位有关。贫穷导致压力，施虐者缺乏适应策略，觉得孤立又无力。其他生活压力，如失业、生病、婚姻或家庭争执，甚至孩子的行为，都可能将其逼到边缘无法适应，他们排除压力最简单的策略就是施虐，随手可得的目标就是孩子。

儿童意外伤害与虐待伤害的辨别

意外伤害	虐待伤害
伤害发生的过程能够交代清楚,且前后症状一致;在意外发生之后即刻产生	没有人知道伤害如何发生,说辞一变再变;伤害之后,几天才产生症状
意外发生之后,照顾者即刻寻求医疗照护	伤害之后,照顾者可能寻求医疗照护
意外发生的时候,有人目击	只有一人知道伤害如何发生,没有其他任何人目击
有人知道意外怎么发生,并可以清楚描述	总是同一套说法,孩子从床上或椅子上跌下来(警察称之为"杀手沙发")
意外发生通常有一件主要的事件,例如: • 主要的伤害发生在家以外的地方 • 跌下来并不是死亡或受伤的主因 • 从较高的地方(如3米以上)跌落	伤害的原因通常微不足道,例如: • 从1米以下的高度跌下 • 是兄弟姐妹将小孩丢下而造成的 • 将零星的小伤害解释为一项主要的伤害
小孩行动自如	小孩无法动弹

福沃德(Forward)提出的伤人的父母的特征

1. 无法胜任教养子女任务的父母
经常只顾自己的问题,把子女当成小大人,反而要求子女来照顾他们。

2. 主宰欲强的父母
用罪恶感来控制子女,甚至过度地照顾子女的生活,让子女没有自己的生活。

3. 酗酒的父母
把大部分时间精力用在否认自己的问题,置子女的生活与成长于不顾。

4. 情绪虐待者
经常嘲笑、批评、挑剔、讽刺、数落、吼叫、谩骂和侮辱子女,打击子女的自尊心。

5. 身体虐待者
动不动就发脾气、责骂子女、体罚子女,用体罚来控制子女的行为。

6. 性虐待者
对子女毛手毛脚,玩弄子女的性器官,乱伦。

5-32　儿童虐待类型：儿童疏忽

儿童虐待（child abuse or maltreatment）是指违背社会对儿童照顾和安全所定规范的情况，包括身体虐待、疏忽、情绪虐待和性虐待等类型。兹分多个单元依次说明各类型，本单元说明儿童疏忽。

一、儿童疏忽（child neglect）

儿童疏忽是一种比较不明显的虐待，涉及成人的主动式或被动式行为。身体疏忽（physical neglect）包括遗弃、延误就医或剥夺健康照护的机会、照料不周，以及基本生活需求（衣、食、住、卫生）供给不足。如果想要避免这些方面的疏忽，父母必须提供持续的支持、资源和主动照顾孩子。儿童疏忽通常是因为资源严重缺乏。

二、儿童疏忽的指标

值得注意的是，并非所有的特征都适用于所有儿童疏忽，但任何一个特征都可能是疏忽的指标。

（一）生理健康照顾：生病而未被照顾及缺乏适当的牙齿健康维护。

（二）心理健康照顾：儿童的心理健康问题不是被疏忽，就是未得到理会。当孩子被发现有严重情绪或行为障碍时，照顾者有时拒绝令其接受矫治或治疗。

（三）教育疏忽：父母未能遵守法律让孩子上学，缺乏正当理由的过多旷课和迟到，也可能是疏忽的指标。

（四）教导：经常或多半让儿童独处，缺乏充分的教导，甚至不照料婴幼儿，或是将教导更年幼的孩子的责任交给其他孩子。当孩子从事可能伤害自己的活动时不加以指导，或是孩子不准时上学也未能适当教导。

（五）遗弃与替代性照顾：最公然的疏忽形式是遗弃。父母放任孩子独处，不予照顾；父母应该回家的时间却没回来；对于受托照顾者置之不理，也不知道他们与孩子的相处状况。

（六）居家危险物：住所的温度、空气及安全设备等不适合，将危险物品（如药品或武器）随意放置在孩子触手可及之处。电气设备不合格也可能导致危险。

（七）家庭卫生设备：食物可能坏掉了，家里到处是垃圾或排泄物。

（八）个人卫生：衣服老旧、破损、不干净，头发蓬乱肮脏，没有洗澡致身体发出臭味。

（九）营养：孩子经常抱怨饥饿，且到处找东西吃。儿童进食不足导致营养不佳，营养不良造成发展迟缓等都可能是疏忽。

（十）社会依恋困难：儿童与父母有互动问题，无法维持安全依恋关系（即信任父母，正向回应，且持续与父母互动）。儿童对父母可能表现出被动、退缩，或父母对孩子低度敏感及参与。孩子与同伴关系呈现出社交行为不足、社会退缩、孤立和较少互惠友谊等问题。

（十一）认知与学习欠佳：儿童可能语言能力不足、学业成就不佳、分数低、智力不足、创造力差和问题解决能力差。

（十二）情绪及行为问题：受疏忽儿童表现出冷淡、退缩及孤立、低自尊、身体及口语的攻击性强、注意力不容易集中，以及焦虑或沮丧等精神症状。

疏忽儿童的父母的特质

- 克罗松-塔尔（Crosson-Tower）指出，疏忽儿童的父母也经常疏忽自己。对他们而言，这是生活方式的学习，他们的儿童期只有愤怒和漠不关心，因此当他们成年之后也无法满足那些成长过程中未被满足的请求。
- 疏忽儿童的母亲的五项基本类型：
  1. 冷漠、毫无生气的母亲被形容为麻木的，她没有或很少有情绪反应，而且对任何事都懒洋洋。
  2. 冲动、不负责任的母亲，对待孩子不一致且经常漫不经心，冲动控制力差且缺乏适应方法。
  3. 沮丧的母亲以放弃方式反映其不快乐的生活环境。不像冷漠的母亲，她们表现出沮丧及悲伤等极度的情绪经验。
  4. 智力迟缓的母亲疏忽儿童是因为本身智商不足，且缺少可协助她们承担责任的有效支持。应注意的是，并非所有智力迟缓的女性都会疏忽子女。
  5. 严重精神障碍母亲，如精神疾病者，这些母亲因为超乎寻常的思考过程、妄想或极度焦虑而功能失常。

儿童虐待和疏忽的风险因素

父母和照顾者因素
- 人格和心理幸福感
- 儿童虐待历史
- 物质滥用问题
- 态度和知识
- 年龄

家庭因素
- 家庭结构
- 婚姻冲突和婚姻暴力
- 压力
- 亲子互动

儿童因素
- 年龄
- 身心障碍

环境因素
- 贫穷
- 失业
- 社会孤立
- 缺乏社会支持
- 社区暴力

5-33　儿童虐待类型：情绪虐待

儿童虐待（child abuse or maltreatment）是指违背社会对儿童照顾和安全所定规范的情况，包括身体虐待、疏忽、情绪虐待和性虐待等类型。兹分多个单元依次说明各类型，本单元说明情绪虐待。

一、情绪虐待（psychological maltreatment）定义

情绪虐待亦称为心理虐待、精神虐待，是指对身体自由的限制约束，不断地威胁、拒绝、剥削和贬抑。虽然这些定义不够具体明确，但是许多口头的信息，若带有负面标签和贬抑都算是心理虐待，因为这些口头信息对儿童的心理影响重大。例如：负面的标签和辱骂，这类贬抑的言语虐待。

二、情绪虐待的五项基本行为

（一）拒绝：意指放任孩子不予理会，或将其作为替罪羊（如对孩子某些行为不公平的责罚或批判）和对他言语羞辱。父母可能在孩子朋友或邻居面前，强调他如何的愚笨。照顾者拒绝认可儿童的价值和儿童需求的合理性。

（二）孤立：意指使孩子远离适当的关系，包括不允许孩子与同伴一起玩、与其他亲属相见，可能也会将孩子锁在衣橱里，使儿童相信自己是孤独地生活在世界上的。

（三）威胁：意指恐吓及吓唬孩子。照顾者用言语侵犯儿童，形成恐怖的气氛，威吓、恐吓儿童。假如他不洗碗，父母可能威胁孩子要杀死他心爱的宠物。

（四）忽视：意指不去回应孩子，或假装孩子并不在那里。照顾者剥夺儿童的基本刺激和反应学习，影响儿童情绪发展和智力发展。例如：父母看着电视且无视孩子要求协助功课或吃东西等请求，迫使孩子自己处理。

（五）堕落：意指鼓励或支持不合法或偏差行为。照顾者教导或引导儿童从事破坏性或反社会的行为，禁止儿童正常与人交往。这种情绪虐待包括该做和不该做的行为，危及自尊心、社交能力、亲密关系能力，以及正面健康的人际关系发展。例如：照顾者强迫孩子去商店偷东西或喝啤酒。

三、受情绪虐待孩子的特质

（一）受到情绪虐待儿童的特征，包括自卑感、疏离感、低自尊、感觉不被需要或不被关爱。儿童可能变得有敌意或具攻击性，或将这些感觉隐藏，开始自残，变得疏离、抑郁、有自杀倾向，发展出身体症状（头痛、腹痛、紧张的习惯）或睡眠问题。

（二）研究显示成人期的种种问题与幼年期遭受精神虐待有关，这些潜在影响包括低自尊、焦虑、沮丧、负面生活态度和自杀可能性增加。

四、施虐者的特质

就像其他虐待或疏忽的父母及照顾者，儿童情绪虐待的施虐者本身通常有严重的情绪问题或缺损。他们发现自己对婚姻或伴侣关系感到失望或枯燥无味，并寻求一个简单目标（通常是孩子）作为愤怒及挫折的出口。他们缺乏处理问题及情绪困扰的应对技巧，幼年期的情感需求可能未被满足，他们自己的父母也缺乏养育技巧，自然也无法教导他们如何成为好父母。他们可能面临个人问题，例如：精神疾病或物质滥用。

儿童虐待的迷思与事实

误解	事实
虐待行为不会发生，即使偶尔发生也不会恶化。	许多儿童问题，因为受害者个人的观念或社会认为是家务事而很少公开，因此，实际发生案件数大于报案数。而且，暴力行为往往是得寸进尺，越演越烈的。
只有低收入家庭，特定种族、宗教或教育程度低的人，才会发生儿童虐待的问题。	家庭暴力存在于各种经济地位、种族或宗教背景的家庭中。
酗酒是造成家庭暴力的最大原因。	许多施虐者并无酗酒问题。
施虐者没有能力改变或是控制自己的暴力行为。	只要施虐者愿意接受心理咨询或辅导，学习新行为来解决问题，暴力行为是可以控制的。
施虐者对所有人都是暴力相向的。	许多施虐者只在家中施暴，在其他的社交场合却可能是非常温文有礼，言行都有分寸的人。
施虐者有精神疾病，且对自己的暴力常乐在其中。	研究显示施虐者的身心状况与常人无异，施暴后，施虐者常后悔自己的冲动行为；但若不经过治疗，施虐者很难终止其暴力行为。
施虐者必然是失败者，少有成就，而且缺乏爱心，长相凶恶。	许多施虐者是医生、律师或政治家等专业人士，而且长相斯文体面，甚至有时相当善解人意。
天下无不是的父母，没有父母会狠心伤害自己的亲生小孩。	多数儿童是被自己的亲生父母所伤害。
不打不成器，怎么打都是为孩子好。	父母以教养子女为名，而对子女行虐待之实，并不是为子女好，而常是因为父母不知如何处理本身的情绪压力。
父母通常会适时控制自己，而不会造成对儿童的伤害。	当父母为发泄个人的情绪压力而虐待子女时，往往是非理性的，有时甚至不能且不愿克制自己。
受虐儿童必然是有错在先，才会被虐待。	施虐父母的非理性行为与子女的行为无关。
父母一定是管不动小孩，才会出此下策（用打的），他们是被逼的。	在任何情况下，使用暴力都是不对的，父母有责任学习更佳的管教方式。
性虐待绝不可能发生在家中。	有不少加害人正是受害者的父母；或是手足、继（养）父母、叔伯、长辈、朋友或邻居等。
只有女性才会受害，而且加害人一定是男性。	虽然多数受害者是女性，但男性也会受害，而尽管大多数的加害人是男性，女性施虐者也是存在的。
性虐待的加害人必然是精神违常、变态或智力不足的人。	多数的加害人如平凡人一般的正常。

5-34　儿童虐待类型：性虐待

儿童虐待（child abuse or maltreatment）是指违背社会对儿童照顾和安全所定规范的情况，包括身体虐待、疏忽、情绪虐待和性虐待等类型。兹分多个单元依次说明各类型，本单元说明性虐待。

一、性虐待（sexual abuse）定义

（一）性虐待亦称性侵害，是指各种形式的触摸、插入与剥削。性骚扰（molestation）是指对儿童的不当触摸，即使没有接触到性器官。性剥削（sexual exploitation）是指让儿童从事性方面的活动，例如：雏妓、色情书刊或照片。插入（penetration）指的是以身体的任何部位或物体侵入肛门、性器和口腔，通常是使用身体的一些部位插入，例如：手指、阴茎。

（二）乱伦（incest）是一种特别的性虐待，意指孩子与亲属——父母、继父母、父母的同居伴侣或爱人、养父母、手足、堂（表）兄弟姐妹、叔叔、舅舅、姨姑、婶婶、伯母或祖（外祖）父母间的性活动。"性活动"包含广泛的性行为，例如：拍色情照片、摆出性姿势、父母性器官暴露、爱抚、口交、性交及所有性的接触。

（三）警告儿童远离陌生人是一个主要的误解，事实上，孩子亲近与信任的人更危险。据推测，有60%~70%性虐待发生在家庭内，但这并不意味着另外40%是遭受陌生人性虐待，而是许多家庭外的性虐待加害人与家庭十分亲近，且受儿童信任。只有5%~15%的性虐待加害人是陌生人。

二、性虐待的五个基本阶段

（一）约会期（engagement）：加害人会测试能够与孩子多亲近，并观察孩子的反应。

（二）性交期（sexual interaction）：不同亲密程度的性行为会发生在此阶段，此阶段持续越久，施虐者与受害人的关系变得越紧密。

（三）秘密期（secrecy）：施虐者会使用一些操弄手段，以控制受害者继续困在性侵害关系中。例如，加害人会说："不要告诉你妈妈，不然她再也不喜欢你。"或是"因为我很爱你，这是我们之间的秘密。"又或是"假如你告诉其他人，我会处罚你。"利用威胁和罪恶感来维持秘密。

（四）揭发期（disclosure）：为了某些原因，孩子揭露性侵害事实。例如，孩子感染性病或性行为被他人看到，或是受害者无法忍耐而告诉别人。

（五）压抑期（suppression）：在此阶段，受害者与家人都呈现高度焦虑。加害人可能否认，受害者有罪恶感与不安全感，其他家庭成员则感到愤怒。

三、性虐待受害者的特征

（一）身体的指标：包含与性相关的各种身体问题，如性传染病、喉咙或口腔问题、排尿困难、阴茎或阴道分泌物，或是生殖器官挫伤。有时候怀孕也是一种指标。

（二）心理的指标：包含低自尊、情绪障碍，有时候开始变得有自杀倾向。

（三）行为的指标：包含与他人关系显得退缩，与同伴互动困难。男女受害者均会经常过度沉溺性活动，以及进行不适当的性行为。

儿童虐待常见的征兆

身体虐待

- 经常发生的割伤、擦伤或划伤
- 多处骨折
- 头部受伤
- 内伤（如脾脏、肾脏受伤）
- 烧伤，特别是常见物体形状的烧伤（如香烟烫伤），或在不太可能的身体部分（如屁股、腹部）发生的烧伤

疏忽

- 生长迟缓综合征
- 心理社会性侏儒症
- 缺乏监督
- 卫生习惯差
- 缺乏适当的生理及心理保健
- 生活在危害环境中
- 家庭卫生条件差

情绪虐待

- 低自尊
- 焦虑、抑郁
- 对生活未来前景不乐观
- 自杀行为
- 情绪不稳定和冲动控制不良
- 药物滥用和饮食障碍
- 关系问题
- 暴力或犯罪行为
- 学校表现不佳

性虐待

- 性感染疾病
- 喉咙或口腔问题
- 怀孕
- 生殖器瘀伤
- 排泄或排尿问题
- 自尊心低
- 愤怒、恐惧、焦虑、抑郁
- 退缩或攻击
- 不恰当的性行为

5-35　父母离婚与儿童发展

在婚姻关系中，空壳婚姻（empty shell marriage）是指配偶彼此间并没有强烈的情感，外在压力迫使双方继续维持婚姻。所谓的外在压力指工作上的理由（如必须维持家庭美满的形象）、投资方面的理由（如丈夫与妻子共有豪华住宅，两人都不愿放弃）或外人的观感（如夫妻居住在小社区里，为避免亲友的异样眼光而决定不离婚）。此外，夫妻两人可能觉得一旦结束婚姻会伤害小孩，认为离婚是一种不道德的行为。丘伯尔（Cuber）与哈罗夫（Harroff）将空壳婚姻分为三大类别，包括无活力关系（devitalized relationship）、习惯冲突关系（conflict-habituated relationship）、被动—协调关系（passive-congenial relationship）等（见右页详细说明）。

在空壳婚姻里，没有多少乐趣及笑声，夫妻两人并不分担烦恼，讨论问题，也不会分享心事；彼此间只维持必要的沟通，难得向对方表示爱意或亲密，也不会让对方知道自己的心情。生活在这种家庭里的孩子，往往很渴望得到爱，也不太愿意让朋友来家里玩，因为他们觉得让朋友看到父母的互动情形会很没面子。在空壳婚姻里，夫妻两人都必须付出相当的努力，才能避免婚姻逐渐走向完全破裂。虽无法明确说出有多少空壳婚姻最后会以离婚收场，但这个数字一定不低。

导致离婚率升高的原因之一，是有些男性不愿意接受女性地位的改变。有些男性还是喜欢丈夫是一家之主的传统婚姻，而许多女性已不愿接受这样的地位。她们要求平等的婚姻，夫妻双方一起做出重大决定，平均分担家务，共同养育子女，也一起分担家计。女性的就业率越来越高，因此许多妻子在经济上不必再依赖丈夫，面对偏离轨道的婚姻，往往倾向选择离婚。

此外，个人主义盛行也造成离婚率升高。持有个人主义的人，常把自身利益放在家庭利益之前。由于年轻人越来越信仰个人主义，因此如果婚姻让他们不快乐，他们很可能就会选择结束，寻求全新的生活。且我们的社会越来越能够接纳离婚这件事，离婚者不像以前那样必须面对异样的眼光，因此在婚姻中不快乐的人就会更有勇气结束婚姻。

人们之所以决定离婚，可能并不是因为配偶有某些"缺点"。许多人表示他们之所以选择离婚，主要是因为对彼此失望。换句话说，婚姻中的两人就是无法达到配偶的期望。失望加上领悟渐渐让他们下定离婚的决心。婚姻破裂的原因很多，包括酗酒、失业或其他财务问题所引发的争吵，双方兴趣有所冲突，外遇，嫉妒，言语或肢体暴力，亲戚或朋友的干涉等。

离婚双方（即使是主动提出离婚要求的那一方），都会经历失去婚姻的悲伤。他们平常习惯的行为模式必须有所改变。即使是负面行为模式消失也会带来压力，因为他们必须建立新的互动方式。离婚后常会产生各种强烈的感受，许多人会感到愤怒与焦虑，事情的发展并不如计划，他们可能会觉得受到不公平待遇，婚姻的失败都该怪罪配偶。也有不少人会自责，充满罪恶感。

空壳婚姻的三大类别（丘伯尔与哈罗夫提出）

1 无活力关系

夫妻两人对配偶或婚姻毫无兴趣，也漠不关心。这种婚姻的特色，就是无聊和冷漠，很少发生严重争执。

2 习惯冲突关系

夫妻经常私下争吵，维持这种关系的夫妻，或许会在公开场合争吵，但也可能在外人面前表现得相亲相爱。这种婚姻的特色就是不断冲突，气氛紧绷，对彼此深感不满。

3 被动—协调关系

夫妻双方并不快乐，但对生活还算满意，也觉得彼此的关系差强人意。他们可能有某些相同，但不是很重要的兴趣。丈夫或妻子都很少令对方觉得真正满足。这种形态的婚姻关系通常很少发生公开冲突。

关于婚姻的统计数字

- 配偶的年龄：二十几岁的夫妻最可能离婚。
- 订婚时间的长短：订婚时间越短，离婚的可能性越高。
- 结婚时的年龄：很年轻就结婚的人（尤其是青少年）比较可能离婚。
- 结婚年数：大部分的离婚案例发生在结婚后3年内。也有越来越多夫妻，选择在孩子长大后离婚。等到孩子已经可以独立了，再结束不快乐的婚姻。
- 教育程度：教育程度越低，离婚的可能性越高。有趣的是，如果妻子的学历比丈夫高，离婚率也比较高。
- 居住地区：城市的离婚率高于农村。
- 第二次婚姻：离婚次数越多，下次再离婚的概率越高。
- 宗教：一个人的信仰越虔诚，就越不可能选择离婚。夫妻信仰不同，离婚率也会升高。

引自：ZASTROW C H, KIRST-ASHMAN, HESSENAUER. 人类行为与社会环境[M]. 11版. 温如慧，李易蓁，黄琇樱，等译. 台北：东华书局，2019.

5-36　父母离婚与儿童发展（续1）

离婚是由一系列痛苦串联而成的事件。本单元就离婚的阶段，以及"离婚↔压力↔适应观点"加以说明如下：

一、离婚的三个阶段

沃勒斯坦（Wallerstein）与布莱克斯利（Blakeslee）提出离婚的三个阶段，这三个阶段都可能使儿童从发展的任务上分心。离婚的三个阶段如下：

第一个阶段：急症期

其特征是父母所发生的冲突、争吵、愤怒、忧郁及单方决定分居等情形，这个阶段代表了危机，并且通常会持续超过1年的时间。而这对儿童而言，是最痛苦的时期，因为他们要目睹父母间的争执与冲突，并活在不安稳的环境当中，甚至会经历父母对他们的疏忽。处在争执与冲突之中的父母也常无法顾及孩子的感受，以及对孩子所造成的影响。在此阶段，孩童会经历较差的教养过程，虽然这种情况在1年后有可能会得到改善。

第二个阶段：过渡期

父母与孩子双方都在适应重组后的家庭所带来的新生活，这个阶段通常会持续几年的时间，直到成员适应了新的角色与生活步调之后才结束。

第三个阶段：巩固期

成员都已经适应了新的角色，建立了新的忠诚和信任，发挥家庭应有功能，并且有余力面对新的挑战。当然，并非所有家庭都会经历相同的阶段，各个家庭成员的功能也可能存在差异。

二、"离婚↔压力↔适应观点"

虽然儿童大部分生活在双亲的家庭中，然而，这些家庭中不全然是原生父（母），有些是生活于继亲家庭、隔代教养或单亲家庭中。导致单亲家庭的最大可能是父母离婚。专家们都同意离婚为一种过程，而非单一事件，这个过程开始于父母分居，直到父母终止合法的婚姻关系。

从"离婚↔压力↔适应观点"（divorce-stress-adjustment perspective）来看（如右页图示），离婚过程始于父母与孩子共同面对的压力事件，然后这些压力源将增加父母与孩子受负面影响的危机。依据此观点，离婚对儿童的影响，取决于各种因素及其交互作用。中介事件与过程，包括亲职教育、经济来源等；儿童的特定易受伤因素，包括气质、失能、心理问题（如抑郁）；保护因素，包括良好的应对支持、社会支持等，它们的存在都会影响或舒缓压力的冲突。有时候，离婚也会带来一些正面影响，例如：淘汰一些不良因素（如父母的反社会人格、不善的父母管教技巧造成的家庭暴力）。

离婚对孩子的负面影响，有三个中介变量很重要：财务、父母管教水平、社区资源及联结，尤其是家庭经济的贫穷因素，除了减少儿童休闲活动、衣食供给及健康照顾的量与质，更可能限制儿童受教育机会或因贫穷所带来的压力而衍生家庭暴力。

离婚对孩子的影响是一个复杂的过程，而且对每一个孩子有其特殊影响，可能是危机，也可能是转机。但是，孩子也具有弹性及韧性来克服此种危机，且转化成良好的适应能力。

"离婚↔压力↔适应观点"

离婚过程

中介变量(压力源)

成人:
1. 亲职资源及效能降低
2. 单一管教责任
3. 失去监护权
4. 情绪支持
5. 缺乏经济来源
6. 其他相关的压力事件

儿童:
1. 父母支持度低
2. 父母持续冲突
3. 缺乏经济来源
4. 搬家
5. 缺乏父母有效控制
6. 其他相关的压力事件

特定的易受伤因素
1. 气质
2. 失能
3. 心理问题倾向(如抑郁)

保护因素
1. 有效的应对技巧
2. 社会支持度
3. 资源的可接近性、有效性
4. 安全、稳定的邻里环境
5. 人口特征

适应
1. 心理、行为与健康问题的严重度与持续时间
2. 新角色
3. 自我认同及生活风格
4. 短期效应
5. 长期效应

5-37　父母离婚与儿童发展（续2）

许多临床工作者及儿童福利专家认为孩子面对父母离婚时，如同成人面临亲友死亡般，会有创伤后应激障碍（post-traumatic stress syndrome），这些步骤称为丧亲模式，有伊丽莎白·库伯勒-罗斯（Elisabeth Kübler-Ross）所提出的五阶段：否认（denial）、生气（anger）、讨价还价（bargaining）、沮丧（depression）及接受（acceptance）。霍兹曼（Hozman）及弗罗伊拉克（Froilac）提出儿童面临父母离婚的五个阶段的反应，社会工作者必须了解在这过程中儿童的情绪反应，才能以同理心提供各项治疗。兹将儿童面临父母离婚的五个阶段的反应，说明如下：

阶段1：否认

必须克服此阶段后，儿童才能进入下一个阶段。儿童想要拒绝父母分居的事实，他们常会从心中消除此种想法，而且对任何情境不产生反应。不幸的是，父母常会隐藏分居的事实来强化孩子此种不适当的行为。青少年前期的否认，会造成隔离行为，他们与世隔绝，不与同伴、老师与环境打交道。也有可能因缺乏社交技巧，而产生退缩行为。

阶段2：生气

在此阶段，儿童常常会攻击与父母离婚情境有关的人，有时会攻击取代父母的人，例如：祖父母或学校行政人员。此种行为乃是儿童内心的罪恶感导致的，同时使他们拒绝服从规范、退缩、对同伴具有敌意，做出攻击行为。因此，社会工作者要同理孩子的感受，表达这是正常反应。

阶段3：讨价还价

在此阶段，儿童因生气不能奏效，所以改做迎合父母要求的游戏，或做一个乖宝宝来挽回与父母间的关系。有时，孩子也会做墙头草，在父亲这边说母亲的坏话，而在母亲这边说父亲的坏话，尝试改善与父母之间的关系。

阶段4：沮丧

当儿童了解讨价还价不能奏效后，就会沮丧。儿童可能后悔过去邪恶的行为举止，或觉得错失了家庭重聚的机会。最后儿童开始准备修复失去父母的关系。此时开始有伤心、沮丧的行为出现，例如：从社会互动中退缩，常乱耍脾气以引起父母的注意。

阶段5：接受

在尝试各种努力后，儿童终于能认清事实，知道事情不能挽回，而个人价值并不受外在力量控制，而是由内在决定的。此时，儿童比较成熟地接受对父母的爱／恨关系。通过社会工作者的协助，儿童开始学习接受外在资源的支持。此后，儿童才能发展有关的自我概念，增加个人的自我信心及自我尊重。然而，并不是所有的儿童都能顺利度过这五个阶段，但是每个儿童会经历相同的阶段顺序。对社会工作者而言，要了解儿童的发展能力及需求，以评估儿童是否有能力度过父母离婚过程的痛苦阶段，并提供适当的治疗。

卡尔特（Kalter）与施赖埃尔（Schreier）提出父母离婚对儿童产生的影响

生活上的改变	随之而来的对儿童产生的影响
父母之间的敌对行动	悲伤、愤怒、忠诚度、冲突
有监护权一方（父或母）的心烦意乱	焦虑、对父或母角色的模仿、（父或母）无监护权的一方与有监护权的一方的互动
与（父或母）无监护权的一方关系的丧失	自责、低自尊、忧郁
父亲或母亲开始有约会	与父亲或母亲新约会对象的情感竞争、害怕失去父亲或母亲的关爱、对于父亲或母亲在性关系上的好奇心（特别对年纪稍长的孩童而言）
再婚	需要与他人分享自己的父母、接受父母有亲密爱人、形成与继父母和继兄弟姐妹间的关系、接受新的父亲或母亲的权威
与贫穷相关	经济情况变差（变得贫穷）、情绪压力、住所改变、同伴关系和熟悉学校环境的丧失、照顾者的改变

儿童面对父母离婚的5个阶段的反应

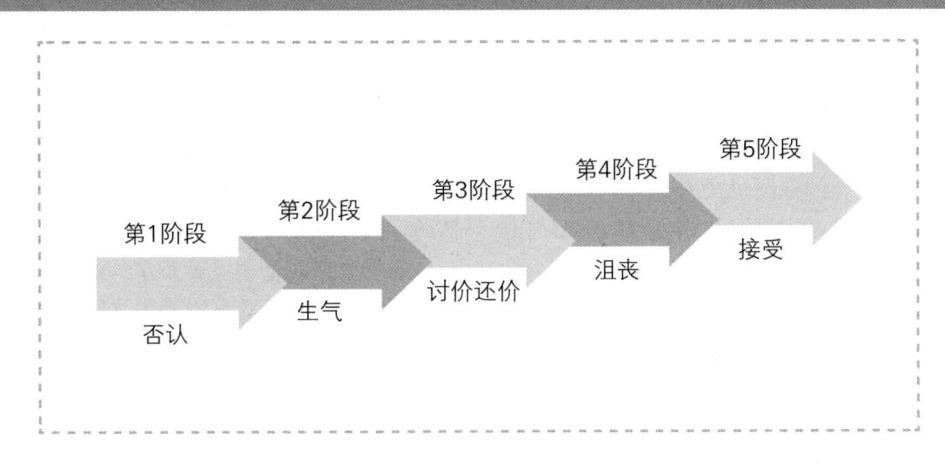

第1阶段 否认 → 第2阶段 生气 → 第3阶段 讨价还价 → 第4阶段 沮丧 → 第5阶段 接受

第五章 儿童期

5-38　父母离婚与儿童发展（续3）

西格曼（Sigelman）与里格尔（Rider）提出五项可使离婚之后的路更为坦荡的因素，他们的观点基于一个重要的理论架构，即家庭是根植于大的社会系统中的一种社会体系。家庭体系中的每个成员对其他成员的调适都有深远的影响，家庭整体的经验又受到成员与周遭环境互动的影响。兹将五项可以使离婚之后的路更为坦荡的因素，说明如下：

一、充足的财务支持

过去的研究结果显示，财务状况因为离婚而枯竭的家庭，调适情形通常是比较有问题的。如何维持某种水平的财务支持，是离婚家庭必须面对的课题。

二、具监护权的父母能够提供充分的关照与管教

因为离婚的过程会使父母倍感紧张与压力，所以管教的效能也会大打折扣。然而，在这期间，父母如果能得到妥善的支持与鼓励，就能够继续维持适当、持续的管教，儿童会面对比较少的问题。

三、促进没有监护权的父母与儿童之间的感情

许多离婚的结局，通常是双方都具有强烈的愤怒与敌意，结果造成孩子被夹在中间，缺乏安全感，问题行为比较容易出现。同时，有许多孩子失去了与不具监护权的父或母接触的机会。事实上，约有三分之一的儿童与不具监护权的父亲失去联络。研究显示，与父亲保持定期接触，对儿童在面对父母离婚上的调适有很大的助益，特别是男童。

四、额外的社会支持

社会支持扮演重要的角色，可以帮助离婚的父母双方及孩子应对离婚所带来的负面效应的冲击。有好朋友支持的父母，比较不会有抑郁的症状，孩子们也可从亲密的同伴关系中得到支持。让儿童参加专为离婚家庭所设立的团体，将可使孩童有机会分享他们的感受和学习积极的应对技巧。同时，若能针对父母提供与教养孩子相关的协助与监督，将可减少在单亲家庭中长大的孩子的犯罪行为。为这类家庭寻求合适的社会支持，可有效降低因离婚所造成的负面效应。

五、将额外的压力降至最低

离婚的家庭必须面对许多的变动，例如：收入的减少、搬迁、诉讼，以及双方家庭的介入等问题。如何减轻这些问题带来的压力，或减少压力的来源，这时候应对技能对家庭成员成功应对离婚的过程，有很大的帮助。

影响家庭调适的因素繁多，前述的五种只是一部分。对于这些因素的描述，能协助社会工作者思考如何更进一步地帮助离婚家庭面对危机。

帮助离婚家庭的治疗原则

1 协助家庭度过经济困难，儿童的抚养费对儿童的成长非常关键。

2 即使父母处在紧张关系中，仍应在儿童面前保持温和及一如既往的态度，维持他们的关系。鼓励家长参与地方组织所举办的家长管理培训课程。儿童在不同的生活环境（如没有监护权的家长、祖父母家）要受到同样的对待和管教，才能健全地成长

3 父母如果能保有持续的联系，并且致力于改善双方的关系，儿童也比较能够适应单亲家庭的生活。

4 鼓励家庭寻求家人、朋友和支援团体的支持，父母可参加离婚父母的团体，儿童可参加离婚家庭的团体。

5 家庭会遇到其他因素，例如：低收入、搬迁、转学、法律纠纷和家庭关系的冲突。这时候应对技能对适应家庭成员的变动相当有帮助。

6 父母在离婚后可能很快就开始自己的新生活，儿童可能会参与他们的约会，家长应以儿童为优先考虑，向新的伙伴介绍他们，以减少儿童对继父母的排斥。

5-39　父母离婚与儿童发展（续4）

本单元就父母离婚对儿童影响的研究成果进行综合汇总，说明如下：

（一）离婚干扰了儿童生命中的核心关系，破坏了儿童赖以稳固发展的家庭结构。

（二）离婚引起调适上的问题，更是儿童一辈子都必须去面对的。因为父母离婚时，儿童必须面对的压力与问题，在其日后的人生中可能会以不同的方式重新浮现。

（三）对儿童而言，无论年龄或性别，失去父亲或母亲任一方，都会令他们产生焦虑、抑郁、愤怒、怨恨、孤独感、无助感、不安全感和罪恶感，丧失自我价值，丧失爱人与感到被爱的能力，怕被遗弃。

（四）儿童必须面对搬到新的家庭与新学校的适应问题、父母的就业问题、面对监护父母的压力和负担、不耐烦，以及负荷过重的情形。

（五）每日的生活事件中充满了许多的混乱与不可预测性，在孩童最需要父母时，父母正好必须面对多种压力，无暇关照他们的发展需要。

（六）父母离婚时，幼儿因为高度依赖父母，会产生更多的恐惧感，并且他们对于父母离婚的真正原因理解能力有限，因此往往会先责怪自己，并面临分离、被遗弃的恐惧感。

（七）在父母离婚后的1年到1年半里，幼儿的调适情况会恶化，5年之后情形甚至会更糟，男孩的情况会特别明显，他们在家里和学校可能会做出侵犯和捣乱的行为。

（八）幼儿需要家庭更完整的照顾，因此父母离婚致使家庭所能提供的照顾质量降低时，他们会遭受更大的伤害与痛苦。

（九）年龄稍长的孩童有较佳的应对技能与解决问题的资源，因此，在面对父母离婚所造成的压力与震撼时，较能够有所缓冲。

（十）在长期（10年后）的预后情况方面，面临父母离婚的情况，幼儿的适应情况反而要比年龄稍长的儿童好，原因可能是幼儿对创伤事件的回忆能力有限，加上他们将经验整合到自己的信念系统的能力不如年长儿童，因此离婚对他们的长期影响可能不比年长的儿童大。

（十一）男孩与女孩在调适结果上的差异，取决于监护人的性别。整体而言，女孩们在父母离婚后会比男孩们适应得更好。与其他儿童相比，和同性别父母同住的儿童自尊较高、社交能力比较强、独立性较强、较具安全感、成熟度通常也比较高。这些研究结果可能与一项事实有关，就是法院通常会将监护权判给母亲，并由母亲扮演角色榜样，并提供儿童支持。

离婚并不一定会造成儿童生活功能的阻碍，在家庭关系紧张不合的环境中，反而比较容易造成儿童的攻击性和反社会行为。且离婚不一定会造成孩子的教养问题，离婚的家庭系统的成员对离婚后关系的处理才是主要因素。赫瑟林顿（Hetherington）与凯丽（Kelly）认为离婚的"长期且负面的影响已到了夸大的地步，甚至已经造成对这类孩童产生心理暗示的情形。"约25%成长于离婚家庭中的孩童，出现严重的社会与情绪问题，而成长于双亲家庭的孩童当中，则约有10%的儿童会出现此情形。

单亲家长的角色负荷

01 责任负荷过重

在教育子女、家庭决策等方面,单亲家长都因缺少沟通商量的对象,而产生责任负荷过重的现象。

02 职务负荷过重

单亲家长必须负担家庭、子女、工作三方面繁重的职务,几乎耗尽所有精力和时间;同时,职责压力过大,往往造成身心极度的疲惫,带来许多生活适应上的困难。

03 情绪负荷过重

除责任、职务繁重,单亲家长还需负起照顾子女情感的责任。因照顾孩子而产生的挫折、不值得或觉得寂寞、孤单的情绪压力,鲜少得到适当的纾解,所以会造成情绪的压抑及负荷过重的情形。

单亲儿童的角色负荷

01 子女必须对自己的生活负照顾责任

在单亲家庭中,由于角色功能的不足、亲职投入的减少,子女往往迫于外在压力,必须承担新的责任。单亲家庭的儿童成长太快,会影响其日后的生活调适。

02 子女需对其父母负责

单亲父母独自负起养家的责任,有时过量的负荷会转移到孩子身上,无形中要求孩子扮演配偶的角色,如做决定、情绪支持等,致使孩子承受过重的情感压力,而造成儿童早熟、焦虑的情形。

03 子女处于父母的冲突之间

纵使父母已经离异,并不意味夫妻间的冲突已结束。父母间的冲突,常借子女为传声筒而进行,或告诉子女对方的坏话。子女夹在父母争执之间,产生忠诚冲突,致使心理需求被压抑而无法承受负荷。

5-40　父母离婚与儿童发展（续5）

离婚对孩子的影响是一个复杂的历程，而且对每一个孩子有其特殊的影响方式。学者阿马托（Amato）提出父母或其他人可用以减少父母离婚后的负面影响的做法，说明如下：

一、父母离婚中及离婚后，减少彼此的冲突

在协商监护权、财务问题或学校时，要将儿童的利益及需求列为最优先考量。不要对孩子说前夫（前妻）的不是，也不要让孩子当夹心饼干，更不可要求（或暗示）孩子选一边站。

二、不要同时要求孩子做很多的改变，一个一个慢慢来

如果可能的话，不要让孩子搬家，尽量减少变动。让孩子可与他的朋友、老师、学校及社区资源保持联结。若非得做必要的改变，应尽可能采取渐进式。

三、避免孩子成为家庭的照顾者

必要时，参加离婚父母成长、支持团体，或向朋友、家人寻求情绪及实际支持，以免让孩子拥有过多的成人角色及负担。

四、发展及维持有效的父母管教风格

保持融入孩子的生活及提供亲情支持，但也要确保提供适当的监督。

五、寻求帮助与支持

从朋友及家人处获得支持，必要时寻求专业的婚姻咨询或儿童发展专业人员提供咨询与辅导，以改进父母管教技巧或增进亲子关系。

六、小孩的行为及期望要有一致的规则

试着让孩子同意你对他的期望，在他没达到时给予合理的要求，以及在孩子的行为与活动上给予规律的监督。理想上，父母间应有相同的规定且相互支持。

七、帮助孩子和父母保持一致性的接触

对没有监护权的一方，孩子能有定期的探望，但要随孩子的要求与兴趣来调整探望的时程。也可以利用电话、电子邮件或信件保持与父母的联系，尤其是住在远方的父母。要记得重要的日子，如孩子的生日、年节或特别日子。对孩子的活动，如演奏会、运动会等，至少要偶尔参与。

八、当孩子表现痛苦或有压力时，要带他寻求专业的帮助

在学校寻找专业人员提供各种介入或处置来消弭压力，或改变儿童对父母离婚的不好想法或信念。当孩子表现出严重的问题，如行为偏差或抑郁时，要寻求专业的心理治疗。要教导孩子主动应对的技巧，例如：问题解决及寻求支援，以及帮助儿童建立有效应对压力的技巧。试着在离婚前、离婚时及离婚后，均提供有效、正面且具有前瞻性的模式。

九、帮助年纪幼小的儿童发展人际技巧

父母要有健康的人际关系技巧以发展与别人的亲密关系，并能提供此种模范来让孩子模仿学习。辅导或治疗人员应接受人际关系技巧训练，并能给父母提供相关信息与知识。

十、尽量减少财务窘境

寻求必要的支持或援助，如居住津贴、就业协助或教育训练补助。

十一、劝和不劝离

可能的话，尽量增强脆弱的婚姻功能，或教育夫妻应对婚姻冲突或危机，以预防离婚。试着解决或减少家庭与其他事务（如工作）间的冲突。

亲职化儿童（parental child）

- 从双亲家庭到单亲家庭的改变需要有一些新的分工，以便执行缺席的父亲或母亲角色过去在家中所做的事。如果一个小孩是暂时地补充缺席父亲或母亲所应负的角色责任，之后允许他恢复符合其年龄的孩子行为时，小孩就比较不会受到严重的伤害。
- 但是，如果监护小孩的单亲家庭需要他在家中扮演照顾者的角色，其所被加上的责任变成永久时，这个小孩就变成了"亲职化儿童"。此类年幼的孩子会变得过分早熟和世故，缺乏属于他那年龄阶段应有的活泼和适当的活动，且因缺乏参与活动而被他的同伴团体疏远。

沃勒斯坦提出儿童为成功地适应父母离婚的事实必须完成的六项任务

1. 接受父母已经离婚，而自己至少和其中一人的关系会有所改变的事实。

2. 脱离父母的冲突，并且继续进行自己的"工作"（学校、游戏、朋友等）。

3. 处理失落感，例如：搬家、收入减少、失去父亲或母亲等。

4. 承认并解决对自己，或是对父母任何一方的愤怒感受。

5. 接受离婚是不会改变的事实。

6. 了解父母的婚姻失败，并不意味着他们无法与其他人建立健康的关系；亦即，父母的离婚并不代表子女未来不会有美满的婚姻。

5-41　父母离婚与儿童发展（续6）

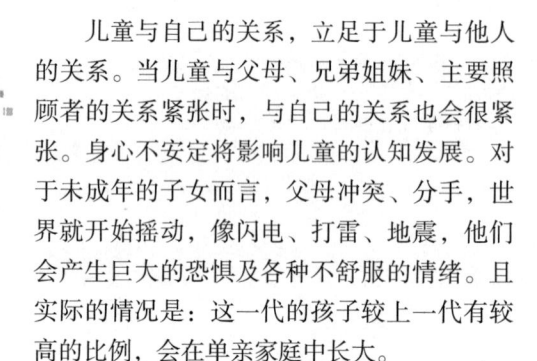

儿童与自己的关系，立足于儿童与他人的关系。当儿童与父母、兄弟姐妹、主要照顾者的关系紧张时，与自己的关系也会很紧张。身心不安定将影响儿童的认知发展。对于未成年的子女而言，父母冲突、分手，世界就开始摇动，像闪电、打雷、地震，他们会产生巨大的恐惧及各种不舒服的情绪。且实际的情况是：这一代的孩子较上一代有较高的比例，会在单亲家庭中长大。

离婚对子女并非最坏的选择，但若离婚的过程不谨慎，让子女陷入两难，子女可能在这过程中再度心理受伤。研究指出，父母冲突而继续同住对子女的影响甚于离婚。结论显示，父母高冲突的家庭，离婚反而可改善子女的心理健康，对子女的发展是正向的，并有以下的研究发现：

（一）青少年的焦虑、抑郁等负面心理症状的出现频率，与父母的婚姻质量高度相关。父母感情不佳，子女心理状态就差。

（二）对父母感情不佳的家庭来说，父母若离婚，子女负面心理症状显著减少；且在父母感情不佳但始终维持着婚姻的家庭中，子女一直比较显著地处于高焦虑状态。

（三）父母离婚对子女心理健康的影响并不一定是正面或负面的，如果父母原先婚姻质量不错，离婚对子女造成的失落较大；但对父母感情一直不睦的家庭来说，双亲完成离婚手续，反而可显著减少子女的焦虑、抑郁等心理症状。

（四）持续的婚姻中，父母间的冲突对子女心理状态具有显著的负面影响。

修复离婚对儿童造成的创伤，以及重建关系都需要时间，父母要有耐心等待孩子慢慢调适。沃勒斯坦和路易斯（Lewis）在1997年的研究指出，子女适应父母离异过程可分为三个阶段。初期阶段：震惊、失望、茫然、恐惧、排斥父母；1年后进入过渡阶段：接受新的环境与新的朋友；5年后进入重建阶段：适应单亲家庭，发展稳定生存。

拉弗朗索瓦（LaFrancois）在1999年的研究报告中指出，在单亲家庭中长大的孩子比在传统家庭中长大的孩子，更容易遭遇行为、社会、情绪或课业方面的困扰。除了负面影响，有些报告显示单亲家庭也可能呈现比较正面的影响。路特指出，与其生活在一个气氛不和谐的传统家庭中，不如让孩子在亲子关系良好的单亲家庭中长大——其发展情况较好，调适的结果也不错。

赫瑟林顿的研究发现，一个冷漠无情的父亲（或母亲）对孩子造成的伤害，甚至比缺席的父亲（或母亲）来得严重。总之，是传统家庭还是单亲家庭并不是重点，独立支撑整个家庭的母亲（或父亲）以何种态度对待孩子才是最重要的。

此外，离婚本身并不一定造成儿童功能性的阻碍，家庭关系紧张，或是高冲突的家庭，反而较容易造成儿童的攻击性和反社会行为。

婚姻幸福／不幸福的预测指标

婚姻幸福的指标

婚前的幸福指标
- 父母的婚姻很幸福
- 拥有快乐的童年
- 父母的管教合理
- 与父母的关系和谐
- 与异性相处的情况良好
- 认识1年以上才结婚
- 父母赞成这个婚姻
- 年龄相近
- 满意对方、喜欢对方
- 爱
- 相同的兴趣
- 生性乐观
- 情绪稳定
- 同意、体谅的态度
- 文化背景相似
- 相容的宗教信仰
- 满意的职业和工作条件
- 因为喜欢作伴而非一时迷恋所产生的恋爱关系
- 了解自己、接纳自己
- 了解对方的需求
- 适应能力良好
- 拥有不错的人际社交技巧
- 具有正面的自我形象
- 拥有相同的价值观

婚后的幸福指标
- 良好的沟通技巧
- 平等的关系
- 与双方父母维持良好关系
- 希望生小孩
- 拥有相近的兴趣
- 展现负责任的爱、尊重与友谊
- 美满的性关系
- 喜欢共同度过休闲时间
- 喜欢相互陪伴、喜欢对方
- 能够接受也能付出

婚姻不幸福的指标

婚前的不幸福指标
- 父母离婚
- 父亲或母亲（或双亲）过世
- 与伴侣的个性不合
- 认识不到1年就结婚
- 因为寂寞而决定结婚
- 因为想逃离原生家庭而结婚
- 年纪很轻就结婚，特别是不满20岁
- 自己或伴侣原本就很不快乐
- 严重的个人困扰

婚后的不幸福指标
- 丈夫比较独断
- 妻子比较独断
- 嫉妒配偶
- 觉得自己比配偶优秀
- 觉得自己比配偶聪明
- 和对方的父母同住
- 爱发牢骚、经常摆出防御姿态、固执、一碰到冲突就离开或拒绝和配偶说话
- 家庭暴力

第五章 儿童期

5-42　父母离婚与儿童发展（续7）

离婚事件发生后，根据赫瑟林顿的研究，约有75%的单亲家庭会在3~5年间有再婚经验，亦即，组成继亲家庭。继亲家庭是指父母之一或双方带着前任婚姻或结合关系的小孩住在一起，共组新家庭。家庭成员可能包括继父、继母和来自前一任婚姻的孩子。此种家庭的成员中可能包括目前婚姻所生的孩子。在这样的家庭里，可能会有"爸爸的小孩、妈妈的小孩、以及爸妈的小孩"。当夫妻一方（或双方）有一次以上的婚姻关系，并将之前婚姻中的孩子带入当前的家庭，则继亲家庭可能会变得更复杂，成为混合家庭（blended family）。

继亲家庭的成员须适应许多不同情况，丈夫或妻子须教养没有血缘关系的孩子，孩子也须和继父或继母所生的孩子建立新的手足关系。继亲家庭的互动关系，比传统核心家庭更复杂。

凯尔（Kail）与卡瓦诺（Cavanaugh）对于继亲家庭的适应，参考许多的研究报告，得出以下结论：

（一）如果前次婚姻以离婚收场，而非因配偶死亡而结束，那么继亲家庭的重新整合就会比较容易，这可能是因为孩子深切体会到父母的前次婚姻并不幸福，所以需重新再来。

（二）在继亲家庭形成时，无血缘关系的父母和子女都抱有不切实际的期望，以为马上就能产生亲情和家人的感觉。

（三）孩子常会觉得和自己不同性别的继父或继母，比较偏爱自己的亲生子女。

（四）大部分的孩子都会继续想念、崇拜生父或生母。

（五）男孩似乎比较容易接纳继父或继母，尤其很多男孩都和继父相处愉快。

（六）年幼的孩子或已经成年的孩子比较愿意接纳继父或继母，青少年较可能出现适应上的困难。

继亲家庭要做到成功地整合，必须先完成四大任务（详见右页说明），且必须付出极大的心力，才能培养良好的亲子关系。伯曼（Berman）及维舍尔（Visher）提出以下的建议：

（一）新家庭的父母要了解孩子的情绪反应：刚结婚的两个人可能还沉浸在甜蜜的爱意中，不过他们必须特别注意孩子的恐惧、担忧和不满，做出适当的回应和疏导。

（二）不必操之过急：让继父或继母和孩子慢慢培养出亲情。大人应该体谅孩子想念生父或生母的心情，还有他对于亲生父母离婚可能很不谅解。有些孩子甚至觉得父母离婚错在自己，也有孩子会故意找继父或继母的麻烦，希望逼走他/她，好让父母复合。身为继父或继母，要了解孩子可能出现这些感受，以体谅的心耐心等待，让孩子慢慢消除心中的忧虑，培养出新的亲情。

（三）在新家庭里可以建立新传统，培养出大家都接受的习惯：有些家庭可能必须考虑搬家，应协助孩子适应新的情况。夫妻两人也要好好安排休闲时间，让孩子可单独和生父或生母相处、单独和继父或继母相处，也有机会和新家庭成员一起从事愉快的活动。此外，新家庭可采用新做法来庆祝各种节日、生日和纪念日。

（四）寻求社会支持：继亲家庭的父母不妨和处境相似的家长多交流，说出感受、担忧和挫折，也分享各种经验、适应策略和愉快的心得。这种交流可让夫妻两人更实际地面对新处境，也学到别人的宝贵经验。

对于继亲家庭的三大误解

MYTHS ✕ VS ✓ FACTS

MYTHS	FACTS
"邪恶的继母会虐待孩子。"许多人觉得继母并不关心孩子的幸福，她只在乎自己的事情。由于灰姑娘的故事深入人心，大家也都深信继母只想让自己的孩子得到幸福，根本不会去关心丈夫和前妻生的小孩。	事实上，只要继母本身有足够的自我肯定，能够得到丈夫的支持，她们往往可以和孩子建立充满关爱的亲子关系。
"在继亲家庭里，继子或继女的地位永远比不上亲生孩子。"	事实上，这种讲法忽略了一个事实，人们的确可以学会彼此相爱，也有让所有家庭成员紧密结合在一起，组成一个新的幸福家庭的强烈动机。
"继亲家庭从形成的那一刻起，所有家人就会彼此相爱。"	事实上，每一段关系都需要慢慢培养、慢慢成长，马上就建立爱的联系实在是过高的期望。在全新的家庭关系里，大家都需要时间相互了解，测试彼此的容忍度，渐渐培养出相处的自在感。

第五章　儿童期

继亲家庭整合需完成的四项任务

01 必须承认每个人都可能怀念旧有的家庭关系。

02 要创造全新的习惯和家庭传统，取代旧家庭习惯。

03 要在新家庭里建立新的结盟关系，包括夫妻及新的手足和亲子关系。

04 整合，让所有成员融入新的家庭。必须订出明确合理的规范，要求成员孩子遵守，并给予正面鼓励。

5-43 校园霸凌

校园霸凌（bullying）是校园暴力与破坏行为的一种，且被认为是最常见的校园暴力行为之一，往往也是严重校园暴力的前奏。根据调查，小学生是霸凌的高风险群体，包括加害当事者、恶作剧的加害人或受害人。

校园霸凌最早被挪威学者欧维斯（Olweus）定义为：一种企图伤害他人的身体或心理的重复攻击行为。欧维斯强调权力的重要性，认为霸凌行为来自身体的优势与心理的强势。因此，校园霸凌隐含两个重要元素：具有权力关系的负向行动、重复持续一段时间。负向行动包括造成他人受伤或不舒服，无论是通过身体接触、语言表达，还是其他方式。

校园霸凌分直接霸凌、间接霸凌。直接霸凌以侵害、霸凌身体为主；间接霸凌则包括语言、心理、社会或人际关系等恐吓手段。其类型包括以下几种：

一、身体霸凌

身体伤害、踢、打、撞、敲击、抢夺财物、恶作剧、戏弄和攻击等。

二、情绪霸凌（关系霸凌）

散布恶意的玩笑、排斥某人加入团体、胁迫某人成群结党欺负他人、刻意忽略他人（冷漠对待）、骚扰、激怒、背后说人坏话、以及不让朋友分享自己的秘密等。

三、言语霸凌

用脏话骂人、嘲笑他人的外貌／身体与穿着、给他人取不雅的绰号、逼他人说出不想说的话、以及用言语骚扰等。

四、网络霸凌

通过网络散播不利于他人的文字、于社交平台或网站发布不适当的图片，或利用他人的账号、姓名散播谣言或欺骗留言等。

五、性霸凌

以有关性的特征、身体性征及性别为由嘲笑或讥讽他人，以与性有关的动作、言语侵犯他人的身体或人格，如骂人行为不检点，或抚摸他人身体、脱衣、要求性行为等。

六、性取向霸凌

以性取向为由嘲笑、讥讽他人，如嘲笑他人很娘等。

校园霸凌的旁观者之所以不离开现场，或不加制止，往往是受到霸凌心智的制约，或是集体压力的左右。不只旁观，一旦受到集体霸凌情境的感染，情绪激荡，他们甚至会开始添油加醋、鼓动情绪，进而成为共犯。许多少年集体性侵事件或伤害事件，都是在如此的心态与压力下形成的。

社会工作者应协助发展校园霸凌与受害者介入方案，建立并维护畅通的求助渠道，及早发现受霸凌者，鼓励知情者、受害者举报，协助受害者接受治疗，进行加害者行为修正，协助施行旁观者教育方案，支持家长进行亲职教育，协助学校建立辅导团队，倡导校园和平的文化。应对校园霸凌必须进行跨专业的合作，包括学校行政人员、老师、学校咨询师、学校社工和家长等。

校园霸凌路径、循环

- **01** 学生暴露在家庭、邻里、学校及社会的高风险环境中
- **02** 寻找被标定的学生
- **03** 校园社会控制力薄弱
- **04** 集体霸凌心智的激发

校园霸凌循环
1. 寻找欺侮对象
2. 发动霸凌行为
3. 出现集体霸凌心智
4. 被欺侮者不适当的回应
5. 形成霸凌循环
6. 强化集体霸凌心智

校园霸凌对学生个人的影响

对象	共同特征	短期影响	长期影响
霸凌者	强烈的攻击、破坏、支配他人的欲望	心理健康易陷入困境、学业延迟完成	成年后易犯罪、潜在低就业
受害者	无法保护自己、被动、顺从、屈服于霸凌者	自认是失败者、学业成绩差、焦虑、失眠、沮丧、孤单、较低自尊、自暴自弃、有自杀念头	成人后的人际关系欠佳、有性方面的问题、对自己的孩子过度保护
霸凌者—受害者	属于反击型霸凌者,也是挑衅霸凌者的受害者	被贴上脾气大的标签,易有负面的自我形象、更多焦虑,比那些单纯霸凌者要不快乐	成年后易患躯体症状障碍、精神病,惩罚自己的孩子,孩子易步其后尘而成为霸凌者
旁观者	在旁助阵,或为霸凌过程的目击者	受吸引而趋向攻击其他儿童,有社会及情绪问题的风险	易进入帮派、有较高比例进入犯罪矫正系统

第五章 儿童期

第六章

青少年期

章节体系架构

- 6-1 青少年期的生理发展
- 6-2 青少年期的生理发展（续）
- 6-3 青少年期的认知发展（皮亚杰的认知发展理论观点）
- 6-4 青少年期的心理社会发展（埃里克森的心理社会发展理论观点）
- 6-5 青少年期的道德发展（科尔伯格的道德伦理两难案例）
- 6-6 青少年期常见的健康问题
- 6-7 青少年的自尊心发展
- 6-8 青少年的自我认同
- 6-9 青少年的自我独立
- 6-10 青少年的自我中心主义
- 6-11 青少年的性议题：性与性别
- 6-12 青少年的性议题：性行为
- 6-13 青少年的性议题：未婚怀孕
- 6-14 青少年的性议题：同性恋
- 6-15 青少年的性议题：同性恋（续）
- 6-16 青少年自杀：基本概念
- 6-17 青少年自杀：SAD PERSONS 量表
- 6-18 青少年自杀：治疗建议
- 6-19 青少年的物质滥用
- 6-20 青少年犯罪：基本概念
- 6-21 青少年犯罪：解释犯罪的理论（默顿的失范理论）
- 6-22 青少年犯罪：解释犯罪的理论（标签理论、差异交往理论）
- 6-23 青少年犯罪：解释犯罪的理论（社会控制理论、文化传递论）

6-1 青少年期的生理发展

青少年期（adolescence）是由儿童转变为成人的过渡阶段，此时会经历生理成熟和性成熟。即使青少年期多半始于十一二岁，并于20岁结束，但并没有一个确切的时间。青少年期和青春期不一样，青春期/思春期（puberty）会有一个特定的时间点，青少年期通常是生命中某一个特定阶段，有其文化含义。青春期泛指个体在生理发展上的特定时间，性成熟，具备生殖能力。青少年期主要的生理变化，包括青春期、速长期，以及性征发育等。本单元说明青春期、速长期的生理变化，性征发育则于次一单元说明。

一、青春期

（一）青少年时期的发展特征，在于青春期出现及相关的激素改变。青春期是指快速的生理与性生长，并且经常伴随着激素、情绪及其他变化，青少年时期的激素变化，主要与大脑中的下丘脑与垂体，以及性腺（男性的睾丸和女性的卵巢）等构造相关，雄性及雌性激素则影响生殖、性别及其他生理发展。

（二）青春期的特征为生殖器官和生殖器快速成长，且会出现第二性征。女孩的青春期介于8~12岁，男孩则比女孩晚2年，在10~14岁时进入青春期。女孩的身高通常会在16岁定型，而男孩则会持续长高至18~20岁。

（三）青春期的发展，主要是激素分泌增加造成的。激素（hormones）是内分泌腺所分泌的化学物质，会激发性器官和性特征成长，每一种激素均会激发特定生理发展。例如：睾丸素会直接影响阴茎和胡子，女性的雌激素和黄体激素会影响子宫和阴道。

二、速长期

（一）速长期会突然长高，此为进入青春期的典型特征。男女都可能会长高5~15厘米。进入青春期前，男孩的身高通常会比女孩高2%；但因为女性较早进入青春期，所以在11~13岁时，女孩通常会比男孩高壮，但男性在急速成长后，身高又会超过女孩。

（二）青春期成长会影响骨骼和肌肉发育，但男孩和女孩的发展层面不同。男孩的肩膀会变得比较宽，脚及手臂会比女孩长一些。女孩则是骨盆和臀部会变得较大，这可增进生育能力。

（三）在青春期成长阶段，多数青少年的外形不太匀称。身体各部位的发展各具阶段性，有些青少年的身体与四肢的比例看起来非常奇怪，身体部位呈现不协调的比例。青少年期生理的发展，是由四肢部位（两手、两脚及头部）先发展，先有了成年人的尺寸，然后才是身体躯干的发展。虽说最后整个体型均会完整发展，然而这不均衡的外形会让青少年觉得难为情，且有些笨拙，大脑也需适应这新的身体，接受自己会有动作不协调的时候。

青少年的各个阶段

阶段	每个阶段的发展特性
前期 11~14岁	抽象思维出现、更强调同伴的重要性、身体形象成为主要焦点、青春期的身体变化、亲子冲突增加的开始
中期 14~16岁	尝试新的角色、道德思考的进展、性别认同的聚焦、性冲动、亲子间的冲突减少
后期 17~21岁	同伴友谊的深化和亲密、同伴影响的减弱、聚焦在工作或大学求学计划、更加独立
成年初显期 18~25岁	独立性和自我责任增强、对生活各种可能性的探索增加,有介于青少年和成人之间的感觉

引自:LECROY C W,ASHFORD J B,WILLIAMS L R. 人类行为与社会环境[M]. 4版. 张宏哲,等译. 台北:双叶书廊,2018.❶

青春期的身体变化

阶段	每个阶段的发展特性
顶泌汗腺(大汗腺)的发育	男生和女生类似
骨盆的变化	男生骨骼增强;女生卵巢和子宫增长
性腺的发育	男生睾丸和阴囊增长;女生卵巢和子宫增长
乳房的增大	男生增大;女生增长更大
阴毛的成长	男生和女生类似
生殖器的发育	男生阴茎增长;女性阴唇和阴道增长
外在青春期	男生梦遗;女生月经初潮
青春期	男生有精子;女生排卵
身体尺寸	男生肩膀变宽;女生臀部增大

❶ 这本书将成年初显期划分到青少年阶段,与普遍的划分方法不一致。本书将成年初显期纳入成年期部分,于第七章详细说明。

6-2　青少年期的生理发展（续）

本单元接着说明青少年期生理变化中的性发育：

三、性发育

青春期最主要特征为第一性征和第二性征发育成熟，说明如下：

1. 第一性征

是指生殖器官的成熟，它们扮演了生育后代的直接角色。就女性而言，子宫、阴道和卵巢会发育成熟。卵巢是女性最主要的性腺，会制造性激素和卵子以准备受精。就男生来说，主要性征包含阴茎、前列腺和睾丸的成熟。前列腺位在膀胱下方，主要功能为射精或分泌碱性物质以制造精液。睾丸是男性最主要的性腺，可制造性激素和精子。

2. 第二性征

是指可区辨不同性别，而与生育能力无关的征候，包括月经、毛发生长、乳房发育、声音改变、皮肤变化和夜间遗精等，说明如下：

（1）月经：女性进入青春期的最主要指标为第一次月经到来，亦称为初潮。月经为每个月因卵子未受精而由子宫排出的血液和体内组织废弃物。现代女性的月经会比三四十年前的女孩更早来。目前美国女性月经到来的平均年龄是12.5岁。

（2）相较于女性，男性进入青春期的确切时间点较不明确。就男性而言，平均在14岁前，激素会造成睾丸增大，并开始制造精液。睾丸素分泌的增加，会激发阴茎发育变粗、变长。

（3）毛发生长：青春期时耻骨周围会开始生长毛发，几个月或数年之后，这些毛发会变卷、变粗和变黑。而耻骨生长毛发之后2年，腋窝会开始生长毛发。但这也有个体差异。男性的嘴唇下方和下巴、脸颊，也会开始生长毛发。胸毛则是在青春期后期才会生长。

（4）乳房发育：乳房发育通常是女孩性成熟的信号之一。乳头和乳晕周围会变黑。原本较圆锥型的乳房也会变得较圆润，乳房的功能为分泌乳汁。有些青春期男孩会经历暂时性乳房发育，这会让他们焦虑并担心自己不正常，海德（Hyde）与德拉梅特（DeLamater）指出，将近80%的青春期男孩会出现这种现象，可能是睾丸分泌雌性激素所造成的，此情形通常会在1年内消失。

（5）声音改变：男孩在青春期晚期会注意到自己的声音变得更低沉，这包括喉头扩展和喉结生长。女孩虽不像男孩那么明显，但女孩会感受到声音轻微改变。女孩的声音会变得稍微不那么高亢，并因为喉头成长而音调变得较成熟。

（6）皮肤变化：青少年的皮脂腺分泌会增加，并使皮肤较油，毛孔会比较粗糙和变大，且通常脸上及背部会长出黑头和面疱，通称为粉刺，并造成疼痛感。粉刺会增加青少年的压力，让他们更意识到外貌和身体正在改变。

（7）夜间遗精：夜间遗精亦称梦遗，泛指男性在睡眠中射精。在青春期后期最频繁时，一个月会有一次梦遗，至20岁时会逐渐变少，到30岁以后则完全终止。夜间遗精是释放性张力的本能反应，有时会伴随性梦境。重要的是，需让青少年了解这是正常生理反应。

典型的青春期发展

青春期阶段	生理变化	心理变化	社会变化
早期 （11~14岁）	■ 激素的变化 ■ 性欲萌发期 ■ 生理外观的变化 ■ 可能初尝禁果和使用成瘾物质	■ 对包括早熟在内的生理变化有所反应 ■ 思维很具体，以当前为焦点 ■ 怯于展现身体 ■ 喜怒无常	■ 和父母、同伴的关系有所改变 ■ 学习架构具章法 ■ 扬弃文化和传统 ■ 从众 ■ 随俗
中期 （15~17岁）	■ 性欲萌发期及生理外观的变化成熟 ■ 可能初尝禁果和使用成瘾物质	■ 对包括晚熟在内的生理变化有所反应 ■ 自主性提高 ■ 抽象思维增强 ■ 认同发展启动 ■ 准备念大学或就业	■ 社会情境决策日益显著 ■ 注重外貌
晚期 （18~20岁）	■ 生理变化速度减缓 ■ 可能初尝禁果和使用成瘾物质	■ 形式运算阶段 ■ 认同发展持续进行 ■ 道德推理	■ 学习及生活架构漫无章法 ■ 展开亲密关系 ■ 重新对文化和传统感兴趣

引自：HUTCHISON E D. 人类行为与社会环境——心理暨社会取向[M]. 洪贵真，刘嘉雯，任凯，译. 台北：洪叶文化事业有限公司，2012.

青少年生理改变对心理影响的研究结论

- 女性月经来潮与较成熟的社会能力、改善同伴关系、较高的自尊心、对自己身体有较高的自我意识等均有关。
- 男生早熟似乎比晚熟好，早熟的男孩自信心较高，自我观念较佳，而且同伴关系亦较佳。
- 女生初潮来得早（称为早熟），多半学业表现较差，也出现较多的行为问题，但多半较早独立，也与异性有较佳的互动关系。
- 发育较早理应造成较正向的自我形象，但有时正相反，原因是较早熟的少女在身材上会比晚熟的少女显得矮胖。

6-3 青少年期的认知发展（皮亚杰的认知发展理论观点）

皮亚杰的认知发展理论，最后的阶段是形式运算阶段（period of formal operations），大约开始于十一二岁到16岁，说明如下：

（一）青少年时期是认知发展的重要阶段，此时青少年的认知技巧更趋于复杂熟练。以皮亚杰的理论检视青少年时期的认知发展，此时正进入形式运算阶段（亦称为正式运算阶段）。前一阶段的具体运算阶段，是指人类对可触摸的具体事物经历的事件的心理活动，例如：在心理上将所见的动物归类。形式运算阶段，意指抽象概念的心理活动，具有形式运算能力的个人，能够思考抽象的、未见、未听、未嗅、未尝的概念。亦即，形式运算阶段比具体运算阶段较具假设、抽象的逻辑思维。

（二）进入形式运算阶段的青少年，具备元思考（meta-thought）的能力，即对于自己的想法再进行思考的能力。青少年已能运用抽象的概念，例如：理想、品质及特征等，来描述他人的性格，并分辨是非。此外，具有抽象及逻辑思维能力的青少年，也更能够处理复杂的问题，例如：道德及哲学的议题。

（三）这个阶段的青少年会有抽象思维的能力，而在进入这个阶段以前的儿童只有具体思维（concrete thinking）的能力。由于抽象思维能力的存在，青少年的思维豁然开朗，开始能运用这种能力来进行合乎逻辑的抽象思维，并发展出解决问题的能力，此又称为"假设演绎推理"（hypothetical-deductive reasoning）。这种能力让青少年能通过线索或假设，按部就班地找出最佳的方式来解决问题。

（四）事实上，青少年开始意识到自己的思考能力，他们可以想到自己为何会对某些事持有某种看法，而这样的思考能力也与理想主义和对未来的看法有关。为什么青少年常常很关心他们的未来、人生的意义或发展出属于自己的意识形态呢？皮亚杰认为这些想法都是形式运算阶段的特质所造成的。青少年已具备了思考超越真实面的能力，而这种能力可从其思考模式中显现。例如，一位少女可能会想："如果我和阿杰结婚会怎样？""我现在不该再这样看阿杰了，我应该思考我想从他那边得到什么。"

（五）形式运算阶段在青少年期产生的两个明显特色，说明如下：

（1）理想：思考中充满无限的可能性，这阶段也被称为同化期（assimilation），指的是青少年会将新的信息与现有的知识结合起来。

（2）适应：到了青少年中期，如果能通过适应（accommodation）的过程，则会取得较好的平衡。换句话说，青少年必须适应认知能力的改变，而随着经验的累积，形式运算的能力也会渐渐融合于经验中。

青少年形式运算与逻辑思维能力的范例

思维上的主要改变	实例
对可能性的思考能力	我希望能更了解她——她应该会是个好的朋友，或者我决定让她成为我的女朋友。我们彼此喜欢，应可建立更亲密的关系。
对假设的演绎	她说她不想成为我的女朋友；我想女孩子大概就是不喜欢我，因为我不够帅，也不够酷；不过也有别的女孩表示过她们喜欢我，也许不是所有的女孩都会喜欢我，我应该努力去找到一个真正喜欢我的女孩。
思索未来	我现在有一个女朋友，而且相处得很愉快，不过如果我们一直交往下去，我将不知道和别的女孩交往会是怎样的情形，为了找到最佳的终身伴侣，好像应该有较多的女朋友。
对想法的思索	我一直在想别人有多喜欢我，我真的受欢迎吗。不过即使我不像其他人一样受欢迎，至少我还是有很多好朋友，我实在不必担心自己是否受欢迎，只要好好把握现在的好朋友们就好了。
思考能力的扩展	我受邀去参加一个派对，但我最好的朋友泰瑞没受邀，因为主办派对的约翰不喜欢泰瑞；如果我告诉泰瑞实话，他一定会生约翰的气，而约翰也叫我不能说；不过如果泰瑞问起，我也不想欺骗他，我实在不知道我是否应该答应约翰对泰瑞撒谎。

皮亚杰认知发展理论的思考模式四个要点

1 内省
思考想法。

2 抽象思维
不将思考局限于现实层面，而延伸到未知的可能。

3 逻辑思维
能考虑重要事实及概念，进而综合出结果。例如：决定动机及效果的能力。

4 假设推论
在考虑多项变量的情况下，规划假设并测验结果的能力。

6-4 青少年期的心理社会发展（埃里克森的心理社会发展理论观点）

在埃里克森提出的心理社会发展理论的八阶段中，青少年期为第五阶段，说明如下：

第五阶段：角色同一对角色混乱（青春期：12~19岁）

一、角色同一

（一）根据埃里克森的观点，青少年处于自我认同的危机中，这是人生阶段性发展中的一个主要危机。认同意味着一种相互的关系，这种关系同时蕴含着一种个体自我的相似性（self-sameness），以及与其他人共同享有的永续存在的性格。青少年期是酝酿自主性的阶段，青少年选择他们自己的朋友及休闲活动，并且建立在家庭以外有意义的情绪联结。他们建立自己的价值体系，通常是在家庭的羽翼下，受家庭其他成员的影响得以规划未来。这种认同及规划过程，占满了青少年的生活与时间。

（二）当青少年年纪增长，他们变得相当在乎自己是谁，重视自己及其他人在过去所建立的关系网络，也会考量未来建构的方向。自我认同是社会关系的一种标杆，得以让青少年在持续的互动经验中成为领航人。

（三）文化因素左右自我认同养成。埃里克森相信，青少年在此年龄层开始主动追求他们个人的生活目标，青少年的目标及价值观反映出他们所归属的文化范围等。在形成个人的认同之际，他们必须学习并决定他们所追求的文化目标。解决认同的危机是内化文化价值的最后步骤。不同文化显然有不同的期许，而个人在追求自我认同的历程中，青少年为文化期许所同化。

二、角色混乱

（一）在青少年自我形象的形成过程中，每个人都很可能因为生活中重要他人的需求，而做出若干决策。例如：青少年由于父母的期许决定当医生或律师，青少年在这种过程中为了取悦长者而做决策，可能没有经过审慎考虑，或对他的目标有所认定。有些青少年在成长过程中也可能养成负面的自我形象，并内化成其自我形象。

（二）这种丧失自动权的认定（foreclosed identity）及负面的自我形象，解决了自我认同的危机，提供给个人一个具体的自我认同。从某方面来看，这是缺乏一种正面个人认同及目标的方式。但无论如何，对青少年来说，他们在解除认同危机时，会因而导致角色的扩散，造成角色混乱。他们可能既不能达成心中锁定的目标，也缺乏整合生活上不同角色任务的能力。这些青少年常常挣扎着面对冲突的价值观，绝大多数缺乏自信、判断与决策能力，这种角色的扩散造成焦虑感、冷漠及敌视的态度，因为这些人对各种角色都有不适感。

（三）自我认同转化过程中，个人可能经历短暂的混淆及忧虑，青少年极可能沉溺于自我而与外界隔离，以及在支离破碎的生命残骸中，难以拼凑勾勒出一套完整的人生愿景。即便是生命中所具有的些微正面角色认同，也掺杂着若干程度的角色混乱，甚至有些人从未构成一个令人满意的自我认同，能融合多方面的认可、肯定、精神期许及多种角色，这些青少年同时想超越内在，对未来怀有不安与恐惧。

角色同一对角色混乱

青春期需发展出强烈的自我感,否则会导致他们在生活中缺乏对自我的认同及产生角色的混乱。

心理社会延期偿付(psychosocial moratorium)

■ 埃里克森以心理社会延期偿付描述在达到最终自我认同前的自由试验期。此延期偿付允许青少年有试验自我信念、价值角色的自由,这样一来他们才能确认可发挥自我优势的社会角色,并获得共同体正向的认同。

■ 解决自我认同和角色混乱危机的最佳方法,是将早期认同、目前价值与未来目标整合为一致性自我概念。因自我认同只有在一连串的质疑、反复地评估及试验后方可达成。若仅致力于解决自我认同问题,可能使青少年更加情绪化、过度热心于承诺、自我疏离、产生反抗行为或耽于嬉戏。

第六章 青少年期

6-5 青少年期的道德发展（科尔伯格的道德伦理两难案例）

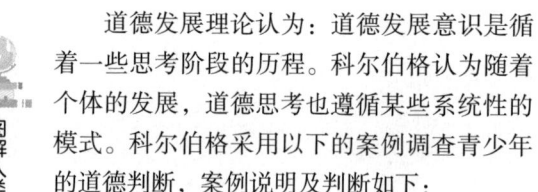

道德发展理论认为：道德发展意识是循着一些思考阶段的历程。科尔伯格认为随着个体的发展，道德思考也遵循某些系统性的模式。科尔伯格采用以下的案例调查青少年的道德判断，案例说明及判断如下：

一、道德困境案例

有一位女士得了癌症，濒临死亡，有位医生相信某种药物可以使她免于死亡，刚好发明这种药物的药剂师也和这位女士及其丈夫住在同一座城市。虽然这种药物制造时的成本很昂贵，但是药剂师的索价是制造成本的10倍——他花费200元制造药物，却要以2000元的价格售卖，而且剂量很小。这位女士的丈夫海因兹（Heinz）倾尽全力向他所有的亲友借钱，却只筹到第一期药物的一半款项。于是他回头找这位药剂师，表示他的太太濒临死亡，期望能在药价上得到更多的折扣，或是让他晚一点支付款项，但这位药剂师表示："不，药物是我发明的，我要靠它来赚钱。"海因兹在情急之下，不顾一切地破门而入，盗取药物，拯救他的太太。

二、青少年对案例的道德判断

（一）这个故事列出了几个道德上的困境和难题。例如：如果海因兹真的无法以其他方式取得药物，他有责任为自己的太太偷药吗？而这位药剂师有权利要求如此高的价格吗？

（二）这个故事和这类问题都是调查青少年道德判断常用的方法，目的是了解青少年如何思考这些没有明确对错答案的道德困境。到底海因兹该不该偷取这个药物？一个人如何思考这类问题，可以当作其在道德发展阶段上的指标。

（三）另外，"道德发展"也可指称人与人互动过程的行为准则。例如：青少年可以推理说，无论什么情境之下，偷窃的行为都是错的。不过，另一个思考的维度是，偷窃是情有可原的，因为药价实在高得离谱，很不公平，况且更糟糕的是，这位太太如果不服药就会死亡，所以偷窃是可被接受的。

（四）科尔伯格相信这些行为准则（或规范）会依照个人不同阶段的发展，而有不同的进展。每个阶段都代表思考各种行为规范的不同方式，这些阶段可当作我们拥有的有关对错的观点或理论。每个阶段都有"什么才是对的"的不同观念，以及一个人必须是"善的"的不同理念。例如：在青少年前期，年轻人正处于"人际从众"的阶段，他们以为"所谓的正确"就是做个好人，活在他人的期待里；所谓"好"的理由，就是寻求如何成为别人眼中的好人，自己才会自认为是个好人。当青少年成熟后，他们比较有可能进入一个对"系统"（system）负责任的阶段，所谓的"好"，就是实践或履行自己对社会或价值体系的责任，以免社会秩序混乱和崩解。当个体进展和通过各个阶段，他就更接近道德充分发展的境界，这些阶段就是科尔伯格所描述的"前习俗水平"（preconventional）和"后习俗水平"（postconventional）的道德思考或推理阶段。

科尔伯格的道德推论：
青少年对"海因兹偷药"这一道德两难议题的可能反应

道德发展阶段	特点	支持窃取药物的道德推论例子	反对窃取药物的道德推论例子
前习俗水平的道德推理	惩罚与服从	海因兹不应坐视他太太死亡，所以他应该不会坐视不管。	海因兹应该不想偷窃被逮，因为被逮的结果可能是坐牢。
前习俗水平的道德推理	自我利益	海因兹果真偷窃被逮，应该将所窃得的药物归还，以避免遭到判刑入狱。	药剂师只是在商言商，理所当然可以贩卖药物以获利。
习俗水平的道德推理	从众性："好男孩、好女孩"	海因兹是个好丈夫，他之所以会这么做，是因为他很爱他的妻子。	海因兹无法接受因妻子死亡而遭受的责备；这位药剂师是自私的人。
习俗水平的道德推理	法律和秩序	海因兹若没有做出任何举措而导致他妻子的死亡，则他妻子的死亡就是他的责任；他可以先偷窃药物拯救妻子的性命，然后晚点支付费用给药剂师。	偷窃就是错的。海因兹如果真的窃取药物，他会觉得愧疚。
后习俗水平的道德推理	人权：社会契约	针对这样的情境，并没有法律可以规范，虽然偷窃药物是错误的行为，但海因兹这样做是合理的。	这种情境不应该成为徇私枉法的理由。海因兹不应该被情绪掌控，他应该考虑这件事对自己的长期影响，而且不失去自尊心。
后习俗水平的道德推理	普世的人类伦理	如果海因兹窃取药物，他那样做虽符合社会期待，但却会遭受良心的谴责。	海因兹应该想到可能有其他人的状况和他妻子一样，需要这种药物；他的行为应该要以普世的伦理原则，以及所有人整体生命的价值为指引。

6-6　青少年期常见的健康问题

青少年期是生理发展的狂飙期，关于青少年在生理发展的过程中经常面对的生理发展问题，说明如下：

一、体重问题

以个体的身高为基准，体重超过标准的20%就是肥胖。过去20年，儿童和青少年肥胖的比例明显增加。肥胖除了是罹病的重要风险因素，对青少年而言，也是严重的社会问题，因为肥胖者可能会遭到同伴的侮辱、污名化和拒绝。许多青少年会长出过多的脂肪，有可能导致成年期的肥胖。另外，青少年时期建立的饮食行为习惯，通常会延续到成年期。

二、痛经问题

痛经是指在月经前或在月经期间，腹部发生抽筋性的疼痛。对女生而言，这是个非常普遍的经验，流行率高达90%；痛经通常从青春期开始，大部分都未经诊断，也没有接受治疗。

三、痤疮问题

超过80%的青少年有痤疮的困扰。痤疮的产生是因为青春期性激素增加，刺激皮脂腺（脸部为多）的脂肪质分泌。大多数青少年到了20岁时，痤疮就会开始减少。痤疮或青春痘和基因遗传与脂肪的沉积有关，它会导致皮肤组织产生疤痕，影响外表，使得青少年觉得尴尬，造成社交退缩的问题。

四、睡眠问题

10~18岁的儿童和青少年睡眠时数是不断减少的，儿童期中期每晚的睡眠时间大约是10小时，到了16岁，睡眠时间下降到8小时。睡眠专家认为青少年每天有约9.25小时的睡眠时间，身体和心理才能够维持良好的状态。研究指出，约有50%的高中生，在上学日经常是过了午夜才上床。睡眠不足会引发认知功能较差、烦躁不安的情绪增加、焦虑及抑郁等情形。

五、饮食失调症

（一）神经性厌食症：好发于青春期早期和中期，其特征是患者会做出让自己瘦到不能再瘦的行为。厌食症通常始于减重，或经历某种压力之后，从减重演变到严格控制饮食、过度运动，甚至有时候会催吐或吃泻药。厌食症与环境压力之间有明显的关联性，但遗传基因也是此疾病的可能成因之一。厌食症的症状包括①心理症状：焦虑、抑郁、无情绪（或很少情绪表现）、强迫行为等；②生理症状：皮肤干燥、发育不良、骨质疏松、月经失调、身体及脸部的毛发变得细软、对冷的敏感度升高、心脏疾病，甚至死亡。

（二）暴食症：虽然与厌食症的某些症状相似，但暴食症的特征在于持续大量进食，再经由运动、催吐或吃泻药将食物排出的行为模式。暴食症好发于青少年晚期或成年早期，并可能持续发病至成年晚期。与厌食症的患者一样，暴食症患者同样执着于变瘦，受扭曲的身体形象所困扰。然而与厌食症患者不同的是，暴食症患者通常体重正常，对自己的行为感到羞愧，并且意识到有不正常的癖好。多数暴食症患者长期掩饰自己的行为，并维持正常以上的体重，因此他们比厌食症患者更难被察觉。暴食症患者会出现的症状包括①心理症状：抑郁、强迫行为及物质滥用；②生理症状：脱水、晕眩、心脏疾病、电解质不平衡、牙釉质受损等。

预防肥胖的策略

- 改善家庭和学校提供给儿童食物的营养，减少供应零食和碳酸饮料。
- 强化学校教育，加强健康饮食倡导，强化体能活动和正向身体形象的教育。
- 依据学童个别需求量身定制体能活动，增加校园内的活动量，减少久坐不动的时间。
- 改变社会环境和文化，支持健康饮食和活跃体能的习惯。
- 教导父母强化营养的饮食选择，准备健康的餐饮和零食，提供体能活动，减少花费在电子产品上的时间。

饮食失调症

厌食症的诊断指标
- 拒绝维持适合其年龄及身高的体重
- 对于体重的增加感到非常恐惧
- 对于身体形象的感知混乱
- 至少连续 3 个月未有月经来潮

暴食症的诊断指标
- 出现一再复发的暴食行为（必须是间断性地发生，同时患者感到对饮食失去控制）
- 出现避免体重增加的行为，例如：使用泻药、过度运动或催吐
- 连续 3 个月有每周 2 次以上的暴食行为
- 对于身体形象的感知混乱
- 未出现厌食症的混乱行为

6-7 青少年的自尊心发展

生理、认知、情绪及社会等方面的发展，对于青少年如何看待与评价自己，将产生短期及长期的深远影响。同样地，青少年对于自己的评价、他们如何看待这个世界，将进一步影响他们往后的发展与身心健康。因此，我们将人对于自己的整体评价称为"自尊心"（self-esteem）。

自尊心是对自我的整体评价，有时又称为自我形象（self-image）、自我概念（self-concept）。一般而言，自尊心会随着青少年阶段的发展而改变，通常在青少年前期（11~14岁）处在最低潮。因为这个时期的青少年，多半会有很强的自我知觉或自我意识（self-consciousness），而他们对自我的感知（self-perceptions）又很容易受外界的影响，尤其是要进入中学这个过渡阶段的女孩。自尊心最低的情况，发生在叛逆和寻找感官刺激的少女身上。值得注意的是，大多数青少年的自尊心在整个青春期阶段并没有太大的改变。

大部分自尊心的来源和青少年如何评估自己达成短期目标的能力有关。青春期的重要课题就是，青少年必须了解每个人都无法达成每一个短期目标，不可能在每一件事上都是最棒的，也不可能在每一个运动项目上都成为赢家，或是在每一门课上都有最优秀的表现。有时候青少年会把一时的失败当成重大的挫败，甚至把这些挫折当作毁灭性的，因而影响自尊心的发展。

在增强青少年自我概念上，可采用以下的四种方式：

一、对成就的鼓励

青少年可以经由指引，将关注点聚焦在他们比较可能有成就的领域。体能比较不足的孩子，可以从事需要脑力或智力的游戏。研究显示，青少年的自我肯定训练有助于强化自尊心。有时青少年必须为了达到自己设定的更高目标而更加努力，或者接受自己已经很不错的表现，即使不是完美无缺。

二、增进特定领域的能力

许多青少年一开始就为自己设下不合理的要求，这些"必须"或"应该"掩盖了他们对自己实际成就的肯定。青少年如果经过教导或指引，能够对自己过去的经验和行为持正面看法或感受，自尊心通常会提升。

三、强化同伴和父母的支持

自尊心和同伴团体的形成有密切的关系。研究显示，父母和同伴的支持，以及社区和学校活动的参与都有助于增强青少年的自尊心。

四、发展应对技巧

应对能力和自尊心的强化、压力的纾解都有关联。当青少年运用应对能力解决问题，结果就是正向的自我评价和自尊心的提升。如果教导青少年应对问题的技巧，他们会学会更实际和诚实地面对问题。

影响青少年自尊心发展的因素

01 生理发展及青春期到来的时间点

02 同伴与家人关系

03 社会规范与期待

04 心理社会因素，例如：心理弹性（心理韧性）、性格及适应能力

寄养家庭孩子的自尊心发展的研究结果

- 寄养儿童常有一种低自尊的特质，因为没有紧密的家庭关系，可能会造成他们低自尊与认同上的混乱。
- 当将儿童从失功能的家庭中带出时，因为减少了他们接触不当家庭互动及冲突的机会，的确可以帮助他们提升自尊。
- 低自尊也与这些寄养儿童曾被安置到多少个寄养家庭，以及寄养时间长短等因素有关。
- 对较年长青少年的寄养服务应该是有选择性的，他们曾经历家庭关系的不和谐与心理健康方面的问题，所以更应该得到这些相关资源的协助。稳定的安置环境可以帮助青少年认识并建立支持性的关系，甚至可以减少日后可能产生的问题。

6-8　青少年的自我认同

认同（identification）的概念源自弗洛伊德的心理分析论所提出的假设：一个人经由类化另一个人的人格特质，而形成相似的思想、感觉和行为。依埃里克森的心理社会发展理论，青少年遭遇的自我认同的危机，是人生阶段性中的一个主要危机。埃里克森用自我认同（ego identity）解释青少年对自我的质疑：我是谁？

自我认同是个体社会关系的标杆，是随着年龄增长而渐渐建立的，受到社会化历程的重要他人，如老师、父母、同伴、媒体或文化因素所影响。詹姆斯·马西亚（James Marcia）运用埃里克森的相关观点，提出四种人们应对自我认同危机的主要方法，兹说明如下：

一、同一性扩散（identity diffusion）

是指未曾就角色和价值观进行探索，也不曾身体力行，这是最不成熟的情况。此类青少年尚未经历过危机，所以他们也尚未探索有意义的其他选择，而他们也不对一些重要态度、价值观或生涯规划等做任何承诺。这类人也许曾经历，也许不曾经历考虑可能性的阶段（危机），但在任何一种情况下，他们都未达成一种承诺，这使他们倾向于肤浅、不快乐，且常感到孤单，因为他们没有真正的亲密关系。

二、同一性早闭（identity foreclosure）

是指未曾就角色和价值观进行探索就直接身体力行。这个阶段的青少年对某些特定的目标、价值或信仰已经做了承诺，但也还未经历过危机。这类人做了承诺，却未考虑其他可能的选择（经过危机期），他们接受别人为他们的生活所安排的计划。例如：女孩追随母亲成为家庭主妇，男孩追随父亲成为商人或农夫。他们较为快乐，较自我肯定，有时骄矜、自满，并具有强烈的家庭意识，当想法受到威胁时，他们会变得独断。

三、同一性延缓（identity moratorium）

是指就角色和价值观进行探索，但不曾身体力行。青少年此时处于危机之中，他们正在积极地探索价值、意识形态或信仰，这时他们可能还未有所承诺，或对某种承诺只有模糊的概念。这类人正处于做决定的过程（处于危机中），似乎正准备做承诺，而且也可能达到认定。在冲突挣扎的阶段中，他们倾向于多话、矛盾、活泼；他们接近异性的长辈，好竞争、焦虑，希望拥有亲密关系，并了解其中所包含的事物，却不一定拥有此种亲密关系。

四、同一性获得（identity achievement）

是指就角色和价值观进行探索，然后身体力行。在这个最后阶段，青少年已经解决了冲突，而且对职业、性别认定及宗教意识形态等做出坚定的承诺。在人们花许多时间对自己生活中的重要事物做主动思考后（同一性危机），他们做出必要的选择，表现出坚定的承诺。具有较强的心理弹性是他们的特征：他们较深思熟虑，但也不至于畏首畏尾；他们具有幽默感，在压力之下仍表现良好，能与人形成亲密的关系，能接受观念并维持自己的标准。

个体发展特定认同的四种方式

1. 未来导向

步入青春期时,青少年已发展出两种重要的认知能力:他们能够思考未来,也能建构抽象思维。这些能力让他们得以依据假想行为所衍生出的潜在后果,就一份假想行为名单做出选择。

2. 角色实验

根据埃里克森的看法,青春期提供了心理社会未定期(psychosocial moratorium)。在此期间,青少年享有就各种社会角色进行实验的自由。因此,青少年基本上会在不同的小圈子里浅尝团体成员的身份,和不同的心灵导师建立关系,选修不同的课程,加入五花八门的社团及组织。种种作为都是在尝试进一步定义自己。

个体发展特定认同的四种方式

3. 探索

角色实验特指对于崭新角色的尝试,而探索则是指青少年在尝试新事物的过程中所展现的安适自在。个体对于探索越感到自在,认同形成的过程就越顺利。

4. 自我评估

在寻求认同的过程中,青少年不断拿自己跟同伴做比较。埃里克森认为,认同发展即个体就自己与他人的相互关系所做的反思与观察。米德认为,青少年创造出所谓的概化他人(generalized others),以此代表他人可能看待自己或对自己的回应方式,是将社会上各种角色加以类型化的过程,使得自我与他人互动时,有最低程度的互动判断依据。青少年预先设想家人或同伴可能出现的反应,再据此来采取行动。

6-9 青少年的自我独立

青少年在成长过程中，受到同伴的影响极大。同伴的压力造成青少年的从众心态。同伴压力与从众均为青少年时期所要面对的影响力，特别是在初中阶段。青少年通常会运用他们的逻辑能力思考"如果大家都这么做，这必定是好的、对的事"。

而到了青少年后期，从众性所引起的各种反社会行为将会减少，青少年将开始在与父母及同伴互动间经历到更多的合作与一致性的关系，因为他们越独立，就越不会受到父母及同伴的影响。也许此时的从众性是青少年发展过程中正常的一部分，也是一项重要的发展任务，就是要逐渐淡化同伴团体对自己的影响力，毕竟我们都需要学习在个人自主及他人期待中取得一个平衡点。只不过当有人对从众的观点施压时，它的结果可能有负面也有正面。虽然我们常常视同伴压力为负面的影响，但它有时也有正面或中性的影响。

为了协助青少年摆脱从众性推理的现象，里克纳（Lickona）提出六种方法，说明如下：

一、使自己成为一个独立自主的人

要教导青少年成为有独立见解的人，父母首先得成为很好的角色榜样。当孩子们提出老掉牙的说辞时，例如："人家的父母都答应让他去玩，你们为什么就不答应？"这时父母不能因此而妥协，应该马上告诉他："重要的不是他们怎么做，我们就怎么做，而是应该思考他们的想法与做法到底对不对。"

二、常提到独立的价值

父母需要帮助青少年了解独立是为了他们自己好。里克纳建议父母可以对其青少年子女说："做你自己，做你自己想做、有兴趣的事，你只有忠于自己，才会快乐；当你不快乐时，须试着去了解原因为何。"

三、帮助青少年学习思考该如何回应

父母应通过角色扮演的方式，让青少年学习在面对同伴压力时应如何应对。例如，当男孩想要有进一步的亲密关系时，他可能会说："有很多人都这么做。"我们可以教女孩这样回答："如果你认为有很多人都这么做，你大可去找这些人啊！"

四、帮助青少年了解自己

青少年如果知道自己屈服于同伴压力的感受是什么，应该就比较能够应对。青少年屈就于同伴压力多半是因为自卑，害怕因此而遭到同伴的拒绝。

五、以适当的角度来看待"受欢迎"这件事

感到"受欢迎"常是使得青少年无法独立的主因。我们应告诉青少年价值观是不断改变的，现在受欢迎并不表示以后也会如此。等到青少年稍微年长后，能够体贴他人的感受与完成人生的目标等，可能会是更重要的事。

六、挑战青少年在第三阶段的"集体道德观"

父母可以让青少年知道所谓的"集体道德观"（即他人认为合乎道德的事便是合乎道德的），并不一定是解决道德两难的最好方法，以培养其独立思考与解决问题的能力。

青少年的从众心态

- 青少年全然地效忠同伴团体或过分注重社交地位，容易造成青少年委屈自己而不能自制，因为一旦没有人环绕于身边，他就感到寂寞与焦虑。
- 最怕青少年为了讨好同伴而盲目从众，如此不仅失去了独立自主的逻辑思维能力，有时也失去了自我判断力，如果同时处于两个利益冲突的团体，更易陷入两难的困境。
- 青少年过度效忠团体，会造成僵化及受团体的影响而失去自我。

摩尔（Moore）提出青少年与父母分离的独立四个元素

01 生活功能独立

如准备上学：选择合适的衣服、打扮得体、整理课本等用品，自己用餐、独自活动，或者从父母那里得到的协助微乎其微。

02 态度独立

这点不只是指态度与父母泾渭分明，而是指发展个人的价值观与信念。例如：基于个人的价值观与信念选择专业，而非基于父母的意愿。

03 情绪独立

指减少对父母或其他人的情感依赖，并在维持亲密情感关系时，仍能保持自我独立性。情绪独立包括接受与分享情绪及相互依赖，当中没有人会被支配和压迫。

04 冲突独立

这是指能够体察到个人与父母分离为二，而没有内疚、怨恨、愤怒等负面情绪。冲突独立指的是个体对于代沟的存在感到安然自在。

6-10 青少年的自我中心主义

艾尔金德（David Elkind）提出青少年的自我中心主义（ego centrism）。所谓的"自我中心主义"是指个人对自己的行为、感受或想法非常在意，而一般相信这种想法的产生是由形式运算能力所造成的。亦即，当个人以自我认知结构为中心，并且更关注主体本身的观点，而忽略实际处理的客体（个体所处的世界），那么个体与他人间的观点便无差异。艾尔金德称此种观点为"自我中心主义"。

艾尔金德认为，青少年具有的自我中心主义，有以下的行为特征：

一、向权威角色挑战

青少年对世界及现实拥有想象与理想，追求完美，当他们发现自己一度崇拜的偶像远不及自己心目中的理想对象时，他们会挑出偶像所有的缺点，希望将现实与自己的理想拉近。

二、好争辩

青少年急于表现出他们对事件的观察能力，且对任何事物都会表达自己的看法，有时候会卷入不睦、不合群的人际关系。所以，成人应了解此种行为特征，鼓励青少年参与有关原则的争辩（如辩论），而避免涉及人格或人际攻击，这将有助于他们扩展推理能力。

三、自我意识（self-consciousness）

青少年过度的自我意识大都来自想象的观众（imaginary audience），这是指青少年认为自己是焦点，别人都在注意他。例如：听到父母低声细语交谈，他会认为父母正在对他评头论足。这也可能让青少年出门时，很难决定要穿何种衣服，走在路上认为路人会看他的穿着打扮或注意到他的青春痘。因为此时的青少年尚未能区分自己与别人所感兴趣之处有何不同，所以他们假定别人与他的想法一样，而创造出一些想象的观众。

四、自我中心（self-centeredness）

这种坚信自己是特殊、独一无二、为世界万物法则管辖之外的想法，被艾尔金德称为个人神话（personal fable），这也解释了青少年早期的冒险行为（如飙车、不戴安全帽、危险性行为）。

五、明显的伪善

青少年不明了理想与实际、实践与理想之间的差异，他们一方面为环保议题抗议示威，另一方面又因参与活动而制造许多垃圾及噪声。

青少年的自我中心与其社会认知高度相关。青少年一直要到15~16岁之后，与同伴互动经验增加，加上认知成熟，才会减少使用自我中心式的思考，运用正式运算的能力，进行假设演绎推理。

纽曼（Newman）提出帮助青少年发展形象思考的三个途径，如下：

（一）帮助青少年在生活中实践各种角色，以学习角色间的情境、冲突、压力，帮助其发展应对能力，增加相对思辨验证的能力。

（二）提供各种不同的群体活动，通过同与自己成长环境不同的同伴建立关系，而意识到他们与自己的想法及期望有所不同。

（三）学校课程要能带领青少年做假设与演绎推理的思考，以促进形象操作与抽象观念的发展。此外，大众媒体与传播网络要提供此种功能。

想象的观众（imaginary audience）

是指存在于青少年心目中的观众，而青少年深信别人对其各种行为表现的在意程度，就与他自己的关心程度一样。青少年想象自己站在舞台的镁光灯下，而其他人都是观众。也因为他们相信大家都在注意他们，所以他们对自己的外表及行为会显得相当重视。

个人神话／神格化（personal fable）

是指青少年相信自己是最独特的，并具有无敌的不死之身，所以任何危险都伤不了他。正因为他们太独特了，以至于他们也相信没有人能了解他们，而又因为他们是无法被毁灭的，所以不好的事不会发生在他们身上。

假设演绎推理（hypothetical-development reasoning）

- 形式运算阶段通常开始于11~12岁。这个阶段的青少年会有抽象思维的能力，而在这个阶段以前的儿童只有具体思维（concrete thinking）的能力。
- 由于抽象思维能力的存在，青少年的思维豁然开朗，他们开始运用这种能力进行合乎逻辑的思考，并发展出解决问题的能力，此又称为"假设演绎推理"。这种能力让青少年能通过线索或假设，按部就班地找出最佳的方式来解决问题。

6-11 青少年的性议题：性与性别

将性视为静态与二元是错误的（即男—女、同性恋—异性恋）。事实上，性是一种流动性的概念，且不同的人会有不同的经验。所谓性具有流动性，是指要将人归类是一件困难的事，因为同性恋与异性恋之间，并没有一个明确的分界。

通常人们会对他人做两极划分：不是异性恋，就是同性恋，如此一来，事情就变得可以预测。如果有人被归类为异性恋者，其他人就会开始设想他的种种状况。例如：异性恋的女人，具有的特质包括柔顺、恬静、感情丰富和与男人约会，最后结婚生子；如果是男同性恋者，则人们会有不同的想象。这种归类方式最大的问题，就是会造成刻板印象。刻板印象是一种对某群体既定的心理印象，并可应用在这个群体的所有成员。通常这种印象所显示的特质是武断的，不考虑个体差异，并且否定个人的价值与整体性。例如：对同性恋者的形容词，包括娘娘腔、男人婆。

为周延地对性进行探讨，可以从生理、性取向和性别三个角度加以说明，如下：

一、生理角度

这个角度是指个人的染色体与生殖系统所呈现的状态。通常男性有生殖器官（如阴茎）与XY染色体。然而，有一些人的外部生殖器官并不明确，染色体也没有呈现典型对应。这类生理状况称为"双性人"（intersex），即这些人的性征介于典型男性与女性之间。

二、性取向角度

此角度包括两个层面：浪漫情愫的吸引与性的吸引。多数人是异性恋，被异性所吸引。同性恋者被同性所吸引，双性恋者被同性与异性所吸引，跨性别者被同性、异性或双性所吸引。

三、性别角度

性别与个人感觉自己是"男性"或"女性"有关。通常，有男性生理状态的人会觉得自己是"男性"，有女性生理状态的人会觉得自己是"女性"。然而，有一些拥有女性生理状态的人，会觉得自己是"男性"，而某些有男性生理状态的人觉得自己是"女性"。一般而言，"跨性别"（transgender）一词，就适用在这些人身上。

至于"性别"（gender）的含义，美国心理学会对"性别"（gender）的定义为：与个人生理性别及其所处文化相关联的态度、感受及行为。符合文化期待的行为被视为性别规范；不符合文化期待的行为则会造成性别上的特立独行，这就是性别的社会建构（social construction of gender）。

性别的社会建构理论是指"探讨性别在社会秩序中的架构，并将之视为一个整体；同时也探讨其建构及维持的过程。"这表示传统性别期待不再是铁律，而是可被改变的认知与期待。性别是动态的，其概念在持续发展过程中允许极具弹性的角色与行为。更具包容力的观点，是不再将人类二分为男性与女性，而是将性别表现视为连续性的。

莫尼（Money）提出性别的六项生理变量与两项心理变量

生理变量
1. 性别由染色体决定，XY为男性，XX为女性。
2. 分别会有睾丸或卵巢。
3. 性别与大脑发育在胎儿时期便有不同：男性有睾丸酮，女生则无。
4. 内部生殖系统不同，女性有子宫、输卵管与阴道；男性有输精管与前列腺。
5. 男女的外部生殖器官不同。
6. 青春期时会分泌不同的激素（女性分泌雌性激素与黄体激素，男性分泌睾丸酮）。

心理变量

7. 性别是出生时被归类的（"是个男孩"或"是个女孩"）。
8. 性别认同，即个人内心的自我概念是男性或女性。

性取向

性取向	说明
同性恋（gay）	许多非同性恋者用gay来指称男女同性恋者。虽然多数女同性恋者认为gay是个通称，但当其他人说起gay时，大多指男人而非女人；媒体现在开始用gay man及lesbian两词。
女同性恋者（lesbian）	专门描述女性同性恋者的用词。
双性恋（bisexual）	指的是性爱的对象可以是同性和异性。
跨性别者（transgender）	是指个人的性别认同和传统上依他（她）的生理特征所认定的性别有所不同，包括变性人（transsexuals）、变装皇后／国王（drag queens／kings），以及变装者（cross dressers）等。因此，跨性别者可以是男同性恋者、女同性恋者、双性恋或异性恋（heterosexual）。 通常将同性恋者和跨性别者统称为LGBT（lesbian, gay, bisexual, transgender），或LGBTQ（除上述四种类型外，再加上质疑自己的性取向者）。
同性恋（homosexual）	这个词可以同时代表男同性恋者和女同性恋者，但一般比较少使用，因为这个词通常带有负面的刻板印象（注：homosexual与gay，中译均为同性恋，但含义有所差异）。

6-12　青少年的性议题：性行为

性（sex）是指男性与女性在生理上的不同，通常为生殖器官及基因上的差异。因此，性着重在男女生理上的差异。要不要有性行为是大多数青少年会做的另一项决定。在性的抉择上，生理、心理、社会、个体的文化、宗教与道德（价值观体系）等因素各自发挥其影响力。研究指出，包括以下因素：

（一）生理因素：激素分泌的变化及青少年对于激素所带来的外貌变化的反应，都是性行为的可能催化剂。

（二）心理层面：青少年得做不同的抉择并发展自我认同，性行为不过是另一项决定而已。

（三）社会层面：青少年通过外在环境、学校、同伴、手足、家人、社团与组织、媒体等渠道，接触到旁人看待性行为的态度，并因而受到影响。青少年开始有性行为的时机与方式，和他们心目中同伴的所作所为息息相关。研究亦提到，和学业表现出色的青少年比较，学业欠佳的青少年更可能有性行为。

（四）个体的文化、宗教与道德（价值观体系）：塑造相关性行为的信念及行为。庞顿（Ponton）与朱迪斯（Judice）提到，社会对青少年性行为的态度，在青少年的性发展上扮演着重要角色，影响到法律、性媒体（sexual media）和性服务（sexual services），牵动着宗教和国家的互动状态，也左右了青少年在学校所接受到的教育类型。

彼得森（Petersen）与克洛科特（Crockett）提出四个他们认为会影响青少年性行为与未婚怀孕的相关因素，包括：

（一）生理因素：青春期的生理发展被假设对青少年的性行为有很大的影响，这也容易造成未婚怀孕与生子的问题。这个阶段的生理发展，可由两部分影响青少年的性行为：直接的作用是由激素对大脑产生作用，而间接的作用则来自外表较成熟的改变，如此改变代表对较成熟性行为的期待。

（二）性虐待：青春期前的性虐待经历可能会影响少女的性行为、未婚怀孕与生子，然而这两者间为何会有关联却仍有待厘清。

（三）偏差或问题行为：有偏差行为的青少年，通常也比较容易发生性行为及未婚怀孕的情形。杰赛（Jessor）推测，青少年会有这些所谓的问题行为，是因为他们想要变成成年人，或者青少年想通过这些行为取得同伴的接纳与认定。

（四）规范性期待：社会期待往往会影响青少年进入不同的生活阶段。换言之，如果他人期待某青少年进入大学，然后结婚，再有小孩，则他人这样的看法会影响该青少年的生命发展。彼得森与克洛科特发现，在初中时期就有性经验的少女，通常在那时候就有了成人时期才要完成的生涯规划。例如：完成学业、找工作，然后结婚、生子。而当时没有性经验的少女，则较少想到这些规划。他们的研究也同时发现有趣的代代相传现象，即该少女的母亲如果较早有性经验，其女儿也会较早有性经验。这种现象会产生，可能与其母亲对性持较开放的态度，或是受到遗传的影响，母女的生理都较早熟等原因有关。

影响青少年性行为的重要因素

1 生长在单亲家庭的青少年，发生性行为的可能性比较高。

2 学业表现良好者，较不容易发生性行为。

3 有良好的亲子沟通关系者，较不易发生性行为。

4 太早有约会的经验，比较容易发生性行为。

5 父母的管教方式太松或太严的青少年，比较容易发生性行为。

艾滋病（acquired immune deficiency syndrome, AIDS）

- 艾滋病为后天免疫系统失调的一种疾病，是由人类免疫缺陷病毒（human immunodeficiency virus, HIV）所引起的。这种病毒会破坏人体的免疫系统，并导致患者易受细菌或病毒（原本对健康的身体无害）的伺机性感染（opportunistic infections），进而造成身体健康的伤害。而当个体出现免疫力较差或缺陷的情形时，容易引发疾病，最终会导致死亡。
- 个体经检验后确认受到HIV病毒的感染，通常称为HIV-possible（HIV阳性反应），这属于严重的健康问题。由于HIV的感染会有很长的潜伏期（平均约为11年的时间），许多年轻人在感染了艾滋病后，要到二三十岁时才发病。年轻人罹患艾滋病的新案例中，大多数都是男性和男性发生性行为导致的。其中有一项严肃的议题，就是有许多年轻人经诊断确定染艾滋病后，却依然继续和其他人发生危险的性关系。

第六章 青少年期

6-13 青少年的性议题：未婚怀孕

青少年发生性行为，在未做好避孕措施的情况下，可能的后果就是发生非预期的怀孕，这时需面对未婚怀孕的许多困难抉择，包括是否要结婚、堕胎、将孩子交予他人抚养、提早辍学等。

过早怀孕生子容易导致很早辍学，造成学历不高的问题，因而找不到好工作，只能从事低薪工作，产生经济财务方面的困难，以及依赖社会福利等；且必须面对社会或人际关系方面的问题，例如：高离婚率、不稳定关系及更多非预期生子。

过早怀孕对母亲及孩子都会有所影响。对婴儿而言，主要的影响是体重不足，以及死亡的可能性比较高。对母亲而言，特别是年轻的母亲，发生并发症和死亡的风险会增加。少女如果终止怀孕，也必须面对负面的后果，尤其是越晚选择堕胎，发生并发症的风险也越大。

许多人对于青少年"小爸爸"存有一个常见的误解，那就是：小爸爸一旦发现女朋友怀孕，就不会想要她和宝宝。然而，最近的调查结果显示，越来越多的父亲不想放弃自己的孩子。亦即，和过去大众想法不同的是：越来越多的小爸爸想参与抚育的过程。但是，这些小爸爸通常必须面对女朋友父母的敌意，并且小妈妈和家人会主导和婴儿有关的所有决定。因此，社会工作者在协助这类家庭为婴儿做决定时，应该要将小爸爸的意见一并纳入考量。但成为小爸爸后，必须面对许多不利的问题。例如：必须提早辍学赚钱，但只能选择低薪的工作。

对减少少女未婚怀孕的建议，包括如下：

（一）提高性教育的水平：提早进行性教育，并须教导青少年做决定的技巧、生活技能，以及生涯规划的能力。许多学校课程教导青少年面对可能怀孕的风险时，必须同时教导他们须具备的问题解决、择善固执和自我肯定的能力。

（二）强化避孕渠道的可及性：避孕渠道的增加有助于降低青少年怀孕的人数。学校的保健可提供推广避孕的多元服务，减少学生对求助的刻板或负面印象。健康中心工作人员可以与社会工作者合作，聚焦在未婚怀孕的初级和预防服务，内容包括身体活动、紧急照护、心理卫生照顾和社会工作咨询辅导等。

（三）提供给年轻人更多的生涯选择：由于青少年怀孕对青少年社会层面的发展很不利，因此，有必要改变社会环境，使他们的人生有更多的选择。同时，必须降低青少年出现可能导致怀孕风险的动机，而最好的避孕措施，就是给予他们对未来的希望和选择。

（四）强化社区参与和支持：一般大众很容易将性教育视为父母和学校的责任，但研究显示，父母给子女的性教育其实非常少。当亲子之间有关性知识方面的沟通增加时，青少年使用避孕措施的概率便会增加，但是仍然需要社会整体的努力。如果能改变社会大众对性教育的态度，就能够提升未婚怀孕服务的可及性和使用率。

青少年未婚怀孕的儿童照顾模式

01 替代模式

- 由未成年未婚妈妈的母亲，负全责养育外孙。
- 有些未成年未婚妈妈仍与其父母同住，并未负起养育孩子的责任，与其同辈群体仍维持以前的生活方式。因为未成年未婚妈妈的不负责任，祖母为了孩子的福利和健康着想，而负起照顾责任。

02 补充模式

- 指未成年未婚妈妈的母亲与其共同分担照顾小孩的职责。未成年未婚妈妈可能与小孩的祖母同住或分开住。
- 例如：未成年未婚妈妈上学时，小孩由祖母代为照顾。若小孩的母亲有空在家，则由母亲照顾，这是最普遍的安排方式。

03 支持模式

- 此模式中，未成年未婚妈妈全职照顾孩子，其原生家庭与其定期沟通、见面及提供经济支持，偶尔帮助照顾孩子和协助处理家务。
- 不同于补充模式，此模式中的未成年未婚妈妈几乎是全程参与孩子的照顾。

04 学徒模式

- 此模式中，祖母扮演女儿的老师，将之视为学徒。她不认为女儿天生就知道如何扮演好母亲的角色。祖母的任务是了解女儿在为人父母时的知识和能力，培养其良好的技术和能力，然后逐渐撤回其责任。

6-14 青少年的性议题：同性恋

有关于为何有些人是同性恋，目前主要论点大致分为生物理论、心理社会理论，以及交互式理论等，说明如下：

一、生物理论

生物理论对同性恋的解释，大致依循三种途径：基因、脑结构及激素。这个理论的基本概念是，同性恋源于先天生理机制，非后天人为可控制或改变。说明如下：

（一）基因因素：虽然许多的研究支持基因因素会影响性取向，但性学专家对于是否有导致同性恋的基因，仍然表示谨慎。基于性取向的复杂程度，同性恋的基因关联，或许只占了其中一小部分。

（二）脑（解剖）因素：经研究同性恋者的脑部结构，发现同性恋男性的下视丘只有异性恋男性的一半大。但是，我们并不知道这样的差异是出生时就有，还是经过一段时间才造成的。此外，也没有证据证实这样的差异与性取向有直接相关。

（三）激素因素：有些论者认为激素种类、分泌量、母亲怀孕期间不正常的激素分泌等会影响性取向。但不管是怀孕期还是成年期，至今仍无任何证据显示激素与性取向的关联。

二、心理社会理论

（一）心理社会或行为理论强调同性性行为如同其他行为，是学习而来的。在早期生活中，同性性行为或许借由愉悦的经验而获得正向的强化，又或许通过负面的惩罚而遭受压抑。例如：若一个孩童与同性有多次正向的性接触，他有可能因此受到正强化，进而寻求更多这类接触。同样地，如果一个孩童与同性的关系是负面的，便有可能避免重复此类接触。

（二）但此理论有两项缺失，包括：①大环境向来敌视同性恋，在这种非难的情境下，同性性行为要如何获得强化并持续，成了一大问题；②学习理论意味着个人首先要有同性性经验，如果是受到鼓励或尝到甜头，往后便会寻求更多类似的经验。问题是，难道不是有同性情欲的人一开始便主动寻求同性性经验？换句话说，难道不是先有同性情欲，才有随后的性行为？

三、交互式理论

（一）斯托姆斯（Storms）根据生理倾向与环境之间的互动，提出交互式理论。他认为同性性取向的发展，取决于人在前青春期的成熟度。儿童在前青春期通常与同性玩伴游戏互动，这种与同性的互动大约持续到12岁，之后才开始与异性互动并产生交往关系。与异性的约会大概从15岁开始。

（二）斯托姆斯认为，有些人的性驱力比其他人更早发展。如果儿童在与同性交往的阶段便已开始性成熟，便可能对同性产生正向的性经验，发展出趋向于同性的交往模式，并对异性缺乏兴趣，这便是环境因素带来的影响。如果这些性早熟儿童与同性友伴恰好有良好的性关系，便有可能维持这种同性性取向；如果缺乏这样的关系，当他们之后开始与异性交往时，便发展出异性性取向。许多专家同意同性性取向或许是生理与心理社会的综合产物，只是还不清楚两者间作用为何。关于人为何会成为同性恋，至今仍无确切的答案。

贝尔（Bell）的同性性取向起源研究

研究主题 ■ 同性性取向起源调查

研究者 ■ 贝尔等学者

研究机构 ■ 金赛（Alfred C. Kinsey）性学研究中心

研究对象 ■ 以访谈法，采访979位男女同性恋者，并与477位异性恋男女作对照

统计方法 ■ 统计学的路径分析（path analysis），找出各个变量之间的因果关联。例如：产前特征、家庭关系，以及性取向的发展。

研究结果 ■

推翻既有理论假设：
▶所有有关同性性取向的理论都无法获得支持。
▶许多其他理论所提出的变量与同性性取向并没有关联，例如：同性恋与儿时是否受同性引诱没有关系。

两项研究发现：
▶性取向出现于男女进入青春期之际，对于少有或毫无性经验的人，亦复如是。有些人会开始认知到自己不是异性恋，因为在儿时曾有过不一样的感受。有些人在青春期时会发现与异性相处时，总缺少了些什么，反而觉得同性同伴具有性吸引力。与异性恋者相比，男女同性恋者在儿童与青少年时期，亦有相似的异性性经验，唯一不同在于他们在异性性经验中，并没有太多愉悦的感觉。
▶研究发现同性恋者可能在儿童时期即产生"性别不协调"（gender nonconformity）。性别不协调，指的是儿童偏好于某些游戏或活动，而一般社会却认为这些游戏或活动适合另一个性别的孩童。例如：小女孩通常会玩芭比娃娃及扮家家酒，而小男孩则喜欢玩变形金刚与玩具推土机。如果小女孩去玩坦克车，小男孩玩起芭比娃娃，这即是性别不协调。性别不协调因素对男同性恋者的影响，远大于对女同性恋者。其他因素，如家庭关系，则对女同性恋影响较大。

研究结论：
性取向在孩童时期便已开始发展。成为同性恋或异性恋，并非自己可以决定的。就像异性恋者会被异性所吸引，同性恋者亦受同性吸引。要使同性恋者变成异性恋，就如同要求异性恋者寻求同性伴侣一样，是不可能的。

6-15　青少年的性议题：同性恋（续）

在社会中，一个人到底是同性恋者还是异性恋者的议题仍然存在，但根据金赛的性行为研究，我们应该视性取向为一个连续的谱（如右页图示）。然而，由于社会存在着对同性恋严重的偏见，青少年面临性取向的挑战。

所谓青少年面临的性取向挑战，指的是青少年同性恋的出柜（coming out）。出柜指的是个人从自我认知到公开承认同性恋倾向的过程。鉴于周遭无所不在的恐同言论与刻板印象，这段过程通常极为漫长而艰辛。

对于想要出柜的青少年，萨勒曼（Sauerman）提出了以下的指引：

（一）自己要很清楚：如果你已经接受自己的性取向，并且觉得这样很舒服、很快乐，那就告诉他们吧！重要的是要向父母表达这件事。如果你自己还是不舒服或不快乐，他们会看出你的言语和情绪两者间的落差或不一致，他们很有可能会试图说服你放弃这个决定。

（二）选择适当时机：当你和你父母的所有事情都很顺利的时候，或者一切都还算是平静的时候，告诉他们你的性取向。

（三）避开不适当时机：不要在争执过程中选择出柜，以避免这件事情成为引起大家痛苦的一项新武器。

（四）先只告诉其中一人：有时候也可只告诉父母当中的一位，如果这么做对你来说比较容易或比较舒服，但是切记，最后一定要让父母双方都知道这件事。

（五）表达对他们的爱：一开始先告诉父母"你爱他们"。如果你平时不常对父母这么说，可以找一些积极正向的想法和他们分享，作为开始。

（六）预期可能的反应：准备好面对父母听到你揭露的消息后，可能会出现的沮丧和伤心。你的父母可能会愤怒，但你不要试图防御或表现出愤怒的情绪。最好也准备好，当父母告诉你"我已经知道这件事好多年了"时，你要如何回应。当然有些父母什么都不说，每个父母的反应都不一定相同。

（七）给予时间和空间：给你父母一点时间和空间，好让他们可以消化这个消息。

（八）确认自己的不变：告诉他们，你还是同一个人，并没有改变，你也希望他们能够继续爱你。

（九）维持畅通的沟通渠道：你的父母通常会需要一段时间调适，他们可能会感到内疚、梦想破灭，或是对未来有更大的不确定感。有时候，他们就是需要时间。

（十）借助一些资料：取得一些可阅读的资料，给你的父母阅读，为你的父母提供相关的机构咨询电话，好让他们可随时求助。

（十一）重要性的差别：对父母公开自己出柜，对你来说，其实比对他们而言更为重要。如果你的父母还没有准备好要谈论这项议题，不要强迫他们。他们可能需要一点时间和空间来消化这些信息，并且整理出一些头绪。

金赛提出的性取向连续谱观点

异性恋		疑问	双性恋		男同性恋或女同性恋	
0	**1**	**2**	**3**	**4**	**5**	**6**
完全是异性恋行为	偶尔出现同性恋行为	更常出现同性恋行为	同性恋与异性恋行为平均概率出现	更常出现异性恋行为	偶尔出现异性恋行为	完全是同性恋行为

同性恋的认同过程

第1阶段
这个时候个人开始与同性有肢体接触。

第2阶段
指的是他人如何看待其为同性恋。

第3阶段
牵涉一连串事件。刚开始个人对自己与众不同的性取向感到不安与困惑，例如：个人面对同性的举止反应可能与异性恋的认同相冲突，然而随着时间往前推移，个人开始正视自己为同性恋者，并面临新身份调适问题。

出柜的过程

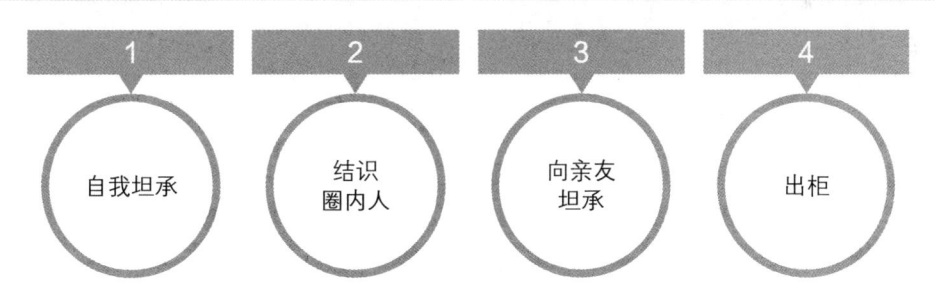

1. 自我坦承
2. 结识圈内人
3. 向亲友坦承
4. 出柜

第六章 青少年期

6-16 青少年自杀：基本概念

青少年期，正值享受青春及期待各式各样令人兴奋的经验的年龄，但有些年轻人选择结束生命。对于青少年自杀，研究至今尚未发现特定原因，但经归纳，促成青少年自杀的主要有三个层面问题，说明如下：

一、压力上升

（一）许多青少年对承受的多方压力感到不安，这些压力可能与社会和经济环境有关，如家庭破裂、霸凌、毕业即失业、同伴压力、被孤立、性取向问题、失去爱情、意外怀孕，以及重要他人去世。很多青少年尚未体验，或学习到自己其实可安然度过这些事件，且在历经情绪混乱后仍可继续生存，而自认已失去处理问题的力量，因而选择放弃自己，引发自杀想法。

（二）研究显示，自我期许高的青少年压力更大，也更有可能会自杀。自我期许高的青少年，可能会对自己要求过高，急切要求自己必须满足父母、学校和朋友的期待；如不能达成，则产生强烈的挫折感，引发自杀的意图。

二、家庭议题

家庭风暴和家庭瓦解，会导致青少年自杀。当家中可能有严重沟通问题、父母物质滥用、父母有心理健康问题，或有身体或性侵害等情况，且缺乏稳定家庭环境，会让孩子有寂寞和孤立感。

三、心理因素

（一）心理因素通常和抑郁有关，这会导致自杀想法，原因之一是低自尊。当自认为无能时，人们就会发现自己很难向外寻求支持以克服压力。无助感和无望感也可能会导致自杀。

（二）冲动或未经思考的突发行为，是导致青少年自杀的另一变量。困惑、孤立及绝望感会促成冲动，决定结束所有的一切。青少年在过渡为成人的过程中，会面临许多紧张。社会价值不断地在改变，同伴压力极大，青少年没有足够时间可累积生活经验，故倾向有冲动行为表现。任何琐碎小事，都可能会变成自杀的危机。

青少年面对压力无法应对的时候，可能将压力或问题放在心中，出现内在的情绪和想法的问题，严重的话可能变成内化的障碍或疾患。例如：抑郁是青少年最常见的问题，自杀则是青少年的第三大致死原因。在经历到抑郁的问题方面，女生的人数是男生的2倍。青少年抑郁的症状主要是情绪郁卒、日常生活和功能的问题，以及社交关系的问题。

青少年面对压力时，仍然能够有良好的应对能力，称为抗压青少年（stress resistant adolescents）。即使面对让多数人受到负面影响的强大压力，这些抗压青少年依然具有"复原或反弹"（bounce back）的能力。具有抗压能力的青少年，由于可以取得重要的社会资源，并且能够善用这些资源，比较能够应对压力的冲击，也比较不会产生自杀的念头。

生活中的起伏

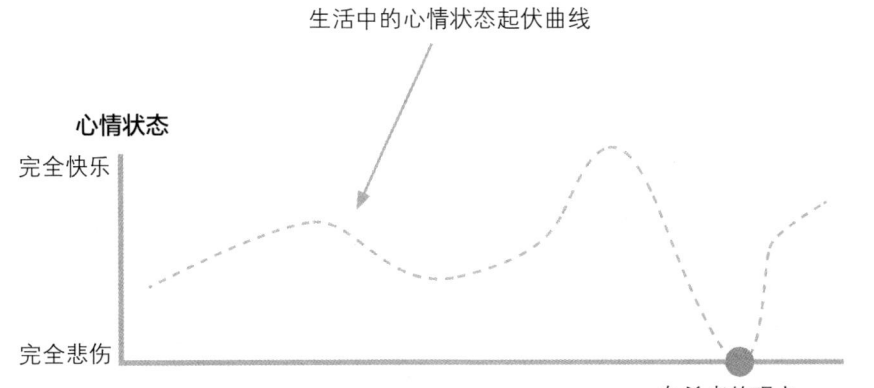

心情状态

完全快乐

完全悲伤

生活中的心情状态起伏曲线

自杀者的观点：
生活总是如此糟糕，以后也会一直糟糕下去

青少年具有抗压能力的可能因素

青少年具有抗压能力的可能因素

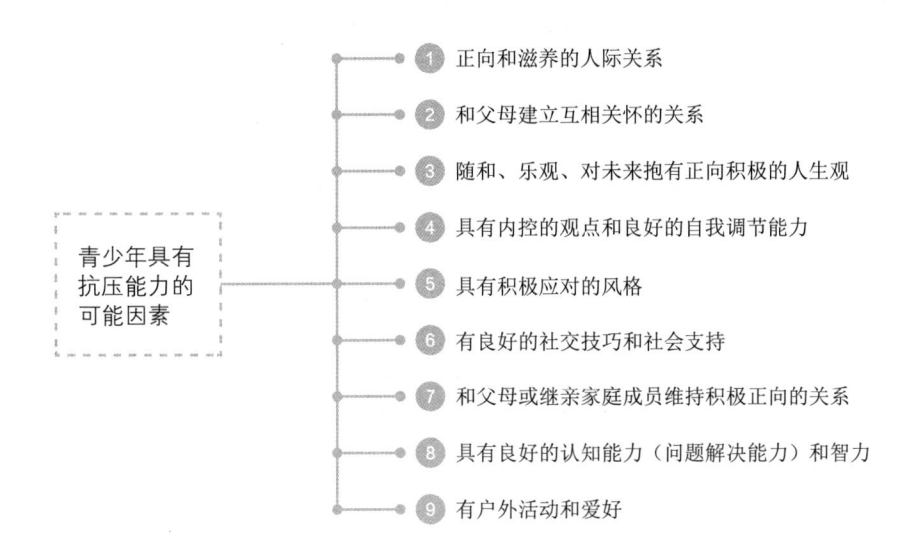

1. 正向和滋养的人际关系
2. 和父母建立互相关怀的关系
3. 随和、乐观、对未来抱有正向积极的人生观
4. 具有内控的观点和良好的自我调节能力
5. 具有积极应对的风格
6. 有良好的社交技巧和社会支持
7. 和父母或继亲家庭成员维持积极正向的关系
8. 具有良好的认知能力（问题解决能力）和智力
9. 有户外活动和爱好

第六章 青少年期

6-17 青少年自杀：SAD PERSONS量表

帕特森（Patterson）和同僚列出了潜在自杀危机因素，他们提出以SAD PERSONS量表作为评估自杀风险的方法。每一个字母均代表一项自杀危机因素。兹将SAD PERSONS量表评估自杀危机程度的方法，说明如下：

一、S（sex）性别

青春期少女比少年更有可能自杀，但少年自杀成功率为少女的4倍以上。少年的自杀危机程度较高，理由之一是少年比较倾向采取容易致死的激烈自杀手段，例如：使用枪支或上吊。相较之下，少女多采用过度用药等较无致命性的方式。

二、A（age）年龄

虽然每个年龄的人都可能会尝试自杀，但某些年龄段的自杀风险比较高。统计指出，15~24岁或65岁以上的人，自杀风险最高。在自杀死亡的人当中，有20%为14~24岁。

三、D（depression）抑郁

抑郁会导致自杀。所谓抑郁，严格上来说指的是抑郁症（depressive disorder），是一种精神疾病。特征是会表现出沮丧、悲观主义、与节食无关的体重减轻或体重增加、失眠、无价值感。抑郁不仅有负面感觉，也涵盖个人特质、感觉和行为三者交互的影响与冲击。

四、P（previous attempt）之前曾尝试自杀

过去曾有自杀尝试行为的人，会比第一次尝试自杀者，更有可能会自杀身亡。

五、E（ethanol abuse）滥用酒精或其他药物

滥用酒精和药物的人，比未滥用者更可能自杀。会改变心智的物质，可能会影响滥用者的逻辑思维能力，并导致情绪更低落。

六、R（rational thinking loss）丧失理性思考

患有心理和情绪障碍的人，例如：抑郁、精神疾病者，比心理健康的人更可能会自杀。幻觉、妄想、极端混乱和焦虑，均是危险因素。假如未能具有现实感和客观思考，冲动和情绪化行为则可能取而代之。

七、S（social supports lacking）缺乏社会支持

寂寞和孤立感已被证实是自杀的主要原因。觉得不被关心的人，可能会自认没有用且绝望。心爱的人最近过世、被所爱的人抛弃、曾威胁要自杀者，自杀风险会特别高。

八、O（organized plan）有组织的计划

自杀者所采用的自杀计划越具体、越有组织，自杀风险越高。此外，方法越危险者，风险越高。在评估风险因素时，需思考以下问题：此计划的详细程度如何？有常在思考自杀的详细计划吗？以前曾经想过这个自杀计划吗？此自杀方法的危险程度有多高？是否已经准备好施行此计划或准备好武器呢？是否已选定好要自杀的明确时间呢？

九、N（no spouse）无配偶

成人单身者比已婚者更可能会自杀。离婚者的自杀率最高，其次为寡妇、单身未婚者，自杀率最低的是已婚者。一般而言，没有伴侣的人，较容易有寂寞和孤寂感。

十、S（sickness）罹患疾病

生病的人比身体健康者更容易自杀。对那些长期生病的人而言，长期生病会对他们的生活产生诸多限制。在某些案例中，他们可能已无能力应对生病以外的压力，生病的痛苦已侵蚀他们所有的应对能力。

SAD PERSONS量表

S 性别（sex）

A 年龄（age）

D 抑郁（depression）

P 之前曾尝试自杀（previous attempt）

E 滥用酒精或其他药物（ethanol abuse）

R 丧失理性思考（rational thinking loss）

S 缺乏社会支持（social supports lacking）

O 有组织的计划（organized plan）

N 无配偶（no spouse）

S 罹患疾病（sickness）

> 在评估自杀风险程度时，每一个情况均代表1分。
> 例如：有抑郁情绪的人，在抑郁上得到1分，同时又有酒瘾则会累加为2分，依此类推。

自杀危机评估治疗决定的指导方针

1	2	3	4	5	6	7	8	9	10
回家持续追踪		应考虑住院		强烈建议住院；视个案能否遵守接受追踪的安排而定		住院			

- 0~2分意味着轻度风险，但仍需接受追踪和治疗。
- 3~6分代表自杀风险的严重程度等级，属于此范围的个案虽需要帮助和治疗，然而其急迫性和强度可能会有不同，应针对每一个案进行专业上的审慎考量。
- 7~10分显示有严重自杀倾向，这类个案须立即治疗，而住院是可采取的处理措施。

6-18　青少年自杀：治疗建议

专业助人者在治疗自杀个案时，必须考虑五个步骤，说明如下：

（一）建构安全环境：考虑自杀者所使用方法，须撤走或使其不易取得工具。直接询问且根据个案的自杀计划，移走打算用来自杀的器具，包括拿走药物或枪支，也包括必须确定有人持续陪伴、支持个案。

（二）协商安全：协商安全的具体目标为，借由表明、要求个案在特定期间内不伤害自己来确保人身安全；对个案的了解越具体、越明确越好。通常个案会同意在下次会谈前维系自我安全，而在下次会谈时，则可再协商另一约定。这样的约定对有自杀意念的个案会有重大影响，可延迟他采取行动结束生命。

（三）计划后续的支持：自杀个案应该持续获得社会和专业支持，这包括计划后续会谈时间。运用电话后续追踪关怀个案，以确定个案一切安好，并计划会面时间，让个案能有所期待。

（四）将寂寞感和孤独感降至最低：专业助人者不该让中度自杀危机个案独处。在此危机期间，朋友和家人持续陪伴是很重要的。动员个案的朋友、家人和邻居，使个案意识到自己持续被关心。

（五）运用住院提供密集关怀：假若无法稳定个案状况，为确保其处于安全环境，那么必须考虑安排其住院。

若要成功预防自杀，社区资源不可或缺。社会工作者必须倡导新方案，或扩展服务机构的服务内容。社区可采用很多方式来协助自杀预防，以下说明四种方式：

（一）成立预防自杀任务小组：成立预防自杀任务小组，可有效评估个案服务需求及提供必要服务内容。在计划过程中，可思考下列问题：谁是潜在个案？社区是否已具有最有效预防自杀的服务？如果没有，应该最先建立什么样的服务方案？若要实施此方案，需取得哪些资源呢？预防自杀任务小组强调，必须研究并找到导致人们自杀的理由、最有效治疗方法，并且评估自杀预防方案的成效。

（二）设立危机专线电话：此危机专线可针对特定危机类型提供服务（如家庭暴力或自杀防治），亦可针对各类型危机个案进行危机干预或提供资源转介信息。其优点为当有自杀想法时，个案即可于最需要的时机，匿名打此电话寻求协助。危机专线的工作人员须接受完整自杀预防训练，也须24小时均安排工作人员接听电话。

（三）以学校为中心的同伴协助方案：这类型方案的目的，是使青少年自杀者有机会立刻向同伴咨询者寻求帮助，因为这些提供咨询服务者，他们自己已成功克服自杀等类似的问题，此类志愿者须接受相关训练。

（四）社区专业人员及其他照顾者的自杀预防训练方案：此类型的社区自杀预防模式的对象，为专业人员及其照顾者。所谓的照顾者，包括任何潜在自杀者可能求助的对象，例如：家人、医疗人员、老师和朋友。如此一来，当潜在自杀者向这些人求助时，可增加其得到适当协助的机会。

自杀防治的治疗历程

事前预防（prevention） — 1
指预防发生自杀危机的措施，包括排除及减少高危机情境，以改善生活环境、减少负向社会情境。这些措施可以涵盖改善媒体报道内容、大众教育方案（宣传如何察觉有自杀风险的个案、应该怎么处理及哪里可提供帮助）、降低自杀工具的致命性和可取得性。

介入（intervention） — 2
指立即管理自杀危机及长期关怀、治疗和支持有自杀风险者。这类作为包括确认可供转介的潜在资源、危机辨识、危机评估、降低危机强度，以及治疗和支持个案。根据预防自杀小组的建议，亦应将健康照顾专业人员、防治人员等纳入训练，尤其是急救的介入，以及针对急性和慢性自杀危机个案提供不同的作业程序等。

事后介入（postvention） — 3
指在自杀行为后所采取的行动。其目的有二：其一为对丧亲者提供社会支持和心理咨询；其二为收集、解析心理层面信息，以重建与自杀有关的社会、心理因素。

专业助人者协助自杀者的指导方针涵盖的层面

01 应对即时危机
须立即协助与实际支持威胁要自杀的个案保有生命。

02 处理导致其压力升高的问题
此部分干预可能需要长期处理一些存在已久的问题，而这些问题可能不尽然与自杀危机直接相关。

6-19 青少年的物质滥用

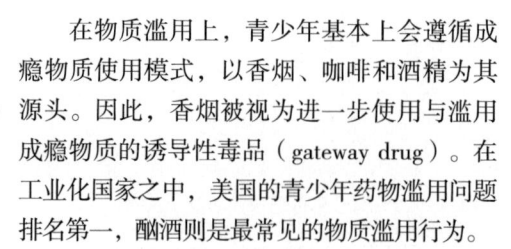

在物质滥用上，青少年基本上会遵循成瘾物质使用模式，以香烟、咖啡和酒精为其源头。因此，香烟被视为进一步使用与滥用成瘾物质的诱导性毒品（gateway drug）。在工业化国家之中，美国的青少年药物滥用问题排名第一，酗酒则是最常见的物质滥用行为。

青少年经常使用的药物，包括致幻剂、吸入剂、大麻及安非他命。酗酒及药物滥用，会为青少年及其家庭带来许多短期和长期的问题。例如：药物滥用的青少年在暴力行为、意外事故、早年性行为、非预期怀孕及罹患性病等方面，呈现较高的比例；同时，他们出现发展问题及学业成就低落的风险也较高，进而影响到他们长期的健康，以及成年后的经济及其他发展机会。

一项针对青少年物质滥用原因所进行的大规模研究指出，生活压力事件（如生病或离婚）、与同伴或父母的冲突关系，是青少年物质滥用的两大主因。具体而言，缺乏同伴与父母支持，以及不健康和经常冲突的关系，是青少年物质滥用的主要风险。相反地，与父母保持紧密而具支持性的关系，则可降低青少年物质滥用的风险。这或许解释了为什么青少年酗酒的比例从中学时期开始上升，从发展的观点来看，此时青少年开始宣称自己的独立性，于是导致与父母的冲突增加；而当青少年年龄增长，与父母的冲突减少，酗酒的比例也会下降。因此我们可以说，虽然青少年物质滥用和青少年与他人的关系质量之间，没有明确的因果关系，但两者确实有所关联。许多成年人的物质滥用始于青少年，同时，因为滥用行为而导致的健康问题，可能延后出现。

选择滥用成瘾物质和不使用成瘾物质的青少年有所差别。理查德·贾索尔（Richard Jessor）的研究发现，酗酒青少年和其他青少年的差异在于：个人性格、社会环境及其他行为模式。酗酒的青少年较不会固守教育、宗教层面的传统价值观，或从众行为，他们认为家人的价值观和同伴落差很大。这些青少年受同伴影响较深，会有一些同样有酗酒问题的同伴。最后，酗酒青少年也更容易从事性行为、少年犯罪等其他冒险行为。成瘾物质会削弱青少年的免疫系统，增加罹病或产生整体健康状况欠佳的可能性。

滥用成瘾物质对青少年的心理社会层面有重大影响，它危及青少年在校的适应与表现，导致成就感低落、学业成绩欠佳及高中辍学。它瓦解心理社会功能，减少社会支持，限制青少年对适于其年龄层活动的参与，缩减心理资源，造成焦虑、紧张和低自尊。成瘾物质所诱导的心理反应，会干扰进食和睡眠，改变与健康相关的行为，可能也是重症精神病的成因。

物质滥用的预防，包括增加青少年对各项物质的正确认识、情感、社交技巧、家庭技巧等训练，以及抗拒同伴压力等方法。研究证实，有效的预防措施主要的焦点在于强化保护因素，例如：社交技巧、家庭凝聚力，以及和学校建立紧密联系。在强化保护因素的同时，当然也必须减少风险因素或者削弱药物成瘾的原因。最近的研究也显示，强化保护因素和减少风险因素必须同时进行。

药物使用的理论

01 生物理论(biological theory)
声称药物所带来的生理变化,最终会导致无法抗拒的用药渴求,并假设有些人的基因具备滥用特定药物的倾向。例如:有些专家相信基因在某些人的酗酒倾向中,扮演一定角色。

02 行为理论(behavioral theory)
认为人们因药物带来快乐而用药,继续使用则为避免戒断症状。

03 互动理论(interaction theory)
认为药物使用是经文化中与其他人互动而习得的,例如:人们喝酒是因为喝酒被广泛接受。互动理论声称使用大麻或可卡因等非法药物的人,是因为接触到鼓励体验非法药物的次文化。

青少年使用药物的理由

使用药物的理由	说明
实验型	刚开始是基于好奇,会在短期内尝试不同药物,但不会长期使用。
社会休闲型	药物使用是基于社交的目的,只会使用成瘾性较低的药物来助兴。
情境型	药物使用有特定目的,如应对考试或缓解睡眠问题,不小心的话会不自觉成瘾。
强化型	此类使用者是因个人问题或压力情境而服药,当变成慢性惯用者或个体长期压力未能解除时,便会成瘾,只能依赖加大药物的剂量来纾解压力。
强迫型	此类使用者已有身心因素的依赖,如酗酒、药物成瘾,未使用药物会出现身心症状。

6-20 青少年犯罪：基本概念

一项针对青少年偏差行为、犯罪与暴力所进行的广泛研究指出，青少年暴力的成因包括：

一、微观层面

男性、物质滥用、学业成就低、冲动控制能力差、有无力感、儿童时期的攻击行为、过动及退缩等。

二、中介层面

家庭冲突、家庭支持与教养功能不彰、负面的同伴影响等。

三、宏观层面

贫穷、居住在城市及犯罪率高的地区、接触媒体与社会环境中的暴力行为。

上述的许多因素之间会有交互影响，例如：在贫穷的家庭之中，父母较难提供适当的管教与支持，因为他们可能需要同时做好几份工作，生活压力非常大，很难有时间陪伴孩子。此外，许多贫穷的城市社区犯罪率高，儿童接触暴力的机会也较高；同时社区中通常缺乏适当的学校教育，造成学生的学业成就低。因此，预防或减少青少年犯罪行为的介入治疗，必须聚焦于前述心理社会因素之间的交互作用。例如：社会工作者可以寻找经费支持学校，以提供更好的教育质量；社会工作者可提供家长相关的教养支持，尤其是针对经济弱势的家庭；对于身处于失序、暴力与贫穷环境的青少年，社会工作者可协助他们建立自我效能及对于未来的盼望。

有许多犯罪行为的发生与青少年所处的同伴团体有关。犯罪行为有可能是与同伴共同犯下，也有可能是为了同伴而犯的。未成年犯罪的一般原因，以及会使未成年出现犯罪欲望的动机，都与其所喜欢的同伴，以及想增强其个人的自尊感有关。在青少年时期，青少年会感受到越来越大的从同伴团体而来的压力，而大部分的犯罪行为都是在这种情况下发生的。许多研究探讨偏差或犯罪行为的预测因素，这些预测因素可以属于多层面的观点，例如：从生理、心理和社会层面，了解偏差行为的成因（如右页图示）。

一般而言，对于青少年犯罪的处罚与成人不同。少年法庭所扮演的角色跟父母一样，都会尽力考虑孩子的最佳利益。少年法庭属治疗取向（treatment orientation）。成人犯罪审判的重点为指控明确罪刑，并以公开审判来决定其罪刑，如属有罪，将借判决予以惩罚；相反地，少年法庭主要关注满足孩子当前的生理、情感、心理与教育需求，而非惩罚过去错误行为，其目的是促使青少年改过自新（reform）或接受治疗。

过去20年，犯罪青少年的治疗模式历经许多改变。整体而言，治疗模式已经从早期的精神医疗模式（聚焦内在的心理冲突、情绪困扰和诊断的模式），转移到重视成长、行为改变、应对技巧的学习、社会学习和榜样的学习等模式。

预测青少年犯罪的因素

层面	相关因素
生物层面	早期犯罪、男性、发展障碍
心理层面	犯罪行为、同伴压力导致犯罪、高风险行为（如药物滥用、性行为）、共病问题（和精神障碍共病，如注意缺陷多动障碍、焦虑、敌意）、和学校渐行渐远
社会层面	低社会经济地位和贫穷、家庭问题（家庭冲突、儿童虐待、家庭暴力、精神障碍家庭史、物质滥用）、课业表现差和口头表达能力差、住在犯罪率高的社区（城市困境）、学校问题（专注力不足、管控差、活动和学习机会少）

帮派的四种类型〔莫拉莱斯（Morales）的分类〕

01 犯罪型帮派（criminal gangs）
犯罪帮派的主要目的是借由犯罪活动获取物质，包括偷窃、勒索、赃物买卖，以及违法药物的取得和贩卖。

02 冲突型帮派（conflict gangs）
冲突帮派有地盘势力取向，并且与侵犯、羞辱其邻里的人或团体有暴力冲突。强调被尊重和自我防御。

03 逃避型帮派（retreatist gangs）
逃避帮派关心的是酒精、可卡因、大麻或其他药物的使用。人们为了能持续取得药物而加入帮派。不同于犯罪帮派利用药物来获取金钱，逃避帮派则是想借使用药物逃避压力才形成的。

04 神秘型帮派（cult / occult gangs）
这类型帮派是指某些事不为人知、有秘密或有神秘信念、超自然力量，然而这类团体并非都会涉及犯罪活动。团体结构和行为会有帮派形式，包括文身、相同穿着和发型、使用药物和犯罪行为（通常属仇恨犯罪）。

第六章 青少年期

6-21　青少年犯罪：解释犯罪的理论（默顿的失范理论）

青少年常面临的问题是犯罪与偏差行为。犯罪行为是违反法律。对于犯罪行为的解释，有诸多的理论，兹就默顿的失范论、标签理论、差异交往理论、社会控制理论、文化传递论等重要理论，分单元加以说明。本单元先说明默顿的失范论，如下（其余理论于次两个单元的说明）：

默顿认为，偏差行为来自文化目标与人们可选择应对方式之间发生脱节所产生的社会结构紧张。在社会中，文化为人们建立目标，而社会结构则为人们提供或者使之缺乏达成目标的手段。依据默顿的观点，在整合良好的社会中，人们采用社会所能接受的方法，以达成社会所设定的目标；换言之，目标与手段处于平衡的状态。一旦两者失去平衡，便会产生结构性紧张，越轨行为于是可能形成。根据默顿的说法，这种不平衡，或者文化目标与社会结构所能提供的可选择途径两者间的脱节，便会迫使个人采取越轨的行为。

默顿的失范论（anomie theory）认为，一个社会只有一套共同的社会价值观思想，个人的偏差行为来自社会结构的不一致。他认为社会的迷乱、失范状况，主要源于其"文化目标"与"达成目标的制度方法"之间协调关系的结果。在此有三个重要变量必须提及：首先是"文化目标"（cultural goals），是指人们在社会中被教导的需求与企图，如财富、名誉、地位和权力，是文化所规定值得个人来争取的目标。通过社会化方式，个人将文化目标内化成个人争取的目标。其次，争取目标的"规范"（norms），

这乃是个人追寻目标合法的依据、渠道或方法，例如：努力勤奋、追求教育、合法投资、考试等方式。最后，制度化的手段（institutionalized means），是指个人可利用的资源，如权力、智慧、家世背景、教育程度和声望等。

一般而言，个人采取社会认同或社会接受的方式，来追求社会承认的目标，但若是缺乏机会去争取目标时，人们就会试图寻求其他途径来达成目标，或是放弃目标。所以，默顿所谓的越轨者其实就是文化目标与社会制度化手段和规范间存在着一种不能匹配的问题。

默顿从文化目标与社会结构之间关系的配置方式，归纳出五种类型，包括顺从、创新、仪式主义、逃避主义和反叛（详见右页说明），除第一种顺从之外，其他四种都属于越轨行为。

然而，这个理论忽略了人类的信念，目标并非一成不变，而是会受到社会情境和家庭、同辈团体等人际关系的影响。个人人际关系，会左右其目标与手段之间的调和能力，且理论忽略了人际互动及社会反馈的观念。因为社会对个人不良行为的反应，会深深影响其日后的行为表现；且无法充分解释为何某些具有合法竞争机会的人，反而会去从事违法行为，而某些缺乏公平竞争机会的人，反倒是中规中矩。

默顿失范理论提出的文化目标与社会结构配置的五种类型

类型	说明
顺从 （conformity）	顺从者是指个人采取合法的制度化手段，来追求社会所赞同的文化目标。这是一种守法的行为，而大多数人以合法的方式，追求自己的目标，就是属于顺从者，又称为奉公守法者，例如：通过考试来获得资格或证件，并且遵守法律的公民。
创新 （innovation）	创新者是指个人不采取合法的制度化手段，来追求社会所赞同的文化目标。这种拒绝用合法的手段来追求社会或文化目标（如经济成功、社会地位、物质获取和教育等），很明显地，是一种违规或犯罪行为，这类人就称为创新立异者。例如：经济犯罪、抢劫银行、混黑道、考试作弊、吸毒，以及从事色情交易等。
仪式主义 （ritualism）	仪式主义者是指个人采取社会认同的制度化手段，却不用来追求社会所赞同的文化目标；也就是放弃社会目标，但仍执行社会规定的手段，这类人又称为墨守成规者；这往往表现为行政效率低或拘泥于形式、形式主义的官僚作风。
逃避主义 （retreatism）	逃避主义者是指个人不采取社会认同的合法制度化手段，也不追求社会接受的文化目标，也就是采取同时放弃了社会手段与目标的消极作风，这类人又称为颓废者，他们可能有自杀行为、酗酒和吸毒成瘾、流浪和滥用麻醉药剂等；又如有工作能力却不去工作，或是辞去职位，宁愿赋闲在家，并接受救济金度日，这种行为充分表现出逃避主义者的越轨行为。
反叛 （rebellion）	反叛者是指个人拒绝或排斥社会赞许的文化目标与制度化手段，取而代之采用一套新的目标和手段，当作个人的行为依据。这往往发生在社会快速变迁后，由于传统目标与手段日渐不为一些人接受，他们转而以新的现代化价值或理想为诉求，又称为反叛革命分子。例如：革命分子、帮派和激进分子等。

6-22 青少年犯罪：解释犯罪的理论（标签理论、差异交往理论）

本单元接着说明标签理论和差异交往理论对于犯罪行为的解释，兹说明如下：

一、标签理论（labelling theory）

标签理论由莱默特（Lemert）所提出。标签理论将他人的反应视为导致与维持越轨行为过程中最重要的因素。标签理论认为：「如果人们定义某情境为真，那么其所为的结果亦为真。」标签（label）是由他人（包括某些社会机构代理人）指定或附加在某些人身上的消极认同。因此，人们对特定对象的反应而非其行为本身，才是在标签过程中形成越轨的主要原因。并且一旦被标签化，越轨标签便很难卸下。标签理论有助于解释，为何出狱后成为累犯的概率如此高。犯罪或前科的标签使得他们难以得到社会大众的信任，而在寻找合法工作时往往遇到极大的困难。前科的标签已经决定了他们未来发展的可能。

标签理论认为越轨的界定并无绝对的标准，而是具有高度的相对性。任何行动者只有被贴上标签，才会成为越轨者，确定自己的越轨身份。若是没有被贴上标签，越轨的行为不可能发生，也唯有被发现有越轨的行为，才会被贴上标签。很清楚地，一些人的行为越轨并不是因为自己有越轨的性格，而是由于被贴上标签后塑造出来的。

二、差异交往理论（differential association theory，DAT）

差异交往理论（亦称为不同接触论）由苏萨兰（Sutherland）所提出。差异交往理论认为，一个人的价值行为观，主要是来自他所接触的团体，经由学习而来。不同的交往群体，当然有着不同的价值、行为、规范与信仰。与越轨的交往群体相处的时间越久，关系会越密切，个人受其影响的程度也会越深。

差异交往理论认为，成为一个罪犯或少年犯，是在其所属的初级群体中学习的结果；当人们在社会化过程中，被强烈要求破坏法律，而非顺从它时，人们便因此成为罪犯。非常强调人们和同伴，以及他人互动过程的重要性。与少年犯、越轨行为者或罪犯有差别接触的人，则会习得看重越轨所带来的价值。较高频率、较为长期或花费较多时间涉入越轨环境者，便较易成为越轨行为者。例如：社会学家认为，在越轨家庭中成长的孩子，较易被社会化为越轨行为者。差异交往理论对于越轨者如何形成文化传递，提供了强有力的解释，人们在与其进行互动的社会团体与网络中传递越轨期待，而家庭便是此过程中最重要的初级群体之一。

但批评者认为，差异交往理论从某些群体的价值观角度，讨论产生越轨行为的原因。这种沿着阶级界限划分越轨与否的论述，忽视了中产阶级与精英的差异。弱势群体也会共享中产阶级的价值观，但可能无法以合法手段达到。

标签理论的贡献与限制

贡献
- 有助于解释出狱者因为被标签化，出狱后成为累犯的概率如此的高。
- 说明越轨认同是一个人对自己成为越轨者的自我认定，通常越轨是经历长时间才能形成的。

限制
- 过分强调社会对越轨者的反应，从而忽视其所作所为。事实上，许多批评者指出：是个人先做出某些行为，然后被标签，而非先对标签做出越轨行为。
- 无法解释越轨行为发生的原因：标签理论的焦点总是集中在社会反应，而无法解释某人做出某些偏差行为的原因，以及过分强调越轨者的普遍性，忽略人与人之间在性格上的差异。
- 夸大标签身份的永久性。
- 把被标签的人看得太被动与软弱：仿佛他人给一个标签，标签者便自动接受下来，从而终身影响其对自己的看法。

差异交往理论对于偏差的解释的论点

- 犯罪行为是经由学习来的。
- 它是经由与他人沟通，而且大部分是在小团体或亲密团体当中学习得来的，这包括犯罪技术、内容、合理化、动机与态度。
- 一个人之所以犯罪，犯罪偏好影响少于犯罪环境因素。
- 在高犯罪率地区长大的孩子比起在低犯罪率地区长大的孩子，拥有越轨行为倾向的可能性更高。
- 个人的越轨行为可能与传授越轨者和他的关系、接触频率、接触时间长短、接触年龄有关。

6-23 青少年犯罪：解释犯罪的理论（社会控制理论、文化传递论）

本单元接着说明社会控制理论和文化传递论对于犯罪行为的解释，兹说明如下：

一、社会控制理论（social control theory）

赫希（Travis Hirschi）提出社会控制理论解释越轨发生的原因。社会控制理论认为，越轨发生于个人（或团体）与社会之间的纽带关系有所减弱时。大部分情况下，人们都因彼此依存而将社会规范内化至内心。人们因在意别人如何看待自己，接受着社会中他人也接受的期待，从而顺从整体社会的期待。正如功能论的理论架构，社会控制理论假定社会化过程对形成顺从的重要性。但当与社会的联结松动被破坏时，便会产生越轨行为。

社会控制理论认为，社会中普遍存在一个共同的价值观体系，当个体不再忠于这一体系时，便会发生社会越轨行为。此理论强调越轨行为者对于价值观体系的依赖（或破坏）对其所产生的影响，同时也阐述了在什么样的情境下，人们会选择破坏此价值体系。社会控制理论认为，人们虽然多少都会有越轨的冲动，但限于社会规范，越轨行为会受到阻止。社会学家也发现，暴力行为不太受父母控制的青少年，以及从同伴团体中习得攻击行为的青少年，更可能涉入暴力犯罪。

二、文化传递论（cultural transmission theory）

文化传递论与失范理论不同，失范理论观点认为越轨是社会结构与个人行为之间的不协调所致，迫使个人去从事创新的越轨行为。而文化传递论并不认为越轨者都是创新者，主张越轨者的行为越轨只是认同次文化的规范而已，更认为越轨者也像其他人一样，学习既定的行为模式知识、态度、价值与信仰等，而越轨行为的产生就是从社会环境中学习到一些偏离主流价值体系的行为所致。例如：药物、街头、同性恋、色情，以及帮派等次文化。其实，"孟母三迁"的道理便是一个最好的写照。文化传递论强调，越轨行为是社会环境影响与学习的结果。

此外，犯罪次文化观点（criminal subculture theory）是文化传递论解释越轨的代表观点。次文化提供一套信仰体系，当作其团体成员的行为依据。次文化团体会发展出一种集体的行为规范与价值体系，甚至用来应付外来团体的歧视与压力。犯罪次文化主张犯罪是一个地区生活的传统方式，并经由个人与团体的接触，代代相传，形成犯罪次文化。任何人成为越轨行为者并非有意，而是身处染缸中，学习团体的传统行为或犯罪文化所致。犯罪次文化的论调，其实就是"近朱者赤，近墨者黑"的道理，而任何人会成为越轨行为者，就是学习了犯罪行为的次文化所致。但是，文化传递论无法解释为何在一个高度犯罪的地区，仍有相当多的人没有受到影响而成为越轨者，以及无法解释那些并不需要向他人学习技术和态度的越轨行为，例如：顺手牵羊的商店小偷、经济犯罪、激情式性犯罪等。

问题行为综合征与自我控制的关系

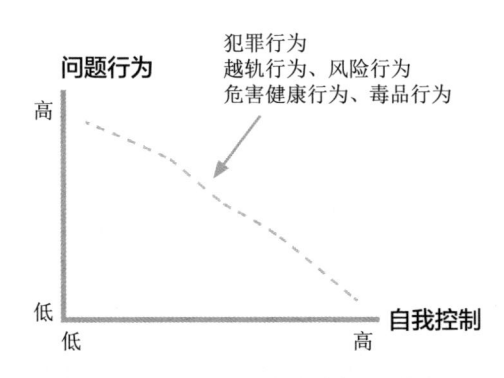

问题行为
高　　犯罪行为
　　　越轨行为、风险行为
　　　危害健康行为、毒品行为

低
　低　　　　　　　　高　自我控制

- 自我控制越高者，问题行为将越少。
- 自我控制越低，问题行为将越多。而低自我控制者多具有心理病态（psychopathy）者的临床症状。例如：缺少同情心及责任感、病态说谎、追求刺激、冲动、缺乏长远目标、有越轨人际问题等。

第六章　青少年期

犯罪次文化理论模型

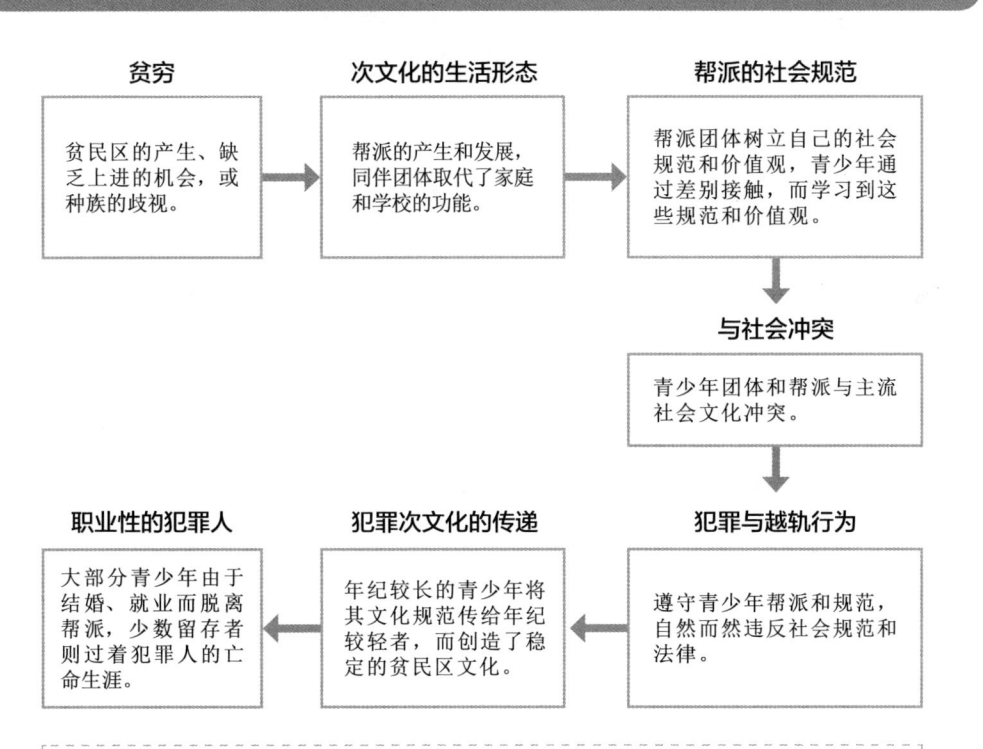

贫穷
贫民区的产生、缺乏上进的机会，或种族的歧视。

↓

次文化的生活形态
帮派的产生和发展，同伴团体取代了家庭和学校的功能。

↓

帮派的社会规范
帮派团体树立自己的社会规范和价值观，青少年通过差别接触，而学习到这些规范和价值观。

↓

与社会冲突
青少年团体和帮派与主流社会文化冲突。

↓

犯罪与越轨行为
遵守青少年帮派和规范，自然而然违反社会规范和法律。

↓

犯罪次文化的传递
年纪较长的青少年将其文化规范传给年纪较轻者，而创造了稳定的贫民区文化。

↓

职业性的犯罪人
大部分青少年由于结婚、就业而脱离帮派，少数留存者则过着犯罪人的亡命生涯。

犯罪次文化理论的解释重心，在于低产阶级的犯罪行为。该理论的产生，主要是针对大城市中的低产阶级生活状况的研究。该理论认为，贫民区的居民之所以违反法律，是因为他们信奉一套存在于低产阶级生活区域的特殊而独立的次文化体系。而这一套次文化体系，却使他们与中产阶级的规范相冲突。这一套特殊低产阶级价值体系会一代又一代地传承，生活在该区域的居民，很少不受影响，因而产生犯罪的倾向。

第七章

成年期

章节体系架构

- 7-1 成年初显期
- 7-2 成年期的生理与心理发展
- 7-3 成年期的心理社会发展（埃里克森的心理社会发展理论观点）
- 7-4 列文森生命架构（生活结构）理论
- 7-5 沟通的模式
- 7-6 职业生涯发展与就业
- 7-7 职业生涯发展与就业（续）
- 7-8 爱情的发展
- 7-9 婚姻：配偶的选择
- 7-10 婚姻：家庭生命周期
- 7-11 婚姻：婚姻满意度
- 7-12 强暴议题
- 7-13 强暴议题（续1）
- 7-14 强暴议题（续2）

7-1　成年初显期

成年期的发展特征是什么？进入成年期之前的过渡时期到底有何特色和定义？成年期是以年龄、社会和经济因素来界定的吗？埃里克森认为，成年期是一个亲密对孤立的阶段；一个人离开家后开始担负起成人相关的新责任，达到了社会心理的成熟程度。

近十几年来，年轻人进入成年的时间，比之前的世代要来得晚许多。美国心理学家杰夫瑞·阿内特（Jeffrey Arnett）为此种转变创造了一个新名词：成年初显期（emerging adulthood），用以描述工业化国家中18~25岁年轻人的发展过程，其目的是解释进入成年时间点的转变，以及18~25岁年轻人所从事的活动。

对现代人而言，离开家并成熟到与过去相比很不一样的程度，这个过渡期称为成年初显期。阿内特认为，成年初显期既不属于青少年期，也不属于成年期，属于独特的时期。这个时期的特征就是正要过渡进入成人的角色，有其特定的生命路径，强调变化及探索爱情、工作和世界观的可能方向。

延迟成年角色是这个阶段的主要特征。在这个阶段，如果问一个问题："你觉得你已经成年了吗？"最常见的答案就是："在某些方面是，在某些方面不是。"相较于50年前的18~25岁而言，现代的年轻人接受高等教育的比例较高，工作的不稳定性较高，常换工作及从事危险行为的比例较高，而结婚和生育时间较晚。

阿内特的研究挑战过去将成年初显期概念化为过渡期的观点，认为其忽略了成年初显期是延伸的心理过程，亦即，过渡到成年期的历程，是一段比以前所认为的还要长的旅途。他的心理学观点和过去社会学观点最大的差异在于，他强调心理的过程，而后者则强调生命事件和角色的转换，例如：离家、完成教育、进入婚姻关系、成为父母。成年初显期取代了想将青少年后期延伸到25~30岁的努力，志在建立一个独特的心理特征发展阶段。

整体观之，成年初显期的重点在于尝试新角色，而又未背负着做出任何特定承诺的压力。所以，从成年初显期迈向成年期的转型阶段，就以角色承诺（role commitments）的定型化为特色。更晚近的研究显示，在各个种族和民族之中，有人遵循情境式个体化路径（default individualization pathway，意指成年期转换由情境和状况来加以定义），而不是由个体动能（individual agency）来定义；另亦有人采用发展式个体化路径（developmental individualization pathway，意指成年期转换由个体动能加上智慧、见识、职业和心理社会等范畴，可以详尽规划的成长机会来加以定义）。两者间的差异在于，后者对于目标、价值观和信念的承诺较为稳固。

而此时期的另一项主题是住所的稳定性和流动性，二十出头的成年初显者，可能发现自己在不同时间点和家人同住，或者自立门户但仍依赖父母的支持和协助，或者与重要的伴侣或朋友们一同居住。的确，居无定所、四处迁徙的情形，在23~26岁达到高峰。因此，传统上对于分离—个体化过程（separation-individuation process）的定义，可能未必适用于成年初显期。真正与原生家庭的"分离"，可能要到成年期末期才会出现，对于某些人来说更可能要到迈向中年的转型期才会成真。

成年初显期的特征（不同于青少年期和成年前期之处）

认同探索 (age of identity explorations)

人们探索自己的兴趣，并思考对于工作及关系的选择。由于他们频繁变换工作、交往对象、住所及教育目标，因此"不稳定"便成了此阶段的主要特征。

自我聚焦 (age of self-focus)

人们开始独立，但尚不需要负担义务；他们可以明显感受到自己正处于青少年和成年人的"中间"（between），却不属于任何一方。

发展的可能性 (age of possibilities)

人们对于即将进入成年并达成想象中的目标，充满了希望；他们对于不稳定的现状并不感到忧虑，因为他们认为所有的事都会变得更好。

阿内特成年初显期理论观点的贡献

1 说明了青壮年期在工作、教育、人际关系、家庭和社区范畴里，角色实验与探索有所延长的现象。

2 提出论述架构，有助于理解年轻人在踏上稳定性递增的旅程中的循环往复。

3 认定这个实验性阶段的无可避免之处，以及其常态性色彩，是至关重要的。

4 传统的人类发展模型高度依赖恒定的独立住所、稳定的就业及新家庭的成立等标准，这些模型在今后可能需要被重新检视，更新相关的见解与论证。

7-2 成年期的生理与心理发展

兹将成年期的生理、心理社会层面的发展,说明如下:

一、生理社会层面的发展

青年期生理上的发展有两项特质,一是生理发展的高峰期;二是身体发展随年龄增长而缓慢下降。体力的表现在二十出头时达到顶峰。与青少年阶段相较,成年期的新陈代谢会开始慢下来,体重开始增加,必须努力避免变胖。这个阶段身体肌肉的比例逐渐减少,并不是因为肌肉减少,而是体脂增加造成的。一般建议成年男子的脂肪占15%~18%,女性则占20%~25%。

体重之所以随着年龄增长而增加,主要是受到基础代谢率(basal metabolism rate)的影响,即人体在休息状态下所用到的最低能量。此能量通常会随年龄增长而减少,这代表如果个体想保持以前的体重,就必须进行适度的运动,并保持均衡、含脂量低的饮食。对于女性而言,这个阶段的生理状况最适合怀孕。20岁的女性已拥有成熟的生殖系统,而且比较能产生受精卵。此外,这个阶段的女性的激素分泌也比较规律。正因为生理状况处于最佳状态,而且此时子宫也最能接受怀孕,所以这是怀孕和生下健康宝宝的最理想时机。

虽然激素对男女都造成影响,但对女性的影响更大。随着月经周期(menstrual cycle)的进行,女性的激素水平也会跟着变化,特别是当女性排卵时,她们体内的雌激素会升到最高点,而在接近月经周期时开始下降。排卵之后,女性体内的黄体激素开始增加,大约在经期前的10天,黄体激素的分泌会达巅峰,大多数的女性(85%)会因此产生月经前期综合征(premenstrual syndrome,PMS),此综合征会让女性在经期之前有胸部变软、肿胀、焦虑不安,以及情绪不佳等症状。

二、心理社会层面的发展

成年前期的个体面对生活方式有各种不同的选择,而选择的过程有时得承受挫折,但过了30岁,经历许多人生的抉择,可将其经验与期许转化,提升至人生另一个境界。在成年前期,社会角色对人格的发展任务,包括:选择登对的配偶,学习与婚姻伴侣同居、共财或是选择志愿或开创事业,建立新的家庭,养育子女,经营管理家庭,拓展职业的选择或专长,行使公民的责任,参与符合自己理念、志趣的社团。如能成功地完成前述任务,才能进入较为满意的中年期及老年生活。不管成年前期是否了解每一个抉择,他们的思虑与行为都是为了未来的收成而播种。

成年期最重要的能力是对知识及技术做思考及划分,包括分类、整合、强化所学及转化经验为知识的能力的认知发展。成年期前期重要的工作,主要在诉求并扮演好社会规范的成年角色,承担新的责任与义务。角色的转换包括正规教育的完成、找一份全职的工作、结婚生子及为人父母。但各代人的成长过程有所不同,此阶段的人生规划很难依据一项标准来设定。

女性经前期烦躁障碍（premenstrual dysphoric disorder，PMDD）症状

1. 悲伤和哭泣
2. 紧张、焦虑和烦躁不安
3. 对某些食物的渴望
4. 注意力难以集中
5. 身体问题（乳房松软、头痛、关节或肌肉疼痛、肿胀）
6. 睡眠障碍

成年期前期的发展里程碑

生理上
- 生理发展趋向稳定
- 良好的体能状况，但在成年前期的后半段开始走下坡
- 不良生活习惯的建立

认知上
- 更具有反思能力，思考过程也更为复杂
- 能够运用逻辑和推理的方式进行思考
- 开始联结新的信息与过往经验，以增进学习能力

人格与情绪
- 情绪发展趋向稳定，能够掌握情绪
- 人际与亲密关系的发展
- 在西方文化中，进行独立的准备
- 建立自我认同

7-3　成年期的心理社会发展（埃里克森的心理社会发展理论观点）

在埃里克森提出的心理社会发展理论八阶段中，成年早期为第六阶段，兹说明如下：

第六阶段：亲密对孤独（成年早期：20~30岁）

一、亲密

（一）根据埃里克森的观点，成年期的主要危机在于亲密关系及孤独关系的建构。埃里克森认为个人在承诺自己与另一个人的互动，即形成所谓共同享有的认同感（shared identity）之前，必得先厘清自己的角色责任（即青少年期的任务），才懂得爱别人。

（二）一个成年人如果对自己没有清楚的自我概念，很可能会觉得贸然踏入一个长期而需要做出承诺的关系，有"被绑死"（tied down）的感觉，因此他或她很可能转而要求对另一半完全依赖。对埃里克森而言，性还包含着心理、社会的关系层次。性关系只是亲密关系中的一部分而已，当一个人尚不能肯定自己，则要在确定自己之后，他们才能追求其他形式的亲密关系，如友谊、战斗伙伴、领导伙伴及爱情的伴侣。

（三）家庭通常是分享自信及爱意，或者接纳自身的长短处与依赖的支柱之地；而成年人要面对如此重要的任务：与外人而非家人建立一种亲密关系。这种脱离对家庭的爱、依赖且建立另一种爱的关系，对成年期是一连串的挑战。

（四）亲密关系是一种特有能力，能与他人建立开放的、支持的、柔情蜜意的关系而不会失掉自我。史东（Stone）曾描述过亲密关系是一种体认独立判断，它不应该摧残个体性。亲密关系也含有一种彼此同理及尊重需求的认可，一个人在接受愉悦之余也要懂得反馈。

二、孤独

（一）相对于亲密关系的危机，依埃里克森的观点乃是自我孤立与隔离产生的孤独，也就是与别人建立亲密互赖的关系，一不小心可能会失去自我认同，自主性、主动性因与他人过于紧密而造成界限的模糊。有的人为了建构完整的自主性而阻碍自己与他人交流，特别是因为童年时期缺乏关爱，有着极脆弱的自我定位。人类如果有这种不知道如何与他人互动交流的情形，将常常挣扎着在社交媒体中寻觅亲密感。

（二）孤独受社会化模式的影响。例如：许多男孩从小就被教导要抑制个人感受，不要表达心里的想法；他们也被社会化为具备竞争力及独立自主的形象，这样的结果造成许多男性无法做好接受与异性的亲密关系的准备；女孩被社会化为在情感上比较需要亲密关系，也准备得较好。

（三）孤独是青年期危机的另一端。抗拒亲密关系的人，会在自我及他人之间持续树立障碍。有人认为亲密关系会模糊自我认同的界限，因此不愿意卷入亲密关系中。有人忙着探索或维持自我认同感，以致无法在亲密关系中与他人分享并表达自我感受。

（四）孤独可能因情境因素而形成。一位年轻人可能为了考上医学院而过度用功，导致没时间与他人形成亲密关系；或是一名少女可能因为怀孕、生产、抚养小孩，结果缺乏与成年人建立密切关系的机会。

亲密对孤独

成年期的人发展出与他人的亲密关系，否则他们会与其他人保持距离。

亲密感定义的三项元素

01 和另一个人相互依存

02 自我表露（self-disclosure）

03 浓情蜜意

增进亲密感的任务

- 有效协商彼此对关系的期待
- 协商角色和责任
- 培养妥协力
- 表明并捍卫所列价值观的优先级
- 决定分享个人私事的尺度
- 辨别并满足个人需求
- 辨别并满足伴侣的需求
- 就认同重启协商过程
- 发展信任感和安全感
- 考量相互对等的沟通
- 在伴侣身上投注陪伴时间
- 有效化解冲突和议题
- 展现尊重、支持和关怀

第七章 成年期

7-4 列文森生命架构（生活结构）理论

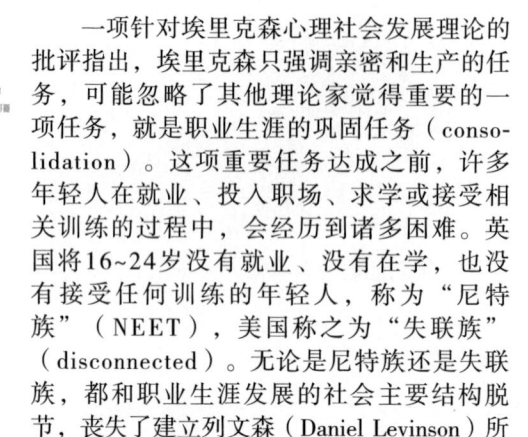

一项针对埃里克森心理社会发展理论的批评指出，埃里克森只强调亲密和生产的任务，可能忽略了其他理论家觉得重要的一项任务，就是职业生涯的巩固任务（consolidation）。这项重要任务达成之前，许多年轻人在就业、投入职场、求学或接受相关训练的过程中，会经历到诸多困难。英国将16~24岁没有就业、没有在学，也没有接受任何训练的年轻人，称为"尼特族"（NEET），美国称之为"失联族"（disconnected）。无论是尼特族还是失联族，都和职业生涯发展的社会主要结构脱节，丧失了建立列文森（Daniel Levinson）所说的"生活结构"（life structure）的能力。

列文森是"成年发展理论"的推手，该理论包含埃里克森心理社会发展理论所没有包括的阶段。这套理论是建立在对不同年龄层成年男性的深入访谈资料进行整理的基础上，后来这套理论也扩及成年女性。他将成年早期及中期勾勒为八个发展阶段，该理论的核心为"生命架构／生活结构"的观念，其描述是：个体在人际关系、职业与养儿育女等范畴上，沿着生命历程的进展所做的特定决定与选择，以及其所衍生的结果。亦即，在某一个特定的时间里，某位成人的生活基本形态，而个人的生活结构反映出个人的选择，例如：结婚、生儿育女、职业等。他认为成年人的生命周期，是在稳定、动荡与过渡之间变动或摇摆的。

列文森提出成年发展的"生命架构／生活结构"的八个阶段的特质，如下：

（一）进入成年早期（17~22岁）：脱离青少年期，对成年的生活做出初步的选择。

（二）进入成年早期的生命架构（22~28岁）：爱情、职业、友谊、价值观及生活方式的初步选择。

（三）30岁转换期（28~33岁）：生活结构的改变，也许是小改变，但经常是重大的和压力性的危机。

（四）成年早期生活结构的高峰（33~40岁）：建立在社会上的立足点，以及在家庭和职业生涯成就方面的进展时间表。

（五）中年过渡期（40~45岁）：质疑生活结构，通常是对个人的生命意义、方向及价值产生疑问，开始想表达自我被忽略的部分（如才能、欲求和期待）。

（六）进入成年中期的生命架构（45~50岁）：重新选择并建立新的生活结构，个人必须投入新的任务。

（七）50岁过渡期（50~55岁）：进一步地质疑和修订生活结构，在40岁还没有遇到危机的成人，此时可能会遇到。

（八）成年中期生命架构的高峰（55~60岁）：建立新的生活结构，可能是最大的实现期。

列文森称17~33岁是成年期的见习阶段（novice phase），迈入青壮年期的转换期是17~22岁，任务包括挥别青春期，就人际关系、职业与信仰做出初步决定；而告别这段时期的转换期，发生在30岁左右，标志着生命结构与生命历程轨迹的重大变化。

在见习阶段，青壮年的人格持续发展，同时他们准备（在情绪、住所及财务上）与其原生家庭区隔开来。迈向成年期的转变，主要发生在两个领域：工作与人际关系。列文森提到，某些人可能得花长达15年的时间，来处理迈向成年期的过渡阶段，并建立稳定的成人生命结构。

列文森描述成年期17~33岁的特质是：聚焦在爱情、工作、友谊、价值和生活方式上。他辨认成人发展初期的阶段为"新人／见习"阶段（novice phase）。此时，年轻人开始进入成人世界，建立一个稳定的生活结构，不过这个"新人／见习"阶段通常会经历变动和不稳定。

列文森生命架构（生活结构）的四个重叠时期

01 未成年期（出生到22岁）：是从出生到青春期结束之间的成长期。

02 成年早期（17~45岁）：是人们做出重要决定的时期，人们展现出最多的精力及体验到最多的压力。

03 成年中期（40~65岁）：是生理能力开始衰退，社会责任却增加的时期。

04 老年期（65岁及以上）：是生命的最后阶段。

注：列文森主张人们在上图的四个重叠阶段中（每个20~30年）塑造了生命架构。
引自：ZASTROW C H, KIRST-ASHMAN, HESSENAUER. 人类行为与社会环境[M]. 11版. 温如慧，李易蓁，黄琇樱，等译. 台北：东华书局，2019.

列文森生命架构（生活结构）理论

生命结构时期	转换
未成年期（0~22岁）	进入成年期（17~22岁）
成年早期（17~45岁）	进入成年早期的生命架构（22~28岁） 30岁过渡期（28~33岁） 成年早期生命架构的高峰（33~40岁） 中年过渡期（40~45岁）
成年中期（40~65岁）	进入成年中期的生命架构（45~50岁） 50岁过渡期（50~55岁） 成年中期生命架构的高峰（55~60岁） 老年过渡期（60~65岁）
老年期（65岁以上）	

引自：ZASTROW C H, KIRST-ASHMAN, HESSENAUER. 人类行为与社会环境[M]. 11版. 温如慧，李易蓁，黄琇樱，等译. 台北：东华书局，2019.

7-5 沟通的模式

社会工作实务中，沟通的议题是特别需要关注的问题，尤其是夫妻寻求咨询时，是男女两性的差异，影响了家庭的互动关系。在成年期，沟通方面最显著的情形就是沟通不良。成年期的男女比较会关注他们之间沟通方式的差异，这种性别差异的观念反映在大众文化里。或许沟通方面的确有性别的差异，但对于不同性别在沟通上的差异的理解，仍充满许多性别刻板印象，而且这些所谓的差异可以简化成两项结论：男性追求权势，女性则更在乎人际关系。

在不同性别的沟通模式上，男性使用工具性风格（instrumental style）的沟通模式，女性则使用表达性风格（expressive style）的沟通模式。工具性风格专注在制定目标与寻找解决问题的方法；表达性风格则涉及情绪的表达，以及对他人感受的敏感度。一般而言，男性对理性讨论和问题解决较有兴趣，女性则倾向于表达、感受情绪，以及倾听和提供支持。

进一步讨论，坦嫩（Tannen）认为男女在沟通上还有其他的差异。女性比较会使用善意交谈的方式（rapport talk），讨论彼此间相似与相同的经验；男性则会使用报告式交谈（report talk），聚焦讨论知识性的话题和展示相关技巧。且男女双方话题的内容也有相当大的不同，女性通常较喜欢讨论个人生活和感情，男性似乎比较喜欢讨论活动及事件。而在两性交谈的场合当中，女性通常比男性更容易成为倾听者，而男性更容易成为说教或说理者。坦嫩认为，这种差异可能和孩童期游戏时所学习到的经验有关。坦嫩认为这种两性的交谈场合，会让女性处于"双重束缚"（double bind）的情境，因为她们无论选择男性还是女性的风格，都可能被给予负面的评价。如果女性使用社会认可的女性应有的说话方式，她们将被视为不具有领导者的特质，但如果她们使用社会认为领导者应有的说话方式，她们会被视为不具有女性的特质。

在提升沟通技巧上，因为在讨论场合，男性通常会占有主导的地位，女性可能需要使用比平常说话更强而有力的方式，才有可能"插入"谈话行列或插入话题。善用非语言式的沟通就很重要，包括保持目光接触、使用适当的音调与音高、保持良好的姿势和空间的定向，都比较可能引起注意；而男性常常主导交谈，他们应该观察与人沟通的模式，评估他们主导谈话的倾向，并应学习检视自己插话的问题，马上移转，礼貌地鼓励对方继续说下去。改善男性沟通技巧的方式之一，就是使用"双问题规则"（two question rule），这项规则有助于将谈话聚焦在别人身上，做法就是发言者提出开放式的问题，然后在这个问题后，接上另一个提问，以展现出良好的倾听技巧。男性必须学习成为好的倾听者，因为平衡的对话需要有"给"、有"取"，这样才有可能促进男性和女性的良性沟通。

男女沟通的差异

男性	语言	女性
展示知识和技巧	友善言谈	讨论共同和差异之处
谈论活动和事件	报告式言谈	讨论个人生活和感受
说教	和其他人谈话	倾听
让我们决定它吧	问题相关话题	提供了解

梅拉比安（Mehrabian）提出的非语言表达的三个维度

1. 好恶维度（the like-dislike dimension）：通过亲近或距离表现出来，例如：正视或不正视。

2. 力度维度（the potency dimension）：通过个人的表现，例如：身体挺直或歪斜，快速或慢动作。

3. 反应维度（the responsiveness dimension）：通过脸部的动作、音调与音量来表达。

非语言沟通的功能

- 非语言信息能够重复语言所表达的含义，例如：一位丈夫表示他非常期待当爸爸，其快乐的神情与容光焕发的脸部表情都反复传达出这项信息。
- 非语言信息能够取代语言信息，例如：一位挚友在重要的考试中失利，你可以由朋友的脸部表情中完全了解她的想法与感受。
- 非语言信息可以强调语言信息，例如：你约会的对象因为你做了某件事而感到生气，你可以从他/她挥动的拳头与指责的手势上更深刻地感受到这一信息。
- 非语言信息可以控制语言行为，例如：当有人在与你说话时，你却把头转开，这表示你对这段谈话没有兴趣。
- 非语言信息与语言信息相互矛盾，例如：当一个人涨红着脸并紧皱眉头地大声咆哮，却说他没有生气。当非语言信息与语言信息互相矛盾时，非语言信息通常更为正确。

7-6　职业生涯发展与就业

在成年前期，一个人的职业可以是自我认同很重要的一部分。列文森认为年轻人进入职场，必须先发展对该职业的认同，并在职场中找到自己的定位。每一份工作都有让人能成功适应的必要条件。例如，纽曼（Newman）等人指出四个要件，包括专业技术的使用、权威关系的发展、对特殊需求与危险的适应，以及与同事共处的技巧。

此外，社会学者提到从事职业的社会化（occupational socialization）是一个过程，在这个过程当中，工作的历练促进和培育个人的人格发展。通过服务他人的机会，激发创造力并为生命带来意义。个人的发展通过工作而得以发挥，进而促进人生的新方向和目标、秩序的形成，以及增强事业发展的稳定性。个人的生活方式就在所谓事业及人生中与其他的经济、家庭活动融合在一起，彼此交互影响。

事实上，职业生涯发展是成人期的重要任务之一，学者提出不同的职业发展理论加以说明（详见右页图示），包括：

①休珀的"成人的职业发展理论"：休珀整理了一套自我概念及职业发展关联性的报告。在此架构中，一般人的职业发展随着自我概念改变而有所不同；②金兹伯格（Ginzberg）的"职业选择理论"：认为职业发展理论是一种"现实妥协理论"。但职业生涯中，个人努力和实践因而导致职业生涯卓越成就的，通常和某些心理过程有关联。积极心理学已经发现这种关联，这些心理过程包括共振（resonance）、热情（passion）和坚毅（grit）。

其中，"共振"的概念是由纽伯格（Newberg）、基米奇克（Kimiechk）、杜兰德-布什（Durand-Bush）和杜尔（Doel）所创造的，"共振"指的是能够在一些不同的专业领域有卓越成就的过程。他们发现那些表现卓越的人通常是很专注或全力投入的，能够全神贯注以造就卓越。这是因为他们想要在每天的工作里，有意识地辨识出自己独特的感受，并且常常将自己投入能够发现那些感受的情境和环境里。

纽伯格等学者提出的"共振表现模式"（resonance performance model，RPM），包括四个阶段：梦想阶段（dream stage）、准备阶段（preparation stage）、障碍阶段（obstacles stage）和梦想重温（revisiting the dream）。个人如果想要圆梦，就必须持续不断地实践。在实践的过程中，障碍当然随时出现，努力克服障碍就是这些人和其他人不同之处。但是只试图克服障碍，不见得就是最好的应对之道，这些人异于常人之处在于：他们能够重温梦想，能够和激发梦想的火花再联结，这种和最先感受的联结，促使他们拥抱障碍，并且避免落入"加倍努力，缩减享乐"的圈套，因而能够往前走。

而"热情"代表一种专注于某种活动的倾向，这种倾向定义了一个人的特质。这种自我定义的倾向，反映个体自我认同感的主要特质。其他研究结果也指出，热情在成就上扮演重要的角色，且热情和坚持的概念相互融合，即为"坚毅"。研究发现，自律严格且对目标很坚持，以及具有热情的人，对于目标的坚毅也很高，且坚毅随着年龄而增强，和正向的表现或成就有关。

休珀的"成人的职业发展理论"

1. 准备阶段
是指青少年末期到20岁出头时,一般人在专业实习或打工兼职中习得有关职场角色第一线的经历后,尝试可能的事业规划的选择期。

2. 建立阶段
是指成年初期选择进入某一行业工作岗位的进阶服务。

3. 维持阶段
是指在职场上,工作者逐渐减少投入工作的时间并持之以恒。

5. 退休阶段
是指人们停止全职工作的阶段。

4. 成功阶段
是指职场上的工作人员开始认真思考往后的退休生涯,以及工作以外的人生规划。

第七章 成年期

金兹伯格的"职业选择理论"

幻想期 1
通常只维持到11岁左右,在这个阶段对职业的选择不会考虑能力、所需的技术或工作机会的问题,只因为听起来喜欢。

尝试期 2
在青春期则进入此阶段,此时会开始考量较实际的问题,也会考虑个人的价值观和生活目标,并思考怎样的职业会让自己感到满足。

现实期 3
在成年期时会进入此阶段,开始会经由真正的工作经验或专业训练来探索一个特定的职业;在初步的探讨之后,人们会缩小选择的范围,而最后会对特定的职业做承诺。

7-7　职业生涯发展与就业（续）

当人们进入成年期，接触社会的领域渐广，例如：身处就学与就业的环境中，便容易感受到性别歧视，尤其是女性。女性在某些科系与职业领域中，居于弱势的现象，引起了性别歧视的相关讨论。性别歧视，是对于女性和男性的刻板印象与概括想法，并且依据此种刻板印象去对待他们。最常见的情况是，性别歧视会对个案或社会的某个方面产生负面影响。

虽然性别歧视对于男性也有负面的影响（例如，男性被期待要隐藏自己情绪，因此不利于他们的身心健康），但对于女性来说，性别歧视似乎是较为普遍的问题。相较于男性而言，一般对于女性的刻板印象较为负面。

职场的性别歧视是长久以来的问题，形成了同工不同酬的现象。性别之间的薪资差异，几乎存在于所有专业领域。对于成年期的女性来说，薪资不平等的状况让她们一进入职场便处于劣势，且女性会因为生小孩而暂时离开职场，因照顾小孩或年长父母而请假或离开职场的比例也较高，致使当有升迁的机会时，她们也较难配合工作地点的移动。

许多人认为，性别同工不同酬的根本原因，来自制度的性别歧视。亦即，高薪与握有权力的工作职位，仍然将女性排除在外。同时因为在高阶职位的女性相对较少，相关的政策与改变便难以推行。

为了缓解因性别差异而产生的薪资不平等，美国许多女性主义倡议者争取比较价值（comparable worth）的立法，主张依照工作换算的价值，而非工作者的性别给予报酬，以及应立法列出无薪资报酬的工作，例如：准备三餐、照顾小孩及做家事等，认为应比照相关工作（如接送服务、食物料理、托育服务等）给予报酬。然而，这个立法的行动并未成功，主要是来自企业的反对，以及社会上普遍对于家务工作的不重视。

女性主义者认为性别歧视长期存在于以男性为主导的社会，与以下的性别刻板印象有关：

（一）多数女性（尤其是年轻女性）缺乏在各个领域的权力与公众领导地位，女性仍然被认为较缺乏竞争力，尤其是在担任领导者方面。

（二）当女性担任具有权力的职位时，人们会倾向认为那项职位是不重要的。

（三）若是无法否认该职位的重要性，人们便会将那位女性的成功视为幸运，或认为她是得到外力帮助（如同事的协助或特殊对待），才能获得成功。

（四）若是无法否定那位女性在职位上的成功，人们便会因为她的能力及违反了性别刻板印象而仇视她，于是这类女性被贴上"坏女人"（bitches）、"自私的"（selfish）和"刻薄的"（bitter）的标签。

（五）媒体助长了性别歧视及对于女性的负面刻板印象。媒体中的女性负面形象，加强了对于女性角色、规范及能力的刻板印象，使得性别歧视更为严重。

（六）女性的成功容易被归因于她们的外表、性吸引力、依靠男性同事，或是性别保障名额。年轻女性特别容易受到性别刻板印象及偏见的影响，上司和同事可能会因为她们的年纪，认为她们过于年轻和天真，因此能力不足。

衡量个人特点与工作情境是否匹配的四种核心关系

01 技术技能

多数工作要求具备一定的技术专长，个人必须评估特定技能要求是否合乎个人的能力，判断个人是否有改进技能的潜力及展示能力，以及是否能从中获得快乐与满足。

02 权威关系

各种工作角色对人与人之间的地位和决策关系已做了明确规范，工作培训的内容，即要帮助新员工了解个人受谁评估、评估标准是什么，以及个人工作的自主性受到何种限制。

03 要求和危害

每个工作岗位有其独特的职业要求，包括自我保护、危害预防、生产效能和效率等。此外，工作参与之后可能影响个人的闲暇、家庭活动或政治和社会作用，所以，个人必须进行各种工作情境及所获报酬之间的比较。

04 工作伙伴的关系

在工作中建立的伙伴关系与个人工作满意度有关。个人需要朋友，需要同伴分担熟悉新工作的烦恼，这也驱使个人在工作中找到志同道合的伙伴关系。

玻璃天花板（glass ceiling）

- 玻璃天花板又称为隐形天花板，指的是因为性别、种族或族群，而阻挡有能力的人在职场上升迁的一种隐形障碍。亦即，是指一种性别不平等的现象。这是一种无形的、态度的，或组织的偏差所造成的障碍，它使得女性因各种人为因素的牵绊，而无法获得与男性同伴公平竞争的机会。女性在职业发展上，仍面临相当程度的"性别职业隔离"中的"垂直隔离"障碍，即所谓的"玻璃天花板"现象。
- 奥克利（Oakley）将女性在企业决策高层上，未能有显著进步的原因，归纳为以下因素：企业招募、录用及升迁等做法，刻板印象，对领导风格的偏好等这类个人行为，以及结构与文化因素。

7-8　爱情的发展

成年期建立亲密关系的重要指标，就是爱情的发展。他们开始经历或体验到许多有意义的情感关系，爱的情感也很可能引导个体走向婚姻之路。埃里克森认为此时期的主要任务便是亲密关系的建立，当"认同"的任务达成后，人们便开始准备拥有亲密关系。没有成功建立起亲密关系的人会变得孤立，也没有能力建立以了解、同理心与支持为基础的彼此互动关系。因此，成年期的重要发展任务就是建立情感满足的关系，也就是经历爱情。

恋爱关系是成年期亲密感发展的核心元素。浪漫的爱情（romantic love）被形容为以性为目的的关系，是"不由自主而你情我愿的"，发生在地位对等的伴侣互动过程中。罗伯特·所罗门（Robert Solomon）认为浪漫式的爱情有三项特质：①爱情源于性欲望，动机也是出于性；②它是自然而然发生的，且出于自愿，并非我们所能够直接控制的；③它必须是情感对等的（例如，母亲和孩子间的爱就不属于这一类）。

斯滕伯格提出爱情三角理论（triangular theory of love），指出爱情包含三个元素：亲密（intimacy）、激情（passion）和承诺（commitment）。亲密是指互动关系中所分享的亲近和热度；激情是指在爱情关系中强烈的感觉（正向或负向），包括性欲；承诺是指无论遇到任何困难，仍保持两人关系的决心和意图。这项理论更进一步依据三个元素的有无，组合出多种关系（详见右页图示），说明如下：

（一）没有爱情（nonlove）：爱情三元素均不存在，只是一般的互动关系。

（二）喜欢（liking）：只有亲密成分的存在，彼此觉得亲近但没有激情。

（三）迷恋（infatuation）：只有激情成分存在，这是指被爱的人被理想化，而违背真正的自我。

（四）空洞的爱（empty love）：承诺是唯一的成分，除了承诺没有任何其他成分存在。

（五）虚幻的爱（fatuous love）：是激情与承诺的组合，例如：一对恋人很快坠入爱河并决定结合。

（六）浪漫的爱（romantic love）：是亲密和激情的结合，沉醉于浪漫爱情中的恋人对彼此拥有许多激情，但没有承诺，浪漫的爱可能始于迷恋。

（七）伴侣的爱（companionate love）：是亲密与承诺的结合，此种爱情最常出现在较长久的婚姻关系中，此时激情已不存在。大多数浪漫的爱在激情渐退之后，会演变成伴侣的爱。

（八）圆满的爱（consummate love）：亲密、激情和承诺三种成分都存在的结果。虽然大多数人都追求如此的爱情，但让这种关系存在是非常困难的。

斯滕伯格认为，在一个特定的关系中，爱的组成会有不同的路径。例如：在一段长期的关系中，激情通常会减少，但是亲密度会持续增加。此外，双方可能不会在相同的时间强调相同的元素。当然，成功的关系意味着必须解决这些分歧。

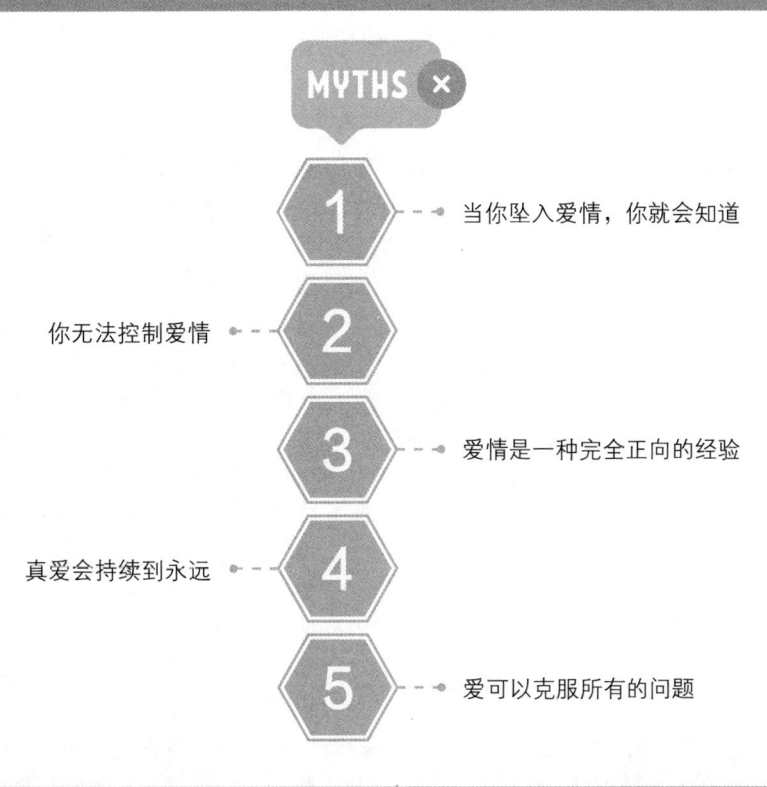

对于爱情太过于理想化所导致的常见误解

MYTHS ✕

1 — 当你坠入爱情,你就会知道

你无法控制爱情 — 2

3 — 爱情是一种完全正向的经验

真爱会持续到永远 — 4

5 — 爱可以克服所有的问题

第七章 成年期

斯滕伯格提出爱情三角理论

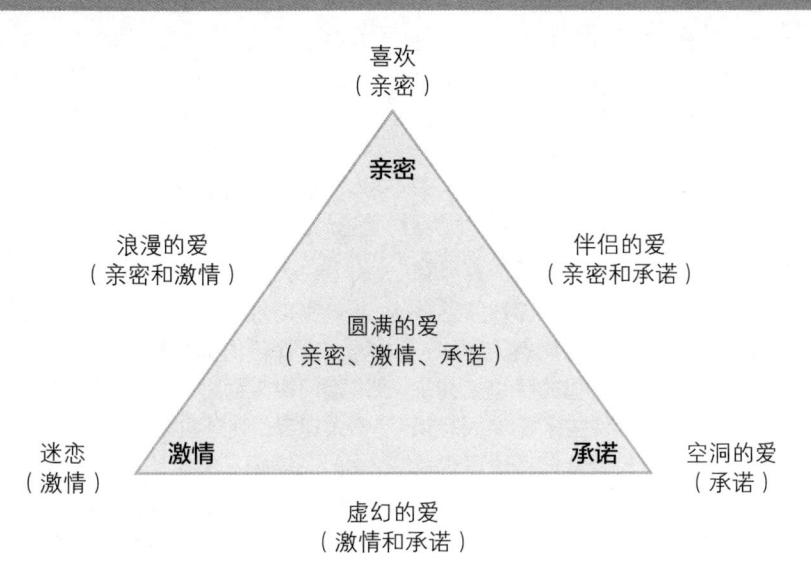

喜欢
(亲密)

亲密

浪漫的爱
(亲密和激情)

伴侣的爱
(亲密和承诺)

圆满的爱
(亲密、激情、承诺)

迷恋
(激情)

激情

承诺

空洞的爱
(承诺)

虚幻的爱
(激情和承诺)

7-9 婚姻：配偶的选择

成年期通过约会的过程，有机会遇到另一半而进入婚姻。当一个人准备考虑结婚时，深深被吸引和承诺的过程，影响着伴侣的选择和婚姻的决定。亚当斯（Adams）提出选择伴侣，走入婚姻的阶段，说明如下：

第一阶段：机会、外在的吸引与被欣赏的行为

在第一阶段时，机会是决定人选择伴侣的重要因素，通常这个机会可能受到个人文化、家庭及社会阶级价值观的影响。伴侣选择通常是在社会交往的环境中，例如：学校、工作环境、派对上。从最普遍的意义上看，婚姻伴侣的选择有赖于个人所介入的关系网络，以及个人所欣赏的外表、仪容与所看重的行为举止。这一切都决定了个人的心仪对象及吸引力所在。

第二阶段：正向的自我揭露、典范、性方面的吸引、价值观与相似点

当年轻人进入第二阶段时，便开始进入较亲密的发现之旅。基本的相似之处（similarity）及亲密度（intimacy）是维系彼此关系进一步的核心所在。个人的基本价值、背景特点如过滤器般，筛选着更进一步的吸引力，以及考量着是否与之进一步交往。他们可能会思考下列的问题：这个人的真实面目为何？他像我吗？从互动的自我揭露中，他们对彼此的认识更深入。通常这些信息的评估大多依据彼此的相似点，例如：许多人会找寻信仰相同或类似的伴侣。如果双方自我揭露更深，包括性需求、个人恐惧及人生理想等，那么个人就从第一阶段进阶到第三阶段。

第三阶段：同理心与角色间的互相接纳

进入第三阶段的历程与第二阶段类似，也是着重自我揭露，不过是更深入的揭露历程。角色和谐与同理心给双方的关系注入生命力，前者是指处理情境时双方合作和谐并使情境没有冲突，顺利解决问题；后者是通过双方的和谐关系，建立彼此的同理心，使双方能够彼此了解对方的反应，并预见对方的需要。他们可能会分享对彼此的性欲望、个人的恐惧及幻想等。在这个阶段中，他们对彼此的信任会增加，不过因分享较多彼此的亲密层面，危险性也会增加。如此的分享通常导致两种历程：角色间的相互接纳与同理心，一对情侣知道他们的契合度，也加深他们对彼此的了解。

第四阶段：契合的关系与增温的承诺，以及之后进入婚姻

双方一旦对角色和谐与同理心感到满意，他们便会进入第四阶段的关系。在这个阶段，防止双方关系破裂的屏障将有助于双方关系的巩固。双方此时已有自我揭露，相互做些冒险之举；再者，经过共同扮演角色，他们已被视为一对。进入这个阶段，此时彼此都认为他们的选择是对的，也愿意以行动来表示他们的承诺。他们两人都觉得在一起很愉快，对未来也很有把握。在社会层面上，大家认定他们是"一对"，所以此时若分手会付出较大的代价。对我们任何人来说，选择伴侣都是复杂的，但对于想要进入婚姻的两人而言，往往在做这样的决定时并不太理智，而这也是事实。

一旦做了抉择，求爱激情宣告结束，取而代之的就是婚姻及其适应过程。亲密关系与日后的婚姻满足感有关，有效的沟通及处理冲突的能力，更是婚姻过程的调适能力。

配偶选择理论

1 相近理论
这种理论认为彼此接近是我们选择另一半的主要原因。例如：许多人都会选择同学或同事，在住所附近或休闲场所认识的人作为伴侣。

2 理想配偶
这种理论认为我们所选择的伴侣可能具备了我们理想中的特质。很多人都听过这句话："他／她就是我所要的一切。"

3 一致的价值观
这种理论认为，无论有意或无意，我们的价值观会引导我们选择很接近的另一半。

4 门当户对
这种理论认为我们往往会选择同种族、社会经济地位相当的配偶。

5 互补需求
这种理论认为我们所选择的配偶通常都具备了我们希望自己拥有的特点，或者我们觉得对方可以帮助我们成为自己想成为的那种人。

6 彼此相容
这种理论认为我们所选择的伴侣，可以和我们一起快乐地从事各种活动。我们希望对方可以了解我们、接纳我们，我们觉得和他／她沟通很自在，因为对方拥有和我们相似的生活哲学。

7-10　婚姻：家庭生命周期

家庭生命周期（family life cycle）是研究婚姻与家庭的一个重要概念，其概念源自发展学理论。家庭生命周期是指家庭会经历不同阶段，包括家庭结构与成员的改变，且在每一阶段有不同的挑战、任务、问题及满足。

家庭本无生命，组织家庭的成员赋予它生命。在家庭中，家人的关系是互动的动态系统，它并非固定不变，而是随时都在改变与调整。家庭发展也有其周期性；从两人结婚共组家庭开始，到夫妻离异或一方死亡而结束，经历各个不同阶段，构成一个家庭生命周期。

换言之，家庭生命周期是一个家庭由形成、发展、扩大至衰退的过程。而家庭生命周期的阶段不同，更有不同的发展任务与特质，每一阶段任务的完成，都对家庭的发展有相当的影响力。当家庭无法应对当前阶段的特殊需求，或是无法达成此阶段的任务需求，进而忽略问题而直接进入下一阶段时，就可能导致家庭停滞不前或延缓下一阶段的成长，严重者可能造成家庭的瓦解。

综上所述，家庭生命周期视家庭如同一生命个体，从出生到成长、成熟、衰退至死亡，经历一连串阶段或事件。由于处于相同阶段的家庭，大多历经相似的时间安排或阶段连续性，而有着相似的情况、待克服的困难及需要完成的阶段任务与特质。因此，这些历程仿佛一种生命的轨道，可提供给人们一个辨认家庭系统的演变过程的有组织的分析架构。

卡特（Carter）和麦戈德里克（McGoldrick）提出家庭生命周期，包括六个家庭生命循环阶段：①家庭之间：孤男寡女；②家庭联姻：新婚夫妇；③有幼儿的家庭；④有青少年的家庭；⑤子女离巢和向前看；⑥生命晚期的家庭。在家庭生命周期循环阶段，均有其对应的发展任务（详见右页图示）。

卡特和麦戈德里克注意到个人生命周期与家庭生命周期，以及多代间（可能三代，甚至四代，如老年父母、空巢期父母、年轻父母和小孩四代同堂）家庭生命周期的交互影响，尤其近年因医疗发达，人类寿命大为延长，这种多代的观点越来越受到重视。他们认为虽然家庭过程绝不是直线的，但它存在于时间的直线特质中，这是我们无法逃避的。

另外，从多代的观点来看，必须同时适应家庭生命周期的转变，而且某一事件对各层面彼此间会有强力的影响。随着时间的流逝，家庭会发展，也会有无法预料的事件发生。另外，垂直压力源（家庭形态、误解、秘密、遗产）对个人与家庭的影响程度如何，也需考虑周遭的系统层面（如社会、文化、政治、经济等）因素。

卡特和麦戈德里克：家庭生命周期与家庭发展任务

家庭生命循环阶段	关键发展阶段	发展过程中的家庭地位转变
家庭之间：孤男寡女	接受亲子之间的分离	■ 和原生家庭的区分 ■ 同伴亲密关系的发展 ■ 工作情境中自我的发展
家庭联姻：新婚夫妇	对新家庭系统的投入	■ 婚姻系统的建立 ■ 让配偶融入亲友网络
有幼儿的家庭	接受新的家庭成员	■ 让孩子融入婚姻系统 ■ 扮演亲职角色 ■ 调整延伸家庭的关系，包括父母和祖父母角色
有青少年的家庭	家庭界线的弹性化：接受孩子的独立和祖父母的衰老	■ 调整亲子关系，容许青少年进出系统 ■ 中年婚姻和职业生涯的聚焦 ■ 开始对老年世代的关怀
子女离巢和向前看	接受成员从家庭系统的移出和加入	■ 婚姻中两人关系的再协商 ■ 发展和子女的成人关系 ■ 关系纳入亲家和孙辈
生命晚期的家庭	接受代际角色的转移	■ 维持自己和夫妻的功能、面对身体衰退、探索新家庭和社会角色的选项 ■ 支持中年世代的主轴角色 ■ 接纳老人的经验和智慧、支持，但不让他们过度操劳 ■ 面对亲人失落和为自己辞世做准备、进行生命回顾与统整

成年期对婚姻的误解

■ 妻子如果全职工作，丈夫对婚姻的满意度通常比妻子是全职家庭主妇更低
■ 在大多数婚姻关系中，有了小孩会增进夫妻对婚姻的满意度
■ 对大多数夫妻而言，婚姻满意度会随着婚龄、小孩出生、小孩进入青少年，以及空巢期的阶段而持续上升

7-11 婚姻：婚姻满意度

什么因素可用来预测婚姻满意度？这个问题很难回答，是因为"满意"的定义很难界定。不过，许多研究发现一些与婚姻满意度有正相关的因素，包括：①父母离婚者本身也比较可能离婚；②早婚的夫妻比较容易离婚；③约会的时间越长，婚姻成功的概率越高；④劳工与中低下阶层者比中上阶层者容易离婚，可能与经济压力有关。

但两人的一致性是婚姻成功的重要因素吗？减少婚姻中的冲突是拯救问题婚姻的重要因素吗？虽然大多数的社会工作专业人员的回答为"是"，但近年来的研究发现了不同的答案。戈特曼（Gottman）发现，"预测离婚的因素并不是两人缺乏一致性，而是两人解决不可避免的不一致性的方法；也不是他们到底会不会有争吵，而是他们解决冲突的方法与他们情感互动的整体质量。"戈特曼的研究发现，夫妻间正、负向互动的平衡是影响婚姻满意度的关键。

冲突和争吵是婚姻生活中自然的一部分，即使是很好的婚姻关系，也无法避免冲突的产生，而此负面因素也许可起到让婚姻生活不致停滞、一成不变的功用。戈特曼认为对某件事感到气愤，而且表达此愤怒时不带有歧视的态度，对婚姻关系是有益的。不过并非所有的负面互动都有好处，他举出四个可能对婚姻有不良影响的互动方式：批评、辩护、蔑视和坚持己见。在健康的婚姻关系中，夫妻争吵是对事不对人的；而在有问题的婚姻关系中，批评和蔑视则是对人不对事的，所以不只是愤怒，轻视的态度往往才是问题之首。

轻视对方的态度常会导致冲突，而被批评的一方则往往会采取坚持己见的方式来应对。戈特曼还发现，会坚持己见的有85%为男性，他将其解释为男性对冲突的心理反应。当男性面对冲突的时候，他们通常在心理上的反应比女性强，他们心跳会加速，血压会升高，而且沮丧的时间会比女性更久。对此性别差异的其中一个解释是，此现象乃进化的结果，意指男性为了保护女性，其生理机能在面对外在危险状态时有较明显的回应。

不过这种影响对解释现今婚姻关系的作用似乎不大。戈特曼指出，"在现代生活里，这种较长的生理反应并非顺应性的，它会让人觉得很难受，并想避免这种感受产生，男性常会选择以逃避的方式面对它，甚至尽可能地冻结自己的感觉。"这种心理反应上的差距也能够帮助我们了解，为何两性在面对冲突时会有不同的应对方式：女性以情绪来面对冲突，而男性则通过理智，以静默不语或生理上的退缩来逃避冲突。

在婚姻关系中，处在不同家庭生命周期阶段的夫妻，婚姻满意度与挫折感会有所不同。罗林斯（Rollins）与费尔德曼（Feldman）研究发现，家庭生命周期和婚姻满意度之间的关系可采U字形表示，婚姻满意度在新婚与蜜月时期达到最高峰，然后逐步下降，有学龄子女的家庭婚姻满意度处在最低状态，家庭有青少年子女的阶段时，婚姻满意度又逐步上升，直到最后一个阶段（家庭晚期或老年家庭时期），满意度同新婚时期一样，达到最高峰（如右页图示）。

婚姻满意程度U形曲线

婚姻满意度

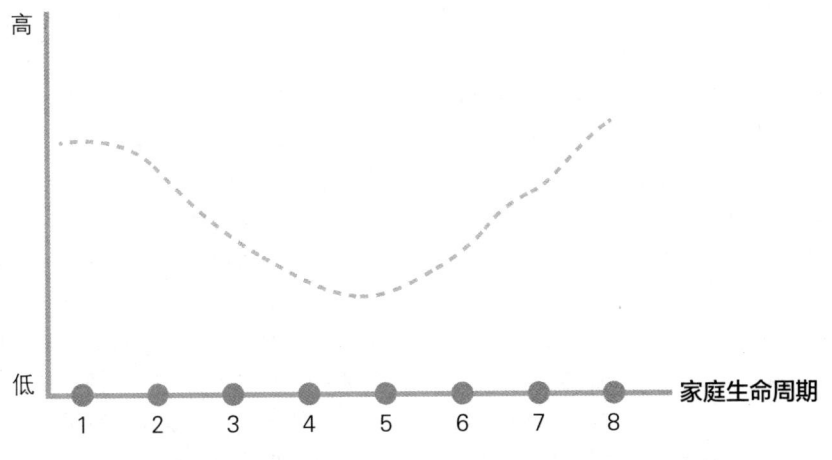

高 — 低

家庭生命周期：1 2 3 4 5 6 7 8

阶段1：家庭开始
阶段2：养育子女的家庭
阶段3：有学龄前子女的家庭
阶段4：有学龄子女的家庭
阶段5：有青少年子女的家庭
阶段6：子女正在离巢的家庭
阶段7：中年的家庭
阶段8：晚年的家庭

父母认为生活中最有压力的十项压力源

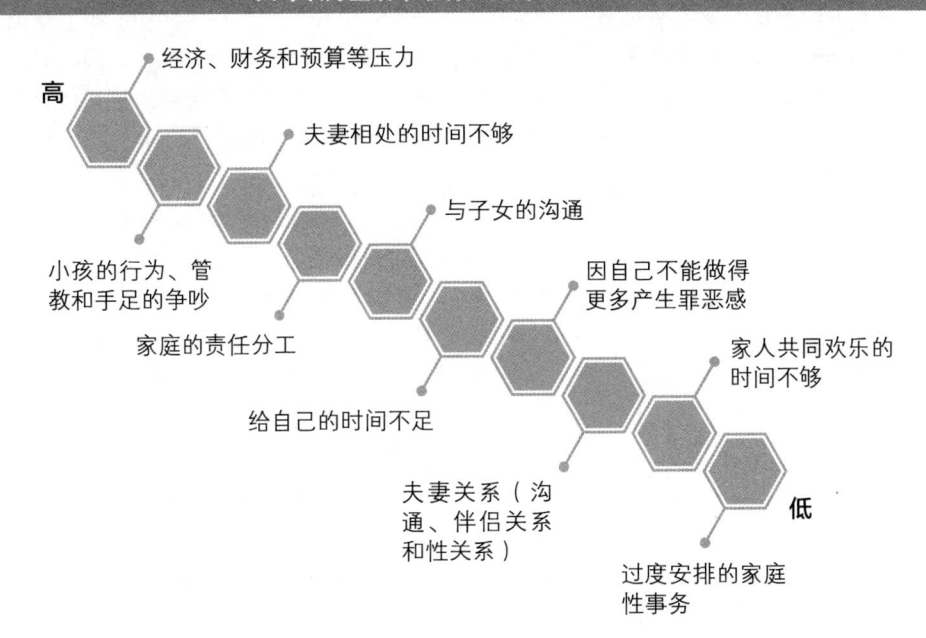

高
- 经济、财务和预算等压力
- 夫妻相处的时间不够
- 与子女的沟通
- 小孩的行为、管教和手足的争吵
- 家庭的责任分工
- 因自己不能做得更多产生罪恶感
- 给自己的时间不足
- 家人共同欢乐的时间不够
- 夫妻关系（沟通、伴侣关系和性关系）
- 过度安排的家庭性事务

低

7-12　强暴议题

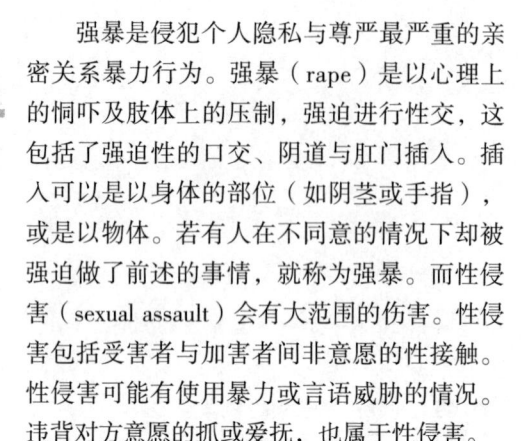

强暴是侵犯个人隐私与尊严最严重的亲密关系暴力行为。强暴（rape）是以心理上的恫吓及肢体上的压制，强迫进行性交，这包括了强迫性的口交、阴道与肛门插入。插入可以是以身体的部位（如阴茎或手指），或是以物体。若有人在不同意的情况下却被强迫做了前述的事情，就称为强暴。而性侵害（sexual assault）会有大范围的伤害。性侵害包括受害者与加害者间非意愿的性接触。性侵害可能有使用暴力或言语威胁的情况。违背对方意愿的抓或爱抚，也属于性侵害。

兹将对强暴事件解释的理论观点、预防强暴的建议，说明如下：

一、解释强暴事件的理论观点

（一）指责强暴受害者的观点（victim precipitation of rape）：这个观点认为强暴的幸存者本身应该要受到指责。例如：是那个女人"自找的"，也许是她穿得太暴露或是潜意识中想要被强暴。

（二）加害者的精神病理学（psychopathology of rapists）：这个观点提出，强暴加害者会加害于人是由于情感受创或是精神不平衡，会实施强暴是因为他生病了。这个观点没有将强暴事件视为社会或社会态度的问题。

（三）女性主义观点（feminist perspective）：女性主义观点认为，强暴的发生是一种逻辑上的反应，因为男性在社会化的过程中被教导要驾驭女性。强暴被视为男性需要在女性面前展现侵略性能力的一种表现。这与性能力没有太大的关系，性能力只为能力的展现提供工具，但强暴被视为一种与文化紧密交缠的看待女性的态度所造成的结果。女性主义观点将强暴视为社会问题，而非个人的问题。

二、预防强暴的建议

（一）对周遭有所警觉：注意身边的人与车，以及想想你经常走的路线中有哪些区域是危险的。如果你一定要经过这些地方，先试想若遭到攻击时可以做些什么。尽量待在明亮的地方，并走在人行道的中间。若街上车子很少，也可以走在马路的中间。如果可以，走别条路来到达目的地，尤其是夜间，避免一成不变的模式，以免成为攻击的对象。

（二）要注意自己的行为：注意你的站姿、走路方式，以及你如何出现在他人面前。尽量不要在很晚时自己走在漆黑无人的街上。走路时要有自信与力量；试着不要表现出困惑、纤弱或漫不经心，因为攻击者通常会找这样的人下手。若你觉得有人在跟踪你，不要害怕转身去看，最好赶紧到最近的商店或房子里，并打电话给朋友或警察寻求协助。若觉得自己处在危险中，不要不好意思大叫。大叫"失火了"或"警察"，通常会比大叫"救命"或"强暴"来得好。

（三）相信自己与直觉：如果你对约会状况或某些派对不太确定，就立即做改变。你可以离开或去人多的地方。若你被强行要求发生你不想要的性关系，请不要怀疑地说"不！"

（四）对自己的饮料保持警觉：让饮料一直在你的视线中，或是带走它。不要让可能的加害者有机会对你下药，然后占你的便宜。

对强暴事件的误解

MYTHS

误解 1 强暴事件通常发生在暗巷

误解 2 强暴犯只限于陌生人

误解 3 女性自己想要被强暴

误解 4 女性自找的

FACTS

虽然搭便车或夜里独自行走的确增加了被强暴的风险，但许多强暴事件发生在女性的家中。在室内，尤其在自己家中所发生的强暴案，受害者极有可能认识加害人，因为人们与熟识的人一起在家中时会感到安全。认知到这样的事实很重要，因为这可以帮助人们提高警觉。

根据美国的统计数据，有57%的性侵害与强暴案件是熟人所犯；20%的加害者是亲密关系伴侣。熟人强暴（acquaintance rape）或约会强暴（date rape）的发生率越来越高，尤其是在大学校园中更为普遍。根据美国的调查显示，在大专院校校园中，大约有80%的强暴案件是熟人所为。

这样的误解也支持了另一个错误的观念，即女性在被强暴时，其实是享受的，因为她们沉溺于性；且普遍会认为强暴是性行为，而非暴力事件。女性永远有权利说"不"，且也要相信女性说"不"时就代表"不要"。

女性被强暴是因为她们不当的行为表现或穿着。这项误解认为暴力与攻击行为的受害者而非加害者，应该负起责任。女性有权利做任何方式的穿着，不管个人说什么、穿什么或做什么，都不应该造成强暴。事实上，许多强暴都是加害者预谋且事先计划的，加害者等待机会来决定何时下手。

第七章 成年期

7-13 强暴议题（续1）

本单元接着说明强暴议题中，有关于强暴犯的类型，以及幸存者对于强暴事件的反应，如下：

一、强暴犯的类型

1. 愤怒型强暴犯（anger rapist）

此类型的特点就是愤怒。他以非常外显的方式表达愤怒，如拿刀、使用暴力、怒不可遏与表现出大男人形象。愤怒型强暴犯会语言攻击、残忍地殴打，甚至谋杀受害者（虽然发生率较低）。这些愤怒行为不一定与性满足有关，也许只是为了达到性幻想。这些攻击行为可能是愤怒情绪的表现，受害者可能代表着加害者所厌恶的人。愤怒也可能是羞辱女性的方式，让她们不要越界。

2. 权力型强暴犯（power rapist）

多是借由凌驾受害者来展现权力。他通常有性障碍或明显的生理缺陷，所以会想要得到补偿。加害者借由贬低受害者、较不强硬的暴力及闪电式的攻击，以强暴行为来展现权力并控制支配受害者。

3. 残酷型强暴犯（sadistic rapist）

攻击的动机是为了满足性与好斗的幻想。他借由监禁、折磨受害者，并以女性最脆弱的部分——性，来羞辱受害者以获得满足。残酷型强暴犯与愤怒型强暴犯有类似之处，但仍有三点不同，包括：①残酷型强暴犯考虑更周全，他们精心计划攻击行为以满足其特殊幻想；②残酷型强暴犯借由折磨受害者获得满足；③过程中强暴犯不一定会愤怒。强暴犯类型的归类取决于其残酷程度与攻击行为中愤怒的程度。

二、幸存者对强暴事件的反应

在强暴事件发生后，幸存者可能会经历半年或更久的严重心理创伤，这种情绪改变为强暴创伤综合征（rape trauma syndrome），属于创伤后应激障碍中的特别一类。强暴创伤综合征有两个基本阶段：

1. 急性阶段

（1）经历强暴后立即的情绪反应会持续数周以上。幸存者的情绪反应有两种：第一种是他/她可能会哭泣、愤怒或表现出害怕；第二种是他/她可能会试着控制这些紧张的情绪，不让人看到。在急性期体验到的情绪范围从羞愧、罪恶到惊吓、生气而想要报复。此外，生理问题包括生殖器官发炎、压力大、头痛、胃痛或失眠。

（2）在急性期中，害怕与自责为两种主要的情绪体验：害怕源自体验到了暴力，因为在遭到攻击时，他们以为生命走到了尽头，且许多时候，幸存者害怕强暴事件会再次发生；自责源自社会倾向指责受害者，这涉及指责强暴受害者观点及女性主义观点的相关论述。

2. 长期的重整与复原期

（1）这个阶段的情绪改变及反应可能会持续数年。多数强暴幸存者认为，强暴事件在某方面影响了他们的一生，包括害怕独处、抑郁、失眠、害怕与异性交往等。

（2）对强暴幸存者而言，最重要的是要去处理那些最负面的情绪，并继续他们的生活。有时候，强暴事件会被拿来与接受所爱的人死去做比较。但事实上，不管是哪一个事件的发生都不可能被改变，幸存者必须学会面对。

预测男性强暴犯的相关因素

- 强暴犯通常来自充满敌意、暴力的家庭环境：在他们目睹或经验到暴力或性侵害后，他们可能学习到以暴力方式来表达愤怒的情绪。
- 强暴犯很有可能在青少年时期就有犯罪记录：可能的强暴犯与青少年罪犯同伴有关。他们强化敌意的态度并合理化攻击行为，以获得想要的东西。当然，青少年犯罪行为也跟充满敌意的家庭环境有关。
- 混乱的性行为：他们可能发现用暴力让女性屈服，可以增加他们的自尊及地位，尤其是处在愤怒或暴力犯罪同伴团体中时。
- 强暴犯对女性充满敌意：亦即，藐视女性化特质，如同情心或照顾他人。

第七章 成年期

创伤后应激障碍（posttraumatic stress disorder，PTSD）

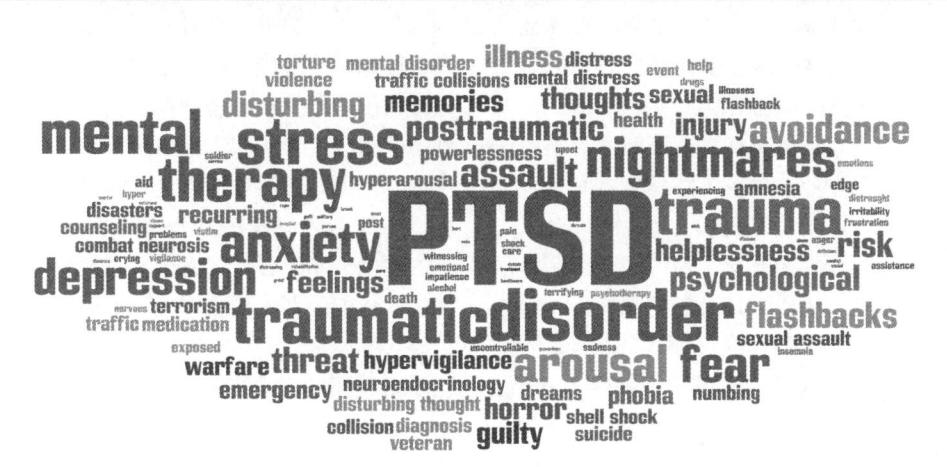

创伤后应激障碍（posttraumatic stress disorder，PTSD）是在高度压力事件（像是战争时期的格斗、身体暴力或是重大天灾）后产生的心理反应，通常的特征为抑郁、焦虑、不停地回想、重复的噩梦及避免再提及该事件。

7-14　强暴议题（续2）

社会工作者在治疗强暴事件时，对于幸存者的增权，必须处理的议题，包括强暴幸存者的情绪议题、报警议题，以及受害者医疗检查议题等。

议题1：情绪议题

社会工作者在对强暴幸存者进行治疗的增权时，会经历三个主要阶段：

第一阶段：咨询人员或社会工作者必须给予幸存者及时的温暖与支持。

幸存者需要感受到安全，才能畅所欲言，让他／她有机会能够抒发感受。无论他们是否想要谈，都不应该给予压力，但应多鼓励他们分享内心的感觉。当与性侵害幸存者工作时，应帮助他／她了解该遭到谴责的人是谁，也就是加害者。是加害者选择强暴了他／她，而这些事情并不是他／她做的。

第二阶段：得到其他人的支持。

这些支持可能包括专业资源，像是地区性侵害防治中心，也有可能是来自幸存者身旁感情较好的亲朋好友的支持。有时候，这些亲友需要先接受指导，他们需要了解幸存者需要的是温暖、支持及感受到爱。他们必须了解到，当幸存者准备好的时候，会需要有人与他／她讨论他／她的感觉。一些会加深情绪与自我责难的问题（像是他／她为什么没有反击，或为什么穿低胸上衣）必须完全避免。

第三阶段：重建幸存者对自己、对周遭环境及对人际关系的信任。

强暴事件让幸存者变得脆弱，它摧毁了他／她对自己及他人的信任。这个阶段的咨询必须着重在帮助幸存者对自己，以及对所处状况做客观的评价。他／她的优势必须被点出并强化，以帮助他／她重拾自信。幸存者也需要客观地去看他／她的周遭环境，他／她会对再度被强暴的可能性有高度警戒，但还是必须客观检视其人际关系。

议题2：报警议题

（一）在遭受到性侵害时，受害者第一个反应可能是打电话报警。然而，许多幸存者选择不这么做。有许多的理由说明为什么不报警，包括担心加害者会报复、担心事情公诸于世会难堪及遭到责难；觉得报警也没有用，因为许多加害者至今依然逍遥法外，以及担心法律程序及受到质询。

（二）虽然举报强暴案件是困难的，但若幸存者没有报案，加害者就无法对自己的行为负责。强暴幸存者应针对眼前各种选择仔细思考，分别评估其正向与负向结果，以做出困难的抉择。若幸存者决定要报警，她不能够先洗澡，因为洗澡会将重要的证据洗除。然而，幸存者通常会感到被玷污及肮脏。所以，他们第一个反应是想要洗净自己，并试着忘掉强暴的发生。因此，在咨询中，向他们强调不要立即洗澡的原因是非常重要的。

议题3：受害者的医疗检查议题

必须在适当时机让幸存者了解到怀孕的可能性。因此，要在适合的时机，以温暖的口吻与幸存者讨论这个议题。要鼓励幸存者接受医疗协助，包括检查怀孕的可能性，以及性病筛检，包括艾滋病检测。虽然不要过度强调负面结果，但仍需要在某个时机让幸存者了解，若有其他身体外伤，也要立即就医。

对强暴幸存者进行治疗需面对的三项基本议题

对强暴幸存者进行治疗需面对的三项基本议题

- 幸存者非常有可能正处在情绪激动的状态，幸存者的自我概念可能严重动摇。对于这些处在情绪激动状态的幸存者，必须提供各种建议和进行协助。
- 幸存者必须决定是否报警并起诉。
- 幸存者在遭到性侵害后，必须进行医疗检查。例如：受伤的状况及怀孕的可能。

弗朗西斯（Francis）提出强暴幸存者需要面对与重组的四项课题

01 重建对自己身体的安全感

02 突破恐惧

03 坦然面对自己所失去的东西，例如：自尊和信任。

04 将此事件同化至个人对自我的认同中

第七章 成年期

第八章

中年期

章节体系架构

- 8-1 中年期的生理发展
- 8-2 中年期的生理发展（续1）
- 8-3 中年期的生理发展（续2）
- 8-4 中年期的心理社会发展（埃里克森的心理社会发展理论观点）
- 8-5 中年期的人格发展
- 8-6 中年期的心智发展
- 8-7 中年期的职场生活
- 8-8 中年期的职场生活（续）
- 8-9 中年危机
- 8-10 家庭压力理论：希尔的ABC-X模式
- 8-11 家庭暴力
- 8-12 家庭暴力（续）

8-1　中年期的生理发展

中年期是一个很多元或差异性很大的发展阶段，有人将其视为子女离巢，致力于自己生涯发展的时期；有人才刚开始组成家庭，暂缓生涯的成就和发展。实际年龄不再是男女在这个阶段生命特征的可靠指标。

中年期没有明显的生物性界限，且因为寿命的延长，中年或中间点是一个移动的指标。一般认为中年期介于35岁和60岁之间，涵盖约25年之久。亦有学者将中年期定义为从30~40岁开始，到60~70岁结束。中年期常被形容为一个"三明治"世代。

由于男女平均寿命不同，所以男女的中年期也不同。有专家认为男性从35岁、女性从39岁开始算起比较适当。有些人基于寿命的延长，将中年期的起点推迟到50岁，这些变化改变了我们对于生命周期成年期的观点，从成年前期（18~30岁），接着进入第一个成年期（30~44岁），到第二个成年期结束（45~85岁）。现在的年轻人，有可能不久就会进入45岁，开始他们的第二个成年期，必须面对在这个新的成年阶段经营人生的问题，不少成年人因为这样的想法，决定人生应该进行重大的调整。

一般人的体能在中年期前达到巅峰，然后缓慢地走下坡。在中年期，生理功能面临一些改变，说明如下：

一、身体功能改变

大部分处于中年期的人身体强健、精力充沛，仅仅感觉身体功能有些微衰退。但每个人变老的速度不同，且身体系统功能的退化是渐进的，主要的改变之一是储备能力降低，而储备能力是在压力与人体某部分系统功能不正常时作为后备之用的。

二、健康改变

40岁初期，新陈代谢开始变慢。此时期易开始有慢性疾病产生，可能有糖尿病的征兆，患胆结石与肾结石概率增加；比起青年人，中年人更易罹患高血压、心脏病与癌症、背部问题、气喘、关节炎与风湿病等。高血压是中年期的主要健康问题，血压不稳定易导致心脏病发作及脑中风。

三、身体外观改变

中年期外表逐渐改变，首先开始出现花白头发、发量变少、皱纹逐渐显露，皮肤变得干燥且弹性较差，以及腹部脂肪堆积等。

四、老化的双重标准

对男性而言，灰白发、粗皮肤与鱼尾纹被视为魅力，是卓越、经验与优势的象征；然而，相同的外观改变，女性则被认为不迷人，已是人老珠黄。

五、感官改变

中年期的感觉器官逐渐退化。中年人容易发生视力问题。眼睛晶状体随着年龄增长而失去弹性时，眼睛便无法快速对焦，因此就产生老花眼。此外，中年期听觉神经细胞逐渐退化，最普遍的退化是老年性耳聋。

六、体能与反应时间及心智功能的改变

人们的体能与协调性在二十几岁时达到高峰，到中年期则逐渐衰退。人们简单反应时间在约25岁时达到最佳状态，并且维持到60岁左右，之后反射逐渐变缓慢。心智功能则在中年期达高峰。

中年期的发展里程碑

生理上

- 新陈代谢、体力、视力、听力和肌肉力量等逐渐衰退。
- 开始出现皱纹、白头发，发量减少。
- 体重增加。
- 慢性病，如癌症、糖尿病及心血管疾病的患病率增加。
- 女性经历停经，男性也可能出现更年期。
- 性功能方面可能出现问题。

认知上

- 部分的记忆力减退，反应变慢。
- 联结新知识与过往的经验，认知能力可能反而变得更好。
- 更好的问题解决技巧。
- 更好的创造力。

"三明治"世代

- 中年人被称为"三明治"世代，这是指中年人一方面必须面对养育儿女的艰辛与困难，另一方面又必须面对年老的父母，并且担负起照顾他们的责任。
- 亦即，许多中年人就像三明治一样被夹在两代间，上一代和下一代都给他们很大的压力。老年人是目前社会中扩大最快速的年龄层，越来越多的中年人发现除了照顾孩子，还必须同时照顾父母。也有不少中年人会把父母接过来住，形成三代同堂。夹在两代之间的中年人相当辛苦，几乎没时间和精力满足自身需求，也无法完全应付孩子、父母和工作。
- 特罗尔（Troll）认为母亲和女儿之间的关系，是中年妇女发起家庭聚会的主要因素；研究也显示：比起儿子，女儿通常会住得比较近，和父母的互动也比较多，比较会保留家庭的照片、传家宝，以及家庭的其他遗物。

8-2　中年期的生理发展（续1）

进入中年期，女性与男性均会面临更年期的到来。本单元先说明女性的更年期。

对中年妇女而言，更年期是可预期的正常身体变化。更年期（menopause）是指女性在过去一整年当中，经期没有来潮，卵巢停止运作，不再生产雌激素和黄体素。它是一种渐进的过程，为期5~20年不等。在围绝经期（perimenopause），也就是激素分泌量渐减，直到经期停止这段时间，女性会经历：经期变得不规则、血流量逐渐减少，还有停经前的症状，例如：乳房松弛和频尿的现象。

雌激素分泌量的减少，对女性的影响因人而异，最常见的症状是热潮红（hot flash），通常自胸部开始，然后扩散到颈部、脸部和手臂，持续几秒到几分钟不等，通常在夜间发生，因此又称为"夜间盗汗"（night sweats）。不断地夜间盗汗，可能会干扰睡眠。雌激素减少的另一项影响，是阴道内膜变薄、干燥，可能影响房事的进行。

雌激素减少也会影响泌尿系统，造成频尿，或者不经意的压力失禁（压力来自咳嗽、打喷嚏、笑等）。其他身体方面的改变包括皮肤干痒、对触觉敏感、发质变干等。停经或雌激素的减少对身体最重大的影响是心脏血管的变化与骨质疏松症。可以采用激素补充疗法，帮助女性减轻更年期的症状，同时预防更年期可能带来的问题。此疗法是补充女性因为更年期而降低的生殖激素，以减轻更年期的症状及负向反应；但另有证据指出，此疗法有不良的影响，包括增加中风、乳腺癌及心脏疾病的风险。

个人对于更年期的心理反应，因不同的人格特质、适应能力、支持系统，以及对于生命和老化的价值观，而有着极大的差异。某些女性欣然接受更年期所带来的变化，可以摆脱经期所造成的烦恼和花费，同时不再需要担心会非预期怀孕。相反地，也有部分女性因此而感到焦虑、抑郁及自尊心降低，因为她们认为更年期代表的是丧失生育能力与吸引力。研究显示，在更年期尚未开始之前便能够良好调适情绪的女性，较能适应更年期及其之后的改变。具体而言，这些女性因为更年期而经历负面心理反应的概率较低。

有些女性经验到所谓的"后更年期热情"（postmenopausal zest，PMZ），精力、信心和自我肯定都增强；有些人认为这些增强并不是生理因素造成的，而是"中年妇女心理的危机和解套"。换句话说，更年期女性可能开始聚焦于过去没有达到的目标和还未挖掘的潜能，因而燃起了重新开垦或掌握生命的兴致。

琼斯（Jones）建议医疗人员，不要使用"症状"的字词形容更年期的现象。"症状"之说，可能增强"更年期是一种需要治疗的疾病"这一社会负面印象，建议改用更年期的"变化"替代。更年期不再被视为某个期间内身体的情况，而是重要的生命阶段中生理、心理和社会发展的变化。

无论是从哪一种观点去了解更年期对于女性心理健康的意义，都必须认知到其结果会受到社会、文化、情绪、生物、认知与心理过程的综合影响。

女性更年期的生理变化

时期	症状	说明/评论
停经之前	经期不规律	经期变短或变长，流量变少或变多。
停经之时	经期停止	
停经之时	热潮红	皮肤温度上升，然后下降，伴随着流汗，有时导致心悸、头晕和焦虑，频率从1个月1次到每小时多次。可能从停经之前的12~18个月开始，然后持续几年。
停经之时	失眠	有时是夜晚热潮红造成的，多梦的快速动眼期可能减少，影响睡眠。
停经之时	心理影响	常见的症状包括焦躁不安、丧失短期记忆、精神不容易集中，这些症状可能是睡眠不足的结果。
停经之后	神经系统的变化	触觉多少变得比较敏感。
停经之后	皮肤和头发干燥	皮肤可能变得薄、干、痒，头发变少，脸部的毛可能增加。
停经之后	失禁	膀胱组织缩减、骨盆肌肉变弱，造成膀胱控制不足的问题。
停经之后	阴道干燥	阴道内膜和内壁变薄，引起性交疼痛，容易感染。
停经之后	骨质流失	流失速度激增，造成骨质疏松症。
停经之后	心脏血管变化	血管弹性减少、胆固醇和甘油三酯增加。

骨质疏松症

- 骨质疏松症是指骨头变疏松及脆弱。由于血液中钙质流失，骨质流失结果导致骨密度低且易脆。
- 骨质疏松症是造成骨折的重要因素。女性更容易罹患骨质疏松症。骨质疏松症的风险之一是脊椎骨折，导致腰部上端驼背，身高变矮。
- 骨质疏松症是可以预防的，最重要的预防方法，包括运动、增加钙质摄取与避免吸烟。运动可以刺激新的骨骼成长，应该在年轻时养成日常运动习惯，维持中等程度并持续终身。负重运动（如慢跑、有氧舞蹈、走路、骑自行车与跳绳），有益于增加骨密度。
- 饮食上建议增加牛奶与含钙食物的摄取。

8-3　中年期的生理发展（续2）

在前一单元，已说明女性进入中年期面临的更年期问题，本单元接着说明男性的更年期，如下：

停经期（menopause）意味着月经停止，医学上并没有"男士停经期"（male menopause）的现象或词语，男性更年期（male climacteric）用语似乎较为准确。目前尚无证据显示男性在更年期时，也会如女性一样出现生理变化。

男性的更年期，出现于35~60岁，此时许多男性开始重新评价自己的职业生涯、家庭关系与人生中的重要决定。在此过程中，某些人会经历心理上的症状，如焦虑和抑郁。此外，许多男性在此时经历老化的症状，例如：掉头发、体重增加、精力衰退、肌力减弱、激素分泌减少、性冲动减少及性功能衰退等，这些都可能使焦虑和抑郁的感受更为强烈。当然，也有些男性没有体验到任何的困扰。

在男性更年期，雄性激素（睾丸酮）的分泌随着年龄增长而逐渐减少，然而，变化幅度并不大，性生活比较活跃的人变化更小，因为性生活有助于刺激雄性激素的分泌。值得注意的是，更年期的男性仍然保有生殖能力。实证显示，部分男性可经由睾固酮补充治疗减轻更年期的症状，然而如同激素补充疗法对于女性而言，需要评估治疗对于人体的副作用。

生物性变化（性激素分泌减少）在男性更年期扮演重要角色，然而也许社会上崇拜年轻的文化，才是中年男性面对的更重要的问题。许多有关男性更年期的问题都与其心理因素有关联。尤其是男性察觉性能力的身心衰退，加深了对老化的恐惧，同时他们也害怕失败，包括性生活、工作与生活方面的失败。

更年期男性通常面临某些事件，迫使他检视自己是谁，或者人生里想要逃避的事物。在此危机时期，他会回顾成功与失败、他对他人的依赖程度、他所梦想的结果，并检视他的能力是否足以面对未来。依据其所见及处理方式的不同，这经验可能是令人振奋或沮丧的；他会看到年轻与老化、希望与现实间的差异。

男性更年期的成因，包含生物性与心理性的共同因素。男性更年期最重要的征兆是沮丧，这主要是害怕老化，以及承认性能力变差所导致的。中年危机的沮丧，可能会因回首儿时梦想、有待解决的冲突、新的性爱渴望与幻想、丧失机会的悲伤，以及价值的新质疑等而触发，这些都伴随着寻求新的生活意义。

列文森的成年发展理论，是另一种理解男性更年期的方式。列文森指出，四十几岁至五十几岁的男性处于中年转变期，此时男性会经历许多改变，包括重新检视职业生涯与关系的选择，同时借由新的机会去寻求满足感，列文森认为这个过程，虽然会让某些人感到有压力，然而重新评价人生，会让之后的生命发展更为充实与满足。

中年期对性生活的影响

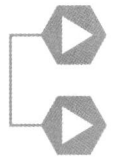

影响因素
- 男性：老化的危机和男性觉得自己必须"达阵"的压力有关。
- 女性：老化的危机和女性对自己身体外观的焦虑或担心有关。

人类的性反应周期

阶段1：性欲 → 阶段2：兴奋 → 阶段3：高潮

中年期可能对性欲的负面影响：
- 性欲（指性的欲望被激发或挑起）可能受到老化的影响。例如：疾病的副作用（如糖尿病、甲状腺功能亢进症）、心理上的困境（如抑郁）、医疗问题（如高血压需要药物治疗）对性欲都有负面的影响。
- 整体而言，男女的性欲望或冲动都会下降，男性因为性激素（睾丸酮）分泌的减少，所受的影响比较大。

性生活复原的治疗模式

性复原

- 关系的亲密：自我揭露、情感联结、共同嗜好、共同价值、共同梦想
- 性器勃起性行为：威尔刚、阴茎海绵体注射、植入真空勃起装置
- 身体感觉：双手紧握、拥抱、身体接触、接吻、爱抚
- 不需性器勃起性行为：感性按摩、性器官爱抚、以手互相刺激、外在人工阴茎、体外性行为、深吻、口交、情趣用品

8-4 中年期的心理社会发展（埃里克森的心理社会发展理论观点）

在埃里克森提出的心理社会发展理论的八阶段中，在成年中期为第七阶段，兹说明如下：

第七阶段：繁殖对停滞（成年中期：40~50岁）

一、繁殖

（一）所谓繁殖（generativity），亦称为"传承"，是指养育下一代，关心并指导他们。中年人肩负起改善后代生活条件时，就会意识到生产与停滞危机。生产的成就感包括乐意关怀自己的小孩，重视他们所做的事，也包括保护及改善社会的决心。

（二）中年期，其实是人生中人们应对自己的生活及带动其他人生活的一种新能量。成年人在此期间企图完成他们的长期目标。根据埃里克森的观点，中年人通过转化生产力及停滞不动的危机去寻求平衡点。这种成长乃是来自为改善及提升新生一代的生活环境，应对外在的压力，生产力涵盖着生命的再造，创造力及新血的注入，即社会自我的再造，以及精益求精的社会肯定与成长。

（三）根据埃里克森的观察，繁殖乃是指人类为自己、为维护社会发展而激发出的劳动生产力。生产力是一种能量，可维护社会的延续。人类在进入中年阶段时，贡献自己所知所能及分享资源，为年轻一代的未来提供一种更优良的环境，此时往往发现人终究是会死的，没有人可以长生不老，而且世事无常，因而有感而发，提供自己对社会子孙的使命和想法，以期在死后仍能遗爱人间。较为实际的方式，就是贡献钱财、技术及时间于公益事业团体，这种人力、物力和财力的贡献，对整个社区具有相当的意义及价值。

二、停滞

（一）停滞是中年阶段的另一种现象，人格无法适应生活的挑战，仍停留在早期的发展阶段。有些成年人自顾自地满足自我，无暇也无能力去照顾别人的需求，不能处理家务事、养儿育女，或者持续保有工作，在中年期停滞不前。

（二）停滞表示缺乏心理活动与成长。部分以自我为中心的中年人将自我满足建立在他人的痛苦之上；这种人处于停滞状态，因为他们无法通过自我需求，或体会因照顾他人而得到的满足感。有了小孩并不代表一个人处于生产状态，无法承担抚养子女的责任或维持家计的成年人，往往感受到停滞，感到心力交瘁就是停滞的现象之一。

（三）停滞感受可以分为两种：

自以为是的成人：此类型的中年人可能花尽所有的财富，与他人的互动关系是期望别人给他什么，获取自利，以此为乐。直到体力衰微之时，取而代之的是对死亡的害怕与恐惧。此类型的中年人，在晚年因为对自我的行为有所检讨，通常在历经一场大病或情感危机之后，转向投入"新兴宗教"的活动。

忧郁、自卑成性的成人：此类型的中年人总觉得自己能量有限、资源不够、无法反馈社会，有着强烈的自卑感，而且对自己的未来及成长空间感到疑惑，也不愿意花费时间去规划未来。前述两种类型的中年人，经常无法与其他人和谐相处，少有对社会的反馈或贡献。

生产对停滞

中年人需承担责任，在社会中扮演成年的角色，对下一代进行教导和指导，否则他们会陷入人格耗竭、自我中心和停滞状态。

麦克亚当斯（McAdams）和奥宾（Aubin）的繁殖感理论模型的七项元素

1. 内心渴望长存不朽，并被他人需要。

2. 根植的工作文化价值观，强调生产力。

3. 关怀下一代的未来出路。

4. 万物并育而不相害的信念。

5. 对家庭生活的重新投入。

6. 行动：创造、维护或贡献个人所有。

7. 创造一系列具有传承色彩的生命故事。

七项元素可以概括为：
文化需求、内心期望、繁殖感关注、承诺、对种族的信仰、行动，以及对繁殖感的意义叙述。

第八章 中年期

8-5　中年期的人格发展

有关中年期的人格究竟是会产生改变，还是维持稳定，仍有相当多的争论。兹将支持人格稳定、主张人格改变，以及综合前述两种论点说明人格变化的认同历程模型，阐述如下：

一、支持人格稳定性的论点

（一）主张中年期人格趋于稳定的观点渊源久远，源自弗洛伊德的精神分析论（psycho-analytic theory），认为人格在童年中期就决定了。因此，年满50岁后的人格变化，实际上是绝无可能的。

（二）特质理论（trait theory）主张中年期人格是保持稳定的。该观点认为人格特质植根于早年气质的恒定特征，会受到遗传和器官因素所影响，在整个生命历程里，人格特质相对上会维持一致，且近来有学者专注研究个体展现的大五人格特质（如右页图示）保持稳定的程度有多高。

二、主张人格改变的论点

（一）在与精神分析论不同的观点上，有学者主张人格在整个中年期会持续改变。亦即，中年期是人格成熟的时期。这些学者以荣格（Jung）、埃里克森和维兰特（Vaillant）最负盛名。三位学者的论点都与人本主义人格模型一致，把中年期设想为持续成长的契机。

（二）荣格把中年期设想为成人人格寻求平衡的时期；虽然埃里克森重视早年生活，但他仍主张社会和文化影响会带来生命历程里各不相同的个人调适；而维兰特认为，随着年龄与经验的累积，应对机制（coping mechanisms），亦即我们用来主导生活需求的策略会趋于成熟。他把应对机制划分成不成熟的机制和成熟的机制（详见右页图示）。他建议，我们在度过成年期而年岁渐增时，可多运用利他、升华及幽默等成熟的应对机制，少采用否认、投射等不成熟的应对机制。

三、新近研究主张

针对前述两种关于中年期人格是否会改变的针锋相对的论点，目前较新的研究主张，应同时根据稳定性和改变兼容并蓄的观点，来思考中年期的人格。据此，惠特伯恩（Whitbourne）提出认同历程模型（identity process model）说明人格的变化。

惠特伯恩主张"认同"在成人人格的稳定性与改变上举足轻重，其引用皮亚杰的认知发展理论，提到"认同"会通过同化和调适的过程，在整个成年期里继续发展。同化（assimilation）是指个体把新经验纳入其现有认同的做法。相形之下，调适（accommodation）是指个体回应新经验而改变某些认同层面的做法。惠特伯恩依据中年个体回应新经验的方式，辨识出三种认同风格：

（一）同化认同风格：中年个体认为自己是一成不变的；他们或者否认自己正在经历的生理和其他层面的变化，或者将之合理化。

（二）调适认同风格：中年个体对生理和其他层面的变化过度反应，以致其认同的根基被动摇，而前后不一致。

（三）平衡认同风格：中年个体把目标、内在目的等元素，与适应新经验的弹性结合起来，觉察到老化过程中生理与其他层面的变化，致力维护良好的健康，将风险降至最低限度，强化保护行为，并接受个人无力改变的部分。

大五人格特质（big five personality traits）

外向
活泼外向、友善、精力充沛、健谈、活跃

亲和性
合作、兴高采烈、温馨、关怀、值得信赖、温柔

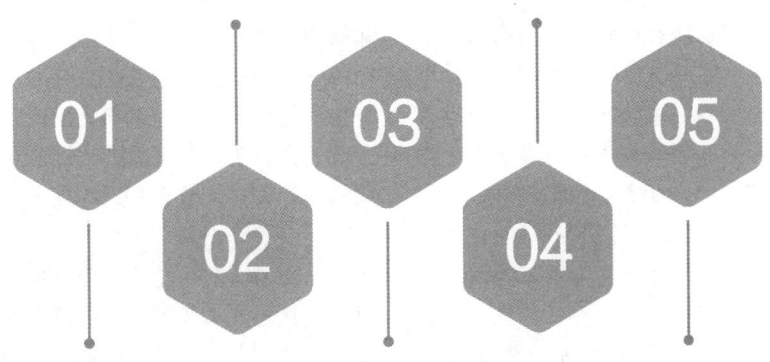

01
02
03
04
05

神经质
喜怒无常、焦躁、有敌意、局促不安、弱不禁风

严谨自律
条理分明、负责、勤劳、坚持不懈、谨慎

经验开放
创新、想象力丰富、聪明、冒险犯难、不随俗从众

维兰特提出的应对机制

不成熟的应对机制

- 情绪发作：一时冲动之下将想法和感受完全暴露，而未加深思。
- 否认：回避觉察到的现实痛苦，封杀关于这些层面的感觉信息。
- 解离：把知觉与记忆划分开来，借此掌控痛苦的情绪，并从全面的冲击里抽离出来。
- 幻想：真实的人际关系被虚构的朋友取代。
- 被动攻击：通过顺从、失败、拖延或者受虐，把自己对别人的愤怒转过来对自我发作。
- 投射：把未曾觉知到的感受归因给他人。

成熟的应对机制

- 利他：带给他人愉悦，并借此得到乐趣。
- 成熟的幽默：通过自我解嘲表达情绪或想法，容许自己面对痛苦的状况，而不挑起个人的痛楚或者社交不适感。
- 升华：把无法接受的冲动或者遥不可及的目标，转化为比较可以接受或实现的目标。
- 克己压抑：将欲望或激化冲动往后延缓。

8-6　中年期的心智发展

人类的心智功能在中年期达到高峰；中年人可以持续学习新技能、新事物，并且可记住那些已经了解的事物。不幸的是，有些中年人无法充分运用其智力；许多人在工作与家庭生活安定后，就不再像年轻时那样积极运用他们的智力去上学或学习专业技能。许多中年人陷入他们无法学习新东西的错误信念。

过去的研究者一直试着使用皮亚杰理论和主张，来研究成人的认知发展。但近来专家发现，皮亚杰以儿童发展为主轴的理论，并不是研究成人认知发展的最佳架构。其实，皮亚杰的主张已经塑造了一种刻板印象：儿童时期是人类智能发展的最主要时期，成人期成功发展所需的知识依赖于儿童期与青少年期的认知发展。因此长期以来，专家们一直以青少年晚期和青年期初期为认知发展的最高峰。

著名的心理学家沙伊（Schaie）的研究，颠覆了前述对中年期认知发展的刻板印象。沙伊的研究指出，口语能力的发展在中年期达到最高峰。研究结果发现，中年期的认知功能大致上维持稳定不变，智力在60岁之后才开始衰退。

沙伊认为对成人的认知研究应该有新的切入点，过去以儿童为主的认知研究，只集中在信息取得的探讨，不太适合成人智力发展的探讨，成人的认知研究应该着重于信息是如何被应用的，因为成人阶段比较不注重技巧的取得，而比较注重知识与技能的应用，以便达成目标与解决问题。

为了解决问题，中年人需要将社会角色和认知功能进行融合。沙伊的论述是：中年期的认知和社会功能有引人注目的融合，尤其是和他所谓的"角色相关的成就潜能"任务方面，由于任务和成人担当的角色有强烈或紧密的关系，成人在这些任务上的表现特别好。

社会和认知功能的融合，也和中年期为周遭或其他人承担更多的角色有关。中年人开始或已经在公民组织或社会机构里承担重要的角色和职务。沙伊的理论显示，青年人的认知发展主轴是"我应该知道什么"，到了中年期就成为"我如何使用我所知道的"，进入老年期又变成"我为什么要知道"。

中年人倾向整合性思考，即他们从个人与心理含义角度来诠释所见、所读或所听的。例如：中年人看到某些事物并不会直接接受其所显示的（年轻人倾向如此），而是通过自己的学习与经验过滤信息。以这种整合的方式来诠释事件，有许多益处，因为整合式思考较不天真，它促使个人好好辨认诈骗及"骗局"（con games）；它能够与童年时期曾经令他们深受困扰的事件达成协议，也让中年人通过符号象征，将人生真实面转化为鼓舞人心的传说与神话，这可成为年轻世代的人生指引。帕帕利亚（Papalia）和马尔托雷尔（Martorell）指出，人们成为心灵与道德导师之前，需要有整合性思考的能力。

整合性思考也让人们在四五十岁时的实际问题解决能力（practical problem-solving capacities）达到高峰。此年龄层的人对于每天面临的问题与危机的解决能力达到最佳水平。

中年期流体智力和晶体智力的表现

流体智力
(fluid intelligence)

流体智力涉及比较基本的信息加工技巧（information-processing skills）。例如：分析信息的速度和觉察刺激与刺激的关系、使用工作记忆的能力。研究显示晶体智力不断提升，甚至中年阶段仍然持续累积，但是流体智力则在二十几岁开始下降。不过，认知技巧的使用越长久，它就维持得越长久。

晶体智力
(crystallized intelligence)

晶体智力是中年时期认知的重要方面，指的是通过经验和知识的累积、良好判断的操练、社交能力的建立等方式所汇聚的能力。实际解决问题的能力（判断真实世界的情况和分析如何达成目标）是成人晶体智力的一部分，这种类型的智能随着年龄增加而提升。

威利斯（Willis）与沙伊对中年期六项心智能力的研究结果

心智能力	达到顶峰	呈现衰退	降幅显著
语言能力 （理解话语所表达的观点的能力）	👍		
语义记忆 （转译、回想语言单位的能力，如回想词汇表）	👍		
数字 （快速而准确地执行简单的数学运算的能力）		📉	
空间定向 （在二维空间和三维空间看到刺激物的能力）	👍		
归纳推理 （辨识、理解变量所呈现的模式，以及其间的关系，以便分析、解决逻辑问题的能力）	👍	📉	
知觉速度 （快速辨识视觉刺激的能力）			🎯

8-7　中年期的职场生活

工作与职业生涯的发展是成人期发展的主要情境或领域。许多人认为成年中期通常是职业生涯变动期，但根据估计，其实只有10%的男女在中年期变换工作。

中年期的职场变动是列文森成年发展理论的中心主张，他认为成人开始思索与反省自己的职场经验，开始试图解决理想与现实间的鸿沟。步入中年后，因为职业生涯所剩有限，个体真的能够达到自己的人生目标吗？对这件事的关心可能会成为中年期变动（如职业变动、婚外情、离婚和酗酒等）的诱发因素。

学者研究了美国过去30年中年劳动者的工作模式，发现出现的重大变化，以下四种趋势特别突出，说明如下：

一、中年劳动者的工作流动性提高

全球经济变化造成中年劳动者的工作不稳定。企业重组、并购及精简，让之前因循守旧终身雇用的职业生涯轨道出现天翻地覆的大变革，以致生涯中期就业的不稳定性大增，使得在组织中担任管理职务的白领，无力招架以扁平化组织为目标的精简及重组的做法。当全球经济由工业本位（industrial base）转移到服务本位（service base）时，中年蓝领被工作技能创新转型需求的改变波及。在整个成年生命历程里，女性比男性更容易出现工作中断的现象，但教育程度较高及收入较高的女性则较不受影响。研究显示，中年失业是非常关键的生命事件，对情绪、健康有负面影响。

二、退休时机的变异性大增

如今，众多中年人预期自己要工作到六十多岁，甚至七十出头才能退休。退休的决定同时受健康状况和财务状况所影响，尤其会受到是否有退休金福利可用所影响。研究指出，健康状况是选择退休的主因。

三、工作和退休界线变得模糊

现今，许多人采取分段式退休。有些中年退休的民众重返职场，但其职业领域和当年退休时的工作并不相同。有些人在中年某个时间点放下工作，转而从事兼职工作或临时工作。越来越多中年劳动者因为公司精简和重组而离职，另行找到财务报酬较少的工作而重新就业。这个"衔接式"工作，陪伴他们直到退休。

四、中年劳动者重新接受教育的风气日渐普及

和教育程度较低的同伴相较，中年之前受过高等教育的劳动者较可能再次接受教育。此差异性吻合累积优势（cumulative advantage）理论的观点：在生命历程里，累积各式资源的民众，较可能握有成年中期再度接受培训的资源。但是，在这个职业淘汰（professional obsolescence）率偏高的时代里，能够握有这份余裕，让教育与工作分阶段进行的中年人并不多。为了保有个人在职场的优势，许多中年人必须兼顾工作与求学。

工作具有的含义 [弗里德曼（Friedmann）与哈维赫斯特（Havighurst）提出]

01 一份收入的来源

02 一个生命例行程序和建构时间的方式

03 一种身份和认同的来源

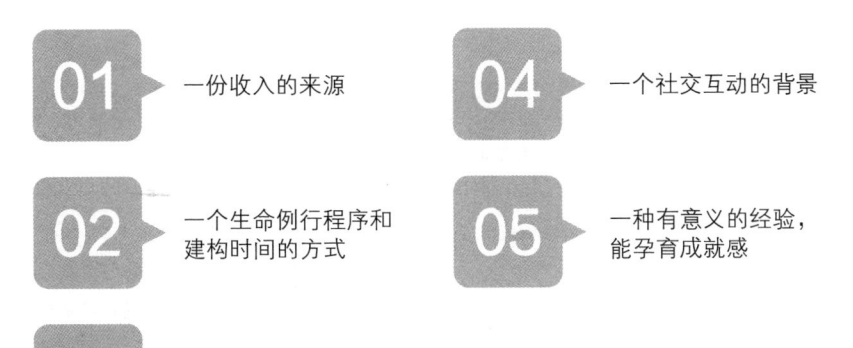

04 一个社交互动的背景

05 一种有意义的经验，能孕育成就感

中年期职业改变的五种原因 [纽曼（Newman）提出]

01 工作刚好在中年结束或个体无法继续在工作上有所表现，尤其是职业选手较早退休，所以只好转换跑道。

02 中年的职场变动可能是个体觉得自己已经成就非凡，或因为科技进步，深怕自己落后，转而接受技术进阶或其他技术性的训练，因而转换职场。

03 可能反映出社会大众所谓的"中年危机"刻板印象，中年人觉得工作不再有意义，转而追求更有意义的职业生涯。

04 女性可能会因为进入空巢期，时间变得充裕，而有更多时间可以投入职场，有些则是因为守寡或离婚等生命事件的发生，必须从家庭步入职场。

05 因为经济不景气或节省人力的压力，必须进行企业再造，资遣或裁员，造成中年人失去工作。

8-8　中年期的职场生活（续）

工作表现对个人整体的生活方式有重大的影响，因为工作决定个人的社会经济地位。社会经济地位的指标，包括经济地位或收入、教育程度或社会地位、职位或职业类别。

男性常将工作与自我认定混为一谈。传统上，男性通过工作来表达自己的男子气概，这是典型的男人样态。男人终其一生所追求的职业生涯路径通常都有些狭隘，步入中年，他们会开始质疑自己在工作上的成就，同时也会质疑自己对家庭的贡献。男人在中年时期常会有的反应，就是重新评价自己在家庭中的角色，以及在工作上的投入两者间的关系。

至于中年女性，除面临多重角色的负荷与冲突，包括四个主要的角色（配偶、主妇、母亲和受雇者）等，还需扮演女儿、媳妇、邻居和朋友等角色，在不同的角色间，经常会产生冲突。而有些女性因为生儿育女或其他家庭照顾责任而中断职业生涯，通常必须照顾孩子或等孩子离家后才再进入职场，这种现象称为"中断的生涯"（interrupted career）。这种职业生涯路径，对于日后职业生涯的进阶和所得有很大的影响。因为退休之后的收入和工作历史有直接的关系，女性职业生涯的中断对于退休后的经济状况不利，再加上扮演家庭照顾者的角色，老年女性比较可能生活在贫穷的状态下。

从优势观点的角度来看，中年的其他优势包括年过四十的职场优势，许多高薪与高阶的工作，必须到了中年，累积多年的资历与经验才有机会获得。由于许多人将中年与职业生涯的成功联系在一起，失去工作就成为重要的社会层面风险。

中年期失业最主要的风险之一，来自职场的年龄歧视。雇主及一般大众都存有许多误解，例如：年纪大的员工无法学习新的工作技能、工作成效不佳及不愿意接受改变等。事实上，相关的研究显示，相较于年轻的员工，年长者的工作质量及效率反而更佳。研究发现，年纪大的员工较少请病假、较为准时及可靠、较不容易在工作中受伤、对雇主较为忠诚、离职率较低、工作满意度较高，同时表现出较佳的工作态度。

对多数的成人来说，就业是人生最有意义的投入和参与，没有工作对个体的身体、心理、社会层面的发展都有负面影响。没有工作会减损个人的价值感，降低其对未来的希望。

研究指出，失业对心理健康有负面的冲击。失业的人常会觉得周遭的人不要他、自己不重要、缺乏社会的角色；许多人会觉得愤怒和怨恨、孤立、低自尊、被朋友看不起。最需要注意的是：即使找到工作或再就业，很多人仍然会觉得自尊心低落。失去工作可能会冲击到中年期的主要任务，例如：生产力、生命目标和成就的再评价。

没有工作不只影响失业的个体，家庭也受到冲击；家庭的冲突可能增加、士气低落、产生暴力、体验被剥夺感和角色的失去。家庭应对逆境的能力可能降低，孩子也受到冲击，其所影响的层面广泛。

职场生活相关专有名词

职业疲溃（倦怠）
指个人对工作感到不满意、理想破灭、受挫折和疲惫厌倦的情况，经常发生在助人的行业上，通常会使刚开始的理想和使命感被打击，职业疲溃的结果之一是对工作的讥讽与怀疑。

职业淘汰（professional obsolescence）
指的是个体拥有的信息、理论及技术已经落伍或不管用，已无法胜任职务上完成任务的要求，这与年龄的增长造成的能力丧失没有关系，只是个体无法学习和应用新的信息或技能，赶不上信息与技术进步的神速。

职业半衰期（professional half-life）
指的是个体所拥有的专业技术或知识的50%，流于落伍所需的时间越来越短。当然，这要依专业的特征而定，例如：几乎所有的专业或多或少都需要计算机知识和技能，中年人在学期间少有机会接受这方面的训练，计算机专业知识或技能的半衰期可能只有2~3年。随着人类寿命的延长，职业生涯也跟着延伸，如何保持信息和技巧的更新以符合市场的需求，是中年人的重要课题之一。前述这种情形正好为"学习已经成为终生的事业"这句话，提供了最好的说明。

女性的四种主要角色

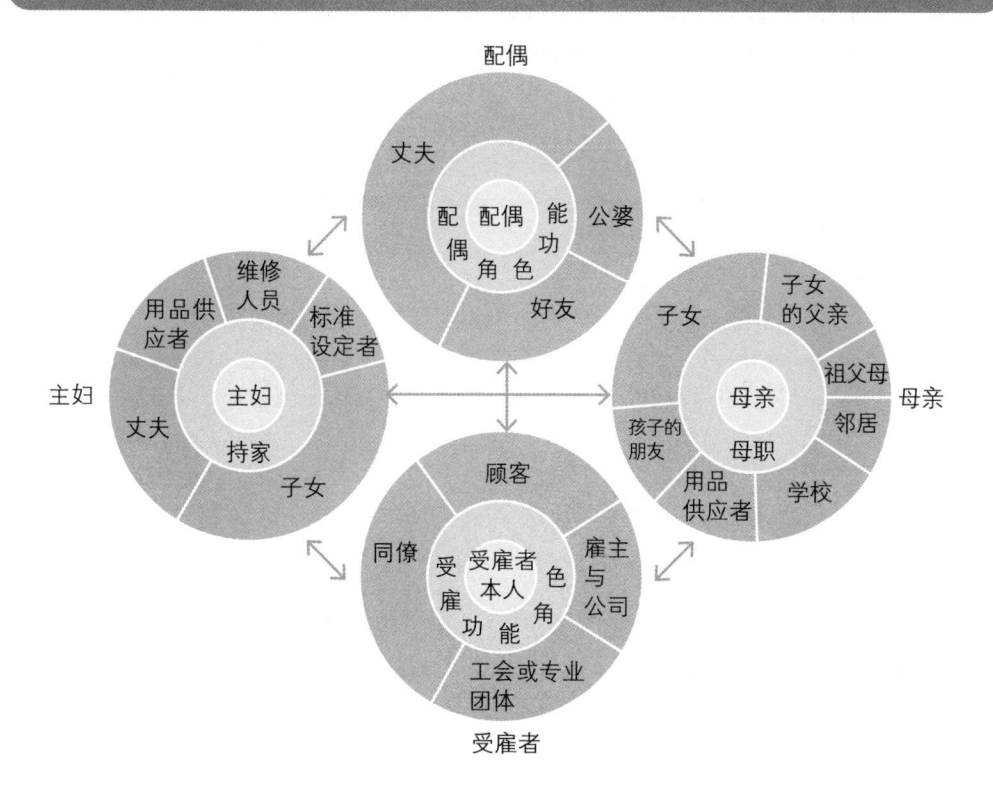

配偶角色：丈夫、公婆、好友（配偶功能）

主妇角色：丈夫、子女（主妇功能：用品供应者、维修人员、标准设定者、持家）

母亲角色：子女、子女的父亲、祖父母、邻居、学校、孩子的朋友、用品供应者（母职功能）

受雇者角色：顾客、同僚、雇主与公司、工会或专业团体（受雇功能：受雇者本人）

8-9　中年危机

各种与男性更年期相关的过程，特别是心理过程，被称为中年危机（midlife crisis）。最常听到的说法是，许多人（尤其是男性）在中年时重新审视人生，并期待能重温年轻的岁月，因而产生现实生活的危机。

步入中年期的成人最典型的特征是：对自我与世界有新期望或赋予新的定义，想从生活中取得新的满足感。埃里克森认为这个阶段的发展课题就是"繁殖"对"停滞"，前者是指主动和其他人接触，指引未来的世代。只是中年的差异性极大，许多专家都避免为中年订出一个发展时间表。

中年危机的现象是否真实存在，至今仍有疑问。但要赋予中年危机一个明确的定义并不容易。它看起来比较像是对于老化的反应，本质上因人而异，而每个人所反应的程度与频率，则取决于众多因素，包括适应力、人格特质，以及对于生命与老化的态度等。

实际上，成年发展专家一致相信，中年危机有点被夸大了。人们在经历生命的这个阶段时，经常会有许多的变量掺杂其间。因此，过往诸多的人生发展阶段理论，在解释中年期时面临诸多的限制。例如，埃里克森提出的八个生命周期阶段，因为社会的变迁，已经把过去很盛行的时序或人生规划顺序都打乱了，挑战着过往对发展的概括化、阶段化或里程碑式描述。所以，最好的做法是把"中年危机"当作中年期生活满意度或幸福的小插曲。

不过，社会大众有关"中年危机"的信念或想法持续盛行，主要是受到盖尔·希伊（Gail Sheehy）的《旅程》（*Passages*）所影响。该书描述"中年危机"的现象，并加以阐述。近来有关"中年危机"（或者更确切地说是"生活满意度"）的研究，结果显示中年时期的生活满意度确实比较低，生活满意度呈现U形曲线（详见右页图示），低点落在44岁左右，女性大约是40岁，男性大约是50岁。

列文森的成年发展理论，将中年视为一种危机，他们相信中年人在过去与未来之间摇摆，努力适应所有会威胁生活延续的隔阂。成年发展理论认为，人们在不同阶段中，必须完成阶段性的任务，与过往道别，并且继续前往下一个阶段。根据此理论，与中年危机有关的行为，或许只是反映出成年发展的"正常任务"，而非对于老化过程的反应。

当代生活事件观点（contemporary life-events approach）主张类似事件，例如：离婚、再婚、丧偶和失业都会导致不同程度的压力，并对个体的人生发展有不同影响。此学派坚信生活事件对个体发展的影响，不仅是生活事件本身，还有其他因素，包括身体健康状况、个人应对技巧，以及社会历史脉络。

而派克（Peck）所提出的"人生下半场"（the second half of life）心理发展理论，是探讨中年生活适应的另一个观点。派克根据埃里克森的学说，加强了几个重要的概念，派克的研究指出，人们在中年期会经历四种类型的生活适应：①强调智慧更胜于体力；②社会化vs性征化（socializing vs sexualizing）；③情绪的弹性vs情绪的贫乏（emotional flexibility vs emotional impoverishment）；④精神上的弹性vs精神上的固着（mental flexibility vs mental rigidity）（详见右页图示）。

生活满意度的U形曲线

生活满意度

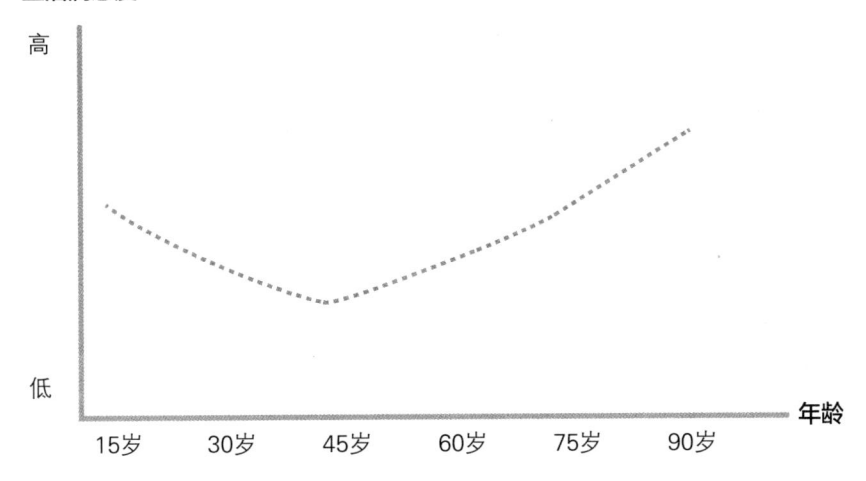

高

低

15岁　30岁　45岁　60岁　75岁　90岁　年龄

第八章　中年期

派克所提出的心理发展理论：中年期会经历四种类型的生活适应

01　强调智慧更胜于体力
此时人们了解到生理上的优势不再是创造行动及改变的唯一或主要方式。虽然可能失去某些生理上的优势，但中年人被认为在问题解决能力上要优于年轻人。

02　社会化vs性征化
从成年期到中年期，人们转而将寻找伴侣与建立家庭视为重要的任务，此时人们重新排列社会优先级，并强调伴侣的重要性。

03　情绪的弹性vs情绪的贫乏
人届中年时会转而将情绪投注在家庭以外的事物上，协助中年人理解并调适因老化而面临的失落。

04　精神上的弹性vs精神上的固着
保持开放的心态与强调如何解决问题，是中年期的挑战。中年人需要同时适应家庭及社会的改变。

8-10　家庭压力理论：希尔的ABC-X模式

希尔（Reuben Hill）在1958年提出了"ABC-X模式"（ABC-X model），对于家庭压力提供了理论的说明。在ABC-X这个模式中，压力源于事件本身、面对压力的可用资源、对压力事件的看法，以及这三个因素交互作用，都影响对压力事件处理的结果。处理得宜，压力源事件只会形成压力高低的感受，但若处理不当，就会造成危机。说明如下：

一、压力源事件——A因素

凡会造成系统中界域、结构、目标、角色、过程和价值等改变的事件，都称为压力事件。所谓系统的改变可能为正面的改变，也可能为负面的改变，或兼具正负面影响。压力事件可分成可预期与不可预期（unpredictable）两种。可预期的压力事件是日常正常生活的一部分，如子女结婚或进入空巢的家庭生命周期的改变、生命的诞生或死亡、子女的就学和退休等。这些可预期的压力事件，虽然常在期待中到来，但仍会给静止的系统带来正面或负面的冲击，而使系统失去原有的平衡；不可预期的压力事件包括自然的灾害、失业或交通事故，这些不可预期的压力事件常给家庭造成比可预期的压力事件更大的冲击，而使家庭系统失去平衡状态。

二、拥有的资源——B因素

当压力事件产生时，若个人或家庭有足够、适当的资源去面对压力，那么压力事件就比较不会扰乱这个系统；反之，系统容易失去平衡而陷入混乱。

依提供者的角度，资源可分为：

①个人资源：指个人的财务状况，如经济能力；影响问题解决能力的教育背景；健康状况，如生理及情绪的健康；②心理资源，如自尊；③家庭系统资源：指家庭系统在应对压力源方面的内在特质，如家庭的凝聚力、调适及沟通。越是健康的家庭系统，越有能力应对家庭压力；④社会支持体系资源：社会资源的支持网络，可支持家庭对抗压力，或协助家庭从压力危机中复原。

三、对压力事件的认知——C因素

对压力事件的处理，除上述两个因素之外，也受到对压力事件认知的影响。研究指出，个人或家庭可将压力事件视为一种挑战与成长机会，也可将压力视为绝望、困难与难以处理的。实验研究发现，个人如何评估生活中的压力事件，将会影响其处理的结果，正如社会心理学常说的"事件被认为真，其结果必为真"。

四、压力的高低程度或危机——X因素

压力是一个中立的概念，它给家庭带来的冲击不一定是坏的，只有在压力大到使系统陷入混乱、个人感觉不满或出现身心症状时，压力才会形成问题。因而压力的高低程度，全凭家庭对压力源事件的定义，以及是否有足够的资源去应对。因此，压力事件是否形成危机要看前三项因素互动的结果，如果家庭成员认知到问题确实已严重地威胁到系统成功的运作，那么危机就会产生。

家庭压力理论：希尔的ABC-X模式

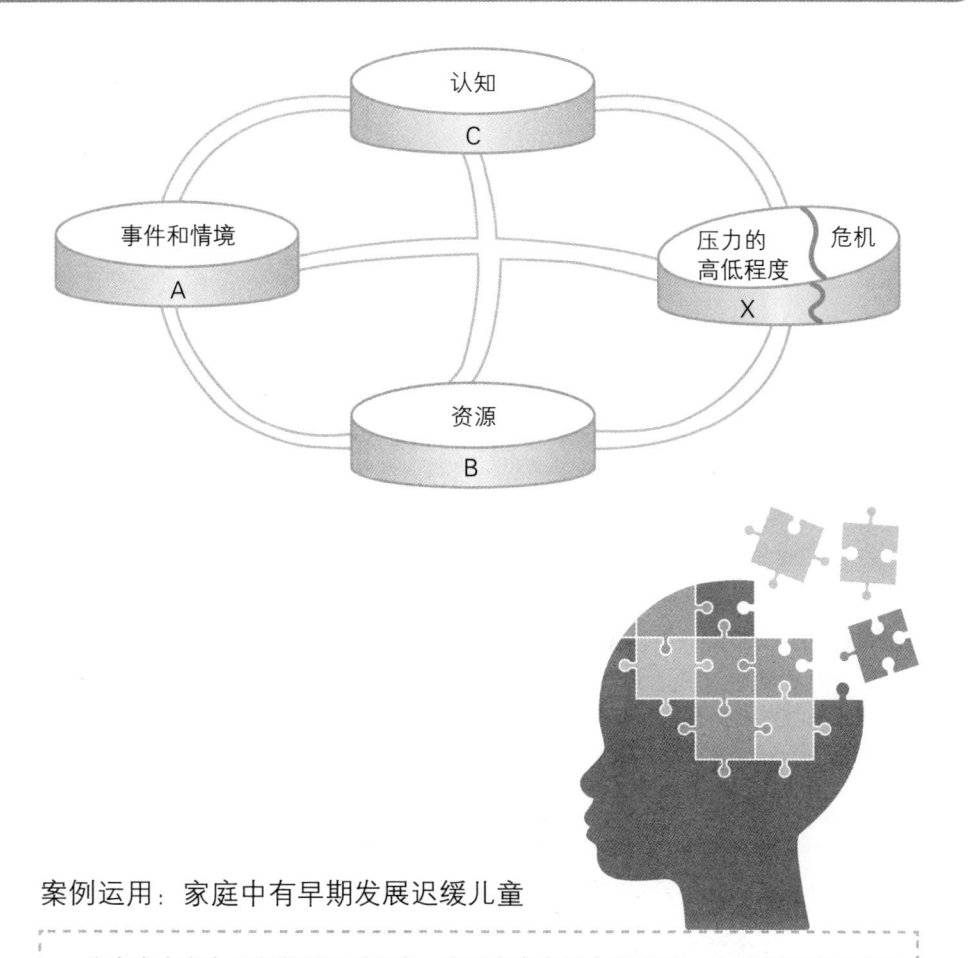

认知 C

事件和情境 A

资源 B

压力的高低程度 X / 危机

案例运用：家庭中有早期发展迟缓儿童

- 当家庭中有个早期发展迟缓儿童，表示家庭有压力源"A"。如果不同家庭有相同的压力源（如都有障碍成员），但每个家庭压力程度是不一样的，那么导致压力程度不同的，则是这些家庭的中介因素的不同，即家庭的"B"与"C"的差异。
- 家庭中有早期发展迟缓儿童，是一个非预期的、非自愿的且长期的事件，但并非每个家庭都会产生家庭危机而瓦解。
- 在这种假设之下，早期介入以提供家庭支持（改变B），或协助家庭认知的改变（改变C），将是预防这些家庭瓦解的关键。因此，应对家庭进行早期介入，以改变B和C，提供家庭支持、增加家庭资源，或协助家庭改变不利于压力应对的认知。

第八章 中年期

8-11　家庭暴力

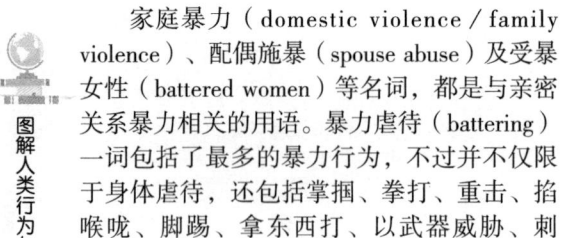

家庭暴力（domestic violence / family violence）、配偶施暴（spouse abuse）及受暴女性（battered women）等名词，都是与亲密关系暴力相关的用语。暴力虐待（battering）一词包括了最多的暴力行为，不过并不仅限于身体虐待，还包括掌掴、拳打、重击、掐喉咙、脚踢、拿东西打、以武器威胁、刺伤、开枪，以及精神虐待。

事实上，家庭暴力常会形成一种暴力循环（详见右页图示），而面对这样的暴力循环，为何受害者还会选择留在这个循环中，其原因说明如下：

一、经济依赖

许多受害者会留在加害者身边，是基于经济方面依赖的理由。虽然亲密关系暴力事件发生在各个社会经济阶层，但有较高的概率发生在缺少资源的家庭中。

二、缺少自信

家庭暴力包括身体虐待、性虐待及精神虐待。精神虐待可能是施暴者时常以严厉的批评或贬抑辱骂受害者，损害了受害者的自尊与自信。久而久之，受害者也开始相信这样的言论，并且对离开后未来的不确定性感到害怕。所以，家庭暴力受害者认为，若他／她留下来，至少个地方可以待着。

三、缺少力量

有施暴伴侣的受害者，通常会比有无暴力倾向伴侣的一般人，更觉得缺少力量。认为在这样的关系中，他／她完全被其施暴伴侣所支配。施暴者会一直以恐吓、批评及实施暴力，让受害者处在脆弱及困难的处境。

四、对施暴者的畏惧

在这样的暴力关系中，受害者害怕离开加害者是可以理解的。有些人认为，受害者继续留在这样的关系中，是因为他／她喜欢被打，这是个误解，而不是事实，他们留下来的理由是为了生存。

五、罪恶感

许多亲密关系暴力受害者认为，他们遭到殴打是自己的错。女性受害者通常相信男人可以决定一切，且在家中是领导者，而女人应该服从。就某方面而言，罪恶感可能是因为受害者的伴侣告诉他们，所有的问题都应该怪罪于他们。也由于他们的低自尊，他们很容易就会怪罪自己。传统的性别角色刻板印象，让女性受害者怀疑自己不是个很会照顾家人的太太。

六、害怕无处可去

受害者通常会隐瞒他们受暴的事实。他们可能会觉得与朋友及家人疏远。通常，施暴者会强烈希望其伴侣不要与朋友或家人往来，他会批评受害者的朋友与家人，会尽可能地让伴侣不要与他们谈话。渐渐地，伴侣与其他人断绝往来。当施暴者成了受害者身旁唯一的人，失去他代表着失去一切。

七、担心子女

女性受害者通常会担心小孩的安危，以及怀疑自己是否有办法在经济方面独立以支持孩子；其次，她可能坚守孩子需要一个父亲的信仰，她认为有一个会对妻子施暴的父亲，总比没有父亲好；另外，她甚至担心会失去小孩的监护权，施暴者可能威胁把孩子从她身边带走。

八、爱

许多亲密关系受害者仍然爱着或情感上依恋着他们的伴侣。许多寻求协助的女性认为，若停止暴力行为，她们宁愿继续维持这段关系。

家庭暴力循环论

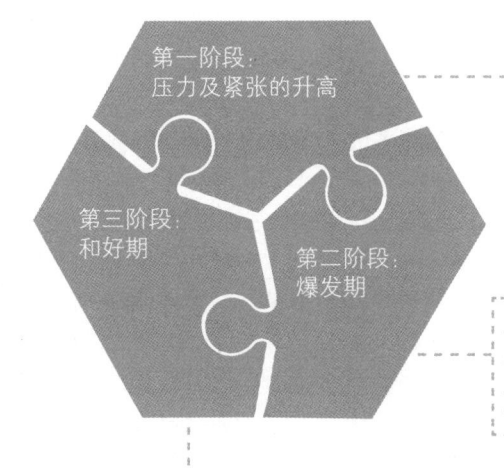

第一阶段：
压力及紧张的升高

受害者会试着让一切没事而避免反抗，此时可能会有几次轻微的暴力事件。

第三阶段：
和好期

第二阶段：
爆发期

此为暴力事件发生时期。这个阶段通常是周期中最短的阶段，但可能会持续数天。

由于施暴者已经释放了紧张的情绪，此时他/她会对自己的所作所为感到非常抱歉。他/她会发誓不会再有这样的事件发生，而受害者也宽容并相信他/她。施暴者被宽恕了，一切似乎又没问题了，直到下一次的暴力周期再次发生。

对于家庭暴力的误解

MYTHS

- 暴力虐待只是偶发；它们并没有经常发生。
- 受害者并没有伤得那么严重。
- 暴力或其他形式的虐待就这么发生了，而非周期性地发生。
- 受害者是自找的。
- 亲密关系暴力只发生在低社会经济地位的家庭中。

8-12　家庭暴力（续）

社会工作者在对亲密关系暴力受害者进行治疗时，有以下几种方式可作为参考：

一、首次会谈

在与社会工作者的第一次会谈中，亲密关系暴力受害者可能非常焦虑：他/她可能会担心该说什么。社会工作者应该尽可能地让受害者感到舒服，并强调他/她不必说出任何不想说的事。受害者可能也会担心社会工作者会批评他/她，此时社会工作者不要给予受害者任何压力要他/她采取某个行动。最基本的原则是，要让受害者自己选择做什么。当受害者选择返家，社会工作者也许可协助他/她厘清做此决定的原因。

对受害者而言，保密也许是一个让他/她担心的议题。他/她可能会担心施暴者发现他/她寻求协助，并且报复他/她。社会工作者要保证所有的谈话内容，不经个案的同意不会告诉任何人。且社会工作者应向受害者强调，他/她是暴力事件中的受害者，且他/她的受暴与他/她的人格特质及身为人的价值并无任何关系。

二、提供支持

受害者在身体及心理上可能都显得脆弱。他/她需要他人的同情与关怀，他/她需要时间坐下，放松一下并思考。

三、鼓励表达感受

多数受害者会表现出情绪反应，包括无助、恐惧、愤怒、罪恶、羞愧，甚至怀疑自己精神不正常，社会工作者应鼓励受害者坦然说出这些感受。只有先说出自己的感受，才能进一步去面对它。接下来，社会工作者可协助受害者，从各个不同角度，客观地审视他/她所处的状况，并协助他/她重新控制自己的生活。

四、强调优势

在助人过程中，应强调受害者所拥有的优势。受害者可能在低自尊的状态下，需要他人协助来找出自己正向的特质。

五、提供信息

许多受害者并没有接触如何得到协助的相关信息，提供法律、医疗及社会服务等相关信息，也许能为他们带来更多选择，让他们更能够帮助自己。

六、审视选择性

受害者可能会感到被困住了。在受暴环境下，可能不曾有过选择，但现在过多的选择也可能让他/她不知所措。这些选择包括继续维系婚姻、为自己及伴侣寻求咨询、暂时分开、寻找其他经济支持及独立居住的条件，或诉请离婚。受害者通常会感到不知所措及困惑。最有效的协助，即社会工作者协助解决不同的问题，并由个案做出决定。

七、制订安全计划

受害者清楚了解与厘清自己选择要做什么后，这样的决定可能包括制定主要目标，像是与伴侣离婚；也有可能是一些小的目标，像是列出日托中心，好让他/她能够为孩子找到儿童照顾的各种选择。

八、倡议倡导

倡议倡导可为受害者找到应对家庭暴力的相关信息，并鼓励他们；也可协助受害者联系法律、医疗及社会服务等资源，并克服繁杂的行政过程。除此之外，更可以改变法律宏观系统。

家系图与家庭生态图的绘制

■ **家系图**

又称家族树（family tree），是运用简单的符号及线条，呈现家庭成员基本资料及相互关系，最好包含三代家庭成员。家系图在完成所有成员及关系绘制后，再以不规则线条标示出家庭成员结构的界线，在同一界线范围内的成员为同住在一起的家庭或成员。

■ **家庭生态图**

生态图是一项重要的评估工具，可以描绘出个案家庭与其社会环境之间的关系和互动。社会工作者经常通过生态图（ecomap）来评估个案的特殊问题，并规划介入调解的方案。生态图中间最大的圆圈代表个案的家庭，周围的圆圈代表和他们有关的群体、机构、其他家人，也就是他们所处的社会环境。

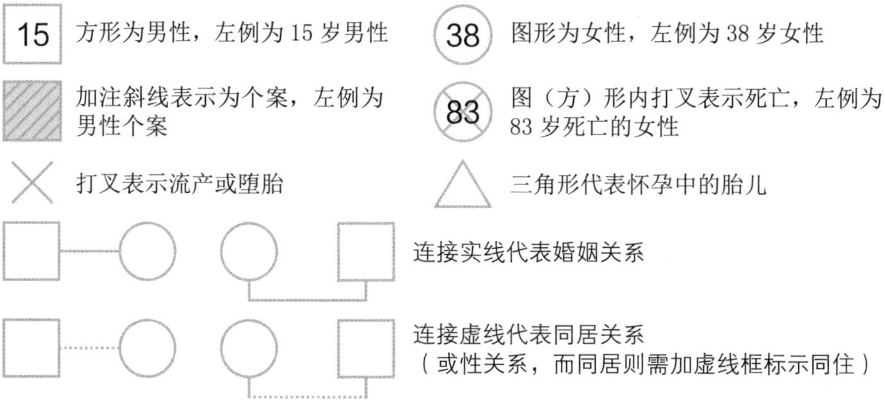

15	方形为男性，左例为15岁男性
38	图形为女性，左例为38岁女性
（加斜线方形）	加注斜线表示为个案，左例为男性个案
83	图（方）形内打叉表示死亡，左例为83岁死亡的女性
×	打叉表示流产或堕胎
△	三角形代表怀孕中的胎儿
□—○ □	连接实线代表婚姻关系
□---○---□	连接虚线代表同居关系（或性关系，而同居则需加虚线框标示同住）

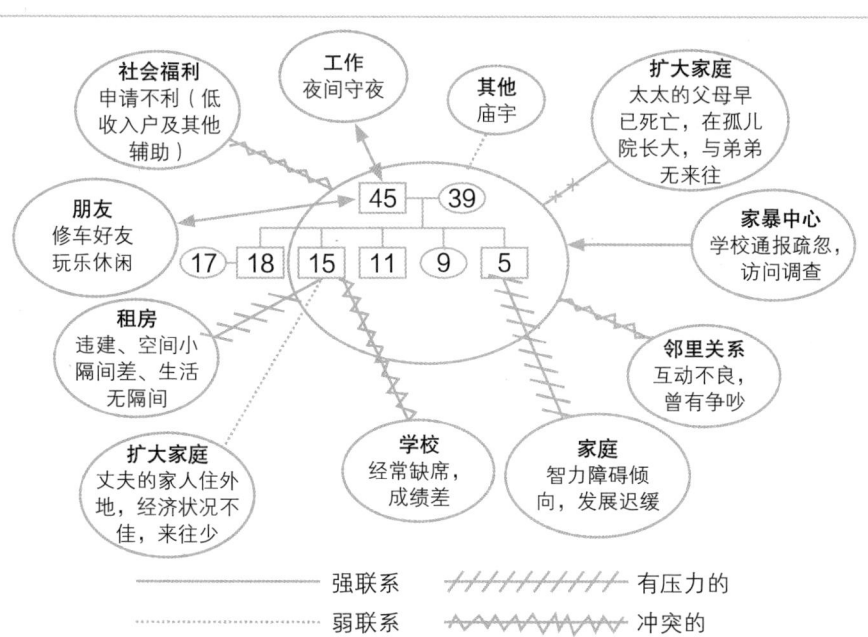

绘制生态图的参考范例示意图

社会福利：申请不利（低收入户及其他辅助）

工作：夜间守夜

其他：庙宇

扩大家庭：太太的父母早已死亡，在孤儿院长大，与弟弟无来往

朋友：修车好友，玩乐休闲

家暴中心：学校通报疏忽，访问调查

租房：违建、空间小、隔间差、生活无隔间

邻里关系：互动不良，曾有争吵

扩大家庭：丈夫的家人住外地，经济状况不佳，来往少

学校：经常缺席，成绩差

家庭：智力障碍倾向，发展迟缓

家庭成员：45、39、17、18、15、11、9、5

———— 强联系　　/////// 有压力的
……… 弱联系　　∿∿∿∿ 冲突的

第九章

老年期

章节体系架构

9-1　老年期：定义老年的基本概念
9-2　老年期的生理发展
9-3　老年期的心理社会发展（埃里克森的心理社会发展理论观点）
9-4　老年期的发展
9-5　老年期的发展（续）
9-6　老化的生物学理论
9-7　解释老化的社会学理论：撤退理论、活动理论和连续理论
9-8　解释老化的社会学理论：角色理论、社会建构理论和女性主义理论
9-9　解释老化的社会学理论：社会交换理论、生命历程观点和年龄阶层化观点
9-10　成为祖父母
9-11　退休生活
9-12　生命回顾
9-13　成功老化
9-14　老人的精神违常
9-15　老人虐待
9-16　善终服务
9-17　长期照顾
9-18　悲伤过程模式
9-19　悲伤辅导
9-20　悲伤辅导（续）

9-1　老年期：定义老年的基本概念

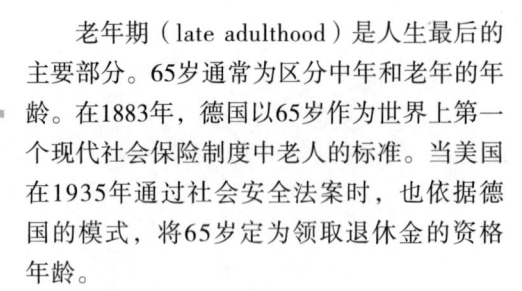

老年期（late adulthood）是人生最后的主要部分。65岁通常为区分中年和老年的年龄。在1883年，德国以65岁作为世界上第一个现代社会保险制度中老人的标准。当美国在1935年通过社会安全法案时，也依据德国的模式，将65岁定为领取退休金的资格年龄。

前述依照实际年龄（chronological age）来衡量老人，是以一个人几岁来决定是否符合老人的定义。许多专家建议将老年期再加以细分为"成年晚期"（late adulthood，60~75岁）和"成年更晚期"（very late adulthood，75岁到死亡）。有些专家则将老年区分成青老年（65~74岁）、中老年（75~84岁）、老老年（85岁以上）。关于前述老年阶段的三个分期具有的一般特征，兹说明如下：

一、青老年（65~74岁）

青老年在社区中会活跃地参与活动，并和亲友维持紧密关系。有些投入娱乐活动、成人教育和志愿服务，许多人会因为财务或维持生产力需要而兼职或全职工作。女人寿命比男人还要长的现象开始浮现。有些人认为退休代表重获自由，有些人认为退休就是失落，代表收入、身份、被需要和生命意义等方面的失落。不过，大多数人都能够安适和有创意地运用自己的能力适应老年生活。

二、中老年（75~84岁）

这是慢性疾病比较容易发生的阶段（如关节、心脏血管、呼吸系统和循环系统等部位的疾病），配偶、亲朋好友、成年子女的过世也带来附加的压力。老人可能会经历身体方面的许多变化，例如：平衡感方面的问题会导致行动能力（如走路、驾驶）的衰退或丧失，反应变得缓慢，对环境或物体之间空间关系的判断力也下降了，行动和开车的能力受到影响。不过，不少人因为身心健康、体力活动和社交都保持活跃，所以在这个阶段仍然能维持独立自主的生活。也因为个体发展情况的差异越来越大，这个阶段长者的多样性高过上一个阶段。

三、老老年（85岁以上）

大多数的长者在这个阶段是脆弱或依赖的，开始面对失能和更多的慢性病，走动的能力可能大不如前。由于身体功能衰退，开车或走动的能力更加衰退，再加上丧偶，越来越多人处在孤立的状态。失智症（如阿尔茨海默病）也随着年纪越大而越盛行，85岁以上长者之中，约有50%有脑部问题或某种类型失智的迹象。到了这个阶段，女性和男性寿命的差距更为明显，女性和男性存活人数的差距更加扩大。

相对于以实际年龄来衡量老人，另一种衡量老人的方式是使用功能年龄（functional age），这种衡量是着重在老人日常生活中行使各项功能的程度。为了测量功能程度，通常会衡量老人可以自己完成的活动类型，这些活动可分成日常生活活动（ADLs）和工具性日常生活活动（IADLs）（详见右页说明），以评估一个人自己每日生活活动的功能程度，并用这些评估来决定是否符合某些服务的资格，例如：医疗补助。

老人实际年龄的阶段划分

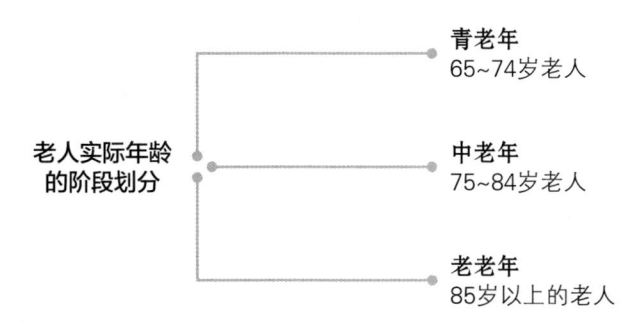

老人实际年龄的阶段划分
- **青老年** 65~74岁老人
- **中老年** 75~84岁老人
- **老老年** 85岁以上的老人

衡量老人功能程度的指标

01 日常生活活动 activities of daily living, ADLs

是指评估老人的日常生活活动功能，决定于老人是否可以完成自我照顾的基本任务。例如：吃饭、移动、如厕、洗澡、平地走动和穿脱衣裤鞋袜等，这些功能都受到生理与心理状态的影响。

02 工具性日常生活活动 instrumental activities of daily living, IADLs

工具性日常生活活动功能比日常生活活动功能要来得复杂，包括如何独立进行家务事情。例如：上街购物、外出活动、烹调食物、维持家务、洗衣服、使用电话、服用药物和处理财务等。

老年期的发展里程碑

生理

- 骨质及肌肉质量的下降
- 关节炎、骨质疏松的发生率增加
- 外表明显变化，皱纹、白发、松弛的肌肉、老年斑增加
- 掉牙齿及牙科问题
- 会有视觉、听觉衰退问题
- 中枢神经系统功能衰退，以致反应时间增加，协调功能变差

认知

- 认知症的发生率增加
- 如果不锻炼认知能力，可能有记忆力及功能衰退现象

9-2　老年期的生理发展

虽然缺乏单一理论可解释生理的衰退，但是没有人可否认身体衰退的既定模式，也就是老化带来身体或人类有机体的自然衰退，又称衰老（趋老期）（senescence）。由于每个人身体衰退变化的速度不同，每个人体内不同器官老化的程度也不一致，年龄就不是衡量身体变化的可靠或绝对指标。但可确定的是，身体每一种主要器官或系统都会随着老化而有所变化，这是无可避免的现象。老化相关的生理系统变化，兹说明如下：

（一）骨骼系统：身高在30岁末期（接近40岁）时达到最高点，到了约75岁，大多数人可能会因为椎间盘退化、骨质疏松和其他年龄相关的变化，而矮5厘米。胸腔变得比较深、比较窄，骨密度变差（女性因为雌激素减少，骨质流失速度更快）。关节炎影响高达58%的70岁以上老人。

（二）肌肉系统：中年期开始，净体重减少，体脂增加（男性50%、女性33%）。脂肪重新调整位置，集中在腹部。肌肉收缩的速度和力道随年龄增长而下降，没有运动则肌肉的力量和耐力逐渐衰退。

（三）脑部与神经系统：神经系统的最基本细胞单元为神经元，其会随着年龄增长而减少。脑部血流量减少、神经传导物产生变化、胆固醇累积或其他因素的改变，会影响反应的快慢，干扰到感官知觉与认知功能。

（四）感官知觉系统：肌肉、骨骼和神经的整合变化，可能会影响步态和平衡感，增加发生意外与跌倒的可能性。因为皮肤变得粗糙，触觉的敏感度降低，老人对痛苦的感觉门槛提高，容忍度增加。由于嗅觉细胞退化，嗅觉随之受影响，味觉也渐渐不灵敏。老化带来视觉变化，主要是因为到达视网膜的光线强度和质量降低。老年还可能伴随着视网膜的退化和由此引发的视力丧失。听力也随着老化而退化，主要是听觉的各个部位和神经退化，高亢的声音可能无法听到，听到的可能是混乱或扭曲的字句。

（五）循环系统：因年龄而产生的相关变化，包括左心室轻微增大、二尖瓣和房室瓣的增厚。动脉的变化（胶原增加和主动脉弹性纤维钙化）使动脉容易硬化和增厚（最常见的就是血管硬化）。肥胖、缺乏运动、焦虑、疾病和血管硬化可能使血压升高。年纪越大，静脉也变得越没有弹性、变厚和扩张，这使大腿静脉瓣将血液送回心脏的效能比较不足。

（六）呼吸系统：从20岁到80岁，即使没有疾病干扰，肺部的容量也会减少40%。肺部的弹性逐渐丧失，胸部变小、胸膈膜变弱。结缔组织的变化造成鼻子膈膜回缩，增加嘴呼吸和打鼾的频率。

（七）表皮系统：老人的皮肤变干、变薄、出现不规则颜色的增生（多数没有大碍）。可提供支撑的结缔组织减少，使老人的皮肤容易瘀血和受伤。皮肤的胶原变少，逐渐失去弹性，造成皱纹和松垮。手指甲和脚指甲变厚，头发变稀，颜色渐失。身体可见之处的体毛和腋毛逐渐变少。老年妇女的嘴唇上方和脸下半部的粗毛会增加，而老年男性的耳、鼻和眉的粗毛会增生——激素改变可能是部分原因。

血压

血压（blood pressure）
血压是指血液流经全身的压力

- **收缩压（systolic blood pressure）**
  是测量当心脏把血液送到全身各部位时的压力指数。这个数据通常是最高的，一般成年人的正常血压为收缩压120毫米汞柱，舒张压70~90毫米汞柱。

- **舒张压（diastolic blood pressure）**
  是测量心脏在舒张的状态下的血压。当一个人的收缩压超过140毫米汞柱，或是舒张压超过90毫米汞柱时，此人可能患有高血压（hypertension）。高血压是指血压长时间高于正常水平。

身体质量指数（body mass index，BMI）

■ 世界卫生组织（WHO）建议以"身体质量指数"（body mass index，BMI）来判定肥胖程度，BMI指数越高，罹患肥胖相关疾病的概率也就越高。

$$BMI = 体重（kg）/ 身高（m^2）$$

■ 成人健康体重BMI值

正常体重范围	体重过重范围	肥胖
18.5≤BMI<24	24≤BMI<27	BMI≥27

心肌梗塞（myocardial infarction）

是指因为心脏的肌肉氧气不足，而造成心脏组织的坏死。造成动脉阻塞或心肌梗死的因素很多，例如：血液供给量低，导致动脉硬化，导致心脏病发作。

第九章 老年期

9-3　老年期的心理社会发展（埃里克森的心理社会发展理论观点）

在埃里克森的心理社会发展理论中，成年晚期为第八阶段，说明如下：

第八阶段：自我整合对失望（成年晚期：60岁及以上）

一、自我整合

（一）埃里克森认为老年期是对人生任务整合或失望的转化阶段，一个人的整合承诺若高，自我的力量则能提升，智慧也会提高。整合意味着一种接受个人生命任务，以及承认面对死亡无助的能力。老人欣赏过去的生活时，则能达到整合。他们觉得这一生中已经达到了某一个至高的地位，并达成了自我实现。他们接受过去发生的事情、放下一些不愉快的事物或是太在意的人。整合包含了整理自己的过去与现在，并对此结果感到心满意足。为了经验整合，老人必须将毕生的失败、冲突与绝望纳入他们的自我形象。

（二）在这段时间内，个人开始思考个体的生命已接近尾声。根据埃里克森的观点，生命中的整合阶段是一个通过阅历及智慧，了解自身的生命过程；亦即，理解、思考、调整自我的表现，以奉献自己服务未来年轻的一代。

（三）在老年期，一个人变得较为和蔼可亲、较为内敛，经常缅怀过去。整合能力是指一个人接受个人生命的任务及面对死亡而无怨、无悔与无惧的能力。高龄者发挥整合的观点去看过去所有事迹，欣赏过去的生活，集结一生所有的个人满意及危机事件，接受自己过去所努力完成的任务或化危机为转机的事实。整合能力是将过去与现在的情况做联结，而感到心满意足的能力。

（四）对整合的感觉并非生理上的成就。有些人虽然在肢体上有缺陷，但在生活中却保有满足的心态，一生中享受生命的美好；也有人虽平和处世，却对人生有许多怨言。简而言之，对人生整合的态度或失望，全看个人反思后对自己的接受度。

二、失望

（一）相对于整合的是失望。失望是个人对过去感到悔恨，也包含个人持续渴望做些不一样的事情。当个人失望地看待自己生命的不完整与感到不满足时，就无法安然地接受死亡，可能会寻死以结束悲惨的生命，或者相当害怕死亡。因为再也没有机会去弥补过去的失败，有些绝望的老人会试图自杀。

（二）有些人平日率性而为，直至老年才开始后悔自己枉度一生、丧失良机，埃里克森称之为人生反思的失望阶段。年长者应该对一生中的起起伏伏做一整合，这种整合过程很不容易，有时家庭及邻里的关系也会遭受敌意及排斥。特别是当不再受年轻一代或曾共事的伙伴礼遇，年长的人因而有强烈的自我贬低及沮丧感，尤其是因生理的衰微，不能如以往般来往自如、自立自主，刹那间失去身体及心理的功能与面对重重障碍，甚至得面临死亡的到来，负面的信息增多。有些社会拥有强调年轻、创新活力的文化，轻忽敬老尊贤及慎终追远，迫使高龄者面临绝望的处境。其他生理退化的征兆，如听力衰退、视力减弱及运动神经功能迟缓，致使挫败感与日俱增。

整合对失望

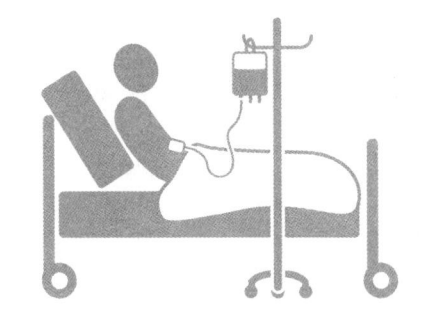

老年期个体会反思他们的生活和接受自己是什么样子,否则他们会因为无法发现有意义的生活而失望。

派克建议经营具有意义与满足的老年生活的三种心理调适方法

01 将对身体的热衷转移到自我分化(self differentiation)

退休是生命当中一个很重要的变动,新的角色亦随之而来。老年人必须适应自己已不用工作,需要的是寻找新的认同与兴趣。

02 将对身体的热衷转移到身体的超然(body transcendence)

老年人的健康问题会越来越多,体力也每况愈下,一个人的外表也会显现出老化。尽管健康状况衰退,仍可以享受生活,应渐渐认识到满意的社交生活与偶发性的心智活动等同于舒适与快乐。

03 将对自我的热衷转移到自我超越(self transcendence)

老人需要去面对无可避免的死亡。死亡令人沮丧,坦然地接受死亡,可以将一个人的关注从"自怜"转移到"我能做些什么,可以让生活更有意义、更无忧无虑,或是比其他人更快乐?"

第九章 老年期

9-4　老年期的发展

有关于老年期的发展，西蒙斯（Simmons）、扎斯特罗（Zastrow）与柯斯特-阿什曼（Kirst-Ashman）等学者提出相关的看法，以说明老年期发展工作的特色。

西蒙斯依据泛文化的研究，认为老年的发展工作，具有以下的特色：

（一）让自己活得越久越好，至少要到自己活得不满意了，或者活在世上成为累赘，死亡才是一种解脱。

（二）需要更多的休息，从多年来疲惫不堪的长期跋涉中解脱出来，并保护自己不遭受太多身体上的危险。换言之，保护自己并避免自己过分衰退。

（三）积极地参与个人及团体的事务，担当实际运作者或督导者的角色。事实上，任何活动中，多数人是完全闲散及冷漠的。

（四）保障并加强长寿得来的任何特权，如技能、资产、权利、权威和权势等。

（五）最后生命终了，应该是感到光荣的，没有多大苦痛。生前有许多贡献，可以永垂不朽。

另外，依据扎斯特罗与柯斯特-阿什曼的看法，老年期的发展任务包括：

（一）适应退休及收入减少的生活：退休后无工作可做，收入减少，日常生活安排都会受到影响，老人应善加调适。

（二）与配偶或子孙同住：老人最好与配偶同住在自己的家中，或与下一代生活在一起。劳务可共同分担，患病有人照料。

（三）加入与自己年龄相仿老人的团体或社团：退休后生活无聊，加入老人团体结交一些老年朋友，参与社会活动，培养兴趣，使生活过得更充实。

（四）维持友谊及与亲戚、家人的联系：人是群居的动物，亲朋好友或家人在年节或假日时聚会、闲话家常会增添热闹及情谊。

（五）继续承担社会服务及公民的责任：老人可担当志愿者、义工，参与社会服务或拓展退休后再就业的渠道。

（六）鼓起勇气对抗疾病、丧偶与亲友的亡故：老年接到的多是讣告，或者知悉亲友患病住院必须去探视。老人应知这些事情是老年期必定会发生的。倘若自己罹患长期疾病，应持乐观态度，鼓足勇气去抗病。

（七）老年期居住的场所往往视年龄的增长、健康情况不同而改变，老人应持满意的态度：老年初期可能与配偶同住，也可能三代同堂。配偶死亡后，独居老人迁往老人公寓或养老机构，无论居住在何处，老人要有随遇而安的满意态度。

（八）适应身体方面逐渐失能及退化：老人要能适应满头白发、皱纹增加、步履艰难的状态，不觉得羞惭、沮丧、郁闷。

（九）基于生活方面发生的新事件重新评估个人的价值、自我概念：老人喜欢回顾往事，并且评估其成败，表示其满意或失望。希望老人们能对自我价值有一种合理的积极观点。倘若不能拥有积极的自我价值观点，很容易形成心理病态。

（十）对于死亡不存畏惧之心：人类不论寿命长短，总有一天会死亡。既然死亡是人类无法避免的事，就应该不存畏惧之心，乐天知命反而有益于维护健康。

优雅地迈入老年的六项特征

- **01** 关怀他人，对新观念保持开放心胸。
- **02** 欣然接受老年有伤颜面的衰老退化状况。
- **03** 保持希望。
- **04** 保持幽默感和玩乐的能力。
- **05** 反思昔日的成就，并保持好奇心，继续向下一代学习。
- **06** 常常亲近老友，保持联系。

第九章　老年期

有助于为老年期发展奠定幸福人生基础的个人特质

- **01** 良好的自我照顾
- **02** 未来导向——预先设想、规划及期望的能力
- **03** 感恩与宽恕的能力
- **04** 同理的能力——从他人的视角来想象、描绘世界
- **05** 愿意和他人同心协力，而不纯粹为他人效劳

9-5 老年期的发展（续）

老年期的发展，除生理层面外，还有心理、社会等层面的发展，亦须同时关注。学者综合统整后，指出老年期的特征如下：

一、衰退的年龄

老年期进入衰退的年龄，衰退的种类包括：①智能及体能逐渐衰退，以过去所熟悉的知识作为弥补；②反应逐渐迟钝缓慢，弥补的方法是提升技巧；③当老年期的衰退比较缓慢，且有方法弥补其衰退时，称为衰老（趋老期）（senescence）。个人进入此情况的迟或早，有极大的个体差异，具体视其身体及心智衰退的比例而定。

二、心理老化的年龄

（一）心理老化并不一定与生理老化平行，但是老年时期迟早会出现心理的老化。老人心理老化的个体差异很大，需视儿童期至成年期的心理健全与否而定。心理健全者，老年后较晚出现心理老化，程度也较轻；反之，年轻时心理就不健全者，至老年期心理老化不仅出现早，而且程度更严重。

（二）心理老化的表征包括对自己、他人和工作持不良的态度，这会使身体更为老化。老人退休后，没有培养一些对事物长期的兴趣，就可能产生沮丧。生理及心理迅速衰退，就会导致死亡。对于新担当的角色调适不佳的老人，会比那些调适良好的老人，衰退得更快。尤其是生活中充满紧张的老人，衰退得更快，心理的老化会加速生理的老化。

三、个体差异极大的年龄

（一）帕克（Parker）指出，有些老人75岁仍年轻、充满活力，另有些人却在50岁就衰老不堪。人生各时期，人类都有个体差异，而老人的个体差异，更胜于其他各时期。影响个体差异的因素包括遗传、社会经济地位、教育程度及生活方式的不同。由于个体间的差异非常显著，所以当许多老人面对同样的刺激，会产生各式各样不同的反应。

（二）老人的类型，依照郝洛克（Hurlock）的看法，分为三类。①自动自发：这一类老人颇具创意、灵活而有精神，老年期智慧仍有增进，自动自发的精神依然很强。但是他们不一定很平衡或调适良好，这些老人占极少数；②调适良好：调适良好的老人能履行其所担任的工作，在环境中调适良好，环境对他们有一些保护作用；③混乱的：老人身体的活力减少，他就立即衰退，因为那时候的文化及环境不再支持他们。老人们不能独立运作，必须要靠文化环境中的许多力量。

四、老年期的角色改变

当老人退休后，其担当的角色会有很大的改变。这种角色的改变受社会对他的态度，以及团体提供给他担当不同角色的机会所影响。倘若社会对老人的态度是良好的，他会继续担当很有权势的角色；反之，若社会对他的态度是不友善的，他将担当底层、没有权势的工作。

五、希望恢复活力及青春

由于社会中存在的对老人厌恶及拒绝的态度，老人不能工作，丧失了地位及权益，所以许多老人都希望恢复青春及活力，至少要延缓衰老。

老人的典型特质（任务特征）

1. 给下一代的传承：老人都会关心要留下什么传承给下一代，也就是生命意义的具体可见形式，无论是后代子孙，工作的榜样，想传给下一代的任何个人记忆拼图、物件、回忆录或相片等。

2. 时间观念的变化：比较知足的老人会活在当下，认识到未来不会太长，想要享受当下的生活；有些老人则相反，比较没有弹性，留恋过去胜过活在当下。

3. 想要实现和发挥智慧长者的功能：这和上述的"传承"观念很有关联。老人渴望把一生累积的知识、经验和智慧的宝藏，分享给年轻的一代。

4. 对于熟悉事物的依恋：将感情不断投入熟悉的家当、传家宝、信物、相片、信件和宠物，这些都让老人有"延续感"，协助他们保留记忆、提供老年的抚慰和安全感。

5. 创造力、好奇心和惊喜：只要身体维持健康，加上有足够的社会和环境支持，老人对于生命和生物都能保有一颗好奇的心，甚至还能够发现和发展个人的创意。

派克提出的老年期人格发展的学说

- **自我分化或工作角色的认定**
  有不少人界定自己时，是以自己的工作角色而定，有时会因为失业、退休及孩子长大、独立而感到空虚，无所适从。

- **身体的转化或自体沉溺**
  指一个人的社会自我并非全然放在身体的健全性上，能够对老化所带来身体上的疼痛及不适加以转化，避免老是唉声叹气。

- **自我转化或自恋（即孤芳自赏）**
  是指对死亡不那么畏惧，可以转化心理上的恐惧，学习面对老化及接受老化，承认每个人都会变老的事实，从而能转化恐惧而接受不能永葆青春的事实。

9-6 老化的生物学理论

个体老化的过程，大部分由人体的基因、营养、饮食、身体活动、生活习惯和社会环境所共同决定。兹将解释老化的生物学理论，说明如下：

一、老化损耗理论（wear and tear theory）

又称磨损理论，指出人类的身体器官如机器一样，会随着时间的流逝而逐渐耗损。此理论认为，老化已是被事先设定的过程，每一个物种都有其生物时钟，能够决定他们最长的寿命，以及器官受损老化的速率。

二、自体免疫理论（autoimmunity theory）

自体免疫问题，指正常的免疫能力下降，而异常的免疫能力却突显。此理论认为，人之所以会老化，是由于自体免疫系统随着时间的演变而产生缺陷。自体免疫系统不仅要长期抵抗外来的细菌和病毒，还会产生抗体攻击自己的体内组织，因此老年人是较容易受到病毒感染的群体。此理论的提出，目的在于解释随着人类年龄的增长，许多疾病的发生率就会逐渐地增加的现象，例如：癌症、糖尿病及风湿性关节炎。

三、交互联结理论（cross-linkage theory）

此理论的重心放在对一种"骨胶原"组织的探讨上，因为这种胶原蛋白质组织随着年龄而产生变化。"骨胶原"是一种重要的结缔组织，可在人体大部分的系统中发现，例如：在人体内有三分之一的蛋白质是骨胶原。当一个人的年龄逐渐增加时，骨胶原就会产生明显的变化。例如：皮肤产生皱纹、血管、肌肉组织、皮肤、晶状体及其他器官失去弹性。这个理论认为，这些变化是由于细胞经由交互联结和化合物的累积，在细胞中产生必要分子间的联结，而这个过程会影响细胞功能的运作，而显现老化的征兆。

四、自由基理论（free radical theory）

自由基理论是上述交互联结理论的延伸。"自由基"通常在细胞氧化时产生，会和其他细胞的分子产生互动，而且会造成DNA的变异、结缔组织的联结，并且改变蛋白质的行为，夺走能使人体保持精力的抗氧化剂，而造成其他的损害。自由基造成的细胞伤害，会在人体自然的老化过程中不断地发生，因此便会造成癌症、心脏病、阿尔茨海默病，以及帕金森病的发生。

五、细胞老化理论（cellular aging theory）

此理论提出，老化会使身体细胞的复制过程变得缓慢。细胞大约经过50次的复制现象后便停止复制，且较衰老的细胞复制次数更少。所以，细胞在一定复制次数后即停止复制。即人越老，细胞分化速度就越慢。因此，杂质累积而导致细胞的死亡，最终导致人类生命的结束。

六、基因突变理论（genetic mutation theory）

人体有很多细胞是因为发育而制造出来的，年轻时它们有相应的功能，可是当年老时，这些发育用的细胞就变成了坏细胞，损害其他的细胞，而导致老化和死亡，故基因突变理论主张，生理的老化乃是身体细胞生存时间过长后，呈现不正常特质的结果。身体的基因各自有其功能，如果某些基因突变，变成不正常状态或产生问题，就会导致身体功能的适应困难，而年龄越大，这种现象发生的可能性就越大。

老化的生物学理论

理论	理论假设	结果
老化损耗理论	老化已是事先设定的过程，人类的身体器官如机器一样，会随着时间的流逝而逐渐耗损。	随着基因科技和生物科技的发展，未来人类的寿命更长。人体老化的过程受到外界环境压力的影响。
自体免疫理论	人之所以会老化，是自体免疫系统随着时间的演变而产生缺陷。它不仅要抵抗外来的细菌和病毒，还会产生抗体攻击自己体内的组织，所以老年人通常是较容易受到病毒感染的群体。	此理论能够解释随着人类年龄的增长，许多疾病的发生率会逐渐地增加的现象，但并没有解释为何免疫系统会随着时间而产生缺陷。
交互联结理论	"骨胶原"这种胶原蛋白质组织随着年龄而变化。	这些变化是由于细胞经由交互联结、化合物的累积而在细胞中产生必要分子间的联结，这个过程会影响细胞功能的运作，从而显现老化的征兆。
自由基理论	自由基是高度活跃的分子，它会从细胞中断裂分离，拥有两个不成对的电子。自由基通常是在细胞氧化时产生的，会和其他细胞的分子产生互动，而且会造成DNA的变异、结缔组织的联结，并且改变蛋白质的行为，而造成其他的损害。	由自由基造成的细胞伤害，会在人体自然的老化过程中不断地发生。要克服自由基对细胞的损害，就应该让老人服用有助其体内抗氧化剂合成的药物及使用营养素。
细胞老化理论	老化会使身体细胞的复制过程变得缓慢。即人越老，细胞分化速度就越慢。因此，杂质累积而导致细胞的死亡，最终导致人类生命的结束。	每个细胞具有一定程度的DNA，而RNA也是合成"酶"不可或缺的物质。"酶"本身可调节细胞的正常功能，因此失去DNA或RNA减少，最后都会造成细胞死亡。
基因突变理论	主张人类生理的老化，是由于身体细胞生存时间过长后，呈现不正常特质的结果。	身体的基因各自有其功能，如果某些基因突变，变成不正常或有问题状态，会导致身体功能的适应困难，而年龄越大，这种现象发生的可能性就越大。

9-7　解释老化的社会学理论：撤退理论、活动理论和连续理论

对老年期的生活表现与社会互动的情形，以及人类老化的社会历程进行解释的老年社会学理论，包括撤退理论、活动理论、连续理论、角色理论、社会建构理论、女性主义理论、社会交换理论、生命历程观点和年龄阶层化观点等。本单元先说明撤退理论、活动理论和连续理论，其余在后续单元说明。

一、撤退理论（disengagement theory）

（一）卡明（Cumming E.）和亨利（Henry W.）提出的撤退理论，亦称为脱离理论。撤退理论指出，当人们慢慢踏进老年时，会逐步减少社会互动与联结，活在自己的世界里。有时候，这种撤退现象被视为老年人面对失落和持续退化的健康，所采用的应对机制。

（二）此理论的基本观点阐述社会功能的重要性，以"功能主义"为出发点，强调社会必淘汰那些失能和随时可能死亡的人，以维持社会的新陈代谢和系统的均衡。而老年本身都是以自我为中心的人，脱离了社会，可避免许多社会规范的束缚，颐养天年，这对个人、社会是非常有意义的事。

（三）"撤退理论"认为，老年不一定是中年期的延长，乃是从现存的社会角色、人际关系，以及价值体系中后退撤离。此种撤退并非社会力量压迫的结果，只不过是老化现象中一种内在本质的成长过程，它使老人形成自我中心、自我满足的现象。

二、活动理论（activity theory）

（一）哈维赫斯特及纽加滕提出活动理论。此理论指出，较高的活动参与程度和较高的老年人生活满意度直接相关。如果个体能够持续保持活跃性并积极参与，就能把成年中期的众多活动尽可能延续下去。亦即，活动理论指出，保持活跃并与社会环境保持交互关系的老人，就能够成功老化。

（二）活动理论在许多方面都认为，老年期是中年时期的延伸。活动理论认为，面对老化最好的方法，就是必须保持与中年时期一样的生活方式：不间断的社会参与能使一个人获得许多不同的社会地位及社会角色，并且能使人实际参与各式各样的社会活动。换句话说，要享有快乐的老年生活且适应良好，最重要的就是保持活动，并且试图去寻回从前你所渴望获得的社会地位或社会角色。

三、连续理论（continuity theory）

（一）连续理论之所以发展出来，是为了回应撤退理论和活动理论所遭受到的批评。根据连续理论，个体采用他们沿用了一辈子的应对风格来调适改变，并承担新角色，以取代因为年龄而失去的原有地位与角色。个人的人格差异，被视为适应老年生活能力的主要影响因素，之前在生活中积极活跃的人，到了老年期仍会继续保持活跃。相同地，之前在生活中消极被动的人，到了老年期则继续保持消极被动。

（二）连续理论相当强调老人人格的多样性，而且认为老化是无法由单一理论来加以解释的。此理论认为，个人人格的特性，其实并不会因进入老年期而有太大的改变。

对撤退理论与活动理论的批判

- 撤退与活动理论忽略了个人的人格特质及喜好，有的老年人喜欢维持积极的生活方式，有的则喜欢避开生活中必要的活动，因此撤退或活动并没有定论，完全依个人而定。
- 撤退和活动两种理论，看起来是针锋相对的，但运用得宜，可收相辅相成之效；部分的撤离对老年人有益而无害，因为社会生活是多方面的，某方面的撤退，促成了另一方面的开始。

撤退理论与活动理论的案例

撤退理论
当工作者（通常是指受雇者）逐渐年老时，为了能持续达到职位所要求的绩效，工作者可能会逐渐规避挑战性高的任务、减少接受相关训练及学习新的技术，并且把较多的时间花在退休方面的准备上，而相对减少对工作的投入。

活动理论
每一个年轻人都希望退休后的日子能充满许多刺激新奇的活动。例如：某地举办国际马拉松比赛，其中有一位77岁、满头白发的老先生也顺利跑完全程。他表示自己非常热爱跑步，从退休开始，每天跑10~15公里，从不间断。

连续理论的案例

案例1
一个人从年轻开始，就积极参与社会服务。每周日都会到医院担任志愿者。退休后，还是维持每周日到医院担任志愿者的习惯。

案例2
如果一个人在成年时期的生活对社会只保持最低限度的参与，这个模式也将延续至老年。例如：有位长辈终身未婚，老年还是一人独居，即使后来因为前列腺肿大，有半年左右时间进出医院开刀治疗，过程中不得不接受社会服务机构的协助。但一旦他复原状况良好，还是立刻回到他独居的生活状态，不愿意他人来打扰。

9-8 解释老化的社会学理论：角色理论、社会建构理论和女性主义理论

对老年期的生活表现与社会互动的情形，以及人类老化的社会历程进行解释的老年社会学理论，包括撤退理论、活动理论、连续理论、角色理论、社会建构理论、女性主义理论、社会交换理论、生命历程观点和年龄阶层化观点等。本单元接着说明角色理论、社会建构理论和女性主义理论，如下：

一、角色理论（role theory）

（一）为了试图解释老人如何以一个社会上的角色适应老化，角色理论是最早被提出的理论之一。这个理论将焦点集中于老人个人的行为表现。角色是一个人在与他人的关系或社会制度中，被期待的一连串行为模式。角色不但描述了一个人在社会中的定位，同时也是一个人自我概念的重要基础。

（二）角色理论假设生命是一连串相继被界定的角色，而一个老人对于晚年的适应情况，则要看他是否有能力从年轻及中年时所界定的角色，转换到和老年相关的角色上。对一个老人来说，跟年老相关的角色有：祖父母、退休人员、丧偶者或独居老人等。

（三）根据角色理论，如果老人能够将原有的角色，转换到和年老时相关的角色，他们就能展现出成功的老化过程。当人们无法转换过去的角色经验，或无法发展新的角色以替换旧角色时，就会对老化过程产生不满。如果一个老人在社会中与他人互动时，能融入新的角色中，那么就可预测他在心理上能成功地适应晚年。

二、社会建构理论（social construction theory）

（一）社会建构理论是针对老化所提出的较近代的理论，远离了撤退理论、活动理论、连续理论和角色理论等所限制的观点。社会建构理论假设，人们不管什么年龄，都基于他们所创造出的社会对自己的意义，来参与每一天的生活。

（二）社会建构理论的目标在于理解和诠释社会定义、社会互动和社会结构对老年人所造成的个别影响。这个理论架构指出，诠释理解的方式受制于文化、社会、历史、政治和经济状况。老化的概念是个人与社会环境互动而衍生出来的。

（三）人们对于自己的生活所建构出的现实，解释了他们的行为举止。如果老人认为晚年这段时间应该较少社交，有较多内省的活动，他们的行为就会如此。如果老人认为晚年就是要完成年轻时无法做的事情，他们就很可能会追求较积极的生活。这个理论不需要找出对于晚年的一个特殊定位，不在于功能正不正常、健康或病态，而是反映出一个人对于这个人生阶段的观点。

三、女性主义理论（feminist theory）

女性主义的支持者指出，性别是理解个体老化经验的关键因素。由于性别是位居关键地位的社会阶层因素，而且伴随性别而来的权力、特权与地位，在整个生命历程里都会造成不平等和差别待遇的现象。因此，应将性别议题纳入考量，才足以理解老化历程。性别会影响到使用权限、机会、健康和社会经济地位，并且营造出持续终身的"选择受限"状况，因而被认为会波及生命历程轨迹。

角色理论的案例

一位退休的公务人员，他退休之前就下定决心，不要变成"坐在电视机前打瞌睡"的退休老人。因此在退休之前，他就开始参加森林园区导览的志愿者服务，接受训练成为专业的导览志愿者。当他换下制服，穿上了胶鞋与导览服，他了解自我热爱工作的心情，已经逐步将"公务人员"转换成另一种服务他人的角色。他开心地说自己现在扮演着"生态保育者"和"生命教育者"的新角色，成功转换了角色。

社会建构理论的案例

社会建构理论将老化及伴随而来的适应方式，视为每个人受自己的社会观所支配而有的独特个人过程。

当一个上了年纪的女性将寡妇的身份视为一个自我发展的新契机时，另一个女人可能将同样的遭遇当作等待她的死亡的开始，恐惧的成分多过于享受。

一个上了年纪的男性退休后，可能什么也不做，只是瘫在沙发上享受，也可能很乐意参与退休后的其他活动，开始积极地运用闲暇时间，例如：跑步或打网球。

第九章 老年期

9-9　解释老化的社会学理论：社会交换理论、生命历程观点和年龄阶层化观点

对老年期生活中的表现与社会互动的情形，以及人类老化的社会历程进行解释的老年社会学理论，包括撤退理论、活动理论、连续理论、角色理论、社会建构理论、女性主义理论、社会交换理论、生命历程观点和年龄阶层化观点等。本单元接着说明社会交换理论、生命历程观点和年龄阶层化观点，如下：

一、社会交换理论（social exchange theory）

（一）社会交换理论建构于"资源交换与交易发生在所有人际互动场域"的观点之上。市场导向的资本主义社会所衍生出的价值分析，是这项理论的根源所在。个体唯有在认定成本效益比（cost/benefit ratio）是合宜的，或者找不到更好的替代选项时，才会进行资源交换。不过，当个体渐渐上了年纪，他们带来交易的资源开始有所转变。社会交换理论即依据这个假设来诠释老年人在角色、价值及贡献度等层面上所面临的重整现象。年龄较长而退出社交活动的个体，可能被认为其个人资源已削减到所剩无几、无从交换的地步，以至于他们退出社交场域的情形日益增多。

（二）社会交换的成本或交换所得可能是物质的或情感的，可能是具体的或象征的。无论用什么来交换或想要获得什么报酬，社会交换理论主张：只要交易双方都认为有利，交换就会成立。成功的社会交换，会进一步促进交易双方的社会关系和吸引力。反之，如果有任何一方认为交易不合理，就无法完成交换，双方的社会关系或互惠互信的感受，也会受到负面的影响。当然，社会交换的当事人如果本身条件（健康、经济和个性）较好，在进行社会交换时成功的概率较大，而成功容易带来后续的成功；反之，如果长辈本身条件变弱，其社会交换失败的概率也相对增加，失败也可能影响后续交换的机会，甚至最终造成社会排斥的状况。

二、生命历程观点（life course perspective）

从生命历程观点来看，老化是持续终身的动态历程。人类发展的特点，在于人在整个生命历程里的得失体验具有多面性、多功能性、可塑性与延续性等性质。个体在其生命全程里，将经历众多转换期。人类发展通过老化历程持续下去，从而影响了个人特定因素、社会结构及个人动能三者间的交互运作。人类生存的时代、隶属的群体、个人因素及环境因素，都在这些转换期中影响着个体。

三、年龄阶层化观点（age stratification perspective）

年龄阶层化的概念架构属于生命历程观点的一脉传统。阶层是社会学概念，用来指称存在于特定社会里的特定阶级。社会阶层化是多方面且相互作用的，这是因为个体占有多重的社会位置，而每个位置各自具有大小不等的权利、特权与地位。年龄阶层化观点认为，社会由社会经济阶级组合而成；同理，它也是由不同的年龄阶层组合为一。个体的角色和权利是基于其所属的年龄组别而分配的。不同年龄组别的老化经验各异其趣，因为在持续蜕变的社会里，各个组别的规模、组成分子与经验互不相同。老人的生命经验，来自不同的族群及世代。

社会交换理论的案例

01 长辈帮忙带孙子,可能获得儿女提供的零用钱;或者长辈不愿收钱,觉得只要子女和孙子女们能感受到他们付出的爱心就好。

02 许多老年人参与志愿者活动,这个乍看下具利他色彩的活动,可能也被老年人认为可满足其情感需求,因而成为个人的收获。

解释老化的社会学理论的核心观点

理论	核心观点
撤退理论	老年人逐渐与社会群体疏远
活动理论	生活满意度与活动水平息息相关
连续理论	老年人继续调适,并延续其已有的互动模式
社会建构理论	自我概念通过人与环境的交互作用而产生
女性主义理论	性别是老化经验中的重要组成元素
社会交换理论	人际互动中的资源交换与交易会随着年龄增长而有所改变
生命历程观点	老化是动态而持续终身的历程,以众多转型期为其特色
年龄阶层观点	社会依实足年龄大小而划分成不同的社会阶层,决定了个体的角色与权利

9-10 成为祖父母

祖父母是家庭生命周期常态的一环,对绝大多数人而言,祖父母的角色是令人喜悦的,它还可能提升老年期的人生意义与重要性。纽加滕与温斯坦(Weinstein)的研究指出,祖父母所扮演的角色形态可分为五种:

寻找乐趣(fun seeker):祖父母是孙子女的玩伴,彼此都从双方互动中得到乐趣。

疏离形象(distant figure):祖父母通常只在生日与假日时,定期与孙子女碰面,但不会介入他们的生活。

代理父母(surrogate parent):祖父母因为子女需要工作,或是女儿身为单亲母亲并需要工作,故照顾孙子女成为他们的责任。

正规形象(formal figure):祖父母将照顾孙子女的责任留给子女,会限制自己不去介入孙子女的生活,只给予特定协助,或是偶尔帮忙照顾。

家庭智库(reservoir of family wisdom):祖父母拥有权威角色,给予特别的资源与技巧。

玛格丽特·穆勒(Margaret Mueller)的研究指出,以祖父母亲职角色的五个维度(面对面接触、一起参与活动、亲密感、协助、权威/管教)进行辨识,祖父母的亲职风格可分为五种:

影响型祖父母(influential grandparents):积极参与亲职的各个层面,在五个祖父母亲职维度的得分都很高。

支持型祖父母(supportive grandparents):高度参与孙辈的生活,但并未把自己视为管教者或权威角色。

被动型祖父母(passive grandparents):参与孙辈生活的程度适中,但他们并不提供实质协助,也不把自己视为管教者或权威角色。

权威型祖父母(authority-oriented grandparents):把权威角色视为其亲职的核心元素,和影响型及支持型祖父母相较,其在孙辈生活中较不活跃。

疏远型祖父母(detached grandparents):是投入程度最低者,在五个祖父母亲职维度的得分都最低。祖父母不干涉的默契,会因为子女与孙子女面临困境而消失。祖父母倾向处于子女与孙子女生活的边缘位置,以不同程度介入其生活。在危机时期(如重病、遭遇金钱问题或是离婚时),祖父母会比较积极地介入。状况好的时候,较少介入,但是仍然会关注着他们。

性别会影响祖父母介入的程度。彻尔林(Cherlin)与弗斯滕伯格(Furstenberg)的研究指出,祖母倾向与孙子女保持较亲密与友善的关系,也比祖父更容易成为替代照顾者。类似的研究也发现,在危机时期,比起祖父母,外祖父母显得介入较多。托马斯(Thomas)的研究则发现,祖母对身为祖父母的角色,比祖父要来得满意多了。

孙子女们如何看待祖父母?如何回应祖父母?大部分孙子女的态度受他们父母的影响至深。4~11岁的小孩,倾向回报祖父母们,投其所好,如给他们好吃、好喝的东西或赠送礼物。罗伯森(Roberson)发现,通常年幼的孙子女与祖父母相当亲近,他们认为祖父母和蔼可亲,是好玩的友伴。年纪较大的孙子女,则把祖父母视作送礼物的圣诞老人。最理想的祖父母是以他们的兴趣为中心及为荣、和睦、善解人意的,并且风趣、幽默、有魄力,犹如智慧之灯。祖父母是导师,也是好朋友。

祖父母亲职角色的五个维度	
维度	定义
面对面接触	祖父母探望孙辈的频率。
一起参与活动	参与共同活动，例如：购物、做作业、参与孙辈的重要事件，以及教导孙辈技能。
亲密感	当作知己、同伴或朋友；谈谈祖父母的童年。
协助	提供实质协助，例如：财务资助及／或人际支持。
权威／管教	管教孙辈或充当权威人物。

玛格丽特·穆勒的研究提出美国原住民家族系统的祖父母亲职风格	
美国原住民家族系统的祖父母亲职风格	说明
遥远型祖父母	祖父母的住处距离孙辈相当遥远，而且在心理和生活模式上差异极大。这种祖父母亲职类型在美国原住民族群里并不常见。当家族迁移到都会地区，而祖父母在退休后返回祖先的家园时，最可能发生这种状况。
庆典型祖父母	祖父母的住处距离孙辈相当遥远，但会定期探望孙辈。世代之间的探访，正是宗族仪式聚会的时间，祖父母会以身作则，示范合宜的仪式行为。
拟亲型祖父母	祖父母与并无血脉关系的儿童有祖孙关系。这些祖父母可能没有亲生孙辈，或者其住处离亲生孙辈们有一段车程，非常遥远。
监护型祖父母	祖父母与孙辈共同生活，负责照顾他们。这种祖父母职的形式，通常是自己的子女过早去世、入监服刑，无力照顾子女或弃养儿童所致。这种生活模式是急需的产物，而非出于个人的选择。
文化保存型祖父母	积极追求孙辈与自己同住的机会（在研究中，这一型都是母系社会），以便就近教导他们美国原住民的生活方式。

9-11　退休生活

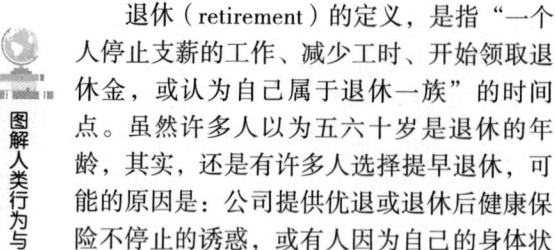

退休（retirement）的定义，是指"一个人停止支薪的工作、减少工时、开始领取退休金，或认为自己属于退休一族"的时间点。虽然许多人以为五六十岁是退休的年龄，其实，还是有许多人选择提早退休，可能的原因是：公司提供优退或退休后健康保险不停止的诱惑，或有人因为自己的身体状况已经影响工作表现与工作满意度，因而决定提前退休。

退休带给一个人社会角色、每日活动、社会网络和互动、财务状况等方面的重大变化，当事人对于这些变动的期待和是否能够未雨绸缪，影响他们适应退休生活成功顺利的程度。多数人在退休之前都会想象自己的退休状态，将退休当成难得的机会：多和朋友或家人相处、可以放轻松、可追求乐趣、可到处旅游、从事志愿者服务等。

阿奇利（Atchley）的研究指出，退休可分成四个阶段的历程，包括：

退休前阶段（pre-retirement phase）： 开始想象退休的状态和拟订退休计划。

蜜月阶段（honeymoon phase）： 刚进入退休期，当事者就像初获自由的笼中之鸟，享受闲暇。

觉醒（disenchantment）阶段： 不难想象，蜜月期结束，退休不再像以前那么令人鼓舞。

重新调整（reorientation）阶段： 对退休的看法比较实际，进行必要的调整和适应。例如：找兼职或全职的工作、投入志愿者服务、追求新的嗜好。最后，退休的人建立规律的生活，退休成为正常的生活方式。

一个人在职场上的人格特质，会影响他的退休生涯。洛温塔尔（Lowenthal）的研究发现，有四种与退休相关的人格特质，包括：

工作狂型（work-oriented）： 一个工作狂的退休者在面对退休之际可能会郁卒以待，甚至产生不被重用的极度恐惧感。

自我保护型（self-protective）： 自我保护型的退休者可能会认为退休是种脱离或无牵无挂的生活。

主动型（autonomous）： 一位主动性高的退休者，通常依照自己的意愿选择退休时机和转换工作，而能如愿地自由选择自己所喜好的工作，他们是最愉快的一型。不过，若被强制退休的话，这些人可能会陷于抑郁状态，而需要引导。

欣然接受关怀型（receptive nurturant）： 欣然接受关怀型以女性居多，她们一向亲切、与人互动、温馨、宜人，她们依据所扮演的婚姻角色及关系，来论定退休是正面还是负面的。如果她们的婚姻生活满意度高，那么她们的退休生活就是丰富而有意义的。

老人在退休之后仍然持续工作的理由，可能是他们需要更多的钱、想要维持个人的生产力、想要感到自己还有用处、想要保持心智的活跃。但根据研究指出，因为职场越来越要求计算机能力、工作负荷增加、职场竞争加剧，以及许多工作对认知能力有一定要求，这些因素都不利于老人的就业。

许多老人在退休之后开始投入或持续参与没有支薪的志愿者服务，这是"公民参与"（civic engagement）的一部分，公民参与就是积极活跃地参与或为社会或社区的公益做贡献。目前有许多机构的服务很依赖长者的志愿者服务，例如：医院、安养中心、博物馆、学校、老人中心和社会福利机构等。志愿者服务为老人提供有意义的社会角色，提升他们的幸福感与生活满意度。

维兰特提出对退休构成沉重压力的四种情境

1 退休非出于自愿或让人措手不及

2 除薪资外，个体没有其他获得财务支持的途径

3 出外工作是为了从不快乐的家庭生活解脱出来

4 已有的宿疾，加上健康状况不良，让退休加速到来

维兰特提出有助于退休生活的四种基本活动

1 经由另一个社交网络来取代工作伙伴

2 重新发现如何玩乐

3 从事创意工作

4 终身学习

根据退休者对退休生活的适应情形区分的五种人格类型
[理查德（Richard）、利夫松（Livson）及彼得森提出]

- 适应良好者（well-adjusted people）：接受目前的现实环境，对过去所作所为没有懊悔，保持自然轻松愉快的生活态度的退休者。
- 摇椅型（rocking chair people）：欣然接受老年的到来，认为老化是自然的过程，放心安养，满足现状，采取退养姿态，而非积极外向行动的退休者。
- 武装战斗型（armored people）：不服老，仍然全副武装去消除老年的阴影，发展高强度、更具生命力的退休生活方式，以维持防御系统，去抵抗、消除抗老焦虑感的退休者。
- 适应不良型（poor adjusters）：常抱怨退休生活、怨天尤人的退休者。
- 自责型（self-blamers）：自我谴责型，自贬身价、自怨自艾的退休者。

第九章 老年期

9-12　生命回顾

大部分的老年人会回顾过去的生活,将不可避免的死亡当作未来。弗兰克尔-布伦瑞克(Frenkel-Brunswick)指出,生命可视为"拟定生活的资产负债表",生命回顾包括了两个要素:总结过去的生活是有意义的;学习接受死亡的事实。对老年生活心满意足的人容易达成生命回顾;反之,认为生活空虚与无法接受死亡的老年人,则容易感到绝望。

巴特勒(Butler)将生命回顾(life review)视为老年期发展任务的概念。生活回顾理论是个人生平的自我反思回顾,并不是失去短期记忆的征兆(虽然一般人的假设是如此);相反地,生命回顾是评价的过程,以个人生命意义的澄清为目的。它包括昔日经验,以及未解决冲突的重新诠释,与个体回顾个人生命的方式大相径庭。有些人相当刻意地为个人成就做重新评价,有些人的做法可能就很含蓄,并非刻意的举动。无论他们的做法为何,穿越不同的年代,跨越不同的文化,生命回顾是老年人的寻常作为。

生命回顾涉及重新考量过往的经验及其意义,且经常包含修正或延伸解释。这种对于过去的重组可为个人提供更真实的图像,以及一个全新的、更有意义的生活。生命回顾所导致的结果因人而异,衍生出抑郁症、接纳或心满意足都有可能。如果生命回顾是成功的,它会导向个人的智慧和内心的平静。只不过人生的重新评价也可能导致绝望与沮丧。"生命回顾的过程,可能导致接纳或抑郁"的观点,和埃里克森心理社会发展理论的第八个阶段有些相似:通过生命回顾,个人尝试处理自我整合(接纳自我,认为人生是有意义的)和失望(拒绝自我和人生)间的冲突。

怀旧(reminiscence)的概念与生命回顾息息相关。大多数老人回忆往事的能力相当出色,他们回想往昔岁月,跟任何一位愿意聆听的人讲述他们的故事。即使是独自一人,他们也会陷入回忆中。怀旧把过去、现在和未来导向熔于一炉,它包含昔日岁月,这是被回顾的事件之肇始。然而,建构个人意义的活动同时也指向当下及未来,为生命提供目的和意义。近来的研究审视怀旧频率、怀旧的乐趣或懊悔、心理健康的结果这三者间的关联性。研究发现,怀旧的乐趣与心理健康的结果呈正相关;偏高的怀旧或懊悔频率、遗憾,都与心理健康欠佳有关。

生命回顾疗法(life review therapy)有助于促进反思和回顾一个人的一生,它涉及在心理上盘点一个人的一生,解决生命中尚未解决的冲突或议题,并阐明自己过去正向的事件与成就。而叙事理论(narrative theory)特别强调这种"说故事"的做法,可让个体为个人经验赋予意义,其所提供的架构、联结性和机会是很重要的。根据优势观点的叙事治疗法(narrative therapy),帮助个案讲述塑造和形成自己认同的重要生命故事,以及他们所挣扎的问题。叙事治疗可帮助个案重建意义,促进更积极正向的自我认同,以及对问题的不同观点。社会工作者可以将生命回顾和叙事治疗法结合使用。

巴特勒生命回顾理论的要点

01 老年人格特征：追怀往事的现象。

02 巴特勒认为老人已日渐走向死亡，余日无多，因而在心理上产生了"人生回顾过程"，而且回味往事正是此过程正常又健康的一部分。

03 人生回顾包括对镜凝视、怀念家乡、乐道往事、追想过去事迹，以及脑中突然显出历历如绘的往事。

04 高龄者借着回忆往事思考过去的所作所为及生活的缺失等，为高龄者服务的社会工作者，可借由高龄者的回忆，寻找可以介入处理的问题点。

第九章 老年期

怀旧的功能

1 怀旧可能令人乐在其中，让听众和叙述故事者都神采奕奕。

2 某些类型的怀旧旨在提升个人的自我形象，如老人家津津乐道个人的丰功伟业时就是如此。

3 怀旧可能有助于个人应对当前或未来的问题，让他退缩并神游在愉悦的回忆所构成的安全空间里，或者回想起个人应对昔日压力的方法。

4 怀旧对生命回顾有所助益，是迈向自我统整的途径。

9-13　成功老化

进入老年期，"成功老化"（successful aging）是一项重要的议题。罗韦（Rowe）与卡恩（Kahn）指出，成功老化保有三项关键行为或特征的能力，包括避免疾病与失能、维持认知与身体功能、积极投入生活（或译为"社会参与"）。此三项要素即为成功老化模式的重要成分（详见右页图示）。这三种要素具有层级：没有疾病或失能，将使维持认知与身体的功能较为容易，而高度的认知与身体功能，将促使积极参与社会活动较为可能。至于持续投入生活的两项任务为：维持与他人的亲近关系，以及持续参与有意义、具目的性的活动。更具体来说，即是建立（维持）关系（与他人产生关联，并成为社会支持的提供者和接受者），和从事生产力的活动（包括有酬或无酬的活动、创造有价值的物品或服务），以期能带来亲近感和意义感。在避免疾病与失能、维持认知与身体功能，以及积极投入生活三者交会组合之处，最为完整地呈现成功老化的含义。

巴尔特斯（Baltes）从心理观点出发，提出补偿性的优化选择模式（the model of selective optimization with compensation，SOC；或译为选择性优化与补偿）说明成功老化，此模式是基于下列七项命题的。

（一）正常老化、最佳老化及生病（病理学）老化间，存在着明显的差异：正常老化（normal aging）意指老化过程中，没有出现生物上或心理学的病理；而最佳老化是乌托邦的一种想象，描绘出在促进发展和友善老人的环境状况的老化情形。至于病理的老化所描述出的老化过程，受医学上的病因和疾病症状决定。

（二）老化异质性／变异性高：老化是一个相当个人化和差异化的过程。

（三）老人仍有许多隐藏的储备能力（reserve capacity）：在适宜的环境和医疗情境下，大多数的老人仍能持续拥有高度功能。

（四）在接近储备能力的极限时，老化会引起认知功能的降低：越来越多的证据显示，与年龄相关的因素，会限制老人认知储备能力的深度及广度。

（五）以年龄为主的实用主义和科技：可补偿与年龄相关的认知机制的衰退。

（六）随着年龄增长，失与得之间的关系变得较不平衡：个体在老年期可预期的能力丧失较多，而能力获得较少。

（七）老年期的自我（self）仍维持韧性（resilient）：老人对自我持有正向的看法。

此补偿性的优质化选择模式的核心成分有：

选择性（selective）：意指老化会逐渐限制可活动的生活空间及条件，所以老人会将可满足的功能选择性地限制在有限的范畴；优化（optimization，或译为"极大化最佳状态"）：老人会选择去参与可以丰富或扩大（优化）其保留功能或能力的生活历程；补偿（compensation）：补偿涉及认知功能和科技层面。认知方面指的是可以通过参与认知训练、团体活动和联动，维持其心智功能；科技方面则是寻求辅具协助，以改善功能。

成功老化的要素

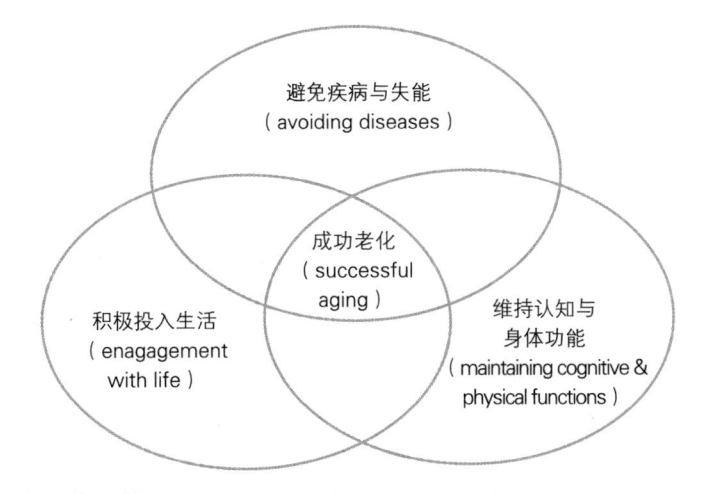

- 避免疾病与失能 (avoiding diseases)
- 成功老化 (successful aging)
- 积极投入生活 (enagagement with life)
- 维持认知与身体功能 (maintaining cognitive & physical functions)

补偿性的优质化选择模式

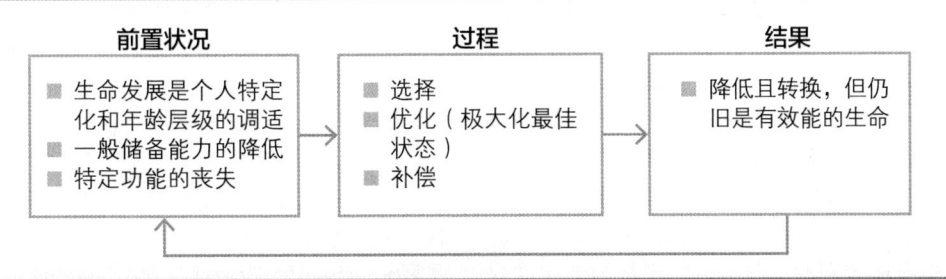

前置状况
- 生命发展是个人特定化和年龄层级的调适
- 一般储备能力的降低
- 特定功能的丧失

过程
- 选择
- 优化（极大化最佳状态）
- 补偿

结果
- 降低且转换，但仍旧是有效能的生命

成功老化的内涵与策略

提出者	罗韦与卡恩	巴尔特斯的补偿性优化选择模式
内涵	■ 疾病或失能的低风险 ■ 高度的认知和身体功能 ■ 主动或积极投入生活 ■ 维持与他人关系 ■ 参与生产性活动	■ 正常老化、最佳条件老化及生病（病理学）老化间存在着明显的差异 ■ 老化异质性高 ■ 在接近储备能力的极限时，老化会引起认知功能的降低 ■ 以年龄为主的实用主义和科技，可补偿与年龄相关的认知机制的衰退 ■ 随着年龄增长，失与得之间的关系变得较不平衡 ■ 老年期的自我仍维持韧性
策略	■ 预防的策略，例如：健康检查、运动和营养 ■ 参与体能活动，维持体重，从事用脑力的活动 ■ 维持好的社会联结关系	■ 健康的生活形态 ■ 从事教育、健康相关的活动 ■ 建构社会支持网络 ■ 使用生活辅具（假牙、义肢） ■ 建构友善的（老人）环境 ■ 保有自我感

9-14　老人的精神违常

步入老年期，因生理、认知、社会与情绪等因素的问题混合在一起，对于老人精神违常的诊断有些困难。例如：身体和情绪症状常重叠、正常的哀伤和抑郁的症状重叠、早期失智造成的认知下降和不少精神违常症状也有重叠之处。许多老人到了老年期，因经历多方面的失落和变化，开始出现问题。在人格违常之外，开始出现抑郁和焦虑；有些会出现心理问题，如抑郁、焦虑、妄想或精神性的想法扭曲，但这可能是身体的疾病、失落或哀伤造成的。然而，社会对于老人的精神违常有许多误解，这也突显社会工作者推动社会教育的必要性。兹将人们对于老人精神违常常见的误解，说明如下：

误解1：认知、精神状态和行为改变，如健忘、定向感丧失和忧郁等，只是老化的正常现象罢了

事实上，"正常"老化和精神违常通常是有所区别的，只不过，正常的老化过程中，个体可能因为承受压力和身体的状况，出现轻度或中度的精神违常，感官知觉的丧失和应对压力的能力减弱，也可能负向地影响个体的正常老化过程。

误解2：容易忘记和有时意识混淆的老人不应该独处

事实上，具有轻微症状和违常的长者，除非有自伤或伤人的潜在危险，还是能够在社区中独立生活，过度保护和监控可能剥夺长者的自主和控制感。充足的支持系统必须包括家庭、健康照顾者和社区资源，调整环境以便让长者可以独立自主地生活，是不可或缺的条件。

误解3：老人都不合作，也不喜欢社交

事实上，老人不寻常的行为通常是感官知觉的缺陷引起的，例如：听觉和视觉的退化，导致沟通效能不佳，带来挫折感，引发不适当的行为，抑郁也可能造成长者的退缩。

误解4：注意力无法集中、无法持久，失去记忆力都是老化的现象

事实上，抑郁和器质性心理违常可能引起情绪和思想的缺陷。抑郁是长者最常见的情绪违常。由于抑郁的治疗效果佳，所以即使诊断不是很确定，也应该对症下药。

误解5：老人不应该从事需要动用心力和体力的工作或活动

仅因为年纪就剥夺长者工作和活动的权利，只会伤害到他们的自尊心，引发更严重的问题。其实长者仍具有很多可以贡献的能力，剥夺他们的功能角色作为保护的措施是错误的做法。鼓励他们从事和他们能力相匹配的工作与责任，不仅有助于提升自尊，更有助于维持其身心功能。

误解6：老人每个夜晚都需要8小时的睡眠

睡眠的习惯随着年纪和个人特质有所不同，不是每个人都一样。许多长者一天只要睡5~6个小时就可以，有些人喜欢白天打瞌睡，晚上不必睡太多也没关系。

误解7：老人对于酒精和药物的反应和年轻人没两样

由于代谢、吸收和排泄速度因老化而有些变化，老人对任何单一药物的反应都比年轻人敏感，两种以上药物的交互作用也比较容易发生，中毒反应的可能性因此升高。因此，给老人使用药物必须保守和不断地监控，以减少副作用；同样地，对酒精相关的问题也必须有所警觉。

抑郁与失智的不同症状

症状层面	抑郁	失智
开始（onset）	快速的；通常可以确认一开始的时间	隐藏的；疾病难以被解释
行为（behavior）	平稳；抑郁；无感情；通常都是退缩的	不稳定的；时而正常、时而退缩、时而无感情
心理能力（mental competence）	通常不受影响；但也许偶尔出现精神错乱，抱怨记忆衰退问题	始终是受损的；结果隐蔽；认知缺损
生理特征（somatic signs）	焦虑；失眠；饮食混乱	偶尔睡眠混乱
自我形象（self-image）	缺乏的	正常的
预后（prognosis）	治疗后是可逆的（可能恢复）	慢性病；缓慢的、逐渐的衰退

社会工作者协助抑郁老人的治疗原则

1 争取家属和朋友的协助，是为抑郁长者建立支持网络的最佳策略。

2 药物治疗通常对老人很有效，忧郁如果严重且损及日常生活功能，可以转介进行药物的评估。

3 虽然没有药物治疗，心理咨询也很有效，老人也比较喜爱。研究显示：结构性的处理对治疗老人忧郁很有效，例如：问题解决策略、人际关系咨询、怀旧疗法和认知行为疗法等。

4 支持性的社会工作可以融合以下方法：建立关系；找寻和善用个案的优势或力量；探索引发抑郁或让抑郁持续的负面事件，以及围绕负面事件的情绪反应（如伤痛）；鼓励个案自我照顾和参与以前喜欢的活动。

9-15　老人虐待

老人虐待（elder abuse）包含虐待和疏忽（neglect）两者，无论施暴者是有意还是无意，类型包括身体、性、情绪、财务剥削（详见右页说明）。这些虐待都有可能造成对老人的伤害，或者使其暴露在伤害的风险中。

为提供适当的治疗，社会工作者必须了解老人虐待的相关理论，说明如下：

（一）个人内在因素理论：又称心理病态模式，主要强调受虐者和施虐者具有身体上、人格上的病症或缺陷，如毒瘾、酒瘾。当老人年迈时，其成年子女行为无法自制，无法满足年老父母的需求或提供照顾，因而会对老人施虐。

（二）外在情境理论：此理论认为老人会被疏忽、虐待是经济情况等外在环境的反映，如老人身体疾病、人际关系不佳和生活贫苦等生活危机事件，是导致虐待的主因。

（三）暴力循环理论：此理论认为暴力以周期性的方式循环出现，使受虐者常有强烈的无力感。

（四）社会交换理论：此理论强调奖赏和成本，互动的双方倾向于追求自我利益的极大化。故当父母与子女的交换互动不成功时，握有资源或筹码的强势一方，通常会控制弱势的一方，不当的冲突则会导致不当虐待的事件发生。这通常发生在老人将财产完全分给子女之后。

（五）世代冲突理论：此理论认为当老人与成年子女无法重新定位彼此的角色时，冲突的关系就会随之产生且逐渐恶化，导致产生敌意或公开的暴力行为。

施虐者可能是老年人的子女、配偶、照顾者或是其他人。虽然老人虐待会发生在安养中心或其他机构，但遭受虐待的老人经常是与配偶或子女同住的。成年子女虐待父母有以下几个理由：由个人问题导致的压力，或是为了照顾另一个人所带来的时间、体力与经济上的压力，也可能年幼时期曾经遭受过父母的虐待。他们可能对父母的情绪反应、身体残缺、生活方式或嗜好，感到心烦意乱。他们可能故意虐待父母，逼迫父母搬家。典型的受害者是与他人同住的、健康状况不佳的老年人；当照顾者心情沮丧时，老年虐待也相对地增加。

沃尔夫（Wolf）的研究指出，越来越多的证据显示，家庭照顾压力并不足以构成老人虐待的主因。另外，还有多元的风险或因素，包括老人和照顾者过去的关系、照顾者的精神状态、缺乏适当的服务或家庭成员可以替代。生态模式将老人受虐视为多层面的问题，和其他社会问题环环相扣。科恩（Cohen）、哈尔维（Halevi）、哈金（Gagin）与弗里德曼（Friedman）的研究辨识出三个广泛的风险因素：老人或照顾者的情绪问题、行为问题和家庭关系问题。

在实务上，社会工作者在老人虐待、疏忽的辨识和社会心理治疗方面，扮演着重要的角色。阿内茨伯格（Anetzberger）提出处理老人虐待的整合式架构，包括保护、赋权、倡导、提供给受虐者和施虐者家庭系统治疗，必要时提供紧急安置与服务，以防止虐待再发生。治疗介入的原则，包括同理倾听、敏感式的问话以辨识虐待的性质、提供适当的安全措施以降低潜在的危险、拟订安全计划、评估各种选项（如搬到亲戚家、提出诉讼）、让施虐者为自己的行为负责、提供支持，以及让个案感受到希望。

不同学者对于老人虐待的分类

帕帕利亚与马尔托雷尔	沃尔夫与皮莱默（Pillemer）
■ 身体虐待：造成身体疼痛或受伤的行为，包括掐、殴打、监禁。 ■ 精神虐待：造成心理痛苦的行为，如胁迫、羞辱、恐吓。 ■ 经济上的虐待：以非法或不适当的方式剥削受害者的所有物及财产。 ■ 疏忽：包括有意或无意未善尽照顾的责任，如未提供饮食、医疗照顾，或是遗弃受害者。 ■ 性虐待：非经同意与老年人的性接触。 ■ 自我疏忽：老年人表现出脆弱、抑郁、心智无能的行为，已威胁其自身的安全或健康，如饮食不当、酗酒或自行乱服药。 ■ 遗弃：有义务照顾者或者监护人遗弃弱势老年人。 ■ 侵害个人权利：侵害老年人的权利，包括侵占其隐私、为其个人和健康做决定。	■ 身体虐待造成的痛苦和伤害。 ■ 心理虐待造成心理和情绪的痛楚，例如：威胁和羞辱。 ■ 物质虐待，不当与非法使用老人的财物或资源。 ■ 积极的疏忽，包括拒绝照顾老者、故意将身心压力加诸老人身上，如不给予食物、故意不处理老人的失禁。 ■ 消极的虐待，因照顾者的无知或失能，而拒绝照顾或疏于照顾。

社会工作者须知道的老人虐待风险因素

麦克林尼斯-迪特里奇（McInnis-Dittrich）	布雷克曼（Breckman）与阿德尔曼（Adelman）
■ 家庭成员有精神违常、酗酒、物质滥用的问题。 ■ 老人有认知亏损或缺陷（容易被疏忽）。 ■ 老人身体失能或者依赖他人满足身体的需求（容易被虐待）。 ■ 老人处于社会孤立的情形。 ■ 个人卫生状况很糟、营养不良、明显地缺乏照顾。 ■ 老人显现出很紧张、过度警觉、烦躁不安的状态。 ■ 家庭照顾者显现出敌意与对老人没有耐心。	■ 家庭成员有心理违常、痴呆症、智力障碍或物质滥用的问题。 ■ 家庭有暴力的历史。 ■ 老人身心方面的需求完全依赖他人。 ■ 老人自我孤立，不参与任何活动。 ■ 压力事件的发生，如财务问题、死亡和离婚等。 ■ 老人与照顾者同住。

9-16 善终服务

善终服务（hospice）于1970年代起源自美国，最初是民间行动，是为濒死病患提供人性化的亲切照顾，强调病患自决（self-determination）、接纳死亡（acceptance of death），是一种癌症缓和而非治愈性的照顾，倡导让病患在家中受所爱家人围绕死去，而非在一堆医疗科技仪器中死去。善终服务的宗旨为："活着，一直到死，都很重要。我们的目标就是尽最大的力量，让你活得开心、走得平静！"

另一个和善终服务相似的服务是"姑息护理"（palliative care）。1990年世界卫生组织（WHO）揭示姑息治疗（palliative medicine）的原则为：重视生命并认为死亡为正常过程，生死不是对立而是连续的；既不加速亦不延后死亡；解除痛苦和不适症状；整合疾病和心理照顾；支持病患积极活着直至死亡；协助家属度过照顾期和哀恸期，以使病患得以善终及家属适应良好。

善终服务意指让病患能在自己家中舒适且有尊严地辞世，并受专业人员及志愿者团队的合作支持，同时家属也获支持与辅导。善终服务着重维持生命最佳功能，以达身心舒适，故又称"舒适性照顾"（comfort care）或"临终关怀"（hospice-type care），故以团队照顾方式是最理想的。

社会工作者在进行临终个案实务时，以下的工作原则可作为治疗参考：

（一）临终的人需要充分控制疼痛情形或照护引起不舒服的症状，如呼吸急促困难。疼痛是可以量化测量的身体状况，只要精神清醒的人都可以试着回答（例如，以0代表"完全不痛"，10代表"极其痛苦"，则你现在的感觉是？），也可以使用刻度量尺，请个案指出代表自己疼痛的数字或等级。

（二）临终个案需要专业和舒缓的身体照顾，以维持舒适、洁净和个人尊严。

（三）临终个案与家属需要有关他们处境和照护选项的直接信息，协助他们做决定。社会工作者可以致力扮演病患、家属和医疗人员之间沟通桥梁的角色。

（四）临终过程的疼痛不仅让身体受苦，心理也共同受苦，因为病患可能会感到恐惧、焦虑和悔恨。因此，个案和家属都需要情绪支持和保证，协助减轻情绪上的负担。意识清楚的个案需要倾诉心里的恐惧、未完成的心愿和关心家属的未来，社会工作者应该花时间陪伴个案，如果个案的精神和体力许可，可以运用生命回顾的技巧，回顾与评价生命的历程与重要的事件。社会工作者也可运用心象导引和放松的技巧，协助个案舒压和放松。另外，可以鼓励家属倾听和谈论未解决的问题。

善终服务的内涵具有的四个特点

01 医疗性照顾：强调濒死者的身体疼痛管理及症状缓和处理。

02 心理支持：重视病患心理的支持。

03 现实考量：日常琐碎事务使照顾者无法获得喘息，照顾团队教导照顾者如何在家照顾濒死者，并安排志愿者提供家务协助。

04 财务关心：照顾团队协助病患及家属解决医疗造成的财务负担。

善终服务的四"全"照顾

01 "全人"照顾
此为身心的完整医疗照顾。

02 "全家"照顾
不只关心病患，也关心和照顾家属。

03 "全程"照顾
对末期病患照顾到临终，也帮助家属度过整个忧伤期。

04 "全队"照顾
结合医生、护士、社工、营养师、心理咨询师、复健师及志愿者等人员共同照顾末期病患及其家属。

临终关怀病房中的四"道"人生

☑ 道谢　　☑ 道爱　　☑ 道歉　　☑ 道别

第九章　老年期

9-17　长期照顾

由于人类寿命的延长，因此老年照顾出现了一个议题：长期照顾（long-term care）。长期照顾的定义为：提供给需要协助的个人（因身体或心智失能）多元性、持续性的健康及社会服务；服务可能是在机构里、护理之家或社区之中提供；且包括由家人或朋友提供的非正式服务，以及由专业人员或机构提供的正式服务。又依凯恩（Kane）等人的定义，长期照顾是对具有长期功能失常或困难的人的照顾，对他们提供一段时间的持续性协助，包括医疗、护理、个人照顾和社会支持。因此，长期照顾服务是用来协助身心功能障碍者恢复受损的功能、维持既有的功能，或者提供他们在执行日常生活活动所需的协助。

长期照顾包含三大类服务：

协助日常生活活动的服务：如准备食物、清洁、交通接送、购物、洗衣、穿脱衣服、使用马桶、移动和喂食等；提供评估、诊疗和处置等专业服务：如医疗、护理、复健和社工等专业服务，尽可能降低失能与功能性损伤；提供辅具和环境改善的服务：通过环境评估与装修，改善居家环境条件，并配置合适的辅具，以支持功能障碍者尽量能够自主活动。

长期照顾服务的对象是功能障碍者。一般而言，功能障碍是指身体功能障碍与认知功能障碍。身体功能障碍指无法独立进行日常生活活动（activities of daily living，简称ADLs）与工具性日常生活活动（instrumental activities of daily living，简称IADLs）。ADLs项目包括吃饭、上下床、穿衣、上厕所和洗澡；IADLs项目则包括购物、洗衣、煮饭、做轻松家务、室外走动、打电话、理财和服药。身体功能障碍评估标准，以需要工具或需人帮忙为主。认知功能障碍是指记忆、定向、抽象、判断、计算及语言等能力的丧失。在台湾地区，失能者是指日常生活活动功能或工具性日常生活活动功能经评估需要他人协助者。巴氏量表（Barthel Index）是被用来评估ADLs的工具，而工具性日常生活活动功能量表则被用来评估IADLs。

巴氏量表又称为巴氏指数，是一种日常生活能力评估量表。此量表1955年由美国巴尔的摩市（Baltimore）州立医院的物理治疗师巴希尔（Barthel）开始使用于测量住院复健病患的进展状况。巴氏量表自1965年公开发表后，就被广泛应用于测量复健病患及老年病患的治疗效果与退化情况。目前在台湾地区长期照顾领域中，一般常使用巴氏量表来评估个案的身体功能。

长期照顾包含健康、医疗、社会、环境和辅具等跨领域的需要，因此其涵盖的范围比医疗服务更广。长期照顾体系的发展，不只是照顾服务的提供，还必须同时包含居住环境条件，以及辅具提供的考量。

巴氏量表评估项目

01	进食	06	平地运动
02	移位(包含由床上平躺到坐起,并可由床移动至轮椅)	07	上下楼梯
03	个人卫生(包含刷牙、洗脸、洗手及梳头发和刮胡子)	08	穿脱衣裤及鞋袜
04	如厕(包含穿脱衣服、擦拭、冲水)	09	大便控制
05	洗澡	10	小便控制

长期照顾的服务项目

服务项目	说明
机构式服务 (一般称为护理之家)	可提供老人全天候的住院服务,除了提供失能老人医疗、护理、复健与个人照护,还提供老人食宿与其在机构中所需的生活照顾等。一般而言,重度依赖或家庭照顾资源缺乏的老人,是机构式照护的服务对象。
居家照顾	机构中可以配备各类照顾人力,到个案家中提供协助医疗、护理、复健、身体照顾、家务清洁、交通接送和陪伴就医等照顾工作,并协助或暂代家庭照顾者提供照顾,让他们获得喘息的机会。
日间照顾	可在白天帮忙照顾个案,提供个案医疗或社会模式的照顾,晚上再将老人送回家中,让个案仍然享有家庭的生活。
居家环境改善服务	提供居家无障碍环境的修缮服务,增进功能障碍者在家中自主活动的能力。
安全看护服务	是增进居家安全的服务方法,利用紧急通报设备等科技产品。
照顾住宅 (庇护性住宅、支持性住宅)	结合住宅与照顾的服务模式,提供无障碍环境的套房设计,增进身心功能障碍住户自主活动。其配备管理员,提供安全看护,并依据住户的需求,协助从社区中引进各项居家或社区式的照顾服务。

9-18　悲伤过程模式

在老年期，无论是个体面临死亡，还是家属面临亲人的离世，人们都会因此而陷入悲伤。许多人认为，经过一段时间之后，悲伤就会结束，这是个错误的观念。正常的悲伤过程，通常意味着悲伤者的生命历程。兹将库伯勒-罗斯、韦斯特伯格（Westberg）的悲伤过程模式，说明如下：

一、库伯勒-罗斯悲伤过程模式

第一阶段：否认。此阶段会告诉自己："不可能会这样，一定是哪里有错。不可能会发生。"否认通常有助于缓冲失落所造成的影响。

第二阶段：愤怒。此阶段会告诉自己："为什么是我？一点也不公平！"像有些临终病人怨恨自己即将死亡，而其他人依旧健在。

第三阶段：讨价还价。此阶段失落者以讨价还价来求取失去的一部分，或是全部。

第四阶段：沮丧。此阶段失落者会告诉自己："这种失落是真实的，心情糟透了，该怎样继续活下去呢？"

第五阶段：接纳。此阶段人们完全接纳失落。遗族接受失落，开始想其他的方法来应对失落，并减轻其影响。

二、韦斯特伯格悲伤过程模式

（一）震惊与否认：有些人失落时会表现得麻木、惊吓，可能会完全失去感觉，而且就像这件事未曾发生过。否认成为避免悲痛失落的一种方式。

（二）情绪爆发：当理解失落是不可避免时，人们会以哭泣、尖叫和叹气来表达其痛苦。

（三）生气：生气可能会指向造成失落的对象，认为老天是不公平的。如果失落牵涉到失去所爱的人，通常对死者的愤怒会来自所谓的"遗弃"。

（四）生病：悲伤会带来压力，与压力相关的疾病随之发生，如感冒、胃溃疡、紧张性头痛、腹泻和失眠。

（五）恐慌：因为悲伤者认为自己不会再像是以前的自己，所以可能会感到恐慌，会有精神崩溃、做噩梦等恐慌现象。

（六）罪恶感：悲伤者可能会觉得失落是因他们而起，从而感到罪恶，或是自责没有阻止失落的发生。

（七）沮丧与寂寞：有时悲伤者会对失落感到非常伤心，也会觉得孤单与寂寞，并与不支持或不了解他们的人不相往来。

（八）难以重返过去：此时期悲伤者试着努力让生活回复到过去，但出现了拒绝与过去联结的问题；回忆也会阻碍发展新的兴趣与活动。

（九）希望：渐渐地，使人重建生活的希望出现了，希望开始成长。

（十）确认现实：悲伤者重拾往日的生活，以前控制生活的感觉也恢复了。重建的生活与以往不同，失落的记忆依然存在。然而，重建的生活会令人满意。悲伤已经消失，他们会继续生活下去。

库伯勒-罗斯和韦斯特伯格注意到有些人会持续地感到悲伤，而且不会到达最后的阶段（库伯勒-罗斯的模式是接纳，韦斯特伯格的模式是确认现实）。他们也注意到执意地相信人们会经历各阶段的过程是错误的，通常人们的感觉会在这些阶段来回地变动。例如：在库伯勒-罗斯的模式中，一个人可能会从否认和沮丧到愤怒阶段，接着回到否认阶段；之后讨价还价，再次感到沮丧，然后又回到愤怒等。

库伯勒–罗斯的悲伤过程模式

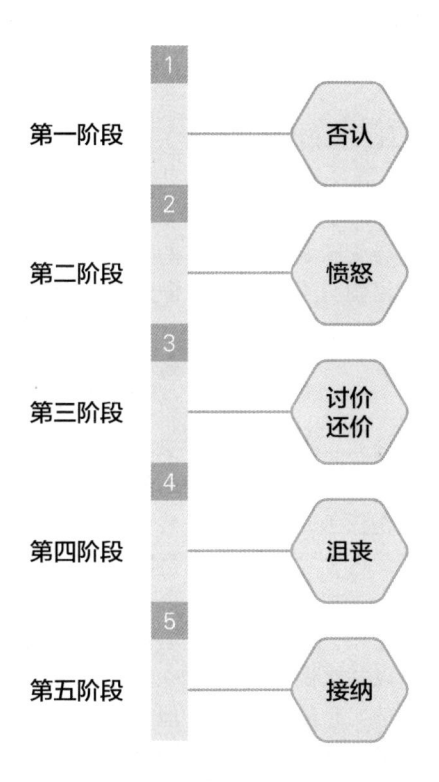

- 第一阶段 —— 1 否认
- 第二阶段 —— 2 愤怒
- 第三阶段 —— 3 讨价还价
- 第四阶段 —— 4 沮丧
- 第五阶段 —— 5 接纳

第九章　老年期

韦斯特伯格的悲伤过程模式

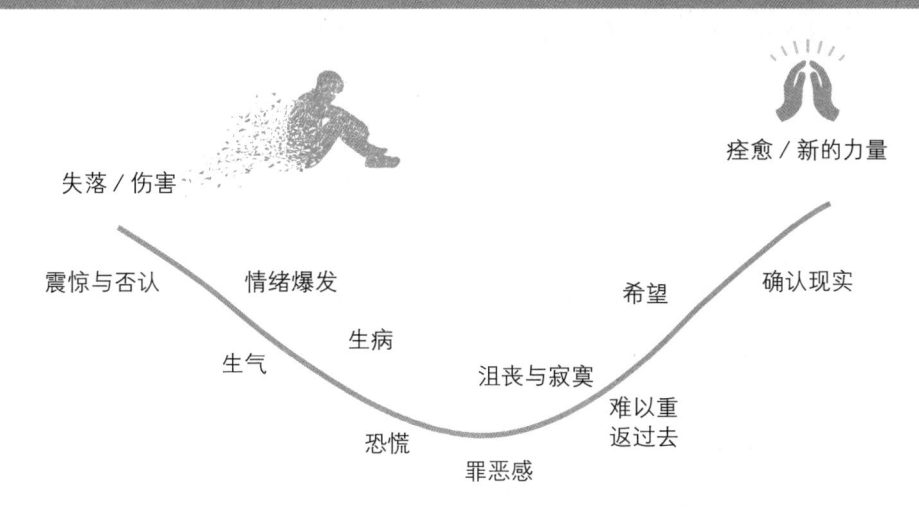

失落 / 伤害

痊愈 / 新的力量

- 震惊与否认
- 情绪爆发
- 生气
- 生病
- 恐慌
- 罪恶感
- 沮丧与寂寞
- 希望
- 难以重返过去
- 确认现实

9-19　悲伤辅导

悲伤（grief）是一种对失落感受而产生的心理、认知、社会及生理反应，是一种持续发展的过程。面对丧亲时，个人的行动、价值观和生活秩序等都会受影响。沃登（Worden）提出悲伤辅导的原则与程序，共十个原则，分两个单元说明。本单元说明原则一至原则四，如下：

原则一：协助生者体认失落

任何人若失去身边重要的人，即使预知死期，仍会有种不真实的感觉，好像它不曾真正发生。因此，第一个悲伤任务就是体认失落实际已经发生，必须接受这个事实，才能处理失落所引起的情绪冲击。如何帮助一个人体认失落？最好的方法之一，是鼓励生者讨论失落。社会工作者可以这么做：死亡在哪里发生的？是如何发生的？是谁告诉你的？听见这个消息时人在哪里？葬礼怎么举行的？大家在追悼会上说了些什么？所有的这类问题有助于讨论有关死亡的事件，使生者真正接受死亡已发生的事实。探访墓地或骨灰存放或散撒之处，也能使人体认失落的事实。此外，社会工作者要做个有耐心的倾听者，并鼓励当事人讨论失落。

原则二：帮助生者界定并体验情感

在悲伤过程中的许多悲伤经验的感受，大部分都是令人不安的。因为这些感受带来痛苦和不快，人们往往不愿面对，或者不去深入地体会这些感受，因而不能有效地解决悲伤。帮助他们接受及解决痛苦是治疗的重点，而愤怒、愧疚、焦虑、无助和孤单是生者最难处理的感受。社会工作者应不止于鼓励情绪的表达，重要的是去体验情感，而不只是表达情感而已。处理悲哀同时必须觉察失落了什么，适当且有效地设定愤怒的对象，评估并解决愧疚感，测量并处理焦虑。没有了焦点，不管社会工作者能引发多少或多有深度的感觉，都不算是有效的辅导。

原则三：帮助生者在失去逝者的情况中活下去

这个原则是指借由加强当事人在没有逝者陪伴下的生活能力，以及独立做决定，来协助他适应失落。社会工作者可运用问题解决方式达到此目的，也就是了解生者所面临的问题是什么，以及如何解决。逝者曾在生者生命中扮演不同的角色，因而生者适应失落的能力部分由这些角色来决定。决策者角色在家庭中是很重要的，这种角色常在配偶去世后引发问题。在很多关系中，由配偶之一扮演主要的决策角色，而这通常是男性，若他去世，妻子通常在必须独立做决定时感到不知所措。社会工作者可帮助她有效地调适及学习决策技巧，正式担负以前由丈夫扮演的角色。在这过程中，也可减低情绪上的沮丧。

原则四：寻求失落的意义

悲伤辅导的目标之一是协助当事人在至亲的死亡中寻求意义，社会工作者可以协助催化这个目标。想要寻找失落的意义时，生者不但会问为什么失落会发生，还会问为什么会发生在我身上？丧亲使我有什么改变？有些失落改变了个人的自我价值感，特别是创伤性的失落情境会使人觉得自我价值似乎只是一个假象。失去自我价值的同时，往往也失去了自我效能。最好的做法是协助生者觉察到某些事物还是在自己的掌握中，来帮助他重新建立自我掌控的感觉。

影响悲伤过程的因素

- 人格（认同感、成熟感和自尊感）
- 社会及性别角色
- 自己认知的与死者的关系（关系的重要性和本质、在关系中的角色）
- 价值观和信念（对于生与死的观点、关键重要人物对事件的重视）
- 应对模式（生存者如何应对事件、表达情感及适应）
- 死亡方式（预期vs猝死、暴力vs非暴力死亡、自然vs非自然死亡）
- 是否能得到支持
- 失落的次数（一次或短期内经历多次失落，或一段时间才经历一次）

死亡、脑死亡的定义

死亡

逐渐死亡而止于生命的终点；亦可定义为一种生物有机体失去其活力的过程。一般所称的"临床死亡"（clinical death），亦即"不再心跳及呼吸"。

脑死亡

- 对外界刺激没有反应。
- 1小时之内没有自己呼吸。
- 缺乏疼痛的反应。
- 没有眼动、眨眼和瞳孔收缩的反应。
- 没有肢体移动、吞咽和呼气。
- 没有神经反射。
- 脑波平息停止至少10分钟。
- 24小时后，一切指标都没有变化。

9-20 悲伤辅导（续）

本单元接着说明沃登提出悲伤辅导的原则与程序，其原则五至原则十如下：

原则五：将情感从逝者身上转移

借着促进情感的转移，社会工作者可协助生者为逝者的所爱寻找生命中的一个新处所，一个允许生者发展新关系且继续生活的地方。追忆逝者可逐渐剥除和逝者紧紧联结的情绪能量。社会工作者可协助他们了解，尽管无人能取代逝者，但建立新关系以填补空处并没有错。

原则六：给予充分的时间去疗伤

悲伤需要时间，这是一个丧亲后的适应过程，而且这个过程是渐进的。对家人而言，障碍之一是急切地想克服失落和痛苦，以回归正常生活。在悲伤辅导中，社会工作者可对家人阐明适应失落和其他牵连是需要时间的。悲伤过程中有某些时刻是特别困难的，社会工作者即使没有和当事人有固定、持续的接触，也要了解到这些艰难时刻，并且及时与当事人联系。尤其是第一次周年忌日时，生者会涌上各种想法和感受，需要额外的支持。社会工作者要了解自己的介入角色必须是长期的。

原则七：阐明"正常的"悲伤行为

即了解和阐明正常的悲伤行为。许多人在失落之后，会有种快发疯的感觉，这是因为失落引起的混乱不同于日常生活的经验。若社会工作者对所谓正常的悲伤行为已有清楚的认识，便能向生者保证这些新经验其实是正常的。若社会工作者了解到幻觉、混乱，或被死者独占心神等，皆可能为正常行为，便能为个案提供相当的保证。

原则八：允许个体差异

悲伤反应相当多样。正如同每位临终者死亡的方式不同，每个人亦各有其独特的悲伤反应。悲伤现象有极大的个体差异，包括情绪反应的强度、受伤害的程度，其体验痛苦的失落情绪的时间长短，都有极大的个体差异，有时颇难以使家人了解这点。若某位家庭成员表现了与其他家人不同的悲伤行为，或感到其他家人的反应与自己不同，往往会对自己的行为感到不安。社会工作者可以阐明这种差异性的存在。

原则九：检查防御及应对形态

本原则是帮助当事人去检查因失落而更加强化的防御和应对模式。积极的情绪应对是处理问题最有效的方法，包括幽默、正向定义困境、适当的情绪调节技巧，以及接受社会支持的能力。逃避的情绪应对则是最没有效果的，包括指责、转移、否认、社会退缩及物质滥用。社会工作者可指出这些应对方式，并帮助当事人评估其有效性，然后，社会工作者可和当事人共同探索其他可以减低压力并解决问题的更有效调适途径。

原则十：界定病态行为并转介

最后一个原则是辨认出有问题的悲伤行为，并知道何时该转介。从事悲伤辅导者可以辨识出失落和悲伤所引发的病态行为，并将失落者转介给专业人员，这就是所谓的"守门人"角色。当面临不在悲伤辅导技巧范围之内的问题时，社会工作者要了解自己的限制，并知道何时该转介当事人去做悲伤治疗或其他的心理治疗。

恐惧管理理论（terror management theory）

理论目的：研究人们如何应对自身死亡的意识。

理论基础：使用弗洛伊德的心理动力学理论。

理论核心：认为由于人类具有自我意识及思考过去和未来的能力，也知道有一天我们会死，这种对死亡的意识有可能让人笼罩在恐惧和焦虑中。为了控制这些情绪并牵制面临死亡的想法，人类会使用防御机制。

防御机制类型：

- 近端防御机制（proximal defenses）
  - 将死亡想法放到意识之外的机制，让人产生对健康的控制感，进而减少过早死亡的脆弱感和焦虑感，包括压抑死亡想法，否认个人容易罹患疾病和过早死亡。
  - 案例：增加运动，锻炼身体，食用更健康的食物。

- 远端防御机制（distal defenses）
  - 在一个人压抑死亡想法之后，使用的防御机制。这些防御机制需要与一个人所发展及维持的文化世界观（一种信仰和实践系统）和自尊有关，这些文化观及自尊让其理解生命的意义及死亡。这些信念减少了对死亡的焦虑感，因为其生命具有与之相关的意义。
  - 案例：一个人也可能相信死亡具有意义（如一个人将在死后"去一个更好的地方"），这也有助于减少对死亡的焦虑。

理论贡献：根据恐惧管理理论，如果没有这些防御机制来减少对死亡和临终的焦虑，恐惧将会击倒我们，我们将无法发挥日常生活的功能。